푸코, 페미니즘, 성범죄

반구금주의적 분석

우리시대
질문총서
22

푸코, 페미니즘, 성범죄

반구금주의적 분석

Foucault, Feminism and Sex Crimes

An Anti-Carceral Analysis

클로이 테일러 저
정재환 역

부산대학교출판문화원

Foucault, Feminism and Sex Crimes
by Chloë Taylor

앙투안Antoine을 위하여

※ 일러두기

1. 원문에서 강조를 위해 사용한 이탤릭체는 고딕체로 나타냈다.
2. 단행본은 겹낫표(『 』), 논문 등은 홑낫표(「 」)로 표현했으며, 기타 잡지, 정기간행물, TV 프로그램, 미술작품 등은 겹화살괄호(《 》)를 사용했다.
3. 저자의 주 이외에 옮긴이가 별도로 주를 단 경우에는 (옮긴이:)라는 표기를 병기하였다.

차 례

발간사

우리는 지금까지와는 다른 '격변'의 시대를 살고 있다. '변화'는 시간의 흐름에 따르는 자연스러운 결과지만, 이 시대의 '변화'는 과거와는 전혀 다른 양상을 보이고 있다. 과거의 변화가 기존의 패러다임 내에서 일어나는 크고 작은 변화들이었다면, 지금의 변화는 가히 '패러다임의 전환'이라고 일컬을 만하다. 기존의 패러다임은 인간 중심적 인식의 틀 속에서 과학기술 문명의 발전과 자본주의적 체제의 구축, 명확히 경계 지어진 세계 속에서 전문성을 강조한다는 점에서, 어쩌면 여전히 근대성의 틀을 벗어나지 못했다고 할 수 있다.

지금 이런 패러다임으로 우리 시대를 판단하고 예견하는 데는 한계가 있다. 우리 시대는 지나간 시대로부터의 위기와 예측할 수 없는 미래에 대한 불안감, 그리고 도래할 시대에 대한 희망이 공존한다는 데 그 독특함이 있다. 새로운 패러다임은 기존의 패러다임에서 잉태된 위기로부터의 출구를 모색하는 과정이자 다가올 시대의 새로운 지향과도 관련되어 있다. 그래서 우리 앞의 복잡다기한 상황에 맞서, <우리시대 질문총서>는 '환경 변화와 인류의 미래', '신자유주의의 팽창과 연대', '휴머니즘에 대한 재성찰과 대안적 삶', '첨단기술혁명과 융복합', '글로벌/로컬의 관계 속에서 인간 삶의 변화'라는 주제를 통해 지금 이 시대를 성찰하고자 한다.

인간이 세계를 지배하는 시대, 인간이 환경의 전반적 흐름에 영향을 행사하는 이른바 인류세의 시대는 역설적이게도 인간의 무력함과 한계를 절감하게 한다. 인간이 누린 풍요의 대가가 되어버린 기후 변화와 생태계 변화는 우리 시대 초미의 관심사이지만 이런 변화는 사람들을 삶의 '지속 가능함'을 확신하기 어려운 상황으로 내몰고 있다. 그럼에도 불구하고 이런 불확실한 상황은 그동안 우리의 삶 자체를 성찰하는 한편 진정한 대안들을 새롭게 모색할 것을 촉구하고 있다.

4차 산업혁명으로 인한 자본주의의 급변과 인간과 기술의 포스트휴먼적 융합 시대의 도래는 인간의 존재적 위기와 함께 전통적인 인간상의 유효성에 의문을 제기하고 있다. 기계는 인간에게 어떤 영향을 끼칠 것인가, 인간은 기계의 문제에서 주도적일 수 있는가, 혹은 이런 변화는 인간과 기계의 대립을 넘어 새로운 가능성을 제시해줄 수 있는가. 최근 포스트휴먼의 가능성은 이런 질문들과 연결되어 있다. 포스트휴먼 시대에 인간의 자리를 묻고 기술의 변화가 인간과 사회에 어떤 변화를 줄지 성찰하는 노력들이 필요하다.

한편 우리 시대는 근대 국민국가의 경계를 뛰어넘는 문화적 현상을 수없이 목격하고 있다. 국민과 난민의 경계가 모호해지면서 수많은 이질적인 문화들이 접촉하고 갈등하고 섞이는 혼종의 시대, 바로 이 시대에 우리는 민족문화의 중심성을 넘어서 글로벌과 로컬이 보다 긴밀해지는 문화적 관계 속으로 편입되고 있다. 그 결과 그동안 민족문화의 틀과 프리즘 밖에 존재하던 문화들이 새로운 관심사로 부각되고 있으며, 근대, 자본, 민족의 구조를 넘어서는 대안적 사고들이 곳곳에서 출현하고 있다. 전지구화와 함께 등장한 전지구적 자본과 문화의 압도적 힘 앞에서 무기력해진 개인, 신자유주의의 팽창으로 인한 경쟁의 격화와 인간 소외는 '관계 맺는 존재로서의 인간'의 가능성에 대해 되묻고 다양한 방식의 '소통과 연대'를 제안하고 있다.

이러한 변화들은 우리의 기존 사고로 담아낼 수 없는 우리 시대의 현상들이다. 이런 현상들 앞에서 우리는 '왜?', '어떻게?'라는 질문을 던지고, 그 답을 찾아가는 비판적 사유의 여정을 시작하고자 한다. 이러한 비판적 사유의 여정은 분과학문으로 나누어져 전문성만을 강조해온 기존의 학문구조의 틀을 벗어나, 각 학문의 내적 융합뿐만 아니라 인문학, 사회과학, 자연과학 같은 학문 간의 융합을 전제로 한다.

<우리시대 질문총서>는 우리 앞에 놓인 이러한 현상들에 대한 성찰을 제공하고 대안을 모색하는 데에 그 취지가 있다. 이 총서는 우리 세계의 변화를 미시적이고 거시적으로 살펴볼 수 있는 학문적 시각을 제공하는 한편, 도래할 세계(the world to come)와 지나간 미래(future past)의 쌍방향적 대화와 성찰을 통해 우리 시대를 비판적으로 반성하고 예견하는 우리 시대의 문제적 활동들을 기획, 소개하고자 한다. <우리시대 질문총서>를 통한 사유와 성찰이 우리시대의 성숙한 집단 지성을 형성하는 마중물이 되었으면 한다.

그리고 <우리시대 질문총서>의 출판을 위해 도움을 주신 많은 분들께 감사드린다.

우리시대 질문총서 제작위원회

추천사

책은 버틴다

세상에 나온 모든 책은 그 자체로 버팀의 산물이자 증거이다. 쓸모에 관한, 대체로 얕은 계산을 물리치고 출판되었고, 그에 대한 관심이나 평가에 아랑곳없이 일단 물리적이든 전자적이든 일정한 자리를 차지하며, 무엇보다 통상적으로 관리만 된다면 책을 있게 한 사람들의 수명보다 훨씬 더 오래 책은 버틴다.

그에 더해, 어떤 책은 다양한 방식으로 우리를 버티게도 한다. 책에서 다뤄진 주제나 문제의식, 담긴 내용 등이 공부나 업무에 있어 유용한 정보나 자원으로 작용하는 것은 흔히 기대되는 바이자 실제로도 그러하고, 책에서 접한 어떤 문장 또는 행간에 흐르는 무언가의 느낌이 불현듯 삶 속에 파고들기도 하며, 어떨 땐 그 책을 거치긴 했을 터인데 어디서 연유된 것인지 잘 알 수 없는 힘이 우리를 붙든다. 그렇게 존재하게 된 책은 사람들 사이로, 삶의 흐름들 사이로 넘나들며 마주친 것들과 상호 변용하면서 그 자체 달리 되고 또 세상을 조금씩 다르게 움직여 간다.

기실 대부분의 책은 유형적으로 모습을 드러내기 전부터도 세상에 있던 그리고 있을 여러 관계들 속에서 조금씩 만들어지며, 그러는 가운데 관여한 이들을 때로는 예기치 않았던 방향이긴 하되 그 모든 경우에서 더 많은 가능성과 접속하게끔 변모시킨다. 어떤 저자도 참으로 혼자서만 책을 쓰는 것은 아니고 종래의 세상 전부의 도움을 받으며, 책은 출판인과 역자 등 그것의 유포와 전달에 있어 필수적인 참가자를 포함하여 주변의 이들 및 누군가의 손길에서 매번 새로운 생명을 부여받으며 책과 만난 이들 역시 조금이라도 다른 삶을 살게 한다. 그렇게, 무엇이 그들 사이에서 일어났고 또 일어날지 딱히 손에 잡히지 않기에 신기하고 무한한 미래가 찾아온다.

그리고 바로 여기, 앞으로 의연히 버티고 또 우리를 버티게 할 구체적인 책, 클로이 테일러의 『*Foucault, Feminism and Sex Crimes: an Anti-Carceral Analysis*』(2019)가 국역본 『푸코, 페미니즘, 성범죄』로 건네진다. 근래 예리한 관점과 깊은 통찰력으로 국제적으로 주목받고 있는 저자는 성범죄에 관한 페미니즘의 그간의 무수한 고뇌와 성찰을 푸코의 이론과 접합시켜 다분히 논쟁적일 논의를 전개하고 있는데, 역자 정재환 선생 덕분에 국내에서도 그다지 늦지 않게 이 책을 읽고 여기서 펼쳐지는 담론의 장에 동참할 수 있게 된 것이다.

어떻게 보면 이 역서야말로 우연한 기회로 만남들이 선물처럼 이어지면서 나올 수 있었다. 제목에서 바로 페미니즘, 성범죄, 푸코, 이 세 항목을 다 잘 알아야 하겠구나 싶으니 감히 번역을 시도할 엄두를 내기 힘들 수 있는데, 법여성학자가 진행하는, 이 책을 텍스트로 삼은 법사회학 대학원 수업에 형사법 전공자인 역자가 마침 참여했고, 역자의 성실성과 의지로 그때 이미 부분적으로 국역이 되면서 이 여정이 시작되었다.

그리고 이에 세상의 많은 도움이 어우러졌다. 기본적으로 푸코를 공부해 오고 있었던 여성학 협동과정 사람들, 오랜 기간 책과 현장을 통해 페미니즘 법이론을 체화해 온 동료 연구자 등이 서로의 행보에 격려와 지지를 보내고 있었고, 때마침 교내 여성연구소가 독서모임에 대해 재정적 지원을 하면서 스터디팀이 꾸려졌다. 그렇게 이 역서는 함께 공부하고 함께 웃으면서 함께 함 자체를 기쁘게 받아들일 줄 알게 된 이 친구들의 사랑을 담뿍 받으면서 환하게 태어났다. 수고로움과 행운이 겹친 이 역서는 새로운 우정을 가져왔을 뿐 아니라 이후로도 회피하지 않는 논쟁과 다른 세계로의 노력 속에서 스스로 버틸 것이며, 이 세상의 선물로서, 이제까지와는 달리, 더 낫게 함께 살고자, 누구도 함부로 내치지 않고자 하는 이들을, 그렇게 녹록지 않은 조건 속에서 실패하더라도 굴하지 않고 다른 세상의 가능성을 다시금 무구하게 사는 많은 존재를 버티게 할 것이며 그러면서 다른 존재가 되게 할 것이다.

오정진

(부산대 법학전문대학원 교수)

역자 서문

이 책은 캐나다 앨버타대학교 여성학 교수인 클로이 테일러Chloë Taylor의 책 『*Foucault, Feminism and Sex Crimes: an Anti-Carceral Analysis*』(Routledge, 2019)를 우리말로 옮긴 것이다.

푸코주의자이자 페미니스트인 저자는 성범죄에 관해 푸코가 보여준 성인 남성으로서의 오만한 지각에 대해서는 비판하지만, 감옥이 수감자에게 범죄자로서의 정체성을 심어주어 범죄를 생산하며, 현대 사회는 성이 정체성의 핵심으로 구성되었다는 특징을 가진다는 푸코의 논증은 여전히 유효하다고 주장한다. 따라서, 푸코의 이러한 주장이 교차하는 지점에 '성범죄자의 몸'이 자리하고 있으므로, 페미니스트의 시각을 유지하면서 푸코주의 관점을 성범죄에 투영하여 연구하는 것은 필요한 일이며, 유의미한 결과를 가져온다고 전망한다. 이러한 푸코주의자-페미니스트의 접근법, 즉 감옥과 정신과학의 규율기능이 범죄성과 섹슈얼리티에 적용되고 이들을 구성하므로 성범죄 생존자의 요구와 경험을 몰역사적(역사초월적)인 것이 아니라고 보면서도 진지하게 받아들이는 방식에 따르면, 감옥은 우리를 성폭력으로부터 더 안전하게 만드는 것이 아니라 오히려 강간과 성 억압 문화를 영속화하므로 결코 대안이 될 수 없다는 결론에 이른다.

'끔찍한 성범죄 발생, 선정적인 언론의 보도, 시민의 불안 고조, 중형으로 처벌하는 입법 마련'이라는 오늘날 우리의 상황을 고려하면, 주체할 수 없이 달리는 기관차에 제동을 거는 이 책의 메시지는 현실적으로는 물론이고 학문적으로도 매우 유익하다.

그럼에도 이 책이 아직 국내에 소개되지 않은 이유는 '페미니즘, 푸코 철학, 범죄학, 사회학, 법학' 등에 대해 두루 이해하고 있어야 번역·소개가 가능한 문헌이라는 점에 있다. 옮긴이가 그런 소양을 갖추고 있지는 않지만, 이런 작업에 도전할 수 있었던 이유는 2020년 2학기 부산대학교 대학원 법사회학(담당 오정진 교수) 수업에서 이 책을 교재로 삼아 다양한 전공 연구자들이 열심히 발제하고 토론함으로써 책 내용 전반을 파악할 수 있었다는 데 있다. 이 번역서는 그들의 노력에 큰 도움을 받았다.

이들 외에도 감사해야 할 분들이 많다. 번역 초고를 검토해 준 공부 모임 F2F의 벗들(수진, 다혜, 솔, 현옥)에게도 큰 빚을 졌다. 공부와 생활의 즐거움을 나눈 이들에게 고맙다는 말을 전한다. 이 책을 소개해 주시고 응원해 주신 오정진 교수님과 옮긴이가 학문을 계속할 수 있게 늘 격려해 주시는 안원하 교수님께도 감사하다는 말씀을 드린다. 무엇보다 가족의 도움이 없었다면 옮긴이가 무탈하게 공부를 계속할 수 없었을 것이다. 고맙다는 말로는 부족하지만, 우리 가족에게도 고맙다는 말을 전한다. 마지막으로 이 책의 가치를 알아보고 세상에 나올 수 있게 해주신 '우리시대 질문총서' 관계자분들께도 감사드린다.

감사의 말

이 연구를 수행하면서 여러 곳에서 재정지원을 받았다. 캐나다 사회과학·인문학 연구위원회Social Sciences and Humanities Research Council of Canada의 박사학위 취득 후 연구생 장학금과 맥길대학교 Mcgill University의 톰린슨Tomlinson 박사학위 취득 후 연구생 장학금(2006-2008)을 비롯해, 앨버타 대학교University of Alberta의 킬람 연구 보조금Killam Research Operating Grant(2010)과 학문 발전 지원금Support for the Advancement of Scholarship(2012), 캐나다 사회과학·인문학 연구위원회의 인사이트 보조금Insight Grant(2013-2018) 등이 그것이다. 마지막 지원금은 랜디 닉슨Randi Nixon, 다니카 요르겐슨 스카쿰Danika Jorgensen Skakum, 스테판 데호드Stefan Dehod 같은 뛰어난 대학원생들의 도움과 통찰로 큰 혜택을 받을 수 있었다. 이들에게 감사의 마음을 전한다. 또한 지난 몇 년간 급진 범죄학과 비판적 감옥 연구 문헌과 통찰을 지속해서 제공해 준 켈리 스트러더스 몬포드Kelly Struthers Montford 교수에게도 감사드린다.

이 책의 구상은 르네상스 시대 회화 속의 성폭력 표현에 관한 푸코적이고 들뢰즈적인 논문을 쓴 미술사 석사 과정 때 처음 시작되었다. 전혀 다른 주제로 박사학위 논문을 쓰면서 4년 동안 이 생각을 잠시 접어둘 수밖에 없었고, 박사학위 취득 후 연구에서 겨우 다시 성폭력에 대해 생각하기 시작했다. 비록 현재의 프로젝트가 처음 석사 과정에서 했던 연구에서 매우 많이 벗어났지만(보티첼리와 아르테미시아 젠틸레스키에 관한 간략한 논의만이 초기 연구의 흔적으로 남아 있다), 석사 논문 지도교수인 브론웬 윌슨Bronwen Wilson 교수께 진 큰 빚은 영원할 것이다. 우리의 학문 경로가 더는 교차하지 않아서 수년 동안 연락하지 못했지만, 브론웬 교수께서 저자에게 얼마나 놀라울 정도로 힘을 주는 멘토였는지, 그리고 저자에게 얼마나 개인적인 영감을 주셨는지는 결코 잊은 적이 없다. 사실, 그녀의 격려와 모범이 없었다면 학자를 꿈꿀 수 있는 자신감을 가질 수 없었을 것이다.

이 책의 구상 중 —현재 여러 장에 걸쳐 수정된 형태로 흩어져 있는— 일부에 관한 초기 버전은 *Hypatia* 24. 4(2009)에 "Foucault, Feminism, and Sex Crimes"[1]라는 논문으로 실렸다. 이러한 생각과 씨름한 첫 번째 시도에 대해 광범위한 논평을 제공해 준 *Hypatia* 리뷰어의 피드백은 큰 도움이 되었다. 제3장은 Jana Sawicki, ed., *The Blackwell Companion to Michel Foucault*(2013)에 "Infamous Men, Dangerous Individuals, and Violence Against Women: Feminist Rereadings of Michel Foucault"로 출간되었다. 제8장의 초기 버전은 Christine Overall ed., *Pets and People*(2017)에 "Sex Without all the Politics?"로 출간되었다. 캐나다 여성 철학회the Canadian Society for Women in Philosophy, 캐나다 철학 협회the Canadian Philosophical Association, 현상학 및 실존주의 철학회the Society for Phenomenological and Existentialist Philosophy, 푸코 서클the Foucault Circle과 비판적 동물 연구 전공 연구자 모임Students for

---

1 옮긴이: 우리말 번역으로는 클로이 테일러/정재환 옮김, 「푸코, 페미니즘, 성범죄」, 『비교형사법연구』 제25권 제3호, 한국비교형사법학회, 2023, 193쪽 이하.

Critical Animal Studies을 포함하여 내가 논문을 발표한 여러 학회 참가자의 피드백도 큰 도움이 되었다.

감옥에 대해 생각하는 동안, 포트 서스캐처원 교정 센터the Fort Saskatchewan Correctional Centre에서 수감자를 위한 철학 클럽을 이끌었던 경험은 큰 도움이 되었다. 자기 생각과 경험을 공유한 이 클럽의 수강생들과 이 클럽을 조직하고 진행하는 네 도움을 준 앨버타대학교 대학원생들, 그 누구보다도 먼저 타냐 프리슨Tanya Friesen, 페이지 고어삭Paige Gorsak, 에스더 로사리오Esther Rosario, 다니카 요르겐슨 스카쿰Danika Jorgensen Skakum, 가브리엘 워너Gabrielle Warner, 린제이 레이스Lynsey Race, 랜디 닉슨Randi Nixon, 제시 베이어Jessie Beier, 스테판 데호드Stefan Dehod, 미라지 유시프Miraaj Yousif, 엠마 카우프만Emma Kauffman, 앤서니 고어츠Anthony Goertz에게 고맙다는 말을 전하고 싶다. 원고를 세심하게 읽고 통찰력을 보여주며, 동료애와 지원을 아끼지 않은 엘로이 라브라다Eloy LaBrada에게도 감사하다고 말하고 싶다. 찾으려면 기록보관소를 뒤져야 할 것으로 생각했던 샤를 주이에 대한 19세기 법의학 보고서 사본을 제공해 준 메리트 렌 데브랄Merritt Rehn-deBraal에게도 감사의 마음을 전한다.

또한 법의학 보고서에 대한 내 번역을 개선하고 수정하는 데 도움을 주고, 내 경력 내내 모든 면에서 나를 지지해 준 친구 제임스 메를로James Merleau에게도 고마움을 전한다. 제임스가 없었다면 지금의 나는 없었을 것이다. 리사 건서Lisa Guenther, 하사나 샤프Hasana Sharp, 에이다 자스마Ada Jaarsma, 디네쉬 와디웰Dinesh Wadiwel, 나탈리 러블리스Natalie Loveless, 제시 베이어Jessie Beier, 대니엘 피어스Danielle Peers 등 오랜 그리고 새로운 친구들에게도 감사한다. 가장 최근에 질 루빈Jill Rubin이 내 삶에 들어와 많은 기쁨, 통찰, 용기, 사랑, 웃음, 아름다움을 가져다준 것에 감사한다. 또한, 내 인생과 경력을 통해 많은 것을 가능하게 해주신 부모님 브록 테일러와 시드니 테일러Brock and Cydney Taylor께도 영원히 감사드린다고 전하고 싶다. 마지막으로, 내 충성스러운 고양이 클레멘타인Clementine, 누아로Noireau, 기욤Guillaume에게 감사한다. 이 셋은 이 책을 쓰는 길고 고독한 작업 동안에도 나를 변함없이 친구로 받아주었고, 가끔 키보드를 밟았을 뿐이었다. 2017년 8월 이 책의 초안을 완성했을 때 정원에서 함께 축하했지만, 2018년 1월 8일 익사한, 아프도록 그리운 모험적이고 카리스마 넘치는 내 멋진 고양이 앙투안Antoine에게 이 책을 바친다.

서론

재범의 생산

미셸 푸코Michel Foucault는 『감시와 처벌*Discipline and Punish*』[1]에서 수감이 재범을 낳는다고 주장하기보다는 그러한 사실이 감옥[2]의 탄생 이래로 알려져 왔음을 지적한다(Foucault, 1977a, 252-3, 265, 270-2, 276-84). 우리는 처벌이 범죄를 억제하지 않으며, 감옥이 수감자를 교화하지 않는다는 사실을 이미 알고 있다. 감옥은 되려 범죄자를 양산하고, 결과적으로 더 많은 범죄를 생산한다. 감옥은 초범을 상습범으로 만들고 가족과 공동체로부터 부모와 생계책임자를 빼앗아버림으로써 더 많은 범죄를 양산한다. 이

---

1 옮긴이: 우리말 번역으로는 미셸 푸코 지음/오생근 옮김, 『감시와 처벌』, 번역개정2판, 나남, 2020.

2 옮긴이: 여기서는 대체로 '교도소' 대신 '감옥'이라는 용어를 쓴다. 감옥은 수감자 교화에도 실패하였으며, 오히려 범죄와 범죄자를 양산한다는 푸코와 이 책 저자의 비판적 관점을 고려할 때, 재소자의 교화(재사회화)라는 이념을 표방하는 '교도소'라는 용어보다는 '감옥'이라는 일반 용어가 더 적절하다고 판단하였다.

는 결국 가난 때문에, 또 가족과 공동체가 제 기능을 하지 못하기 때문에 발생하는 범죄를 증가시킨다. 감옥은 그저 범죄예방 효과가 없는 데에 그치는 것이 아니라, 범죄를 예방하려면 현행 형사법제를 유지하기보다는 아예 없애는 편이 더 나을 정도로 역효과를 낳는다(Davis, 2003, 105; Lacey, 2011, 17).

법학자 니콜라 레이시Nicola Lacey의 말처럼, 범죄통제 수단으로서 감옥의 무용성은 "흔히 재발견되는 통찰"이다(Lacey, 2011, 18). 수감자가 투옥되면서 사회로부터 고립되고, 반사회적 감정을 품게 되며, 동시에 범죄 환경 속에서 사회화된다는 것은 이미 익숙한 주장이다. 푸코는 감옥을 비판하는 19세기와 20세기의 글을 나열하는데, 이들의 주장도 대동소이하다. 미셸 알렉산더Michelle Alexander와 같은 현대의 비판적 감옥 연구 학자들은 —고용·주거·사회안전망(노숙자 쉼터, 생활보호, 식권)에서 사실상 배척되고, 일반적으로 불법적이지 않은 행동(휴대폰 소유, 운전면허 취득, 이사, 여행, 음주, 전과자들과의 교류는 모두 일반적인 가석방 조건 위반 사항임)을 이유로 재수감될 위험이 큰— 미국 같은 나라에서는 출소 이후의 처벌·제한·규제 방식으로 인해 출소자들에게 감옥으로 되돌아가는 것 말고는 다른 선택지가 없음을 입증했다(Alexander, 2010; 2011). 푸코는 이와는 다른 내용으로 감옥을 비판한다. 푸코에 따르면, 형사재판과 감옥에 심리과학의 담론과 활동을 도입하는 것은 단순한 죄수의 신체 처벌을 넘어 그들의 정신을 분류하고 관찰하고 개조할 기회를 제공한다. 수감자는, 재범 가능성을 예측하고 이 예측에 기초한 처분, 예컨대 수감 기간의 연장이나 단축, 다양한 형태의 보호관찰·출소자 감시를 제안하는 범죄학·정신의학·심리학의 지식 대상으로서 구성된다. 범죄자에 대한 "객관적" 지식의 생산은 이들 인간을 객체화하며, 이로써 객체화된 대상과 현실을 만들어 내고, 그에 따라 인식되고 행동하게 된다.

푸코가 『감시와 처벌』을 쓴 이후, 특히 미국에서, 감옥은 엄청나게 팽창했고, 형벌 제도로서 규율 관행은 더욱 강화되었다. 이는 지역사회 통지, 경찰서 신원 등록, 보호관찰·가석방 기간에 부과되는 보호관찰관·가석방 담당관의 정기·비정기 방문 및 의무적인 "치료" 처우와 같은 전략을 통해 가장 두드러지게 드러난다. 이러한 처분은 성범죄자의 경우에 특히 강력해서, 오늘날 미국에서 성범죄로 복역한 후 출소한 사람은 자신의 이름·사진·주소·범죄 세부 사항이 인터넷 사이트에 게재되고, 이웃에는 통지서가 송달되며, 심지어 광고 표지판에 게시되기도 한다. 일부 주에서는 운전면허증에도 해당 면허증 소지자가 성범죄자임을 나타내는 표식을 추가하였다. 1996년에 메건법Megan's Laws이 통과됨에 따라, 미국의 성범죄 전과자는 매년 자기 생일 5일 이내에 경찰서를 찾아가 점검받아야 하는데, 그렇게 하지 않으면 장기 징역형을 선고받을 수 있으며, 이를 세 번 어기면 "삼진 아웃" 법령에 따라 종신형을 선고받을 수 있다(Wacquant, 2009, 211). 푸코는 이러한 규율 관행이 범죄로부터 대상을 멀어지게 만드는 것이 아니라 오히려 범죄의 관점으로 그들을 구성한다는 점에서 모순이라고 보았다. 로익 바캉Loïc Wacquant이 고찰했듯이, "5년간 신상 공개를 실행한 결과에 대한 심층적인 통계 연구의 결론은 …… 신상 공개가 성범죄자의 재범률에 별다른 영향을 미치지 않는다는 것이었다"(Wacquant, 2009, 234). 주지하다시피 전과자의 사회 고립과 공동체로의 재통합 실패가 재범 가능성을 키운다. 따라서 "출소자의 위치표시 및 통제 장치는 기껏해야 범죄 발생률에 아무런 영향을 끼치지 않거나, 오히려 이를 악화시킬 뿐이다"(Wacquant, 2009, 234).

푸코는 감옥과 감옥의 징계 조치가 범죄자 교화라는 공표된 목표에 비추어 볼 때 실패라는 사실을 오래전부터 알고 있으면서도 우리가 감옥 폐지를 진지하게 생각해 본 적이 없다는 점에 주목한다. 감옥에 대한 비판은 오히려 감옥 개혁과 감옥 논리의 연장으로 이어질 뿐이다. 감옥 문제의 해결책으로 제시되는 것은 언제나 감옥의 증대였다. 그러나 범죄 양산은 아마도 감옥이 해결하고자 하는 문제가 아닐 것이다. 감옥이 범죄자를 교화하기는커녕 양산한다는 사실이 널리 알려졌는데도 계속해서 더 많은 감옥이 지어지고 수감자로 채워지고 있다면, 푸코는 다음과 같은 다른 질문을 던져야 한다고 보았다. 실패가 명백한 감옥을 계속 사용하는 이유는 무엇인가, 오늘날 대안적 형태의 처벌을 거의 생각할 수 없는 이유는 무엇인가, 사실상 실패가 아니라 성공이라고 할 만한 감옥의 진짜 기능은 무엇인가, 감옥이 재범을 양산한다는 사실이 잘 알려져 있는데도 의심의 여지가 없는 매력을 유지할 정도로 감옥이 가져다주는 진짜 이익은 무엇인가?

푸코가 보았을 때, 감옥의 실제 기능은 정치화된 범죄자를 정신의학의 대상이자 낙인이 찍히는 ―사회문제나 사회의 적으로 여겨지는― 일탈행위자로 탈바꿈시키는 것이고, 이런 일이 처음으로 일어난 시기는 약탈·공공기물 파손과 같은 노동자 계급이 주로 저지르던, 한때는 일상이었던 범죄가 프랑스 혁명과 공장 파업처럼 상류층에 더욱 위협적인 영향을 미치던 때였다. 이런 상황과 정치 이해관계 속에서, 예측할 수 없는 범죄자를 예측할 수 있는 일탈행위자로 탈바꿈시키고 정치 반체제 인사를 정신질환자로 둔갑시키는 것이야말로 감옥이 잘하는 일이며, 국가가 감옥 없는 세상을 꿈도 꾸지 않을 정도로 감옥이 성공한 요인이다. 상습범은 정신의학·행형학 지식의 대상이다. 이 지식의 대상을 알게 되는 과정에서 바로 그 대상이 구성되지만, 적어도 이제 우리는 우리가 알 수 있고, 따라서 제어할 수 있는 대상을 가지게 되었다. 이제 제어되지 않는 범죄자의 행위를 두려움에 떨며 기다리다 범죄가 발생하면 그저 처벌하기만 하는 것이 아니라, 그들을 일탈행위자라는 새로운 범주로 묶어 하위문화에 포섭시킨다. 지식의 대상으로 구성된 일탈행위자는 다시 범죄를 저지르겠지만, 우리가 예측하고 방지하며, 심지어 활용할 수 있는 방식으로 범죄를 저지르며, 그 영향은 의료화되고, 개별화되며, 비정치화되어 분산된다.

범법자가 일탈행위자로 탈바꿈하자 빈곤층은 자신을 형사처벌제도[3]의 대상자와 동일시하지도, 그들에게 공감하지도 않게 되었다. 빈민조차도 이제는 범죄를 빈곤·고통·억압이라는 조건에 따른 비교적 정상적인 반응으로 이해하지 않고, 자신과는 동떨어진 병리적이고 낙인찍히는 정체성에서 발생한다고 인식한다. 범죄자에 대한 낙인은 형사처벌제도가 원활하게 기능하는 데 중요

---

3 딘 스페이드(Spade, 2011)의 용어법을 좇아서, 이 책 전반에 걸쳐 "형사정의제도criminal justice system" 대신 "형사처벌제도criminal punishment system"라는 표현을 사용할 것이다. "형사법제criminal legal system"라는 용어를 사용하는 저자도 있다. 예를 들어, 조이 모굴Joey L. Mogul·안드레아 리치Andrea J. Ritchie·케이 휘틀록Kay Whitlock은 『퀴어 (부)정의: 미국에서 LGBT 사람들의 범죄화*Queer (In)Justice: The Criminalization of LGBT People in the United States*』에서 다음과 같이 말한다.

> "형사정의제도"라는 더 일반적인 표현을 의식적으로 피한 이유는, 이 제도가 처음부터 미국의 대다수 사람을 위해서 —특히 유색인종, 빈민, 이민자, 퀴어를 위해서— 정의에 가까운 어떤 것도 만들어 내지 못했으며, 오히려 심각하고 지속적이며 다루기 힘든 형태의 폭력과 불평등을 끊임없이 제도화한 주된 책임을 지고 있다는 현실의 인정을 반영하기 위해서다(xx).

한 요소인데, 이것이 구금 통치에 대한 사회 저항을 현저하게 줄이기 때문이다. 최근 수십 년 동안 서구 세계 전역에서 감옥 수가 놀라울 정도로 늘었고, 거의 반대 없이, 오히려 정말로 광범위한 대중의 승인 속에 팽창하였다는 사실은 부분적으로는 일탈행위자 양산의 결과이다. 그러므로 푸코의 관점에서 볼 때, 우리가 어떤 좋은 말로 꾸미더라도 감옥의 목적과 기능은 사실 범죄자 교화가 아니다. 범죄자를 일탈행위자로, 즉 정치적 위협이 아니라 단순한 형사사건으로 보이게 하는 것, 그리고 나머지 인구로부터 분리하여 관리할 수 있는 지식의 대상으로 규율하는 것이 감옥의 목적과 기능이다.

현대 비판적 감옥 연구 학자들의 주장에 따르면, 일탈행위자 양산은 푸코가 묘사한 것 이상으로 다양한 정치적 이해관계를 충족하는 것이며, 이런 사실은 감옥이 스스로 표방한 목표를 달성하지 못했음에도 최근 수십 년 동안 존속하고 팽창한 이유를 설명해 준다. 앤절라 데이비스(Davis, 2003), 미셸 알렉산더(Alexander, 2011), 로익 바캉(Wacquant, 2009), 리사 건서(Guenther, 2016a), 로버트 니콜스(Nichols, 2014)는 감옥이 우생학·백인우월주의·정착민식민주의 정부의 이익에 봉사하는 다양한 방식을 기록해 왔다. 이들이 주장하듯이, 현대의 감옥은 노예제도·린치lynching·짐 크로우법Jim Crow Laws·인종화된 게토ghettoes·우생 불임시술 프로그램 및 기숙학교와 유사한 기능을 한다. 머리 갓쵸크(Gottschalk, 2015)는 감옥이 갈수록 이민 통제 도구로 작동하는 방식을 설명했다. 비판적 장애 연구 학자들은 지적 장애인의 탈시설화로 인해 감옥이 팽창하면서, 감옥이 이들을 위한 정신병원·주거 역할을 해왔다고 말한다(Ben-Moshe et al., 2014). 이른바 "탈시설화"를 계기로 한 정신질환의 범죄화를 보게 된다. 감옥이 장애의 문제가 되는 것은 많은 수감자가 지적 장애인이거나 정신질환을 앓고 있기 때문이지만, 마이클 렘비스Michael Rembis가 주장하듯이, "감옥-산업복합체의 부상, 사회적 '일탈'행위와 구금 인구의 정신의학화, 구금으로 인한 정신적 트라우마 사이에 중요한 관련성"(Rembis, 2014, 139)이 있기 때문이기도 하다. 게일 루빈(Rubin, 2010)에 따르면, 일탈적 성행위의 범죄화에는 여성·아동·사회의 보호보다는 이성애 중심의 가부장적 가족과 그 가치를 강화하려는 동기가 숨어있다. 다른 비판적 퀴어 및 트랜스젠더 감옥 연구자들은 감옥이 성적·젠더적 일탈의 처벌·규제와 관련해 어떻게 기능하는지를 분석했다(Spade, 2011; Stanley and Smith, 2011; Mogul et al., 2012; Lydon, 2016). 루스 윌슨 길모어Ruth Wilson Gilmore는 잉여노동에 대한 자본주의적 대응으로 감옥 체계가 작동하는 방식을 설명했다(Gilmore, 2007). 방대한 감옥 산업은 성범죄든 다른 형태의 일탈이든, 이를 만들어 내는 데 특권적인 재정적 이해관계를 가지고 있다. 감옥 인근의 많은 교외 지역사회는 생계를 감옥의 직원 채용과 소비에 의존하게 되었다(Davis, 2003; Kutchins and Galloway, 2007). 머리 갓쵸크Marie Gottschalk의 말처럼, "감옥 경비 노조, 교정국, 법 집행 그룹, 민간 교정 산업, 그리고 채권 및 기타 국가 자금을 구금 통치에 조달하기 위한 메커니즘을 고안하는 금융 회사들"은 모두 감옥의 영속화에 정치적으로 헌신적이다(Gottschalk, 2015, 14). 예컨대, 가장 크고 강력한 감옥 경비 노조인 캘리포니아 교도관 협회는 "캘리포니아의 감옥 수를 적절한 수준으로 줄이려는 합리적인 제안을 반복해서 방해했다. 수감률을 낮추고, 수감자를 학대하는 교도관을 기소하려는 공무원과 정치 후보자에게도 공격적으로 도전장을 내밀었다”(Gottschalk, 2015, 160). 오늘날 교정국이 미국에서 맨파워와 월마트에 이어 세 번째로 큰 고용주(제너럴 모터스보다도 앞선다)라는 점을 고려하면, 구금 통치의 영속화에 따르는 경제적 이익은 하찮은 요소가 아니다(Wacquant, 2009, 157). 따라서 범죄를 예방하거나 수감자를 교화하는 데 실패하더라도 감옥은 현대 경제에 깊이 뿌리내리고 있으며, 자본주의·백인우월주의·외국인혐오주의·비장애중심주의·젠더 규범·이성애 중심으로 사회를 통제하기 위한 다목적 도구로서 매우 성공적이라는 것이 입증되었다. 이것이 감옥의 존속을 설명해 준다.

『성의 역사*The History of Sexuality*』[4]에서 푸코는 범죄학이 그 지식의 대상을 발견했다기보다는 구성해 온 것처럼, 성 과학이 지금은 “섹슈얼리티”라고 부르는 것을 알아냈다기보다는 오히려 만들어 냈다고 주장한다. 감옥이 탄생한 시기에 성의 과학도 출현했다. 법원이나 감옥에서 벌어졌던 일이 진료실과 침실에서도 일어났다. 즉 관심이 행위에서 —그것이 범죄에 관련된 행위이든 성에 관련된 행위이든— 행위자 쪽으로 이동했다. 범죄가 일어나면 이전에는 판사가 무슨 일이 있었는지를 알아내고 그에 따라 처벌하면 그만이었지만,[5] 오늘날에는 범죄자 자체를 이해해야만 한다. 어떤 범죄가 일어났고 누가 저질렀는지를 아는 것만으로는 부족하다. 이제 우리는 다음과 같은 사항을 물어봐야 한다. 왜, 의도와 동기가 무엇인가, 성격 분석적 결정 요인으로는 무엇이 있는가?

---

4 옮긴이: 우리말 번역으로는 미셸 푸코 지음/이규현 옮김, 『성의 역사 1: 지식의 의지』, 제4판, 나남, 2020.

처벌하려면 이러한 질문을 고려해야 하고, 범죄뿐만 아니라 범죄자를 알아야 한다. 섹슈얼리티 영역에서도 마찬가지였다. 여러 성적 행동이 오랫동안 금지되었으나 이를 존재 방식으로 보지는 않았다. 그러나 19세기에 특정 성행동을 도착perversion으로 규정하면서, 도착은 그런 정체성이 포착되는 도착자를 필요로 하게 되었다. 다시 한번 전문가들은 행위뿐만 아니라 행위자의 유형도 이해해야만 했다. 범죄자가 일탈행위자가 되었듯이, 성행위자the sexual agent는 도착자, 섹슈얼리티를 결정하는 개인, 그들이 원하는 성행위로 정체성이 정의되는 존재가 되었고, 일탈행위자처럼 과학지식의 대상으로 구성되었다. 이처럼 근대 서구 사회는 범죄의 상습성뿐만 아니라 성적 상습성도 생산하였다.

『감시와 처벌』은 감옥과 감옥에 관한 범죄학 담론이 일탈행위를 생산한다는 사실을 보여주었고, 『성의 역사』는 성 과학 담론이 근대의 주체를 성 정체성에 가둔다는 사실을 증명했다. 그렇다면 범죄학 담론과 성 담론의 교차점에 있는 인물인 성범죄자에 대해서는 무엇을 말할 수 있는가? 푸코주의적 관점에서 볼 때, 성범죄자는 이제 두 방향에서 상습성을 가지는 것으로 구성된다고 주장할 수 있다. 하나는 그들의 범죄 성향의 결과로서이고, 다른 하나

---

5 푸코는 1973년 5월 리우데자네이루에서 했던 「진실과 사법양식Truth and Juridical Forms」(Foucault, 1994, 1-89)이라는 일련의 강연에서 유럽 중세 시대를 거치면서 재판의 역할이 사실상 범죄에 대한 지식의 발견(이나 현재 우리가 알고 있는 것과 같은 범죄의 "진실")과는 거의 관련이 없어졌다고 주장한다. 오히려 재판은 시험이나 시련의 형태를 취했다. 시련에서 살아남거나 어떤 종류의 시험이나 전투에서 승리하면 결백한 것이고, 시험에 실패하면 유죄였다. 18세기가 되어서야 재판이 질문, 또는 지식 수집의 형태를 띠게 되었고, 일어난 일의 진상을 해독하는 것이 판사의 역할이 되었다(47). 19세기에, 재판의 기능과 판사의 역할은 다시 바뀌었다. 이제 문제의 진실은 범죄에 관한 것만이 아니라, 범죄자, 궁극적으로는 —그들이 어떤 불법적인 방법으로 행동했는지에 상관없이— 그들이 사회에 가한 위험이나 위험의 정도와 더 관련을 맺게 되었다(57). 이 시점에서 우리는 "위험산정 사법actuarial justice"(Hudson, 2003)의 출현을 보게 된다.

는 그들의 성적 진실sexual truth의 결과로서이다. 오늘날 현저히 발전한 성 과학의 영향으로 성이 정체성의 본질이 되면서, 법이 —가령, 성 충동 약물 "치료"나 평생 구금과 감시를 통해— 실제 범죄자의 몸에 개입할 수 있다고 생각하게 되었다. 개인의 성 관행은 이제 환경에 따라 변할 수 있는 것이 아니게 되었으며, "도착증"은 영구적인 것으로 간주(되고, 따라서 영구적인 것으로 구성)된다. 성범죄자들이 현재 꽤 장기의 징역형을 받는데도 감옥에서 치료를 거의 받지 못하는 이유는 그들을 구제 불능으로 여기기 때문이다(Wacquant, 2009, 226). 오늘날의 성범죄 대응은 성범죄자를 치료하려는 것이 아니라 무해화하고 제거하는 것이다. 더욱이 성범죄자가 받는 치료 처우의 경우, "도착"을 해당 주체의 정체성에 필요불가결한 요소로 보는 시각이 점점 늘어나고 있다. 과거 성범죄 심리치료사는 특정 욕구를 근절함으로써 "병든" 사람을 치료하려고 시도했지만, 현재는 인지 행동 수정 기법에 의존해 치료할 수 없는 자신의 충동에 환자 스스로 저항하도록 가르친다(Meloy, 2006, 26-8). "성 포식자sexual predator"[6]라는 말을 점점 더 흔히 쓰는데, 이는 성범죄자가 환자가 아니라 괴물이나 짐승이라는 것을 암시한다. 범죄자를 포식자로 보는 시각은 국가가 더욱 징벌적 태도로 "예방 구금이라는 핑계 아래 성범죄자를 무기한 수용"할 수 있도록 만들었다(Meloy, 2006, 48).

성범죄자의 재범에 관한 연구는 그러한 규율 방식의 강화와 감옥의 팽창이 실제로 일탈행위자를 교화하기보다는 창출한다는 푸코의 주장을 뒷받침한다. 수감생활을 하지 않은 성범죄자보다

6 옮긴이: 우리나라에서는 '성폭력 흉악범', '고위험 성범죄자' 등으로 부른다.

수감생활을 한 성범죄자의 재범률이 높고, 가석방과 보호관찰 조건이 엄격할수록 재범률이 높다. 미셸 멜로이Michelle Meloy의 연구에 따르면, 수감 기간을 보면 성범죄자의 재범을 예측할 수 있으며, "성적 상습성은 보호관찰 조건으로 부과되는 치료 조건의 수에 비례한다"(Meloy, 2006, 55, 67-8). 랭언Langan·슈미트Schmitt·두로즈Durose의 연구에 따르면, 수감생활을 하지 않은 성범죄자의 재범률이 더 낮다(Langan et al., 2003). 감시와 재범의 비례관계는 가장 심각한 범죄자에게 가장 엄격한 감시가 이뤄지며, 감시를 가장 많이 받는 사람이 체포될 확률 역시 가장 높다는 사실로써 부분적인 설명이 가능하기는 하다. 그러나 구금·지역사회 통지·경찰서 신원 등록 등은 출소한 전과자가 무엇을 하든, 어쨌든 그들을 낙인찍음으로써 소외시키고, 안정적인 주거확보와 구직을 어렵게 만들고 사회 재편입에 실패하게 하며, 박해받고 있다고 느끼게 하고 허무·분노·좌절을 겪게 한다. 당연히 이러한 모든 요소가 재범에 이바지한다. 미셸 멜로이는 "부가되는 치료 조건에 압도된 범죄자들이 보호관찰로 성공할 수 있다는 생각을 단념"한다면서, "치료의 구성단위가 추가될수록 실제로 재범률이 (줄어드는 것이 아니라) 증가"(Meloy, 2006, 68)한다고 설명했다.

극히 낮은 신고율을 고려하면 강간·아동 성추행과 같은 범죄의 실제 재범률을 알기는 매우 어렵지만, 단일 범주로서의 성범죄자가 재범률이 가장 낮은 부류에 속한다는 사실에 대부분의 독자는 놀랄 것이다(Meloy, 2006, 11). 연구에 따르면, 성범죄자는 비성범죄자보다 새로운 범죄를 저지를 확률이 낮으며, 성범죄는 강도와 절도보다 재범률이 훨씬 낮다. 실제로, 성범죄자는 비성범죄 전과자보다 새로운 성범죄를 저지를 확률이 낮은 것으로 보인다.

로익 바캉이 요약한 것처럼,

> —새로 저지른 모든 범죄를 함께 집계했을 때— 가장 높은 재구금률을 기록한 출소자는, 최초의 범죄를 기준으로, 차량 절도(79%), 장물(77%), 절도(75%), 빈집털이(74%), 강도(70%), 마약(67%), 음주운전(52%) 순이었다. 강간(46%), 기타 성폭력(41%) 등으로 이전에 징역형을 선고받았던 사람은 살인자(41%)와 함께 전체적으로 낮은 재구금률을 보였다.
>
> 강간 전과자 중 경찰에 다시 체포된 46%의 대다수는 폭력 범죄가 아니라 대부분 공공질서(21%), 재산(15%), 마약(11%)과 관련된 범죄로 기소되었다. 폭력 범죄 피의자는 18%에 불과했고, 그것도 일반적으로는 단순 폭행(9%)이고, 강간 혐의로 재구금된 사람은 2.5%에 불과했다. 따라서 동종 범죄에 대한 재구금률을 고려한다면, 3년 이내에 새로운 마약류 위반으로 기소된 마약 사범의 경우가 41%, 강도 사건에 다시 휘말린 동종 전과자가 23%, 사기죄로 유죄판결 받은 사람의 경우가 19%, 강도가 14%인 것에 비해, 강간 전과자는 살인 전과자와 함께 전체 수감자 중에서 "전문가" 재범률이 가장 낮다(1.2%).
>
> (Wacquant, 2009, 231)

다시 말해서, 성범죄는 절도나 강도 같은 범죄와 비교했을 때 현저하게 과소 신고되며 성범죄자 중 아동 성추행범처럼 강한 낙인이 찍히는 특정 하위 범주는 다른 성범죄자보다 재범률이 더 높으므로 실제 재범률은 연구가 보여주는 것보다 훨씬 높을 수 있지만, 이런 점을 고려하더라도 성범죄자의 재범률이 상대적으로 낮다는 점은 놀랍다. 하지만 성범죄자를, 통제할 수 없는 비뚤어진 충동으로 인해 어쩔 수 없이 골목에 숨어있는 포식자로 여기는 관념은 여전히 널리 퍼져 있어 오늘날 달리 생각할 수 없을 정도이며, 이런 통념은 언론에 의해 더욱 강화된다. 이런 관념은 성범죄자에 대한 감시를 계속 강화하는 범죄 방지 법안과 공공 정책으로도 이어진다.

성범죄 대부분이 가정에서 발생하고 피해자를 아는 사람, 종종 가족에 의해 자행되기 때문에, 성범죄자는 외톨이 낯선 사람이나 사회 부적응자일 것이라는 통속적인 이미지는 아주 잘못되었다 (Wacquant, 2009, 235). 로익 바캉이 말하듯이, "성범죄자에 대한 두려움은 …… 아주 드물게 일어나는 매우 극악무도한 범죄행위에 주목하게 만들지만, 평범한 형태의 성범죄, 특히 범죄의 주축을 이루는 가족 내 성범죄를 애써 외면하게 한다"(Wacquant, 2009, 211). 사실, 소아성애자를 외톨이로 구성하는 것은 다음과 같은 유형의 사람이 아동을 학대할 것이라는 견해에 공헌한다고 로익 바캉은 주장한다.

> 도덕성이 결핍되어 있고 어떤 사회 유대도 없는 사람. 따라서 이는, 모든 기존의 연구가 아동에 대한 범죄 대부분이 친척에 의해 저질러지거나 피해자가 잘 아는 어른에 의해 저질러지며, 이러한 범죄가 여성에 대한 폭력과 밀접한 연관성이 있다는 데에 동의하면서도, 성범죄를 마치 마법을 부린 듯 가족 외부로 추방한다.
>
> (Wacquant, 2009, 235. 강조는 원문에 따름)

보통의 성범죄를 도외시한 채 희귀한 형태의 성범죄에 초점을 맞춘 예로는 메건법과 그에 기반을 둔 많은 법률을 들 수 있다. 메건법은 뉴저지의 자기 집 근처에 사는(부모도 이 사실을 알지 못했다) 가석방된 성범죄자에게 끔찍하게 강간당한 뒤 살해된 7세 소녀 메건 칸카Megan Kanka의 이름을 딴 것이다. 로익 바캉이 설명하듯이, "메건법은 매우 격앙된 분위기 속에서 급하게, 그리고 형사법 전체의 이론이나 체계에 위배되는 형태로 통과되었다. — 뉴저지 법안은 메건 칸카를 강간하고 살해한 혐의로 기소된 후 가석방 중이던 피고인에게 유죄가 선고되기도 전에 표결에 부쳐졌다"(Wacquant, 2009, 234). 범행 내용은 끔찍하지만 흔히 일어나지는 않는 범죄로 희생된 피해자의 이름을 법률명으로 쓴 메건법은 이름과 달리 50개 주 전체 시와 카운티 경찰에게 아동과 무관한 범죄자와 비접촉 범죄로 유죄판결을 받은 사람을 포함한 모든 성범죄 전과자를 등록하도록 하고, "그들의 존재와 (일탈)행위를 대중에게 통지"하도록 규정한다(Wacquant, 2009, 216). 현재 미국에서만 80만 명이 넘는 사람이 성범죄자 등록부에 등재되어 있으며(다른 국가로 확대되고 있다. Wacquant, 2009 참조), 그들 중 다수는 미성년자일 때 유죄판결을 받았는데(Daniel-McCarter et al., 2016, 109), 이들의 범죄는 흔히 아동 성추행이나 강간과는 거리가 먼 것이었다. 가령, 미국의 17개 주에서는 전과자의 범죄가 노상 방뇨나 음란 전화 통화거나 먼 과거에 저지른 청소년 간의 합의된 성관계 또는 성인 성 노동자의 성적 서비스 구매the hiring of an adult sex worker였는데도, 이들 성범죄 전과자에게 종신 등록을 요구한다(Gottschalk, 2015, 207). 캘리포니아주에서는 메건법에 따라 등록되어 성범죄자로 감시받는 사람의 수가 무려 성인 남성 150명 중 한 명꼴인데, 그들이 기소되었던 성 관련 범죄는 1940년대까지 거슬러 올라가야 하며, 이제는 범죄가 아닌 행위를 포함하고 있다. 예를 들어, 캘리포니아는 1976년에 동성애를 비범죄화했지만, 캘리포니아의 나이 많은 다수의 게이는 1990년대에 메건법 등록부에 등재되었으며, 매년 지역 경찰서에 신고해야 하는 수모를 겪거나 체포 위험을 감수해야만 했다(Wacquant, 2009, 220). 게이 인권단체가 결국 이를 중단케 했지만, 성범죄자 등록부에 등재된 대다수가 아동과 무관하거나 본질적으로 비폭력 범죄로 체포된 경우다. 그런데도 아직 그들은 아동 강간·살해에 대한 합리적 대응으로 여겨지는 엄격한 형태의 감시를 받고 있고 낙인이 찍혀 있다.

개별 관할권마다 지역 성범죄자의 정보를 다양한 방법으로 대중에게 통지하도록 하는 법이 제정되었다. 일부 관할권에서는 성범죄 전과자에 대한 통지가 시청이나 경찰서에 게시된다. 어떤 관할권에서는 성범죄 전과자의 주거지에서 반경 600피트[7] 이내에 거주하는 주민에게 경찰이 개별적으로 직접 경고하는 사례도 있다. 일부 경찰서에서는 전단을 배포한다. 또 다른 관할권에서는 성범죄 전과자가 스스로 집주인·이웃, 지역 공원·학교를 운영하는 공무원에게 자신의 전과자 신분과 소재에 대해 서면으로 알리고, 이 정보를 자비 부담으로 지역 신문에 게재해야 한다. 심지어 성범죄 전과자는 자신이 성범죄자 신분으로 등재되어 있음을 나타내는 표지판을 앞마당에 설치해야 한다(Gottschalk, 2015, 208). 아동·노인·장애인 관련 일을 하는 지역단체에 성범죄 전과자에 대한 정보가 전달되는 지역도 있다. 성범죄 전과자에 대한 정보는 인터넷, CD-ROM, 무료 전화를 이용해 얻을 수 있으며,

---

7 옮긴이: 약 183미터.

이 정보에는 개인의 이름과 주소뿐만 아니라 직장 전화번호, 사용하는 차량의 제조사와 등록번호가 포함되기도 한다. 로익 바캉이 묘사하듯이, 메건법 CD-ROM은 카운티 박람회에서 명소가 되었으며, 박람회 참석자들은 사격장, 돼지 경연 대회, 도넛 가판대를 방문하는 도중에 이웃에 사는 성범죄 전과자에 관한 정보를 볼 수 있다(Wacquant, 2009, 219). 카운티 박람회 덕분에,

> 이웃이 성범죄로 유죄판결을 받았는지를 걱정할 특별한 이유가 없는 수천 명의 사람이 불안감을 가지게 될 수 있는 ―특히 범인 검색에 성공했을 때 불안감을 가지게 될 수 있는― 일종의 개방형 "도착자" 사이버 사파리에 갇혀 있는 자신을 발견한다.
>
> (Wacquant, 2009, 227)

성범죄 전과자가 신원 등록을 하지 않는 경우는 흔하며, 이 경우 최대 10년의 징역형을 선고받을 수 있다(Gottschalk, 2015, 206). 텍사스주의 한 남성은 모텔 방에서 같은 모텔 주차장에 있는 자신의 차로 이사하면서 거주지 변경 신고 마감일을 며칠 넘겼다는 이유로 ―이것이 그의 세 번째 신고 불이행이라는 점을 고려한 가중된 형의 선고로― 55년의 징역형을 선고받았다(Gottschalk, 2015, 207). 일부 관할권에서는 성범죄 전과자가 새로운 성범죄를 저지르는 경우보다 신고 불이행으로 재구금되는 경우가 더 많다(Gottschalk, 2015, 209).

미국에서 메건법은 성범죄 전과자의 거주 가능 지역을 제한하는 다양한 카운티·시·주 법률로도 전이되었다. 이들은 성범죄 전과자에게 학교·공원·레크리에이션 센터·어린이집·도서관·체육

관·수영장·영화관·애완동물 가게·버스 정류장·자전거 도로나 아이들을 흔히 볼 수 있는 그 외의 다른 장소로부터 일정한 거리 내에 거주하는 것을 금지하며, 심지어 전과자의 범죄가 아동과 관계없는 것일 때조차도 같은 제한을 한다(Gottschalk, 2015, 209). 일부 지역사회에서는 신원 등록 성범죄 전과자가 근처에 살 수 없게 하려고 이들 법률을 활용해 주민들이 사비를 털어 주거지 인근에 작은 공원이나 놀이터를 선제적으로 조성했다. 이러한 법률과 지역사회의 대응으로 인해 신원 등록 성범죄 전과자가 거주할 수 있는 도시나 교외 지역이 거의 남지 않아서, 많은 이들이 형기를 마친 후 자기 집과 가정으로 돌아갈 수 없거나 도시에 살 수 없게 되었고, 노숙자 쉼터에 머물 수도 없게 되었다. 성범죄 전과자는 허리케인 같은 자연재해가 발생했을 때 긴급 대피소에 머무는 것조차 금지된다(Gottschalk, 2015, 209). 일부 사람들은 시골로 이사하거나 주차장, 트럭 정류장이나 다리 아래에서 잠을 잘 수밖에 없다(Wacquant, 2009, 238).

성범죄자 신원 등록, 지역사회 통지, 그리고 성범죄 전과자의 거주 가능 지역을 제한하는 다양한 법률·법령·조례의 효과는 예측할 수 있는 것이었다. 한편으로는, 로익 바캉의 주장처럼, 이런 등록 명부는 오류와 누락으로 가득 차 있고(등록 명부에 기재된 주소의 20-40%가 잘못되어 있고, 성범죄 전과자의 35-70%가 등록을 회피하고 있다), 성범죄자 대부분이 애초에 기소되지 않거나 기소되더라도 유죄판결을 받지 않기 때문에 등록 명부에 절대 나타나지 않는다는 점을 고려하면, 등록 명부가 주는 안도감은 환각일 뿐이다(Wacquant, 2009, 227). 또한 성범죄자가 비난받을 만한 범죄를 저질러 유죄판결을 받은 경우에도, 그리고 그들이 경찰에 순응하여 명부에 등록할 뿐만 아니라 등록 명부에 기재된 주소가 정확하더라도, 등록 명부 작성이나 지역사회 통지 조치가 그들이 다른 동네에서 새로운 범죄를 저지르는 것을 막지는 못한다(Wacquant, 2009, 227). 신고되지 않은 아동 성범죄가 인근의 수많은 가정 어딘가에서 발생할 수도 있고, 다른 지역에 사는 아동성범죄자가 지역사회가 만든 놀이터를 방문하는 것을 전혀 막을 수 없는데도, 인근에 놀이터를 짓기 위해 비용을 부담한 주민들은 아이들을 위해 "성 포식자가 없는" 안전한 공간을 만들었다고 자축한다(Ober, 2013). 다른 한편으로, —그리고 가족들이 더 안전하다고 느끼도록 통지 실행을 장려하지만— 이러한 통지 실행 조치는 실제로 낯선 사람의 위험에 대한 불균형한 두려움을 불러일으킬 수 있다. 그 결과, 성범죄 전과자는 정기적으로 괴롭힘과 굴욕의 대상이 되고, 지역사회에서 쫓겨나 외면당하며, 자경주의로 인해 일상적으로 집·직장·가족을 잃는다. 거주지 제한으로 노숙자가 된 성범죄 전과자는 식료품 할인권을 받을 수 없으며, 일부는 등록할 거주지가 없는데도 새 거주지를 경찰에 등록하지 않았다는 이유로 재구금된다(Gottschalk, 2015, 213, 209). 한 성범죄 전과자는 자신의 상황을 다음과 같이 설명한다. "움직일 수가 없습니다. 갇혀 있어요. 직업을 구할 수도 없고요. 가진 돈도 수입도 없어요. 살아갈 방법이 없습니다. 감옥으로 돌아가야 할 것 같아요"(Wacquant, 2009, 224-5). 지역사회 통지 과정에서 전과자는 물론이고 가족들도 수치심을 느낀다. 한 성범죄 전과자는 지역 신문에 자신의 범죄사실이 게재되었을 때 어머니가 얼마나 "상심"했는지를 이야기한다. 어떤 이는 자신의 근친상간 범죄사실이 알려졌을 때 아들이 학교에서 다른 아이들로부터 조롱당했다고 말한다(Wacquant, 2009, 229). 아동 보호를 목적으로 내세우는 성범죄자 등록과 거주지 제한 때문에 아동은 물론이고 가족 전체가 노숙자 신세가 된다. 성범죄 전과 신고가 가족에게 굴욕감을 주고 노숙자가 될 수도 있다는 인식은 가족 내 성 학대 신고의 또 다른 억제책으로 작용한다.

명부등록과 지역사회 통지로 발생하는 따돌림에서 오는 심리적 고통과 결합한 불가능, 즉 자기 공동체로의 재통합이나 새로운 공동체 발견의 불가능은 치료에 아무런 도움이 되지 않으며, 오히려 성범죄 전과자를 재범의 확률이 더 높은 지하 세계로 밀어 넣는다. 더구나 메건류의 법은 자금 지원이 없는 명령이어서 성범죄 전과자에게 실제로 삶을 재창조하고 재범을 피하는 데 도움을 줄 수 있는 각종 서비스 제공이나 성범죄 피해자를 위한 서비스 제공 등에 사용될 자원을 빼앗아 간다. 이러한 이유로 일부 성폭력 위기 센터sexual assault crisis centers와 교육 프로그램 관련자들은 성범죄자 관련 법률에 반대하는 연합을 형성하였다. 이들은 징벌 조치에 투입되는 거대한 자원을 성범죄 퇴치에 더 효과적인 프로그램에 쓰자고 주장한다(Gottschalk, 2015, 212). 특히, 이처럼 기이하고 역효과를 낳는 감시 조치를 초래하는 "성 포식자"에 대한 두려움은 성범죄 증가 때문에 생긴 것이 아니라 "대부분이 언론과 정치인들의 활동 결과"라는 것이다(Wacquant, 2009, 212). 머리 갓쵸크의 고찰처럼, 성범죄 관련 법안은 경험 연구와 완전히 단절되어 있다. "입법자는 정부의 성범죄 관련 정책 개발의 가장 중요한 정보원이 —경험 연구가 아니라— 언론보도와 유권자들의 견해라는 사실을 인정한다. 성범죄자에 …… 관한 연구 결과는 …… 거의 무의미하다"(Wacquant, 2009, 212). 언론과 정치인들은 어쩌다 발생하는 낯선 사람에 의한 선정적인 성범죄 사건을 다룸으로써, 그리고 남용함으로써, 성범죄의 주요 현장이지만 그러나 신성불가침인 가족에게 관심이 쏠리지 않게 한다.

성범죄에 대한 페미니스트-푸코주의자의 접근

푸코는 성범죄에 대해 현대 북미의 미디어가 보이는 태도와는 정반대의 태도를 보이며, 『성의 역사』에서 성인 남성과 여자아이의 섹스에 대해 "하찮은 목가적 쾌락"이라는 논란의 여지가 많은 표현을 썼다(Foucault, 1978a, 31). 이듬해 좌담에서는 강간을 "얼굴에 주먹질하는 것"에 비유했으며(Foucault, 1988a, 209), 얼마 후에는 법정 강간법statutory rape laws을 폐지해야 한다고 주장했다(Foucault, 1988b). 『성의 역사』는 푸코 저작의 이런 지점에 대한 페미니스트의 개입에 정보를 제공하며 깊은 영향을 끼쳤다. 페미니스트들은 강간, 성인과 미성년자 사이의 성관계에 대한 푸코의 발언이 단순한 성차별이 아니라 『성의 역사』에서 섹슈얼리티의 사회적 구성에 관해 그가 한 주장에 바탕하고 있는 것임을 잘 알고 있다. 하지만 그들은 강간과 아동 성추행이 나중에 결국 우리가 수용할 수 있는 단순한 "사회 구성물"로 치부되는 것을 막고자 했다. 그러나 나는 성범죄의 비범죄화라는 푸코의 바람은 섹슈얼리티에 관한 그의 연구, 즉 부인할 수 없는 그의 남성중심주의에서 영향을 받기도 했지만, 그가 펼쳤던 감옥 반대 활동과 그 시기에 작성한 저술의 영향도 받았다고 주장한다. 푸코는 『감시와 처벌』(1975), 『성의 역사』(1976)를 연이어 —강간, 미성년자와의 성관계에 대해 발언한 때와 같은 시기에— 출간했으며, 성범죄의 (배상으로 처벌할 수 있는) 경범죄화나 완전한 비범죄화를 원했다. 부분적으로는 범죄에 대한 사회의 지배적 대응이 구금이었고(지금도 그렇다), 푸코는 구금 제도에 매우 비판적이었기 때문이다. 그러나 성범죄 관련 푸코의 언급에 대한 페미니스트의 비평은 성과 범죄에 관한 푸코의 저작을 균형 있게 다루지 않았다. 감옥이 그 자체로 심각한 사회정의 문제를, 그것도 젠더와 깊이 관련된 다수의 문제를 일으킨다는 사실을 거의 고려하지 않고서, 성범죄 해결책으로 구금을 암묵적으로나 명시적으로 지지한다. 초기 페미니스트의 대응과 달리, 이 책은 성범죄 관련 푸코의 발언에 대한 페미니스트 감옥 폐지론자Feminist prison abolitionist, 즉 —이런 사회문제에 대한 해결책으로 구금을 지지하지 않으면서도, 성범죄 피해자에 대한 푸코의 관심 부족을 비판하는— 상호교차론자intersectionalist의 대응이다. 감옥뿐만 아니라 규율 권력에 대해 푸코가 전반적으로 수행했던 비판을 좇아서, 감옥의 대응을 의학적 대응으로 대체하는 것에 반대하고, 정신성적 트라우마psychosexual trauma 담론처럼 심리적·역사 초월적 담론에 의존하여 성적 폭력sexual violence[8]의 심각성을 주장하는 것에 반대한다. 오히려 그가 말하는 인간·심리과학 담론의 정치화를 진지하게 받아들인다.

이 책은 푸코가 무엇을 잘못했는지 보여주는 것을 넘어, 푸코에 관한 페미니스트 문헌이 아직 하지 못한 논의, 즉 성범죄에 대한 대안적이고 건설적인 분석을 제시하는 데까지 나아간다. 푸코의 비범죄화 제안이 여성과 소녀의 경험을 하찮게 여겼기 때

---

8 옮긴이: sexual violence는 모든 유형의 성적 폭력 행위를 아우르는 표현으로, 여기서는 '성적 폭력'으로 옮긴다.

문에 문제였다면, 이를 하찮게 다룰 수 없는 성범죄에 대해서 우리는 무엇을 할 수 있을까? 페미니스트 연구자들은 성범죄에 대한 대안적 접근법을 고려하지 않은 채 푸코를 비판하기만 함으로써 현행 형사처벌제도로 되돌아간다. 현행 형사처벌제도는 성범죄 피해자가 정의를 구하고자 할 때 그들에게 일관되게 실망만을 안겼고, "최상의" 시나리오에서조차도 범죄자를 인종차별주의·식민주의·계급차별주의·비장애중심주의·동성애혐오·트랜스혐오에 기초한 폭력의 도구이자 여성혐오가 만연하고 강간이 흔히 일어나는 시설에 가두는 제도이다. 미국 법무부the U.S. Department of Justice에 따르면, 2008년에 감옥에서 강간당한 수감자가 전체 220만 명 중 20만 9,000명이나 되는데, 이는 그해 미국 전역에서 강간당한 12세 이상 여성과 소녀(수감자 제외)의 추정치 16만 4,000여 명을 크게 웃도는 수치다(Gottschalk, 2015, 137). 미국 법무부 통계국the U.S. Bureau of Justice Statistics 연구에 따르면, 미국 감옥 강간 사건의 절반가량은 교정 직원에 의해 저질러지며, 남자 감옥 강간 사건의 주된 피해자는 LGBTQ[9] 수감자다. 이것이 성적 폭력에 대한 페미니스트의 해결책이 될 수는 없다. 성범죄에 대한 푸코의 발언을 이해하고 비판하려면 『감시와 처벌』, 『성의 역사』를 함께 고려해야 하지만, 푸코의 성범죄에 대한 간략하고 문제적인 언급보다 더 생산적이고 확장적인 분석을 가능하게 하려면 전자의 감옥 폐지론을 섹슈얼리티에 관한 푸코주의자-페미니스트Foucauldian-feminist의 대화에 끌어들여야 할 필요 또한 있다. 그와 같은 분석을 제공하는 것이 이 책의 목적이다.

---

9 옮긴이: 레즈비언Lesbian, 게이Gay, 양성애자Bisexual, 트랜스젠더Transgender, 퀴어Queer.

푸코 자신은 강간과 아동 성추행이라는 두 가지 종류의 성범죄에 대해서만 견해를 밝혔지만, 성범죄는 논쟁의 여지가 있고 광범위한 범주다. 오늘날 성범죄자로 낙인찍힌 다수의 사람이 성적 서비스의 제공이나 구매selling or purchasing sexual services, 성매매sex trafficking[10], 음란 전화 통화, 노상 방뇨("외설적인 노출"), 청소년 간 합의 성관계("로미오와 줄리엣" 범죄), 심지어는 미성년자일 때 했던 성적인 "셀카" 촬영 및 전송("아동 포르노그래피" 제작 및 유포) 등으로 형을 선고받았다. 이 스펙트럼의 반대쪽 끝에는 성적 살인이 있는데, 이 책을 쓰는 동안 성적 연쇄살인범에 관해 읽으면서 암울한 여름을 보냈다. 비판적 동물 연구Critical Animal Studies 학술회의의 기조연설을 요청받았을 때, 역사적으로 소도미법sodomy laws에 따라 동성애로 분류되었고, 그것이 폐지되면서 많은 관할권에서 합법화된 수간에 대해 생각하기 시작했다. 소도미 사례에서 알 수 있듯이, 동성애 행위는 오랫동안 성범죄였고, 일부 관할구역에서는 아직도 그렇다. 라델 맥호터Ladelle McWhorter가 1999년에 주시한 바와 같이,

> 버지니아주에서 나는 구제 불능의 중범죄자라는 낙인이 찍힐 수도 있다. 단발머리를 하고 있으며, 정원을 가꾸고, 컨트리 팝 가수인 K. D. 랭K. D. Lang[11]의 노래를 듣는다. 아직 오토바이를 소유하지는 않았고, 트럭도 처분했지만, 이런 일탈은 단지 외견적인 것일

10 옮긴이: sex trafficking은 단순한 성매매를 의미하는 것이 아니라, 일반적으로 착취적이고 강제적인 성매매에 더해 성 착취를 위한 인신매매도 포함하는 개념이다. 한편, 모든 성매매는 강제적이고 착취적이라는 점에서 맥락에 따라서는 모든 형태의 성매매를 포섭하는 용어로 사용되기도 한다. 여기서는 prostitution, sex trafficking을 모두 '성매매'로 옮기되, sex trafficking의 경우는 원어를 병기하였다.

11 옮긴이: 캐나다 출신 컨트리 팝 가수. 성소수자 인권 운동에 힘쓰기도 했다.

뿐이다. 즉 핵심은 이것이다. 나는 여자를 좋아하고, 라인댄스를 출 줄 안다.

(McWhorter, 1999, 31)

라델 맥호터의 이 글은 비록 「로렌스 대 텍사스*Lawrence v. Texas*」 결정[12]이 마침내 미국에서 소도미법을 폐지하기 4년 전에 쓰인 것이지만, 퀴어는 여전히 불균형하게 법정 강간과 더불어 음란·외설·호객 의도처럼 경찰에게 상당한 해석의 재량권이 주어져 있는 소위 기초질서 위반으로 체포되고 있다(Mogul et al., 2012, 53).

유색인종이나 빈민과 더불어 퀴어는 치안과 감옥의 각별한 표적이지만, 이성애 커플이 저지른 구강·항문 성교도 혼혈의 출산과 피임처럼 범죄화되었다. 산문시 작가 엘리자베스 스마트Elizabeth Smart는 아름다운 시집 『그랜드 센트럴역에 나는 앉아 울었네*By Grand Central Station I Sat Down and Wept*』(1945)에서 1940년대 어떤 이가 간통하려고 주 경계를 넘었다가 성범죄 혐의로 체포되는 장면을 묘사한다. 중세와 근대 초에는 수녀와의 성관계를 그리스도에 대한 간음으로 여겨, 기독교인이 유대인과 성관계를 갖는 것과 마찬가지로 성범죄로 간주하였다. 제인 카푸티Jane Caputi에 따르면, 마녀재판이 (대부분) 여성에게 악마나 악마의 매개자와 성관계했다, 수간하였다, 음경을 수집해 새 둥지에 숨겨 두었다, 주문을 외워 남자와 가축을 생식불능으로 만들었다는 등의 범죄로 화형 판결을 한 이래로 15세기에서 18세기까지 마녀들이 성범죄자로 인식되었다(Caputi, 1987, 99-100). 제인 카푸티는 마녀

---

12 옮긴이: 미연방대법원은 동성 간의 '비정상적인 성관계'를 금지하는 텍사스주 법률을 개인의 자유와 사생활을 침해한다는 이유로 위헌이라고 결정하였다.

로 기소된 여성에 대한 심문(심문하는 동안 마녀 사냥꾼은 악마의 키스를 꼼꼼하게 찾아내기 위해 머리부터 발끝까지 여성의 벌거벗은 몸을 "찌른다")을 성폭력sexual assaults[13]으로 묘사한다. 마녀 사냥 피해자들은 성범죄 혐의로 재판받았지만, 제인 카푸티가 볼 때 그들은 오히려 성폭력의 피해자다. 마찬가지로, 오늘날의 수감자들은 감옥에서 자신이 받았던 관례적인 신체 검색pat-downs and frisks, 탈의 검색strip searches을 교도관에 의해 완벽하게 합법적으로 행해지는 성폭력으로 일관되게 묘사한다. 이런 관점에서 볼 때, 감옥은 비록 합법적이긴 하지만 조직적인 성폭력의 현장이다.

요컨대, 무엇을 성범죄로 간주하는가는 ―따라서 누구를 성범죄자로 보는가는― 역사적이고 우연적이며, 논란의 여지가 있는 구성이다. 로익 바캉의 말처럼,

> "성범죄자"라는 개념은 광범위한 행동을 포괄하는 탄력적 …… 용어다. …… 그러나 최근 대중의 견해에 따르면, "범죄의 총체적인 지속성, 어떠한 치료나 억제를 위한 대응의 부족, 그리고 무엇보다도 극단적인 위험성을 나타내는 치한·소아성애자·포식자 등과 같은 매우 위험한 다른 개념"과 거의 구별할 수 없게 되었다.
>
> (Wacquant, 2009, 211)

성적 행위가 광범위하게 성범죄로 개념화될 수 있고 개념화되어 왔(지만, 이들 모두가 이제 소아성애와의 연관성 때문에 오염되었)다는 인식이 이 기획을 복잡하게 만들었다. 아동과의 성관계

---

13 옮긴이: sexual assault는 강간, 강간미수 외에 상대방의 동의 없는 성적 신체접촉을 포함하는 용어로, 여기서는 '성폭력'으로 옮긴다.

나 성폭력을 진짜 사회문제라고 보면서 그에 대한 대응을 모색하고자 했다. 그러나 그 밖의 경우에서 성적 행위를 개입이 필요한 사회문제로 삼는 태도에 대해서는 의문을 제기하고, 이들의 성범죄 범주화와 관련된 권력의 영향력과 진실게임에 조명을 비추려고 하였다.

푸코에 따르면, 범죄는 사회의 우연한 구성물이다(Foucault, 1977a). 신성 모독과 같이 한때 심각한 범죄였던 행위가 이제는 범죄가 아니듯이, 오늘날에는 이전 시대에는 범죄가 아니었던 마약 사용과 같은 다른 행위가 감옥을 가득 채운다. 1990년대 중반부터 현재까지 마약 범죄에 대한 유죄판결이 80% 증가했음은 잘 알려진 사실이지만, 같은 기간에 아동 포르노그래피 소지를 이유로 내려진 유죄판결이 60% 이상 늘었다는 사실은 잘 알려지지 않았다(Gottschalk, 2015, 199). 놀라운 일이지만 아동에 대한 노골적인 성 이미지를 소유하는 행위는 1990년대 이전에는 범죄가 아니었다. 하지만 1993년에서 2000년 사이 미국에서 발생한 성범죄에 대한 유죄판결이 400%나 증가한 현상은 주로 아동 포르노그래피 소지죄의 유죄판결로 설명할 수 있다. 아동에 대한 성적 이미지 소유는 몇십 년 전에는 완벽하게 합법이었지만, 현재는 소아성애와 동의어가 되어 아동에 대한 성 학대보다 더 장기의 징역형을 초래하는 경우가 많다(Gottschalk, 2015, 201).

그러나 우리가 무엇을 범죄라고 생각하는지는 물론이고, 한 사회를 특징짓는 범죄가 어떤 것인지는 역사적 구성이다. 다른 사회보다 훨씬 폭력적인 사회도 존재하고, 인류학자의 주장에 따르면 강간을 모르는 사회도 있다고 한다(Helliwell, 2000). 더구나 어떤 범죄가 발생하고 어떤 사람을 범죄자로 간주하는지는 물론이고,

우리가 그들을 어떻게 바라보는지도 시간이 지나면서 급격히 바뀐다. 몇백 년 전 —적어도 "이상적인 피해자"와 적절한 가해자가 있을 때, 오늘날 가장 많은 비난을 받는 성범죄 중 하나인— 강간은 이해할 만한 일로 여겨졌고, 어떤 경우에는 기소할 가치가 거의 없으며, 다른 사회 침해가 관련되어 있을 때만 기소 가치가 있는 '열정의 행위'로 여겨졌다. 범죄 역사가들은 재산범이 폭력범보다 훨씬 더 심각한 범죄로, 성적 폭력 범죄는 가장 덜 심각한 범죄로 인식되었다고 지적한다. 더욱이 성폭력을 범죄로 보더라도 한 남자가 다른 남자의 재산을 —아내나 딸을— 그의 허락 없이 사용한 것으로 여겨 재산범죄처럼 보는 경우가 많았다. 종종 그랬듯이, 성폭력이 만약 결혼으로 이어진다면, 그것은 칭찬받을 만한 일로 여겨지기까지 했다. 이와는 대조적으로, 약 120년 전부터 특정 성범죄가 심각하게 받아들여지기 시작했을 뿐만 아니라 규모가 과장되고 중요성도 논란의 여지가 있을 정도로 강조되기 시작했다.

역사가들은 19세기 후반과 20세기에 성범죄를 둘러싼 세 가지 "공황"의 물결three waves of "panic"을 기술한다. 공황의 물결은 개혁시대(1890년대와 1920년대 사이), 1936년에서 1957년 사이, 그리고 1990년대에 일었다(Jenkins, 1994; 2009; Wacquant, 2009, 201). 그러나 처음 두 번의 성범죄에 대한 "공황"의 물결 동안에는 많은 경우에 성범죄자를 참회 격리penitential isolation나 심리 치료를 통해 개선되거나 치유될 수 있는 병든 환경의 산물로 간주했다. 결과적으로, 머리 갓쵸크는 성범죄자에 대한 초기의 두 "도덕적 십자군"이 "수사학적 수준에서는 믿을 수 없을 만큼 격렬"했던 반면에 "현장에서의 처벌 결과는 비교적 경미"했다고 지적했다(Gottschalk, 2015, 197). 이와는 대조적으로, —이제는 교정·

교화가 구금의 목표가 아닌 현대의 통제 감옥이 부상하는 것과 일치하는(Guenther, 2013)— 1990년대의 세 번째 공황의 물결 이후에는 일반적으로 성범죄자를 "괴물"이나 "포식자"로 간주하며, 평생 무해화만이 그들에 대해 유일하게 신뢰할 만한 사회 방위책이라고 본다. 그 결과, 머리 갓쵸크가 "흑인 단속법, 남부의 짐 크로우, 나치, 그리고 한 세기 전 우생학 운동과 관련된 불명예스러운 역사"라고 언급한 거세가 다시 한번 처벌로서 도입되었다(Gottschalk, 2015, 197). 동시에, 더 많은 성범죄가 사형 대상이 되었고, "투 스트라이크" 법과 치료감호법이 많은 성범죄에 대한 종신형이나 무기 구금을 가능케 했다. 결과적으로, 미국에서 성범죄자는 머리 갓쵸크가 "이상한 나라의 앨리스에 등장하는 미로로 묘사한 치료감호법, 지역사회 통지, 신원 등록, 일종의 의례적 유배인 거주지 제한"의 적용을 받고 있으며(Gottschalk, 2015, 196), 다른 서구권 국가에서도 상대적으로 덜 극단적인 형태이긴 하지만 유사한 미로가 나타나고 있다.

이 책은 북미의 상황에 초점을 맞추는 동시에 주로 북미의 정치·학술 토론에 관심을 두면서 이러한 사회 변화가 발생한 이유를 조사하여, 성범죄에 대한 우리의 직관과 대응을 낯설게 하는 것이 목표다.[14] 범죄학이 성범죄자에 대한 진실을 뒤늦게나마 인식하게 했고, 페미니스트 운동의 사회 영향이 마침내 성범죄를 심각하게 받아들이도록 설득했다는 주장도 있지만(Ambroise-

14 대부분의 민주주의 국가는 최근 몇십 년 동안 수감률이 증가해 왔지만, 이러한 증가에도 불구하고, 형벌 문화가 국가마다 크게 다르다. 미국은 수감자 수(유럽에서 수감률이 가장 높은 영국이 10만 명당 148명인 것과는 대조적으로 10만 명당 737명)뿐만 아니라 수감 조건의 잔혹성 측면에서도 극단적인 경우다. 민주국가의 구금에 대한 비교분석은 니콜라 레이시 Nicola Lacey의 『죄수의 딜레마 *The Prisoner's Dilemma*』(Cambridge: Cambridge University Press, 2011)를 참조하라.

Rendu, 2014), 푸코주의자의 접근법은 범죄학의 지식 주장을 역사화하고 정치화할 뿐만 아니라, 성범죄자에 대한 이러한 변화된 생각이 부분적으로는 생명 정치 형태의 권력(성을 특권화된 대상이자 관심사로 삼는 일종의 권력)이 부상했기 때문에 일어났음을 시사한다(Foucault, 1978a). 이 책의 과제 중 하나는 억압적인 사회통제 도구로서 성적 폭력이 갖는 중요성을 꿰뚫어 보는 페미니스트의 통찰력을 경시하지 않으면서도 푸코주의자의 주장을 진지하게 받아들이는 것이다.

성범죄자 사례를 탈구금주의적decarceral 관점에서 고려하는 것은 최소한 세 가지 이유로 중요하다. 첫째, 성범죄에 대한 유죄판결이 점점 엄중해짐에 따라 "주·연방 교도소 인구에서" 성범죄자가 차지하는 수가 "가장 빠르게 증가하고" 있다(Gottschalk, 2015, 199). 로익 바캉이 서술한 것처럼, "성범죄자는 대도시 하위지역 출신 젊은 흑인 남성과 더불어 지난 [4]0년 동안 미국에서 자선 국가라는 폐허 위에 번성한 형벌 파놉티시즘의 특별한 표적이었다"(Wacquant, 2009, 209). 다시 말하지만, 성범죄 수감자 수의 급격한 증가는 성범죄 증가에 따른 것이 아니다. 오히려 로익 바캉의 설명처럼,

> 성범죄 발생률이 감소하는 동안, 강간 이외의 성범죄로 형을 선고받은 수감자 수는 1980년에서 1995년 사이에 매년 평균 15%씩 증가하여, 전체 수감 인구 증가율의 두 배가 되었으며, 그 기간에 모든 범주의 성범죄자가 현저하게 증가했다.
>
> (Wacquant, 2009, 212)

성범죄에 대해 특히 징벌적 대응을 취하는 이유는 성범죄 발생 증가율 때문이 아니라 "선진사회"에서 성범죄가 갖는 비할 데 없는 중대성 때문이라는 주장이 있고(Wacquant, 2009, 215), 페미니스트의 관점에서는 강간죄 유죄판결이 예외적인 일이라는 사실이 중요하지만, 푸코주의적 관점에서 우리는 성범죄자에 대한 집중이 오히려 근대 서구의 특징인 성에 대한 생명 정치의 투자와 관련 있는 것은 아닌지 물을 수 있다. 더구나 푸코주의적 관점에서 우리는 성범죄자가 가장 강력한 형태의 규율 권력의 대상이 된다는 점에 주목할 수 있다. 앞서 본 것처럼, 그들은 특히 장기의 징역형에 따른 복역 외에도 성범죄 전과자 신원 등록·지역사회 통지·복역 후 무기한 정신병원 구금과 같은 가장 침해적인 형태의 감시를 받는다(Wacquant, 2009, 236). 입증된 바와 같이, 이러한 징벌 조치가 사회 비용을 많이 소모하면서도, 전과자의 사회 재통합을 거의 불가능하게 하고, 지역사회를 더 안전하게 만들지 않는다면, 우리는 성범죄자에 대한 현행 조치를 재고해야 한다.

둘째, 수많은 감옥 연구자는 법적·비법적 성적 폭력이 감옥 생활에 편재되어 있으며, 이 범죄가 교정 직원과 수감자들에 의해 거의 동일한 비율로 자행된다는 사실을 밝혔다(Donaldson, 2001; Kupers, 2001; Kunzel, 2008; Arkles, 2014; 2015; Lydon, 2016). 감옥은 LGBTQ 수감자와 성범죄자가 특히 강간의 표적이 되는 초혐오의 공간이며, 비동의 신체 검색, 의무적 탈의 검색, 구강·항문 검색 등의 형태를 통해 성적 폭력이 구조적으로 행해지는 일상화된 공간이다. 게다가 감옥은 강간을 정상화하는 공간이고, 따라서 대부분 외부 세계로 돌아갈 인구 안에서 강간범을 양산하는 공간이다. 이러한 사실을 고려할 때, 강간과 같은 성범죄를 예방하는 데 관심이 있는 사람이라면 성범죄자를 감옥 안이 아니라 감옥 밖에 두어야 한다고 주장할 수 있다. 감옥은 강간이 일어나고 강간 문화가 정상화될 가능성이 가장 큰 장소이기 때문이다.

셋째, 감옥이 없어서는 안 된다는 근거로 심지어 살인자보다 더 자주 인용되는 예가 성범죄자다. 엘리자베스 번스타인Elizabeth Bernstein의 주장처럼, "아주 악마화된 인물(화목한 가정생활이라는 이상에 대한 그의 위협은 새로운 형벌 질서의 정당화에 중요한 역할을 한다)"은 "현대 정치·문화에서 '성범죄자'의 담론적 생산"이다(Bernstein, 2012, 238). 로익 바캉에 따르면, 성범죄자를 "도덕적 혐오의 살아있는 구현으로" 구성하는 것은 "교화라는 이상을 완전히 부정하면서 1970년대 후반부터 시작된 미국 형벌정책의 특징인 '강력한 무해화'와 '복수심에 기초한 응보'로의 전환을 촉발하는 시급하고 끊임없는 새로운 동기를 제공한다"(Wacquant, 2009, 214). 게다가 로익 바캉은 "오늘날 성범죄자를 비도덕적이고 비사회적인 존재, 인간 이하의 짐승 같은 존재로 묘사하는 것은 …… 폭주하는 형벌이라는 열차의 바퀴에 윤활유를 뿌리는 것과 같다"(Wacquant, 2009, 215)라고 말한다. 감옥제도의 존속과 확장을 정당화하는 데 성범죄자가 특히 유용하다는 사실이 입증되었기 때문에, 이들은 감옥 폐지론에 대한 설득력 있는 주장을 하기 위해 반드시 설명해야만 하는 범죄자 범주가 되었다. 이를 위해, 이 책의 목적 중 하나는 성범죄 해결책으로 인식되는 감옥의 불가피성에 항변하고자 푸코주의적 도구를 취하는 것이다.

이 책에서 사용하는 푸코주의적 도구 중 하나는 계보학이다. 니체를 좇는 푸코에게 계보학은 대항역사counterhistory, 즉 (감옥이나 정신병원과 같은) 제도, (섹슈얼리티나 광기와 같은) 현상, (도덕성과 같은) 일련의 신념이나 (정신의학과 같은) 업무에 관한 지배적 이야기에 대한 반박이다. 푸코의 『광기의 역사*History of Madness*』[15]와 『감시와 처벌』이 정신질환과 처벌에 관해 수행한 것처럼, 일부 계보학은 목적론적 역사를 반박한다. 다른 계보학은 도덕의 역사(니체의 『도덕의 계보』는 이를 반박한다)나 섹슈얼리티를 원시적 생물학적 원동력으로 보는 관점(푸코의 『성의 역사』는 이를 불신한다)과 같은 보편화된 역사를 뒤흔든다. 계보학은 현재의 제도나 관행 또는 직관의 기원을 찾는 것이 목적이 아니라, 오히려 "우연, 미시적 편차를 규명하거나, 아니면 역으로 우리를 위해 계속 존재하고 가치를 가지는 것들을 탄생시킨 …… 완전히 반전된 사실을 규명하는 것"을 목적으로 한다(Foucault, 1984, 81). 계보학은 과거가 현재와 다르고, 현재가 달랐을 수도 있고, 따라서 미래도 다를 수도 있다는 것을 증명하기 위해 불연속성·우연성·권력 투쟁에 초점을 둔다. 계보학은 정치적이다. 즉 계보학의 저자들이 확립한 관심 때문에, 계보학은 사회 변화를 위한 공간을 열어젖히기를 열망한다. 푸코의 입장에서 지성인이 해야 할 일은 "사람의 정신적 습관을 동요시키기 위해 자명하다고 가정되는 것에 대해 반복해서" 질문하는 것이다(Foucault, 1988d, 265). 이런 점에서 성범죄와 그 처벌에 대한 우리의 현재 태도를 계보화하는 것을 목표로 삼으면서, 이러한 현상에 대한 우리의 지배 문화가 보이는 서사를 차단하고자 하였다.

15 옮긴이: 우리말 번역으로는 미셸 푸코 지음/이규현 옮김/오생근 감수, 『광기의 역사』, 개정판, 나남, 2020.

계보학 시기 푸코의 통찰을 바탕으로, 성범죄자로 낙인찍힌 사람은 한 번은 범죄학적 담론과 형사처벌제도가 그들에게 주입한 일탈이라는 것 때문에, 다른 한 번은 정신성적 담론이 그들의 성범죄를 하나의 정체성으로 받아들이는 방식 때문에, 오늘날 두 방향에서 상습성을 가지는 것으로 구성될 것이라는 점이 이 책의 주요 주장 가운데 하나다. 푸코 자신도 여러 곳에서 성범죄자를 고려한다. 첫 번째는 『비정상인들*Abnormal*』[16]로 출간된 1975년 강의에서 샤를 주이를 논하면서였고, 두 번째는 1976년 『성의 역사』에서 샤를 주이 사건을 이야기하면서였다. 세 번째는 1977년 원탁 토론에서였고(이 토론에서 푸코는 강간범을 성범죄가 아니라 폭행죄로 다스려야 한다는 생각에 대해 고민했다), 마지막으로는 1978년 라디오 방송에서였다(당시 그는 성인과 미성년자 사이의 비강제적 성관계는 완전히 비범죄화해야 한다고 주장했다). 1978년 모니크 플라자Monique Plaza의 대응을 시작으로 페미니스트들은 신속하게 강간과 미성년자와의 성관계에 관한 푸코의 제안을 비판했으며, 그 후 수십 년 동안 일관된 태도를 보여왔다(Plaza, 1978; Woodhull, 1988; Bell, 1993; Hengehold, 1994; Alcoff, 1996; 2000; Cahill, 2000; Sawicki, 2005). 최근에는 주이, 강간 및 법정 강간에 관한 푸코의 짤막한 논평을 제한적으로나마 재평가하는 페미니스트도 등장했다(Oksala, 2011; Rehn-deBraal, 2013; Tremain, 2013). 그러나 푸코의 성범죄에 대한 노골적인 발언을 두고 페미니스트가 보인 대응 외에 성범죄에 관해 푸코주의 관점에서 수행된 연구는 거의 없다(부녀 근친상간에 초

---

16 옮긴이: 우리말 번역으로는 미셸 푸코 지음/박정자 옮김, 『비정상인들: 1974~1975, 콜레주 드 프랑스에서의 강의』, 동문선, 2001.

점을 맞춘 예외로는 Bell, 1993 참조). 『감시와 처벌』, 『성의 역사』 제1권이 푸코의 가장 영향력 있는 두 권의 저작이고, 성범죄자의 몸이 이런 연구와 만나는 지점임을 생각하면 놀라운 일이다. 이런 빈약함은 로라 헹홀드Laura Hengehold가 다음과 같이 주장하듯이 실망스럽다.

> 강압과 규율의 상호 의존성, 국가와 사회 권력의 행사에 있어서 진실한 담론의 생성을 자세히 설명하는 푸코의 이론적 작업은 그 철학자 스스로가 인정하는 것보다 강간 및 강간 피해자 보호법에 대한 더 사려 깊은 분석의 기초를 제공한다.
>
> (Hengehold, 1994, 89)

따라서 푸코가 이 주제에 대해 말한 것 중 많은 부분을 거부하거나 비판하거나 뉘앙스의 차이를 주고 싶지만, 그럼에도 성범죄에 대한 푸코주의적 접근법은 여전히 유용하다. 이 책은 페미니스트를 비롯하여 퀴어 연구·비판적 트랜스 연구·비판적 인종 연구·비판적 장애 연구·비판적 감옥 연구를 포함한 기타 사회정의에 관한 학문의 연구자와 대화하면서 푸코의 통찰력을 성과 범죄에 투과하는 접근법을 개발한다.

성범죄에 대한 페미니스트-푸코주의자feminist-Foucauldian의 접근법, 다시 말해서 사법을 의료화하지도 않고 성적 피해를 사소한 것으로 보지도 않는 방식, 그리고 현행 형사처벌제도를 강화하지 않는 —심지어 폐지하고자 하는— 방식을 주장한다. 푸코의 입장과도 일면 다르고, 푸코에 대한 페미니스트 비평가들의 입장과도 일면 다른 이와 같은 접근법은 페미니즘 이론과 실천의 일부 흐름에서 이미 나타나고 있다. 이들은 오래전부터 법 집행과 감옥이 여성과 아동의 억압에 대한 해결책이 아니라고 주장해 왔다. 이들 페미니스트처럼, 이 책도 범죄자의 처벌과 피해자의 정신의학화에 초점을 맞추기보다는 성범죄를 예방할 사회 전환social transformations에 대해 생각해 볼 필요가 있다고 주장한다. 그러나 앞으로 보게 되겠지만, 대다수 문헌은 성범죄와의 전쟁에서 사회 대변혁을 옹호할 때조차 형사처벌제도 자체의 전환이나 폐지를 고려하지는 않는다. 성적 폭력을 예방하기 위해서는 사회 전반에 걸쳐 젠더에 대한 사고방식을 바꿔야 한다는 데 동의하지만, 감옥은 오늘날 성적 폭력과 억압의 주요한 제도적 장소 중 하나이므로 범죄적 성 정체성의 생산과 그에 따른 상습성의 생산을 방지하려면 이미 범죄를 저지른 사람을 다루는 방식 또한 바꿔야 한다고 주장하는 바이다. 따라서 이 책이 옹호하는 성범죄에 대한 페미니스트-푸코주의자의 접근법은 '감옥과 정신과학의 규율기능이 범죄성과 섹슈얼리티에 적용되고 이들을 구성한다'는 푸코의 분석을 진지하게 받아들이는 것이다. 이에 더해 성범죄 피해자·생존자의 요구와 경험을 역사와 무관하게 언제나 그러한 것으로 가정하지 않으면서도 진지하게 받아들인다. 결과적으로 이러한 접근법은 범죄와 피해의 중대성을 경시하지 않으면서도 범죄자와 피해자 모두의 앞에 놓여있는 감옥과 감옥 전문가 담론이라는 함정을 피할 수 있는 성범죄 대응 방식을 전략화한다. 바라건대, 그 결론은 성범죄를 사회 상황이 변하면 달라질 수 있는, 사회 상황에 의해 구성되고 그런 상황에서 일어나는 우발적인 현상으로 바라보고 접근하는 것이다.

제1부에서는 푸코가 성범죄 주제에 대해 언급한 명시적 의견

과 이러한 의견에 대한 페미니스트의 비판적·회복적의 대응을 검토한다. 제1장에서는 19세기 샤를 주이의 성범죄에 관한 푸코의 논의와 그 사건을 다룬 페미니스트의 문헌을 독자적으로 검토하고, 제2장에서는 성범죄 관련 입법 개혁에 관한 푸코의 제안과 그에 대한 페미니스트 비판의 핵심을 검토한다. 제1장과 제2장에서는 성범죄에 대한 푸코의 성찰이 보여주는 약점을 소극적으로 인정할 뿐이지만, 제3장에서는 여성에 대한 가정폭력 사건을 다루는 잘 알려지지 않은 두 개의 글을 고려함으로써, 푸코에 반대하는 페미니스트의 주장에 적극 가담한다. 샤를 주이와 성범죄 관련 입법 개혁에 관한 푸코의 발언과 같은 텍스트는 푸코가 젠더와 피해자의 경험에 관심을 기울이지 않고 게다가 정신과적 처벌 체계를 제외한 어떤 형태의 사회 억압에도 관심을 기울이지 않았다는 점에서 철학적으로 훼손되었다고 주장한다.

제2부에서는 탈구금주의론을 전개한다. 제4장에서는 페미니스트 반폭력 운동에서 우리가 정신성적 트라우마 서사에 의존한다는 점을 문제 삼기 위해 우선 푸코의 계보학 방법론을 사용한다. 다음으로 페미니스트 운동이 잠식되는 현상과 페미니스트가 구금 통치의 확장을 조장한 정도를 살펴본다. 마지막으로, 반폭력 페미니스트가 감옥에 의존한 성범죄 해결책에 저항해야 하는 강력한 이유 중 하나가 감옥의 강간 문화에 있음을 제시하기 위해 감옥 내 성적 폭력을 조사한다. 제5장에서는 푸코의 감옥 분석과 감옥 폐지 주장을 개관한다. 이어서 감옥에 대한 푸코의 주장이 얼마만큼의 의미를 지니는지를 가늠하기 위해, 그가 『감시와 처벌』을 저술한 이후에 일어난 예상치 못한 감옥의 팽창과 형벌 관행의 질적 변화를 조사한다. 제6장에서는 특히 젠더와 섹슈얼

리티를 규제하는 현대 감옥 권력의 작용을 분석하기 위해 푸코의 "그로테스크한 권력"에 관한 논의를 끌어들인다. 이 장의 목적은 반폭력 페미니스트가 감옥 폐지론자가 되어야 하는 이유를 보여주는 것이다. 감옥은 폭력적·모욕적·인종차별적·비장애중심적·계급주의적 제도이자 성전환자혐오·동성애자혐오·여성혐오의 제도이며, 본질적으로 성적 폭력의 공간이기도 하다. 이런 모든 이유에서 감옥은 사회정의를 연구하는 학자나 활동가라면 누구도 지지해서는 안 될 제도이다. 감옥은 성적 폭력으로부터 우리를 더 안전하게 만들기는커녕 오히려 강간과 성 억압의 문화를 영속시킨다.

제3부에서는 특히 범죄화된 섹슈얼리티·성행위와 관련하여 『성의 역사』에 나오는 "도착의 이식"이라는 푸코의 주장이 계속해서 의미가 있는지를 검토한다. 제7장에서 탐색한 도착의 이식에 관한 예는 성 노동 구매 고객의 섹슈얼리티에 관한 것이다. 역사적으로 성 노동자를 범죄화하고, 낙인찍고, 병리화하기는 했지만, 구매자를 그렇게 하지는 않았다. 그러나 최근 수십 년 사이에 성을 구매하는 사람을 범죄화하고 낙인찍고 병리화하는 방향으로 전환하고 있으며, 성행위에 돈을 지급하는 관행을 도착적 섹슈얼리티로 이해하기 시작했다. 이에 대해, 성을 구매하는 남성들 쪽에서 "대항 담론"이 출현하며, 거기에서 구매자는 이런 "성 정체성"을 자기의 것으로 주장하면서 상업적 성에 대한 욕구의 정상화를 시도하고 있다. 제8장은 동물성애자를 다룬다. 소아성애자처럼 동물성애자는 누가 섹스에 동의할 수 있는지에 대한 사회적 관습에 도전하며, 동물성애가 정치 해방과 사회 수용이 필요한 합법적이고 억압받는 성적 지향이라고 주장한다. 그러나 소아성

애자의 경우처럼, 동물성애자의 대항 담론 배치도 실패했다고 본다. 소아성애와 동물성애 섹슈얼리티를 성적 지향으로 보는 의학적 관점이 고착되었지만, 이러한 방향성을 정당화하고 사회 억압으로부터 그들을 "해방"하려는 시도를 단호하게 거부했다. 제9장은 드물게 발생하는데도 보도는 많이 되는 "쾌락 살인자" 현상을 다룬다. 여기서는 성이 정체성과 융합되었을 때만 특정 살인을 성적 열광을 가진 인물의 행동으로 보이게 한다고 주장한다. 게다가 성이 정체성과 연결되었을 때 비로소 성적 살인범이 누구인지를 표현하기 위해 이런 범죄 유형의 반복이라는 것이 필요하게 되었다. 역사적으로 유례가 없는 새로운 형태의 살인이 이때 나타났다. 따라서 이 마지막 장에서는 성 과학·범죄학 담론이 성적 연쇄 살인범을 구성했다는 테제를 주장한다. 저자는 제3부에서 탐색한 다양한 수준의 성 정체성에 대해서는 비판적인 입장이지만, 그러한 대상에 대한 현재의 법적·범죄학적·정신의학적 반응에 대해서도 시종일관 반대하였다.

이 책에서 논증한 감옥과 형사처벌제도 일반의 실패와 억압성을 고려하여, 결론에서는 예방적·재분배적·회복적·전환적 정의를 포함한 현행 형사처벌제도에 대한 사회정의의 대안을 다시 한 번 살펴본다. 여기에서는 특히 정의에 이르는 비응보적 접근법을 성범죄 사건에 적용할 수 있는 방식에 주의를 기울인다.

제1부

“목가적 쾌락”? 페미니스트의 푸코 읽기

제 1 장

샤를 주이와 소피 아당의 사건

> 푸코의 저작 중 19세기 날품팔이꾼 샤를 주이의 예만큼 지속해서 남성주의와 남성 편견의 혐의를 받는 것은 없다.
>
> — 셸리 트레메인, 「주이 교육하기」(2013)

"정신이 박약한" 날품팔이꾼

『성의 역사』, 『비정상인들』에서 푸코는 19세기 중엽 마레빌 정신병원 수석 의사인 앙리 보네Henry Bonnet와 쥘 뷜라르Jules Bulard가 1868년 1월 4일에 제출한 의학 보고서를 인용한다(부록 참조). 보네·뷜라르의 「강제추행 혐의로 기소된 샤를 조제프 주이의 정신 상태에 대한 법의학 보고서*Rapport Médico-Légal sur l'état mental de Charles-Joseph Jouy*」는 샤를 주이가 자기 행동에 대해 법적 책임을 져야 하는지, 따라서 투옥되어야 하는지, 풀려나면 위험한지 또는 재범의 우려가 있는지를 결정하는 것이 주된 목표였다. 그들은 주이의 범죄를 다음과 같이 기술한다. 먼저, 1867년 9월 7일, 주이는 들판에서 소피 아당Sophie Adam과 마리 브리켈레Marie Briquelet라는 열한 살짜리 두 소녀에게 접근했다. 주이는 소녀들에게 다가가 자기 성기를 잡아당기며 자위를 부탁했다. 아당은 부탁을 들어주었고, 브리켈레는 거절했다. 그 후 두 소녀는 가던 길을 계속 가다 마주친 농부 아돌프 시몽에게 주이의 성기로 "엉긴 우유"를 만들었다고 말했다. 시몽은 소녀들에게 "골치 아픈 녀석들"이라고 말했지만, 오늘날의 성인이라면 으레 할 것으로 예상되는 신고는 하지 않았다. 두 번째 사건은 마을 축젯날 저녁 아홉 시에 일어났다. 보네·뷜라르가 그날 저녁에 일어난 일에 관해 기술하는 방식은 모호해서 이상하게 해석될 수밖에 없다. 그들은 다음과 같이 썼다. "*il décida la jeune Sophie Adam à le suivre sur la route de Nancy et, avec son consentement, exerça un rapprochement sexuel qui ne semble pas avoir abouti*"("그는 어린 소피 아당에게 낭시로 향하는 길에서 자신을 따라오도록 설득했고, 그녀의 동의하에 성적 접근을 시도했으나 성공에 이르지는 않은 것으로 보인다")(Bonnet & Bulard, 1868, 2). *rapprochement sexuel*(성적 접근)이라는 표현은 불명료하여, 키스처럼 대수롭지 않은 일을 의미할 수도 있지만, 주이와 아당 사이에는 그 이상의 일이 일어났음이 분명하다. 주이에 따르면, 아당은 축제에서 4수sous를 요구했고, 그는 그녀가 "그렇게" 하는 것을 받아들일 마음이 있다면(*si elle voulait se laisser faire ça*)(Bonnet & Bulard, 1868, 4) 그 대가로 그 돈을 주겠다고 했으며, 그런 목적으로 낭시로 향하는 길 아래로 갈 것을 제안했다고 한다. 주이에 따르면, 아당은 그의 제안에 답하지는 않았지만, 길을 향해 걷기 시작했다. 의사들의 보고에 따르면, 주이는 그녀를 따라갔고, 아당은 "그렇게 하도록 두었다"(*elle se laissa faire*). 의사들은 낭시로 향하는 길에서 벌어진 일이 아당의 동의 아래에(*avec son consentement*)(Bonnet & Bulard, 1868, 2) 일어났다고 말하고, 주이는 "온순한"(*doux*) 성격이어서 아당이 어떤 저항이라도 했다면 멈췄을 것이라고도 주장한다(Bonnet & Bulard, 1868, 10). 실제로, 주이가 열한 살짜리 아이에게 얻어맞는 것을 본 적이 있다며, 주이가 너무 "성격이 유약해서"(*il est d'une faiblesse de caractère*) 아무런 방위행위도 하지 않았다고 주장했던 마을 주민의 증언을 의사들은 언급한다(Bonnet & Bulard, 1868, 3).

낭시로 향하는 길에서 일어난 일에 대해 이들이 모호하게 기술한 이유는 이 사건에 대해 소피 아당이 혼란을 느꼈기 때문일 것이다. 질문을 받았을 때, 아당은 삽입이 있었는지를 말할 수 없었지만, 주이가 치마를 들어 올려 그의 성기를 자기의 "성적인 부분"(*les parties sexuelles*)에 삽입하려 했고, 상당한 통증을 느꼈으며(*bien du mal*)(Bonnet & Bulard, 1868, 4), 그 후 허벅지에 액체가 흘러내리는 것을 느꼈다고 말했다. 이날 저녁 아당의 옷에는 피와 "다른 크고 두꺼운 얼룩"(*d'autres larges et épaisses taches*)이 묻어 있었는데, 아마도 정액으로 추측되며, 며칠 후 그녀의 어머니가 빨래할 때 이 얼룩을 발견했다. 아당이 성적으로 활발하고 조숙했다는 모든 사람의 주장에도 불구하고, 비록 의사들의 말을 통해 듣는 것이지만, 그녀의 설명은 성적으로 미숙한 아이의 혼란을 보여준다. 낭시로 향하는 길 아래로 내려갈 때, 그녀가 무엇에 "동의"한 것인지를 인지했는지는 확실하지 않다. 게다가 그녀의 옷에 피와 정액이 묻었다는 사실을 고려할 때, 의사들이 이 행동이 "성공하지" 않았다고 생각하는 이유가 무엇인지, 혹은 이 경우 "성공"이 무엇을 의미하는지는 분명하지 않다. 무슨 일이 일어났는지에 관해서 핏자국을 근거로 할 수 있는 해석은 삽입이 있었고 아당은 처녀성을 잃었다는 것이다. 그녀가 허벅지를 타고 뭔가가 흘러내렸다고 느꼈을 때, 그것은 피였을 것이다. 아당의 옷에서 큰 정액 얼룩이 발견됐고 "성공에 이르지 않았다"라는 의사들의 발언으로 미루어 볼 때, 삽입이 계속되지 않았을 가능성이 크고(아마도 아당이 아파했기 때문일 것이다), 주이는 다른 수단을 통해 그녀의 옷에 사정했을 것이다.

보고서에서 보네·뷜라르는 주이에게 했던 심문 내용, 책을 읽어보게 했던 사실, 머리와 성기를 포함한 신체검사 결과를 기술하고 있다. 놀랍게도 주이의 생식기가 정상이라는 사실이 그를 비정상이라고 판단하는 근거가 된다. 정상으로 발달한 그의 생식기는 그 외의 신체적·지적 발달 지체와 비례하지 않으며, 이는 정신 박약자에게 발견되는 조건이라는 것이다(Bonnet & Bulard, 1868, 10-11). 이러한 인터뷰와 관찰을 바탕으로, 이들은 주이가 "반 백치semi-imbecile"라고 결론짓는다. 이 법의학 보고서에는 "바보"와 "미치광이"라는 표현도 사용되었는데, 보고서 전반에 걸쳐 문제가 되는 것은 이러한 종류의 진단(지적 장애의 하나)이지, 성도착이나 주이의 섹슈얼리티 그 자체에 대한 것이 아니었다. 아래에서 논의하는 것처럼, "소아성애"라는 진단은 1868년에 아직 발명되지 않았으며, 이들은 주이가 성인 여성보다 여자아이를 원하는 이유를 잠깐 물었을 뿐이다. 이 질문에 주이는 성인 여자들은 자신을 놀릴 뿐이라고 간단히 대답했다(Bonnet & Bulard, 1868, 9). 주이는 아동에게 특별히 끌리는 것은 아(니거나 우리가 생각하는 것과 같은 "소아성애"는 아)닌 것으로 보이지만, 그는 성인 여성보다 소피 또래의 소녀와 더 좋은 기회를 가질 수 있을 것으로 기대했다. 즉 의사들은 지적 장애를 성적 위험과 밀접하게 관련짓기 때문에 "백치성"과 도착 사이에는 경계가 불분명하다.

보네·뷜라르는 주이가 인지적으로 정상일 수 없었을 것이라고 주장하지만, 그들은 그가 정상적인 양육과 교육을 받았더라면 옳고 그름을 구별하고 그에 따라 행동할 수 있는 인지능력과 도덕적 능력이 있었을 것이며, 그랬다면 그는 자기 행동에 대한 법적 책임을 질 수 있었을 것으로 생각한다. 그러나 불행히도 주이의 낮은 지능 수준은 양육 부족(그는 사생아였는데, 어머니는 그에게 거의 관심을 기울이지 않았고 그가 어렸을 때 죽었다)과 교육 부족(그는 학교에서 쫓겨났다)으로 인해 더 나빠졌다. 이런 이유로 이들은 주이가 자기의 행동에 대해 도덕적·법적으로 책임을 져서는 안 된다고 판단한다. 실제로 보네·뷜라르는 주이를 "퇴화했다"(Bonnet & Bulard, 1868, 6, 7)라고 기술하고, 그의 인지적·생리적 발달을 "정상"(Bonnet & Bulard, 1868, 6, 11)과 대조하며, 지속해서 그를 아동(Bonnet & Bulard, 1868, 7, 9, 10, 12)과 동물(Bonnet & Bulard, 1868, 5, 7, 12)에 비유한다. 비록 이들은 주이를 법정에 세우는 데 반대하지만, 이것이 주이를 석방해야 한다는 의미는 아니다. 반대로 이들은 주이를 마음 내키는 대로 행동하게 두면 아마도 같은 범죄를 다시 저지를 것이라고(Bonnet & Bulard, 1868, 10), 즉 기회가 주어진다면 다시 아이와 성관계를 가질 것이라고 강조한다. 보고서에 인용된 다른 의사의 표현대로, 주이는 자신의 "동물적 본능"에 저항할 도덕적·인지적 능력을 갖추고 있지 않다(Bonnet & Bulard, 1868, 5). 따라서 주이는 사회에 위험하고, 그러므로 감호소에 수용되어야 한다는 것이다.

주이 사건에 관해 푸코가 설명하지 않은 사실은, 적어도 의사들에 따르면, 주이가 병원에 "계속"(*sans cesse*) 있고 싶다는 의사를 밝혔다는 것이다(Bonnet & Bulard, 1868, 7). 병원이라는 기관에서 주이는 편안한 잠자리를 찾았고, 그의 인생 중 어느 때보다도 좋은 음식을 먹었다. 고된 노동의 대가로 낮은 임금을 받으며 헛간과 마구간에서 자던 주이의 가장 큰 소망은 마레빌 정신병원에 머무는 것이었던 듯하다. 실제로 보네·뷜라르는 주이가 "병원의 지원을 받을 자격"이 있고(*il a droit à l'assistance hospitalière de l'Asile*) (Bonnet & Bulard, 1868, 14), 주이에게는 보호시설 수용이 일종의 자선이라고 언급하며 보고서를 마무리한다. 주이는 마을에서의 생활을 가장 저렴한 육체노동을 위한 고립과 소외로 기술한다. 마레빌 의사들의 면밀한 조사는 누군가가 주이에게 진정한 관심을 가진 최초의 일이었을 것이다.

푸코가 『성의 역사』에서 상황을 기술하듯이, 주이는 19세기 중엽 프랑스의 랍쿠르[1]라는 마을에서 약간의 품삯을 받고 궂은일을 하며 헛간과 마구간에서 잠을 자던 "약간은 정신이 박약한"(*un peu simple d'esprit*) 날품팔이꾼이었다. 그는 가난하고 집이 없었기 때문에 아내를 얻거나 또래 여성에게 환심을 살 수도 없었다. 푸코가 보았을 때, 이런 상황 때문에 "주이는 밭 가장자리에서 소녀로부터 약간의 애무를 받았다"(Foucault, 1976, 43; 1978a, 31). 주지하다시피 푸코는 이것을 시골 마을 생활에서 흔히 일어나는 일이며, 주이가 이전에도 몇 차례 그런 적이 있고, 다른 사람이 그

1 보네·뷜라르의 의학 보고서는 이 마을의 이름을 Lupcourt로 표기하고 있으며, 때에 따라서는 "Lapcourt", "Loupcourt"로 쓴다.

렇게 하는 것을 본 적도 있으며, 이런 교환이 "마을의 장난꾸러기들이 하던 익숙한 놀이"였음을 강조하며, 이러한 성인-아동 성관계 사건을 사소한 일로 여기려 했다. 푸코는 이 "놀이"에 참여한 미성년자를 성적으로 조숙했음을 암시하는 "일찍 눈뜬 아이"(*les enfants éveillés*)(Foucault, 1976, 44)라고 표현한다. 이런 방식으로, 푸코는 보네·뷜라르의 보고서에 나오는 주이의 항변을 반복한다. "주이는 그런 일이 두 번밖에 없었으며, 소녀가 전혀 저항하지 않았고, 그녀가 그런 일을 자신하고만 한 것은 아니라고 항의한다"(Bonnet & Bulard, 1868, 9).

이러한 사건의 결과(정신의학적 평가와 구금)가 20세기와 21세기의 기준에서 놀라운 일은 아니지만, 푸코는 이런 결과가 정신의학적 평가와 구금의 역사적 맥락에서 특별한 것이었음을 강조한다. 소녀의 부모는 주이 사건을 군수에게 보고하였고, 군수가 경찰에 신고하자, 주이는 체포되어 정신과 의사에게 맡겨졌다. 이들 정신과 의사는 주이를 광범위하게 검사했고, 그가 사회에 위험하다고 생각했다. 그 결과, 주이는 정신병원에서 여생을 보냈다. 푸코의 지적에 따르면, 아동이 역사상 처음으로 성에 대해 말하지 말 것을 지시받았을 때, 주이는 자신의 사례에 관한 의학 연구를 발표한 의사에게 자기의 성적 욕구를 상세하게 고백해야 했다. 푸코가 볼 때, 주이는 성에 대해 알고자 하는 새로운 과학적 의지의 희생자였고, 그의 삶은 그 의지에 희생되었다. 현대의 다수 독자는 주이를 아동 성추행범이나 소아성애자 또는 성범죄자로 이해할 가능성이 크고, 따라서 그의 체포, 의사에 의한 정신의학적 평가와 무해화를 심각한 상황에 대한 정당한 법의학적 대응으로 간주하겠지만, 푸코는 "이 이야기의 사소함"(*son caractère miniscule*)

이라고 표현함으로써 혐오감을 드러낸다(Foucault, 1976, 44; 1978a, 31). 한 사람이 마음속의 "하찮은 목가적 쾌락"(*ces infimes délectations buissonnières*)(Foucault, 1976, 44; 1978a, 31) 때문에 자유를 잃어야 했다는 것이 푸코에게는 터무니없는 일이었다. 이 구절에서 "하찮은"으로 번역한 단어 *infimes*는 때때로 "사소한", "미미한" 또는 "중요치 않은"으로도 번역할 수 있다. 성인-아동 성관계의 해악을 사소한 것으로 치부하는 푸코의 인식이 이보다 더 명확할 수는 없다.

『성의 역사』 제1권을 썼던 시기의 콜레주 드 프랑스Collège de France 강의록인 『비정상인들』에서 푸코는 주이-아당 사건을 더 상세하게 기술한다(Foucault, 2003, 292-303). 여기에서 우리는 주이가 사생아였고 고아였다는 사실을 알게 된다. 그는 사건 당시 마흔이었고 교육을 거의 받지 못했다. 그는 최소한의 보수를 받고 마을에서 궂은일을 하며 최선을 다해 살아남았지만, 친구도 없이 마을 생활에서 소외되었으며 종종 술에 취해 있었다. 푸코가 지적한 것처럼, 주이는 당시 일꾼이 받는 임금의 4분의 1밖에 벌지 못했으며, 따라서 정말로 가난했을 것이다. 우리는 이 강의에서 푸코가 『성의 역사』에서 "약간의 애무"라고 대충 둘러댄 사건의 본질에 대해서도 더 많이 알게 된다. 사실, 그 소녀 (『성의 역사』에서는 이름을 밝히지 않은) 소피 아당은 다른 소녀 옆에서 주이의 자위행위를 거들어 주었다. 그 후, 주이가 혼자 있던 그 소녀를 도랑으로 끌고 들어가 "강간"하거나 적어도 강간을 시도했던 또 다른 사건이 일어났다(Foucault, 2003, 292). 실제로 푸코는 소피가 도랑으로 끌려갔다는 생각과 "강간"이라는 용어를 서사에 도입했다. "강간"과 "도랑"이라는 단어와 함께, 주이가 물리력을 행사했다는 주장은 보네·빌라르의 보고서에는 나오지 않는다. 오히려 의사들은 주이와 아당 사이에 일어난 일이 "합의에 따른" 것이고 비폭력적이었으며, 주이는 온순하고 심지어 아이들로부터도 자신을 방어할 능력이 없다고 강조한다. 그런데도 오늘날 (적어도) 법정 성폭력statutory sexual assault으로 비칠 만한 일이 있고 난 뒤, 주이는 아당에게 4수를 주었다.

『성의 역사』와 마찬가지로 『비정상인들』에서도 푸코는 주이가 아당과 성적 상호작용을 했다는 것에 대해 아무런 반감을 나타내지 않으며, 실제로 그는 이 사건을 "극히 사소한"(Foucault, 2003, 291-2), "매우 일상적인 풍속사범"(Foucault, 2003, 293), "한 사회의 풍경 속에 아주 익숙한 관행"(Foucault, 2003, 294)의 일부라며 일관되게 경시한다. 그는 "야외나 길가, 나무 아래에서 벌어지던 시골 마을의 유치한 섹슈얼리티를 법의학이 기꺼이 정신의학화했다"(Foucault, 2003, 295)라고 적고 있다. 푸코는 아당이 "거의, 부분적으로, 또는 다소 강간당했다", "아마도 거의 강간당했을 것이다"(Foucault, 2003, 292)라고 말하며, 심지어 소녀가 남자 성인을 도랑으로 끌고 들어간 것일지도 모른다(Foucault, 2003, 292)고 농담까지 한다. 푸코가 강연에서 그 사건을 두고 강간이 발생했는지에 대해 회의적인 태도로 농담하는 것이 놀랍고 불쾌해 보일 수 있지만, 그는 아마도 주이가 "성격이 온순하고 유약해서" 열한 살짜리 아이에게도 저항하지 못한다는 보네·빌라르의 주장을 인용하고 있는 듯하다. 반면에 아당은 마을 사람들이 구금되기를 바라는 "규율이 잡히지 않은" 아이로 묘사되고 있다. 이러한 용어를 사용한 상황 설명에서, 푸코는 주이가 지적 장애가 있었기 때문에 성적으로나 사회적으로 취약한 상태였다는 사실을 —아래에서 논의하는 것처럼, 페미니스트 평론가들이 최근까지 무시해 왔던 사실을— 고려했음이 분명하다.

놀랍게도 푸코는, 비록 그 날품팔이꾼의 가난을 언급하고 있는 것이기는 하지만, 자신의 표현으로 "다소간" 그녀를 강간한 후에 아당에게 동전 몇 개를 주는 주이의 행동을 "아주 온당하게"(Foucault, 2003, 292)라고 기술하고 있다. 푸코는 아당이 그 일이 있고 난 뒤 시장에 가서 아몬드를 사는 데 동전을 썼다고 말하며, 이를 그녀가 무슨 일이 있어났는지 신경 쓰지 않았다는 사실과 오히려 어른들이 그 일에 대해 너무 소란을 피웠다는 사실을 나타내는 데 근거로 들었다. 푸코는 아당이 "맞을까 봐" 두려워 그날의 일을 부모에게 알리지 않았지만, 며칠 뒤 딸의 옷에 묻은 얼룩을 발견한 어머니가 무슨 일이 벌어졌는지 짐작했다고 설명한다. 보네·뷜라르의 말을 반영하여, 푸코는 다음과 같이 말했다. "소녀는 다소간 자발적으로 응했고, 아주 자연스럽게 동전을 받았으며, 구운 아몬드를 사려고 시장으로 달려갔다"(Foucault, 2003, 292). 푸코는 소녀가 이전에도 성적인 일을 (남자아이 자위행위 거들어 주기를) 하고 돈을 받은 적이 있었다는 사실을 들며 이 사건을 사소한 일로 치부한다. 그러나 이런 논리는 페미니스트 독자에게는 너무나 익숙한 방식이다. 즉 푸코는 아당이 "이상적인 피해자"가 아니었기 때문에 그녀의 경험을 경시한다. 페미니스트가 "피해자 비난", "여성 비하"라고 부르는 논리 방식을 끌어들인 것이다. 이런 피해자 비난 논리는 강간 발생 사실을 부인하거나 강간에 대해 피해자를 비난하기 위해 여성이나 소녀의 성적 이력을 이용하는 강간 재판에서 흔히 볼 수 있다(Larcombe, 2002).

이 사건에서 소피 아당에게 무슨 일이 일어났는지보다는 성을 규제하는 새로운 권력 형태가 출현했으며, 이런 권력이 샤를 주이와 같은 "비정상적인" 주체를 대상으로 어떤 결과를 가져오는지를 보여주는 것이 푸코에게는 더 중요했다. 아당은 만약 자기 부모가 주이와의 성관계를 알게 된다면 때릴 거라고 걱정했지만, 이 사건은 이처럼 체벌을 사용했을 권력(주권 권력)이 이미 새로운 권력 형태인 규율 권력으로 대체되었음을 보여준다. 그리고 이것이 그녀에게 가하는 몇 번의 체벌보다 훨씬 더 큰 결과를 의미하리라는 것을 보여준다(Foucault, 2003, 295-6). 규율 권력은 이전에는 용인되었던 성적 일탈과 (지적 장애와 같은) 다른 일탈의 분류화와 병리화를 수반하며 광범위하고 구성적인 효과를 가질 것이다. "섹슈얼리티"를 가진 인물과 우생학적이고 성에 관해 고백하는 사회를 생산할 것이다. 보네·뷜라르의 보고서에 따르면, 규율 권력은 주이뿐만 아니라 아당에게도 적용되었다. 그들의 주장처럼, 아당의 아버지를 포함한 마을 사람들은 그 아이가 얼마나 "버릇없었는지"를 불평했고, 그녀가 성인이 될 때까지 교화원에 수용되기를 바랐다(Bonnet & Bulard, 1868, 4). 보고서에는 이러한 소망에서 나온 조치가 있었는지, 또는 아당이 실제로 보호시설에 수용되었는지는 나오지 않는다.

주이-아당 사건에 대한 페미니스트의 응답

페미니스트 철학자들은 푸코가 샤를 주이와 소피 아당의 사건을 언급하는 『성의 역사』와 『비정상인들』의 대목을 대대적으로 비판해 왔다. 이런 비판 중에서 가장 영향력 있는 두 개의 논문이 린다 알코프Linda Alcoff의 1996년 논문 「위험한 쾌락: 푸코 그리고 소아성애의 정치학Dangerous Pleasures: Foucault and the Politics of Pedophilia」과 2000년 논문 「현상학, 후기 구조주의 그리고 경험 개념에 관한 페미니스트 이론Phenomenology, Post-structuralism, and Feminist Theory on the Concept of Experience」이다. 여기서는 주이-아당 사건에 대한 푸코의 처사에 대해 린다 알코프가 비판한 내용을 살펴보고, 린다 알코프의 해석에 최근 비판적으로 참여하는 페미니스트 철학자 요하나 옥살라Johanna Oksala와 셸리 트레메인Shelley Tremain의 견해를 보도록 한다.

린다 알코프는 「위험한 쾌락」에서 주이-아당 사건을 소피 아당에 대한 주이의 성폭력 사건으로 기술하면서, 푸코가 "여자아이에게 약간의 애무를 받은" 어른, "세월이 흘러도 변치 않는 몸짓, 정신이 박약한 어른과 일찍 눈뜬 아이 사이의 가까스로 은밀한 쾌락"과 같은 완곡어법을 사용하는 것에 반대한다(Alcoff, 1996, 101). 그녀는 푸코가 소피 아당을 묘사하기 위해 "일찍 눈뜬"이라는 표현을 사용한 것을 비판하는데, 이런 표현이 강간에 대해 아이에게 책임이 있는 것처럼 보이게 한다고 한다. 린다 알코프는 이 강간 행위를 "하찮은", "사소한", "목가적인" 일로 대수롭지 않게 여기고 아동을 희생한 대가로 얻는 어른의 쾌락이라기보다는 어른과 아동 "사이의 즐거움"으로 기술한 푸코의 태도를 비난한다. 린다 알코프가 보았을 때, 섹슈얼리티를 구성하는 정신의학적·형벌적 관계에 관련된 지배 형태에 대해 푸코가 수행한 통찰은 그가 (주이-아당 사건에 작동한 지배 형태, 즉 성인-아동 및 남성-여성 관계에 관련된 지배를 포함한) 섹슈얼리티를 구성하는 다른 지배 형태를 분석하거나 비판하지 못한 것과 "매우 상충된다"(Alcoff,

1996, 101). 더 일반적으로, 린다 알코프는 섹슈얼리티의 사회적 구성에 대한 푸코의 비판이 성이 과도한 의미를 갖게 되었다는 견해로 이어지고, 그 결과 아동 성추행이나 강간과 같은 성적 행위를 사소화하도록 부추기는 입장이 될 수 있다고 우려한다. 린다 알코프는 푸코가 여성과 아동에 대한 성적 폭력을 지지한 것은 아님을 인정하지만, 『성의 역사』에서 개진한 주장은 강간과 아동 성추행의 심리적 중요성을 과소평가할 뿐만 아니라 그러한 비하를 정당화할 수 있는 정교한 이론적 틀을 제공한다고 본다.

린다 알코프는 푸코가 성인 남성의 관점에서만 주이-아당 사건을 바라본다고도 비판했다. 그녀는 다음과 같이 말한다.

> 이 일에 소녀가 참여했을 가능성이나 느꼈을 감정에 대한 푸코의 주장을 뒷받침할 충분한 근거가 제시되지 않았음은 말할 필요도 없다. 그와 같은 생각을 재빠르게 가정하는 푸코의 태도는 불행하게도 남성 성인이 가지는 인식론적 오만함의 전형을 보여준다. 만약 그러한 관계가 양쪽 모두에게 호혜적이고 즐거운 관계였다면, 소녀의 참여를 보장하기 위해 "몇 푼의 돈"을 교환해야 했던 이유는 무엇인가? 소녀의 그러한 성매매the prostituting를 사소하고 하찮은 사건이라고 판단할 때 누구의 관점이 묵묵히 수용되는 것인가? 그러한 "목가적" 쾌락은 누구에게 하찮은 일인가? 따라서 여기에 다음과 같은 명백한 모순이 있다. 푸코는 섹슈얼리티와 성적 경험을 문제화하고 비본질화하려고 한다. 그러나 기존의 가정을 전복하기 위해 그가 사용하는 수사적 전략은 단순히 또 다른 가정을 불러일으킬 뿐이며, 거의 틀림없이 전자보다 더 가부장적이다.
>
> (Alcoff, 1996, 108)

이 점에 대해서는 다른 페미니스트들도 린다 알코프와 의견을 같이했다. 예를 들어, 야나 사위키Jana Sawicki는 다음과 같이 논평한다.

> 푸코는 소피의 운명을 다루어야 한다는 생각을 전혀 하지 않는다. 그의 이야기에서는 주이가 희생자다. 그리고 이처럼 그녀의 운명을 다루지 않는 태도는, 소피를 어떤 의미에서는 강간할 수조차 없다는 그의 의심과 결합하여, 비정상성에 대한 그의 담론이 가져온 중요한 영향력을 약화시킨다.
>
> (Sawicki, 2005, 3. Rehn-DeBraal, 2013, 73-4도 참조)

푸코가 19세기 중반 정신의학이 만들어 내고 주이를 겨냥했던 성적 정상성이라는 새로운 구성은 적극 문제로 삼지만, 19세기 "시골 마을의 섹슈얼리티"라는 "사회풍경"의 기저를 이루며 한때 꽤 "일상"이었던 방식으로 아당에게 희생을 안겨준 가부장 구조에 도전하기 위해서는 아무것도 하지 않았다는 야나 사위키와 린다 알코프의 지적은 옳다. 「위험한 쾌락」을 마무리하면서 린다 알코프는 섹슈얼리티에 대한 후기 구조주의자의 통찰과 현상학의 통찰을 융합할 것을 주장한다. 즉 그녀는 섹슈얼리티가 담론적·역사적으로 구성되고 우발적이라는 푸코주의자의 이해 방식을 유지하면서도, 성이 "육체에서 독특하게 민감하고 취약한, 그리고 심리적으로 중요한 영역을 포함하며, 이는 문화의 차이를 넘어서 지속된 사실"임을 주장하거나 성이 "성 자체의 현상학the phenomenology of sex itself"의 결과물임을 주장한다(Alcoff, 1996, 127-8).[2] 린다 알코프는 증상 없는 아동 성추행 생존자 사례를 인정하면서도, "성 자체의 현상학"에 대한 이러한 역사 초월적 사실로 인해 성적 경험이 주체에게 항상 중요하고 "자기 구성적"일 것이라고 주장한다. 달리 말해서, 린다 알코프에 따르면, 성인-아동 섹스가 종종 해로운 것으로 경험된다는 사실은 우연한 역사 담론의 결과가 아니라 육체의 성적인 부분의 본성에서 비롯된다고 한다. 이러한 이유로 린다 알코프는 성인-아동 성관계에 대한 "일반 금지"를 주장한다(Alcoff, 1996, 129).

"성 자체의 현상학"에 대한 린다 알코프의 주장은 경험에 대한 중요한 철학적 질문을 —특히 샤를 주이에 관한 푸코의 논의에 대한 페미니스트의 개입에 중요한 질문을— 제기한다. 린다 알코프는 두 번째 논문 「현상학, 후기 구조주의 그리고 경험 개념에 관한 페미니스트 이론」에서 이 주장을 더 자세히 추구한다. 여기서 린다 알코프는, 『성의 역사』에서 보여준 주이-아당 사건에 대한 푸코의 논의는 그가 이 사건을 다음과 같이 보았음을 암시한다고 읽는다. 즉 아당이 사건 직후 아몬드를 사러 간 사실에서 우리가 추론할 수 있듯이, 그녀가 (푸코의 관점에서) 그 사건으로 인해 상처받지도 동요하지도 않았음을 고려할 때, 주이의 범죄에 대한 법적·의학적 반응은 무해한 상황에 대한 과잉 반응이었다. 린다 알코프에 따르면, 푸코와 같은 후기 구조주의자들은 "경험과 주관성은 담론의 상호작용을 통해 생산"된다고 믿으며(Alcoff, 2000, 39), 따라서 "지배 담론과 육체 감각을 분리할 수 없다. 이는 경험에 대한 주관적인 기술의 관련성을 무시하는 결과를 초래한

---

2 이러한 "성 자체의 현상학"의 한 예로, 린다 알코프는 클리토리스가 신체의 다른 부분보다 신경 말단을 더 많이 가지고 있다는 사실을 인용하며, 그래서 클리토리스에 일어나는 일은 팔꿈치에 일어나는 일보다 틀림없이 여성에게 더 큰 영향을 미칠 것이라고 결론짓는다. 린다 알코프는 2014년 5월 1일 펜실베이니아 주립대학교에서 열린 philoSOPHIA 컨퍼런스 기조연설 이후 토론 시간에 이 점을 제기하였다.

다"(Oksala, 2011, 209). 그래서 린다 알코프는 푸코가 다음과 같이 추정한다고 주장한다. 즉 19세기 중반에는 성폭력이나 아동-성인 섹스의 정신성적 피해에 대한 어떤 담론도 존재하지 않았으므로 아당은 강간으로 인해 피해를 느끼지 않았을 것이고, 이것이 강간 이후 그녀가 보인 태연한 행동을 설명한다. 또한 린다 알코프의 해석에 따르면, 푸코는 다음과 같이 본다는 것이다. 즉 성폭력과 성인-아동 섹스가 심리적으로 트라우마가 되고 성적으로도 피해를 준다고 주장하는 의료화 담론 이후에야 비로소 우리는 사건을 그러한 방식으로 경험하게 된다. 직설적으로 말해서, 린다 알코프가 이해하는 푸코에 따르면, "아동 성추행"의 해를 끼치는 것은 아동과 성관계를 가진 성인이 아니라 아동 성추행에 관한 의학 담론이다. 그러나 린다 알코프에 따르면, 강간과 아동-성인 섹스의 유해성은 그것에 대해 누가 어떻게 이야기하는지와는 무관하게 독립적으로 존재하며, 육체의 성적인 부분이 가지는 정신적·생리적 중요성에 기초를 둔다. 또한 단지 강간과 성인-아동 섹스가 해롭(고 언제나 그러했)다는 이유만으로, 비록 이러한 피해를 공식화하는 법률·의학 담론이 당시에는 없었다더라도, 아당은 강간당함으로써 오늘날 소녀들이 그러한 범죄로 피해를 보는 것과 똑같은 방식으로 피해를 보았을 것이다. 린다 알코프는 주이와 있으면서 일어난 일이 분명히 아당에게 피해를 주었을 것이므로, 그 상황에 대한 법적·의학적 대응이 비록 피해자의 요구에 주의를 기울이지 않은 것이라 할지라도, 푸코가 생각하듯이 터무니없이 사건과 불균형하지는 않다고 본다.

린다 알코프는 강간과 성인-아동 섹스의 경험을 이해하기 위해서는 이러한 경험의 생존자로부터 설명을 들어볼 필요가 있다고 주장하며, 아동 성추행의 해악에 대한 (그녀 자신의 이야기를 포함한) 여러 가지 직접적인 서사를 제공한다. 그렇다고 해서, 린다 알코프가 이러한 직접적인 성 경험담을 담론과 역사로부터 전혀 영향을 받지 않은 것으로 본다는 말은 아니다. 예를 들어, 여성과 아동은 성범죄의 피해자 비난 구조 때문에 자신이 강간에 책임이 있거나 죄가 있다고 느낄 수 있다. 그럼에도 성적인 경험에 대한 직접적인 설명은 우리에게 이러한 상황에 대한 법·의학 담론이 놓치는 통찰을 제공한다. 특히 린다 알코프는 아동 성추행 생존자들의 진술이 1867년 아당이 경험한 일을 밝혀줄 수 있다고 생각한다(Alcoff, 2000, 54).

요하나 옥살라는 「성적 경험Sexual Experience」에서 주이-아당 사건에 대한 푸코의 해석이 "성차별적"이라는 린다 알코프의 지적에 동의한다(209). 요하나 옥살라는 푸코가 성인 남성의 오만함으로 인해 소피 아당의 경험에 무관심하고 소녀에게 동정심을 가지지 않았다는 지적에 기꺼이 동의한다. 린다 알코프와 마찬가지로 요하나 옥살라도 아당이 강간을 다소 "요청"했다거나 어떤 경우에도 그 사건으로 피해를 보지 않았다는 푸코의 추정은 문제라고 본다. 푸코의 관심은 전적으로 그가 동정하는 성인 남자의 경험에 있다. 요하나 옥살라는 당연하게도 이 문제에 대해 푸코를 변호할 생각이 없다. 그러나 그녀는 경험에 대한 푸코주의적 접근법이 페미니스트 이론에 여전히 유용하다는 견해를 변론하고자 한다. 특히, 그녀는 푸코가 경험과 주관성을 담론적·역사적인 구성물로 축소한다는 린다 알코프의 견해에 동의하지 않는다. 그녀가 주장하듯이, 푸코는 소피 아당의 주관적 경험에 관심이 없었지만, 그렇다고 해서 그가 주관적 경험에 전혀 관심을 두지 않았다거나 그러한 경험이 인식론적으로 무관하다고 생각했다는 의미는 아니다. 실제로, 『성의 역사』(와 그의 작품 전체)에서의 푸코의 기획을 단순한 역사 기술이 아닌 사회 비판으로 이해하기 위해서는, 우리는 그가 경험을 담론적 구성물 이상의 것, 담론적 구성물과 조화하지 않는 것으로 보는 방식을 인식해야 한다고 요하나 옥살라는 주장한다.

린다 알코프와 달리, 요하나 옥살라는 "푸코는 경험과 언어가 존재론적으로 공존할 수 있다고 보지도 않으며, 주관적 경험의 인식론적 중요성을 무시하지도 않는다"라고 주장한다(Oksala, 2011, 209). 요하나 옥살라가 지적한 바와 같이, 푸코는 『성의 역사』 제2권에서 경험을 "문화에서 지식의 영역 및 규범성의 유형과 주관성의 형태들 사이의 상관관계"로 정의한다(Foucault, 1985, 4-5, Oksala, 2011, 210에서 인용). 요하나 옥살라가 말하는 것처럼, 이것이 의미하는 바는,

> 경험에 대한 분석은 상호 의존적이지만 서로를 단일화할 수 없는 서로 다른 축을 따라 진행해야 한다. 경험은 지식 영역(객관화), 권력의 실행(강제), 스스로에 대한 자기성찰적 관계(주관화)라는 고유한 요소의 상호작용에서 나오기 때문에 본질적으로 이질적이다. (Oksala, 2011, 210)

푸코의 초기 연구는 『성의 역사』에서 경험의 처음 두 축에 — 『말과 사물*The Order of Things*』[3] 같은 작품에서는 지식(담론)의 영역에, 『감시와 처벌』 같은 작품에서는 권력의 실행에— 초점을 맞추었

---

3 옮긴이: 우리말 번역으로는 미셸 푸코 지음/이규현 옮김, 『말과 사물』, 민음사, 2012.

지만, 푸코는 경험의 세 번째 축, 즉 자기성찰을 고려하려고 시도했다. 요하나 옥살라의 제안에 따르면, 경험의 세 가지 축은

> 일련의 접힘a series of foldings이다. 주체는 자신을 구성하는 외부와 끊임없이 접촉하면서, 사적 내면성을 형성하기 위해 접힌다. 경험의 외부적 결정 요인·역사적 배경 구조와 내부적·사적 체험은 함께 안으로 접히면서 지속해서 서로를 수정한다.
>
> (Oksala, 2011, 211)

요하나 옥살라는 푸코가 자신의 경험 철학을 기술한 1984년 백과사전 항목을 인용하며, 경험에 대한 푸코의 관점은 뉘앙스에 차이가 있다고 보았다.

> 정신질환, 일탈행위 또는 섹슈얼리티의 담론은 매우 특정한 진실 게임에서만 주체가 무엇인지를 말한다. 그러나 이런 게임들은 필연적인 인과 또는 구조 판단에 따라 외부에서 주어지는 것이 아니다. 그것들은 주체와 객체가 특정한 동시 조건 아래에서만 구성되는 경험의 장을 여는데, 그 속에서 주체와 객체는 서로의 관계 속에서 계속 변화하며 경험의 장 그 자체를 계속 수정한다.
>
> (Foucault, 1996, 317-18, Oksala, 2011, 212에서 인용)

따라서 푸코에게 섹슈얼리티의 경험을 포함한 경험이란 성 과학과 같은 전문 담론을 통해 직접적이고 일방적으로 구성된 어떤 것이 아니라, 오히려 그러한 담론, 권력관계 및 그 주체의 자기와의 관계가 지속해서 상호작용하는 다차원적인 것이다. 요하나 옥살라의 주장처럼, 경험은 담론으로 환원될 수 있거나 언어와 동시에 존

재하는 것이 아니다. 린다 알코프의 추정처럼, 경험은 담론적·비담론적 관행 모두를 통해 생성되고 "항상 자기 인식과 비판적 자기성찰 방식을 통합하기 때문이다. 개인의 경험은 진실과 권력의 게임에 의해 구성되지만, 개인의 경험은 차례로 이런 진실과 권력의 게임 실행에 영향을 미치고 이를 조정한다"(Oksala, 2011, 213).

요하나 옥살라가 지적한 것처럼, 푸코는 —19세기 존속 살해범 피에르 리비에르Pierre Rivière와 19세기 간성intersex으로 태어난 에르퀼린 바르뱅Herculine Barbin의— 수기 두 권을 주인공의 삶에 대한 전문가들의 담화와 함께 출간했는데, 이는 같은 삶에 대한 "객관적" 설명과 "주관적" 설명 사이의 불일치를 정확하게 보여주기 위해서, 그리고 제3자나 의료 또는 법률의 설명이 당사자의 생각과는 조화되지 않게 기술되면서 이들에게 실질적 폭력을 가하는 방식을 정확하게 보여주기 위해서였다(Foucault, 1975; 1980a). 에르퀼린 바르뱅의 경우, 주체로서 그들(그/그녀)이 자기 몸을 경험한 것과 의사가 그들(그/그녀)의 몸을 기술한 것 사이의 부조화가 그들(그/그녀)의 삶을 비극으로 몰아갔고, 궁극적으로는 자살에 이르게 했다. 동시에, 푸코는 피에르 리비에르와 에르퀼린 바르뱅의 자전적 수기가 순전히 자기 파생적이거나 역사와 관련이 없다고 주장하지는 않는다. 오히려 피에르 리비에르가 자신의 인생과 범죄를 이야기하는 방식은 역사책과 성경을 읽으면서 영향을 받았으며, 선정적인 살인에 대한 당시의 보도에도 영향을 받았음을 강조한다. 에르퀼린 바르뱅의 수기는, 비록 의사의 보고서와 다르지만, 그들(그/그녀)이 살았던 수녀원과 여성 기숙학교의 젠더적 영향력뿐만 아니라 오비디우스의 『변신 이야기』와 감상적인 문학의 독서에서도 영향을 받았다. 요하나 옥살라가 말한 것처럼, "몸은 항상 경쟁 담론, 개념화, 문화 관행이 개인의 감각, 쾌락, 고통과 얽히는 복잡한 과정을 통해 의미를 띠게 된다"(Oksala, 2011, 218). 비록 피에르 리비에르와 에르퀼린 바르뱅의 자전적 서술이 의학·법률 당국의 보고서와 대비되기는 하지만, 푸코는 그것들이 아무런 배경 없이 나타났다거나 주체의 선천적 진실을 드러낸 것이라고 주장하지는 않았다. 오히려 피에르 리비에르와 에르퀼린 바르뱅은 자기 삶을 서술하는 데 사용할 당대의 다른 담론을 —의사나 법률가의 담론보다 자기의 경험과 더 잘 맞거나 유효한 방식으로 공명하는 담론을— 선택하는 데 비판적 자기성찰을 발휘했다. 하지만 그들이 선택한 대안적 담론 역시 그들이 속한 문화 환경에서 제공된 담론들로 한정되었다. 피에르 리비에르와 에르퀼린 바르뱅은 이러한 자원을 활용하여 자기만의 방식으로 해석함으로써 의학과 법의 권위적 담론에 저항하려 했지만, 의학과 법률 전문가들은 피에르 리비에르와 에르퀼린 바르뱅의 수기를 면밀히 분석했다. 시간이 지나면서, 범죄자와 성적 "일탈행위자"의 개인적 기록은 범죄학자와 성 과학자가 그 주제에 대해 말할 내용을 형성하는 데 영향을 미쳤고, 범죄자와 "일탈행위자" 역시 범죄학자와 성 과학자가 자신들에 대해 말하는 내용을 받아들이고 내재화하면서 변형하였다. 전문가와 그들이 대상으로 삼는 인간 유형 사이의 이런 복합적이면서 상호작용하는 피드백 고리는 『성의 역사』에서 푸코가 전개한 권력 이론과 일치한다.

경험의 생산에서 일인칭과 삼인칭 설명 사이의 상호작용에 대한 더 복합적인 이해를 통해, 우리는 푸코주의적 관점에서 (그리고 푸코에 대한 린다 알코프의 해석과는 대조적으로) 다음과 같이 상정할 수 있다. 강간과 아동-성인 섹스의 경험은 전문가들이 이러한 상황에 대해 말하는 내용, 권력관계와 권력의 행사가 이런 상황에 영향을 끼치는 방식, 이런 담론과 실행을 생존자들이 받아들이고 반응하는 방식의 총합으로서 그 합계는 끊임없이 변한다. 다음 부분에서 더 자세히 설명하겠지만, 역사적 맥락의 차이를 고려할 때 소피 아당과 린다 알코프의 경우 이 합계는 서로 달랐을 것이다. 그러나 이것이 1867년에 성인-아동 섹스에 관해 이야기되었던 내용이 아당의 경험과 일치한다는 말은 아니다. 요하나 옥살라에 따르면, 담론과 경험 사이의 이러한 비상관성은 사건 자체에 대한 푸코의 논의를 이해하는 데 매우 중요하다. 아당은, 우리가 알다시피, 다른 소녀 옆에서 주이의 자위를 거들어 준 것을 두고 마을 주민에게 "엉긴 우유" 놀이를 했다고 농담했다. 이 마을 주민은 소녀들에게 "골치 아픈 녀석들"이라고 말했지만, 이 상황을 심각하게 받아들이지는 않은 것으로 보인다. 비록 아당이 낭시로 향하는 길에서 일어난 사건에 대해 농담하거나 다른 방식으로 알리지는 않은 것 같지만, 푸코는 이 사건에 대한 그녀의 경험이 부모와 당국의 반응과 불협화음을 낸다는 점을 다시 언급한다. 아당은 낭시로 향하는 길에서 일어난 사건 직후 시장에 가서 구운 아몬드를 샀다. 그녀는 부모에게 사건에 대해서 말하지 않았는데, 만약 말하면 맞을 것으로 생각했기 때문이었다. 이를 두고 푸코는 아당이 그 사건을 그다지 심각하게 받아들이지 않았다고 보았다. 이와 대조적으로, 그녀의 부모, 군수, 의사들은 아당의 예상과 달리 중대 사건으로 다루며 훨씬 더 철저한 개입이 필요하다고 보았다. 아당의 농담, 마을 주민의 무심한 꾸중, 강간 후 보인 아당의 (논쟁의 여지가 있을 정도로) 무심한 행동을 푸코가 언급한 이유는 아당의 경험이 당시의 성 당국 및 전문가의 그것과 불일치하게 되는 방식을 부각하려는 시도로 해석할 수 있다.

요하나 옥살라의 말처럼, 푸코는 문제의 사건에 관한 주이의 경험과 당국이 이를 기술한 방식이 서로 불협화음을 낸다는 것을 보여주기를 더욱 열망했다. 페미니스트들은 "목가적", "전원생활의", "천진난만한", "일상적 쾌락"에 대한 푸코의 설명을 19세기 프랑스 랍쿠르에서 일어난 사건에 대한 푸코 자신의 견해로 읽었지만, 요하나 옥살라는 이것이 그 사건을 주이가 어떻게 보았는지에 대한 푸코의 표현이라고 본다. 실제로 보네·빌라르의 법의학 보고서가 주이가 한 말로 표현한 것을 보면, 푸코가 이 중요한 구절에서 주이의 견해를 전달하려 했다고 봐야 할 것이다. 주이에게는 "시골 마을의 섹슈얼리티"에서 "엉긴 우유"와 강간 사건은 "일상적" 사건이었고, 이것은 군수와 의사가 그의 행동을 일탈적이고 위험하다고 해석한 방식과 현저한 대조를 이룬다고 요하나 옥살라는 주장한다.

그러므로 푸코는 샤를 주이 사례에 대한 그의 논의에서도 주관적 경험, 담론, 권력관계 사이의 불일치를 강조한다. 푸코의 입장에서 섹슈얼리티의 경험을 포함한 우리의 경험은 "사회적으로 구성"될지 모르지만, 그렇다고 해서 그 경험들이 존재론적으로 담론과 동시에 존재하거나 전적으로 담론에 의해 결정되지는 않는다. 담론과 권력관계는 우리의 경험에 더 복잡하게 영향을 끼치고, 우리의 경험을 변화시킨다. 심지어 우리의 경험을 우리가 진술할 때조차도, 이언 해킹Ian Hacking이 말한 "순환고리 효과looping effect" 속에서(Hacking, 1995a), "전문가"와 "당국"의 말과 실행은 그 진술에 영향을 주고, 그 진술을 변화시킨다. 그래서 요하나 옥살라는 다음과 같이 말한다.

> 푸코의 분석에서 개인, 인생, 또는 주관의 경험이 존재론적으로나 인식론적으로 기초적이거나 자기충족적이지는 않지만, 그럼에도 필수 불가결하다. 린다 알코프의 주장대로 푸코가 주관적 경험이 지배적인 전문가 담론과 단순히 공존한다고 생각했다면, 그것에 대한 비평을 시도할 필요도, 가능성도 없었을 것이다. …… 푸코가 지배적 담론과 그것이 구성하는 주관적 경험이 완벽하게 일치하지 않는다는 인식에 기초해 정신의학을 비판한 것처럼 강간에 관한 가부장적 담론과 태도에 대한 푸코주의-페미니즘의 비판도 담론과 경험 사이의 연관성을 인식해야 할 뿐만 아니라 그 불일치도 인식해야 한다.
>
> (Oksala, 2011, 214-15)

요하나 옥살라는 경험에 대해 섬세하게 접근하는 푸코주의적 방식이 우리가 소녀와 여성의 성적 폭력 경험을 바탕으로 강간에 관한 젠더 이데올로기를 비판할 수 있게 하며, 이러한 이데올로기가 피해자와 가해자 모두에게 내재화되는 방식을 인식할 수 있게 한다고 주장한다. 그래서 『성의 역사』에서 성인-아동 섹스 사건에 관해 푸코가 행한 분석은 터무니없기로 악명이 높지만, 그럼에도 요하나 옥살라는 『성의 역사』가 페미니스트에게 성적 폭력의 젠더적 경험을 비판하고 강간 문화를 변화시키는 데 유익한 도구를 제공한다고 주장한다.

비록 『성의 역사』에서 주이에 관해 다룬 대목에 대한 린다 알코프의 비판은 중요하지만, 그녀는 자신의 글에서 일부 잘못된 견해를 푸코의 것이라고 본다. 예를 들어, 비록 린다 알코프는 푸코의 사회 구성주의적 주장을 상세히 기술하지만, 그녀는 푸코의 사회 구성주의적 주장이 허물고자 하는 바로 그 개념들을 그의 것이라고 본다. 특히, 그녀는 푸코가 권력이 섹슈얼리티와 어떻게 상호작용하는지에 대해 (구성적 관점이 아니라) "억압적" 관점을 가지고 있고, 아동의 "억압적" 섹슈얼리티를 "해방하고자" 한다고 여긴다(Alcoff, 1996, 103, 111). 더욱이, 셸리 트레메인이 「주이 교육하기Educating Jouy」(2013)에서 지적했듯이, 린다 알코프는 "푸코가 '소아성애자'라는 병칭이 역사적으로 위험한 개인이라는 패러다임의 범주였음을 암시하기 위해 주이 사건을 이용한다. 따라서 소아성애는 섹슈얼리티가 '법의 문제'라는 견해를 정당화하는 데 중요한 역할을 해왔다"라고 주장한다(Alcoff, 1996, 103). 린다 알코프는, 그녀 이전의 페미니스트 학자들처럼(Hengehold, 1994, 91), 주이 사건에 쏟아진 의학적·형벌적 관심이 그가 소아성애자로서 가지는 위험에 관계한다고 여긴다. 그러나 사실 푸코는 주이를 논할 때 "소아성애자"라는 용어를 전혀 사용하지 않았으며, 역사적 맥락에서도 이 사건은 소아성애자와 무관했다. 실제로 주이는 "소아성애"라는 단어가 발명되기 19년 전에 체포되었고, 의사들은 주이를 변태가 아니라 "반 백치"로 진단한다. 셸리 트레메인이 말하듯이,

> 소아성애증*paedophilia erotica*이라는 용어는 (주이가 체포되고 거의 20년 후인) 1886년 빈의 정신과 의사 리하르트 폰 크라프트 에빙Richard von Krafft-Ebing이 만들었으며, 이 용어를 (당시 성 병리학의 선도적인 법의학 권위서였던) 『광기와 성*Psychopathia Sexualis*』[4]의 정신성적 도착의 유형분류 체계에서 썼다. …… 『옥스퍼드 영어

---

4 옮긴이: 우리말 번역으로는 리하르트 폰 크라프트에빙 지음/홍문우 옮김, 『광기와 성: 사이코패스의 심리와 고백』, 파람북, 2020.

사전*The Oxford English Dictionary*(O.E.D.)』은 소아성애*paedophilia*를 '아동에 대한 비정상적인, 특(별)히 성적인 사랑'이라고 정의하고 있으며, 이 단어를 처음으로 기록에 쓴 사람은 1906년 정신과 의사 해브록 엘리스Havelock Ellis였다고 한다. 또한 『옥스퍼드 영어사전』은 소아성애자*paedophile*라는 단어의 최초 사용기록은 45년 후, 즉 1951년이었다고 한다(O.E.D., 1256). 이듬해인 1952년, '소아성애'는 『정신질환 진단 및 통계 편람*Diagnostic and Statistical Manual of Mental Disorders*(DSM)』 초판에 포함되었다.

(Tremain, 2013, 808)

푸코는 부실한 문헌 작업으로 인해 지속해서 비판받아 왔지만 (White, 1973; Huppert, 1974; Leonard, 1980; Midelfort, 1980; Sedgwick, 1982; Megill, 1987; O'Brien, 1989; Scull, 1990; Gutting, 2005), 셸리 트레메인은 계속해서 다음과 같이 주장한다. "문헌에 관해 해박한 지식을 가졌던 푸코는 이러한 용어의 어원에 대해 잘 알고 있었을 것이다. 그러므로 유명론자인 푸코의 관점에서 볼 때, 주이를 검사한 과학자들은 그를 '소아성애' 환자로 취급할 수 없었을 것이다"(Tremain, 2013, 808).

셸리 트레메인은 푸코의 뇌리를 스치지도 않았을 시대착오적인 방식으로 주이-아당 사건에 "소아성애"를 투사하는 실수를 저지른 페미니스트 연구자들에게 신랄한 비판을 했지만, "소아성애"에 관한 상황은 그녀가 생각하는 것보다 더 복잡하다. 『쾌락의 활용*The Use of Pleasure*』[5]에서 푸코는 우리에게 어떤 용어가 주조된 날짜의 중요성을 "과소평가하거나 과대 해석하지 말라"고 촉구한다

5 옮긴이: 우리말 번역으로는 미셸 푸코 지음/문경자·신은영 옮김, 『성의 역사 2: 쾌락의 활용』, 제3판, 나남, 2018.

(Foucault, 1985, 3). 푸코는 "섹슈얼리티"라는 단어의 주조에 대해 다음과 같이 쓴다. "어휘의 단순한 수정과는 다른 의미이지만, 그것이 '섹슈얼리티'와 관계된 것의 갑작스러운 출현을 나타내지 않는다는 점은 분명하다"(Foucault, 1985, 3. 강조는 필자). 그는 계속해서 다음과 같이 설명한다.

> 그 단어의 사용은 다른 현상과 관련해 확립된 것이었다. 즉 다양한 지식영역의 발달 ……, 일련의 규칙과 규범의 정립, 그리고 개인이 그들의 행위와 의무, 쾌락, 그들의 감정과 감각, 꿈에 의미와 가치를 부여하는 방식이 변한 것이었다. 결국, 문제는 서구 근대사회에서 개인이 자신을 '섹슈얼리티'의 대상으로 인식하게 되는 이러한 '경험'이 어떻게 형성되었는가를 보는 것이며, 이제 '섹슈얼리티'는 매우 다양한 지식의 영역에 개방되고 규칙과 제약의 체제와 연결되었다.
>
> (Foucault, 1985, 3-4)

다시 말해서, "섹슈얼리티"(또는 "소아성애")라는 용어가 발명되려면, 먼저 이미 인식되고 있는 경험을 설명하는 데 필요한, 또는 어떤 현상이나 문제의 자각을 이해하는 데 필요한 모든 조건이 갖추어져야 한다. 그러므로 리하르트 폰 크라프트 에빙이 소아성애증이라는 단어를 썼던 날, 현상으로서 소아성애는 마법처럼 갑자기 나타났으며, 그날 이전에는 성인과 아동 사이의 섹스를 병리화하는 문제를 다룰 필요성을 느낄 수 없었을 것이라고 셸리 트레메인이 주장했을 때, 그녀는 유명론을 너무 단순하게 이해한 것이었다. 반대로, 수년에 걸쳐 성인-아동 섹스의 병리화에 관심이 커졌고, 이러한 관심은 처음에는 기존의 개념을 사용했지만 결국에는 그 자체의 용어가 필요하게 되었을 것이다. 리하르트 폰 크라프트 에빙이 소아성애라는 용어를 주조하기 전 19년 동안 성인-아동 섹스의 병리화에 관한 관심이 유럽 시대정신의 일부였을 가능성이 크고, 이 관심은 주이-아당 사건에 대한 반응이 왜 그러했는지를 어느 정도 설명할 수 있다. 보네·뷜라르가 주이를 소아성애자라고 부르지는 않지만, 그들은 주이와 같은 "정신박약자"는 지능 수준은 아동 수준이고 생식기 발달은 성인 수준이기 때문에 아동에게 성적으로 끌릴 것이라고 주장한다. 그들은 주이가 아동과 섹스하려고 할 것이므로 사회에 위험하다는 생리적 징후로, 그 밖의 발달 지체와는 대조적으로 정상적인 발달을 보인 성기의 크기를 지적한다. 의사들이 이 사건을 추적했다는 사실은 성인이 아동과 성관계를 갖는 것에 대해 역사적으로 유례없는 우려가 있었음을 보여준다. 비록 지적 장애의 하나로 진단하지만, 그들은 지적 장애를 성도착·위험과 밀접하게 연관시킨다. 보네·뷜라르는 주이가 만약 풀려난다면, 같은 종류의 행위를 다시 할 것이며, 이는 그들이 주이를 여생 동안 마레빌에 수용하는 비용을 —셸리 트레메인에 따르면, "엄두를 못 낼 정도로 비쌌을" 비용을 (Tremain, 2013, 813)— 지역사회가 부담하도록 요구할 만한 걱정이라고 한다. 의사들이 아직 주이가 "섹슈얼리티"나 "도착"으로서 가하는 위험을 개념화하지 않은 것은 사실이지만, 그들은 성인-아동 섹스를 위험으로 보며, 주이가 선천적으로 비정상이어서 이런 성적 위험을 반복적으로 가할 것이라는 식으로 기술한다.

그럼에도 소아성애에 대한 셸리 트레메인의 지적은 중요한데, 주이가 성도착이 아니라 "정신박약"으로 수용되었다는 점을 인식함으로써, 이 사건이 성·젠더 만큼이나 지적 장애에 관한 것이라는 사실이 주목받기 때문이다. 불행히도, 주이-아당 사건이 지적 장애가 아니라 소아성애에 관한 것이라는 린다 알코프의 주장은 영향력이 있었고, ―나를 포함한― 다른 페미니스트 연구자들이 계속 그렇게 읽도록 이끌었다(Taylor, 2009; Oksala, 2011). 셸리 트레메인의 지적처럼, 주이에 관한 페미니스트의 연구가 장애를 이렇게 간과하는 것은 많은 페미니스트 연구가 보이는 증상이거나, 또는

> 남성 우월주의와 성차별이 여성/소녀와 남성/소년 사이의 사회적 상호작용과 교류에 작동하는 권력의 (유일하지는 않지만) 지배적인 작동 형태라는 것을 의심할 여지 없이 그리고 무비판적으로 상정하는 페미니스트 분석의 또 다른 예이고, 권력의 복잡한 특성을 감춤으로써, 즉 (이분법적) 젠더와 역사적으로 결탁하여 얽혀 있는 권력의 축을 흐리게 함으로써, 이러한 전원 회로를 검사하지 않고 지속, 재구성, 강화, 확장할 수 있도록 한다.
>
> (Tremain, 2013, 816)

주이의 장애를 염두에 두면서 주이와 아당의 관계를 재고함으로써, 주이가 반드시 그들의 사회적·성적 상호작용을 지배했으리라는 점은 덜 분명해진다. 셸리 트레메인이 말하듯이,

> 주이는 약 마흔 살의 가난하고 소득이 적으며 임금이 낮은, 친구나 가족이 없는, 키 작고 온순하며 배우는 것이 느리고 문맹인 노숙자였다. 그는 마구간에서 잤다. 그는 학교에서 쫓겨났고, 다른 남학생들은 그를 놀이와 활동에서 배제했으며, 나이 많은 마을 소녀와 또래 여성들은 그를 조롱했다. 사실, 모든 면에서, 주이는

> (탈)근대의 소외되고 권리를 빼앗긴, 환영받지 못하는 장애인의 전신이다.
>
> (Tremain, 2013, 815)

반면에, 아당은 비록 어렸지만, 인지적으로 정상이었고, 친구, 가족, 집이 있었다. 그래서 주이와의 사회적 관계에서 그녀가 우위에 있었을지도 모른다. 이런 맥락에서 셸리 트레메인은 다음과 같이 말한다.

> 주이가 아당에게 자위를 부탁했을 때, 그는 그녀가 다른 남자아이들과 함께 "엉긴 우유" 놀이를 하는 것을 보았기 때문에 …… 그는 그 놀이에 포함되기 위해, 소속감을 느끼고 인정받기 위해 그렇게 했다.
>
> (Tremain, 2013, 815)

지적 장애인이 사회적으로 적절한 방법으로 효과적인 자위행위를 하도록 가르치는 근대적 관행을 기초로 해서, 셸리 트레메인은 아당이 주이에게 "효과적으로" 자위하는 방법을 "가르쳤을지도" 모른다고 말하기까지 했다(그러나 보네·뷜라르의 보고서는 이런 생각을 반박한다. 보고서는 주이가 이미 자주 자위행위를 했다고 —실제로, 아당에게 처음으로 성관계를 위해 접근했을 때 그는 이미 자기의 성기를 잡아당기고 있었다고— 한다)(Tremain, 2013, 815). 그렇지만 —페미니스트 문헌에서 주이와 아당의 관계가 인식되는 방식을 완전히 뒤집는— 또 다른 재해석에서, 셸리 트레메인은 아당이 가난한 주이에게 성행위에 대한 보수를 요구하면서 심지어 "[주이의] 온화한 성격과 유약함을 이용"했을 수도 있다고 말한다(Tremain, 2013, 815). 셸리 트레메인은 이 마지막 제안을 하면서 장애인이 성적으로 학대받고 경제적으로 착취당하는 빈도를 떠올리며, 주이를 폭행한 사람이 아당이라고 농담한 푸코를 변론할 것으로도 보인다. 그러나 아당이 주이를 착취한 것이라는 주장은 여전히 추측일 뿐, 주이에 대한 동정심을 키우기 위해 (실제 있었던 일인 것처럼) 아당을 다시 악당으로 만들 필요는 없어 보인다.

주이-아당 사건을 다룬 린다 알코프의 저작에 대한 요하나 옥살라와 셸리 트레메인의 비판적 개입은 사회정의 연구자를 위해 푸코의 작품에서 가장 논란이 많은 구절 중 일부를 구제하는 방향으로 나아간다. 그렇지만 푸코는 소녀의 경험이나 관점에 전혀 관심을 두지 않았고, 주이-아당 사건에서 그의 호기심과 공감은 모두 성인 남성에게 쏠려 있었다는 점은 여전히 사실이다. 요하나 옥살라와 셸리 트레메인의 중요하고도 회복적인 독해에도 불구하고, 푸코가 남성과 성인의 인식적 오만함을 보여준다는 린다 알코프의 주장은 여전히 정확하다고 말할 수 있다. 제2장에서는 성범죄 관련 입법 개혁에 대한 푸코의 발언으로 넘어가는데, 불행히도 이 역시 그런 오만함이 특징이다.

제 2 장

성범죄법 개정

사회가 자신과 자신의 제도에 대한 작업을 통해서만 존속할 수 있는 것처럼, 정의는 언제나 스스로를 의심해야 한다.

— 미셸 푸코, 「당신은 위험하다」(1983a)

만약 강간범은 이제 감옥에 가지 않을 것이고, 수감은 말도 안 된다고 …… 말한다면, 이것은 무슨 의미일까요? 그렇게 말해도 될까요?

— 미셸 푸코, 「구금, 정신의학, 감옥」(1988a)

푸코 — 성범죄 관련 입법 개혁에 대하여

1977년, 푸코는 형법개혁위원회로부터 성범죄 입법과 관련해서 검토 중인 개정에 대해 조언을 구하는 전화를 받았다. 푸코에 따르면,

그들은 섹슈얼리티 관련 입법을 연구하고 있다고 말했어요. 그들은 어떤 어려움에 빠져 있으며, 그것에 대해 내가 어떻게 생각하는지를 알고 싶어 했습니다. …… 나는 하고 싶은 질문이 무엇이냐고 말했죠. 그들은 몇 가지 질문을 보내왔고, 그것을 오늘 아침에 받았어요.

글쎄요, 영화, 책 등에 관련된 입법 어느 것도 내게 문제 되는 것은 없어요. 원칙적으로, 어떤 경우에도 섹슈얼리티가 법률의 대상이 되어서는 안 된다고 말할 수 있다고 생각합니다. 좋습니다. 그러나 내게 문제가 되는 두 영역이 있어요. 하나는 강간이고 다른 하나는 아동입니다.

강간에 대해 어떻게 말해야 할까요?

(Foucault, 1988a, 200. 강조는 원문에 따름)

지금까지 자신의 비판적 철학에 근거해 규범적 조언을 건네는 것에 대해 여러 차례 거부 의사를 밝혔던 그의 전력을 고려한다면, 조언을 구하는 위원회의 제안을 푸코가 받아들였다는 사실은 다소 놀랍다. 예를 들어, 푸코는 감옥 제도를 비판하면서도 그것을 어떤 식으로 대체해야 하는지 또는 범죄에 어떻게 다르게 대응해야 하는지를 말하지 않으며, 정신의학을 비판하면서도 지금 정신질환이라고 부르는 현상에 대응하는 더 나은 방법이 무엇인지를 말하지는 않는다. 마찬가지로, 이른바 "섹슈얼리티의 장치"를 비판하지만, 다른 성 체제를 위한 규범적 충고는 자제할 것이라고 예상했을지도 모른다. 푸코는 수차례에 걸쳐 자신이 조언을 꺼린 이유를 다음과 같은 말로 설명했다. 철학자의 역할은 예언이 아니라 비평이어야 하고 저항은 아래로부터 이루어져야 한다(Foucault, 1989c, 424-5). 그래서 가령 푸코는 감옥정보그룹

GIP에 참여하면서 자신의 역할이 수감자를 대변하거나 그들에게 새로운 질서를 도입하는 것이 아니라 수감자의 저항 전략을 가능하게 하는 것이라고 보았다. 실제로 말년의 푸코는 1984년에 다음과 같이 주장하면서 초기의 반규범적 입장으로 돌아가려 했다. "철학 담론이 밖으로부터 타인을 지배하고 그들에게 그들의 진실이 어디에 있으며 그것을 어떻게 찾는가를 말해 주려 할 때, 그 철학 담론은 다소 터무니없는 것이다"(Foucault, 1985, 9).

그런데도, 1977년, 위원회에 자문을 제공하고자 하는 자신의 의지에 대해 푸코는 이렇게 말한다.

> 사람들은 내가 왜 이 일에 관여하기로 했냐고 물을지도 모르겠군요. …… 그러나, 결국, 나는 오랫동안 내 것이기도 했고, 또한 이제는 동의하지 않는 다음과 같은 말, 즉 우리의 역할은 비난하고 비판하는 것이다, 그들이 입법과 개혁을 계속하도록 내버려두라는 등의 말로 구성된 태도에 다소 짜증이 났습니다. 그것은 내가 볼 때 올바른 태도가 아닌 것 같아요.
>
> (Foucault, 1988a, 200)

그래서 데이비드 쿠퍼David Cooper, 장 피에르 파예Jean-Pierre Faye, 마리 오딜 파예Marie-Odile Faye, 마린 제카Marine Zecca와의 원탁회의 내용을 담은 「구금, 정신의학, 감옥Confinement, Psychiatry, Prison」을 보면, 회의 도중에 푸코는 성범죄 관련 입법 개혁 문제로 화제를 돌린다. 그는 다음과 같이 말한다.

> 언제나 다음과 같은 이론적 담론을 만들어 낼 수 있어요. 어떤 경우에도 섹슈얼리티는 결코 처벌의 대상이 될 수 없다. 그리고 강

간을 처벌할 때는 신체 폭력만을 처벌해야 한다. 그리고 그것이 공격 행위 그 이상도 그 이하도 아니라는 말은, 누군가의 얼굴에 주먹을 꽂는 것과 음경을 음부에 꽂는 것 사이에는 원칙적으로 아무런 차이가 없다는 말이다. …… 하지만 우선, 여성들이 이에 동의할지 전혀 확신할 수 없어요. ……

(Foucault, 1988a, 200)

페미니스트 학자들은 이 구절을 "성범죄로 규정된 강간죄의 비범죄화에 대한 지지 표명"으로 흔히 해석해 왔다(Cahill, 2000, 43. Plaza, 1978도 참조). 그러나 로라 헹홀드의 지적처럼, 이 제안에 대한 푸코의 태도는 여전히 "양가적"이며, 그가 비록 그런 생각을 품었다더라도 "푸코는 그런 탈성애화desexualization 전략을 절대 지지하지 않는다"(Foucault, 1994, 90). 푸코는 바로 그날 아침에 자신이 받은 질문을 주제로 토론하려고 아이디어를 내놓고 있는 것이며, 따라서 숙고한 견해를 피력한 것이 아니다. 더구나 푸코가 탈성애화 제안을 표현한 방식("언제나 이론적 담론을 만들어 낼 수 있다")을 보면, 그 제안이 별생각 없이 개략적으로 내뱉은 말임을 바로 알 수 있다. 주목할 만하게도, 푸코는 그런 라이히식 접근법Reichian approach[1]은 여러 문제에 직면하고 있으며, 그가 말한 것은 그중 하나일 뿐이라고 즉시 덧붙이고 있다. 라이히식 접근법, 즉 성적 폭력이 물리적 폭력 이상의 의미가 없다는 생각이 지닌 문제점은 강간의 주요 피해자인 여성들이 이에 동의하지 않을 것이라는 데 있다. 푸코의 다음과 같은 견해를 고려할 때, 여

---

1 옮긴이: 빌헬름 라이히Willhelm Reich는 오스트리아 출신 정신분석학자로 정치혁명은 성 억압 타도에서만 가능하다고 하였다. 라이히식 접근법이란 성적 억압을 제거함으로써 사회문제를 해결하려는 시도를 의미한다.

성이 이런 제안에 동의하지 않으리라는 점은 그에게 중대한 문제이다. 저항은 아래로부터 일어나야 하며, 저항 전략을 수립할 때 "억압으로 가장 직접 영향을 받는 사람들에게 발언권을 주거나" 소리를 내게*donner la parole* 해야 한다(Dilts and Zurn, 2016). 푸코가 원탁회의에 참석한 두 여성, 마리 오딜 파예와 마린 제카의 생각을 듣기 위해 그들을 대화에 불러들이며 다음과 같이 물어본 것도 이런 이유에서일 것이다. "어떻게 생각하세요? 내 말은, 당신들, 여성 …… 왜냐하면 이 분야에서 남성은 아마 불행히도 경험이 적기 때문에요"(Foucault, 1988a, 201). 유감스럽게도, 데이비드 쿠퍼, 장 피에르 파예는 이들 여성의 말을 듣는 데 푸코만큼의 관심이 없었으며, 그들은 마린 제카가 단 두 문장만을 말했을 때 다시 대화를 이어받는다. 여성의 처지를 말하면서, 데이비드 쿠퍼는 한 남자가 다섯 명의 여자에게 집단강간 당하는 것은 "천국"일 것이라고 하고(Foucault, 1988a, 204), 장 피에르 파예는 "여성해방의 관점에서 보면 '강간 반대anti-rape'여야 하고, 억압을 반대하는anti-repression 관점에서 보면 그 반대죠"(Foucault, 1988a, 201)라고 말한다. 강간을 천상의 쾌락으로 보고, "반억압"이 강간 찬성pro-rape과 융합되는 이러한 상황에서, 이 두 여성은 자기 생각을 명확히 밝힐 기회가 거의 없다. 게다가 이 두 여성이 말하는 한에서, 이들은 마치 성인 여성 강간이 덜 걱정스러운 것처럼, 줄곧 자신들을 괴롭히는 아동 강간 이야기로 되돌아갔다. 강간이 아이들만이 아니라 여성에게도 문제가 될 수 있음을 분명히 표현하는 데 마린 제카와 마리 오딜 파예가 실패함으로써, 모니크 플라자가 "성인 여성이 그것에 익숙해지기를 기대하는가……?"(Plaza, 1978, 101)라고 묻기에 이르렀다.

마리 오딜 파예와 마린 제카가 그 대화의 상황에서 자기 입장에 대한 합당한 이유를 제시할 수는 없었지만, 강간을 "얼굴을 때리는 것"에 비유하는 것을 거부하였음은 분명하다. 이런 태도에 대해 푸코는 다음과 같이 답한다.

> 그렇다면 문제가 있어요. 왜냐하면 우리가 말하는 것은 다음과 같은 말이기 때문입니다. 섹슈얼리티는 신체에서 우선적 지위를 가지며, 성기는 손, 머리카락, 코와는 다르다. 그러므로 어떤 경우에도 신체의 나머지 부분과 관련 없는 법률이 그것을 보호하고, 포섭하고, 그것에 투자해야 한다.
>
> (Foucault, 1988a, 201-2)

이 대화가 『성의 역사』 제1권이 출간된 다음 해에 이루어졌으며, 거기서 푸코가 근대 서양 사회가 성에 부여한 특별한 중요성을 문제 삼는다는 점을 고려할 때, 독자는 신체에서 성이 다른 부분보다 더 중요하다는 생각에 대해 푸코가 경계하는 이유를 금방 간파할 것이다. 푸코의 걱정은 단순한 신체 폭력보다 성적 폭력이 더 중요하다는 여성의 직관이 성의 생명 정치화의 산물이자 영구화라는 데 있다. 이러한 관점에서, 성적 폭력을 신체 폭력과 차별화하는 법률은 성에 휩싸인 생명 정치적 근대성의 본성을 보여주는 한 예에 지나지 않을 것이다. 근대가 성에 치중해 온 우월적이고 악의적인 관심에 대해 푸코는 『성의 역사』 결론에서 다음과 같이 주장하면서 탈성애화 전략을 제안했다. "섹슈얼리티의 장치에 대한 반격의 거점은 성 욕망이 아니라 육체와 쾌락bodies and pleasures임이 틀림없다"(Foucault, 1978a, 157). 사회를 탈성애화하는 방법

가운데 하나가 성 관련 입법의 중지라는 것이 푸코의 제안으로 보인다. 푸코의 입장에서, 그러한 성 관련 입법의 중단은 우리가 쉽게 용인할 수 있다고 생각하는 포르노그래피 같은 문제에서 시행하기가 쉬울 것이다. 그러나 우리가 용납할 수 없는 강간과 관련하여, 푸코의 잠정적인 제안은 범죄에서 성적 측면을 내버려두고 폭력만 처벌하자는 것이다.

다수의 페미니스트 평론가는 푸코의 제안이 같은 시기의 페미니스트의 주장과 "피상적으로" 공명한다고 지적했다(Hengehold, 1994, 89; Cahill, 2000, 44). 특히 1975년에 나온 『우리의 의지에 반하여: 남성, 여성 그리고 강간의 역사*Against Our Will: Men, Women, and Rape*』[2]에서 수전 브라운밀러Susan Brownmiller는 강간을 성적 행위라기보다는 난폭한 폭행으로 봐야 한다고 주장했다. 그러나 푸코의 페미니스트 독자들도 지적하듯이, 우리가 성범죄로 보는 강간을 폭력 범죄로 보려고 한 푸코의 동기는 수전 브라운밀러 같은 페미니스트의 동기와는 전혀 달랐다(Cahill, 2000, 44). 푸코는 성에 대한 우리의 생명 정치적 투자로 인해 강간을 성범죄로 보는 것이 강간에 현저한 중요성을 부여한다고 생각하는 반면에, 수전 브라운밀러는 강간을 성범죄로 보는 것이 강간과 쾌락을 연관시키면서 강간을 자연스럽고 하찮은 것으로 만든다고 주장한다. 예를 들어, 한 배심원은 여성이 자신을 강간하는 남자를 죽였다면 정당방위를 주장할 수 있냐는 질문에, "남자가 여자를 죽이려고 한 것은 아니므로 그럴 수 없습니다. 그는 그저 그녀와 성교하며 그녀에게 즐거운 시간을 주려고 했을 뿐입니다"라

2 옮긴이: 우리말 번역으로는 수전 브라운밀러 지음/박소영 옮김, 『우리의 의지에 반하여: 남성, 여성 그리고 강간의 역사』, 오월의봄, 2018.

고 대답했다(Hengehold, 1994, 93에서 인용). 이 배심원의 눈에 비치는 것처럼, 강간이 유쾌한 행위로 잘못 보이거나, 남성이 "보통의" 여성이 즐기는 행위로써 여성에게 쾌락을 주려는 것으로 잘못 보이기 때문에, 범죄로서 강간은 사소한 것이 된다. 수전 브라운밀러의 관점에서 볼 때, 강간을 성행위가 아니라 폭력행위로, 쾌락이 아니라 권력에 관한 것으로 지각하게 해주는 렌즈는 배심원과 판사가 여성의 삶에서 이러한 범죄 카테고리가 갖는 중요성을 인식하는 데 도움을 줄 수 있다. 예를 들어, 정당방위 시나리오에서 강간범은 여성에게 "좋은 시간"을 주려는 것이 아니라 젠더화된 통치의 행사를 통한 가부장적 권력의 법제화와 강화로 이해될 것이다. 따라서 수전 브라운밀러 같은 페미니스트와 푸코는 강간을 "성적" 속성으로 보는 것이 강간의 중요성을 약하게 만드는지 아니면 그 중요성을 감추는지, 그리고 강간을 "폭력"으로 인식하는 것이 법의 시각에서 강간의 중요성을 감소시키는지 아니면 증가시키는지에 대해 근본적으로 견해를 달리한다.

강간의 성적 본성이 강간의 법적 중요성을 높이는지 아니면 낮추는지에 대한 이런 서로 다른 직관은 양립할 수 없는 것처럼 보이지만, 사실 그들은 강간의 문화적 이해에 흔히 있는 역설을 보여준다. 아나스타샤 파웰Anastasia Powell·니콜라 헨리Nicola Henry·애셔 플린Asher Flynn은 다음과 같이 말한다.

> 성적 폭력의 피해자·생존자를 위한 정의는 일련의 역설, 선입견, 모순의 교차로 훼손된다. 한편으로는, 성적 폭력은 일반적으로 점점 의학화되고 개인화된 심리학의 틀에서 흔히 "트라우마"로 이해된다. 강간은 종종 다른 사람에게는 이해할 수 없고, 터부시되는

> 것이다. 즉 "최악의 범죄", "영혼에 대한 폭행" 또는 "궁극적인 침해"로 여겨진다. 그러나 반면에, 피해자를 비난하는 문화 태도, 고정 관념, 신화는 성적 폭력을 정상화하고 피해자의 경험을 하찮은 것으로 만든다.
>
> (Powell et al., 2015, 1)

파웰·헨리·플린이 고찰한 것처럼, 강간은 "불가피한 것이면서 동시에 말할 수 없는 것"(Powell et al., 3)으로 현재 구성되어 있으며, 수전 브라운밀러와 푸코 사이의 긴장은 이 사실을 보여준다.

『성의 역사』의 지성적 맥락에서 비롯된 성범죄 관련 입법에 대한 푸코의 염려를 넘어, 그의 발언을 1975년 저작 『감시와 처벌』의 맥락, 그리고 1970년대 감옥정보그룹 참가라는 맥락에 두는 것도 중요하다. 이것은 「구금, 정신의학, 감옥」 대화에 대한 페미니스트 논평에서 누구도 하지 않은 것이다. 푸코의 설명처럼, 강간에서 폭력만을 처벌하자는 제안의 결과는 강간을 "형법 외부에" 두는 것이다. "손해와 관련하여 민법의 영역이 될 수 있을 것이다"(Foucault, 1988a, 201). 푸코의 제안을 이행하는 것은, 따라서 더 적은 수의 사람을 감옥에 가둔다는 의미이고, 이것은 문제의 범죄가 무엇이든 푸코에게는 분명히 바람직한 일이다. 그래서 그는 동료에게 묻는다. "만약 어떤 사람이 강간범은 이제 감옥에 가지 않을 것이고, 수감은 말도 안 된다고 한다면, ―강간범은 손해 배상금 10만 프랑을 지급해야 한다는 말을 듣게 된다고 한다면,― 이는 무슨 의미일까요? 그렇게 말해도 될까요?"(Foucault, 1988a, 209). 비록 감옥 폐지론자의 정치적 관점에서 볼 때 그러한 움직임은 바람직하지만, 푸코는 그것이 또 다른 사회정의 운동, 즉 여성운동과 충돌한다는 점을 깨닫고 우려하고 있다. 안타깝게도, 이 문제에 관해서는 「구금, 정신의학, 감옥」에 실제로 명확하게 드러나지 않으며, 푸코는 이를 더는 탐구하지 않았다.

마리 오딜 파예와 마린 제카는 강간이 왜 나쁜지를 설명하기 위해 계속해서 "여자아이"의 예에 의존하고, 이 점에서 그들은 당대의 저명한 페미니스트 이론가·활동가와 마찬가지였기 때문에(Firestone, 1970), 「구금, 정신의학, 감옥」 대화 중 일부는 성인-아동 섹스와 관련을 맺는다. 이 대화가 이루어진 맥락에 주목하는 것이 중요하다. 오늘날과 달리 1970년대 후반과 1980년대 초반, 다수의 저명한 게이·레즈비언 학자와 활동가는 "세대 간cross-generational" 섹스에 호의적이었고, 성인-아동 성관계를 LGBTQ 이슈로 보았다. 1960년대와 1970년대에 서구 세계의 전역에서 정치적 소아성애자 협회가 결성되었다. 유럽에서는 소아성애자 정보교환소the Pedophile Information Exchange, 노르웨이 소아성애자그룹the Norwegian Pedophile Group, 아동성애 사면위원회Amnesty for Child Sexuality(본부 소재: 오슬로), 네덜란드의 소아성애자 워크 그룹the Werkgrupp Pedophilie, 벨기에의 소아성애자 스터디 그룹the Studiegroep Pedofilie 등이 등장하였고, 북미에서는 1962년 로스앤젤레스에서 르네 가이온 협회the René Guyon Society가 설립되었고, 1971년 샌디에이고에서는 아동기 관능 서클the Childhood Sensuality Circle이 설립되었으며, 1978년에 북미성인남성/소년사랑협회the North American Man/Boy Love Association(NAMBLA)가 설립되었다(de Young, 1988). 이 NAMBLA는 특히 소아성애 문제를 LGBTQ 이슈로 만드는 데에 확고했으며, 성소수자 자긍심 센터gay pride centers에서 회의를 열고 성소수자 자긍심 행진gay pride parades을 하기 위해 끊임없이 싸웠다.

특히 1960, 70, 80년대에 이와 같은 소아성애자 협회는 정치 활동을 하고 목소리를 높였지만, 그들은 이제 성인-아동 섹스와 관련된 추문이 뉴스에 보도될 때면 침묵을 지킨다(Basset, 2009). 이러한 협회 회원들이 자신의 명분을 LGBTQ 정치와 연결하기 위해 제기한 주장 중 일부는 공허하지만(예를 들어, Thorstad, 1991 참조), 게이 해방과 법정 강간이라는 법리적 문제 사이에는 어떤 실질적 연관성이 있다. 예를 들어, 법정 강간법은 이성애 관계보다 동성애 관계를 처벌하기 위해 훨씬 더 많이 사용되었으며, 오늘날까지 성교 동의 연령법age of consent laws은 미혼인 개인과 자녀가 없는 사람에게만 적용된다. 미성년자와 결혼했거나 미성년자와의 사이에 자녀가 있는 경우라면 미성년자와의 성행위는 많은 관할권에서 허용되었고, 이는 물론 미성년자와 관련된 이성 관계보다 미성년자와 관련된 동성 관계가 더 자주 표적이 될 것임을 의미한다(Cocca, 2004).

퀴어 이론가 게일 루빈Gayle Rubin이 1984년 논문 「성을 사유하기Thinking Sex」[3]에서 성인 남성-소년 애인을 옹호하고, 성 노동자, 동성애자, 그리고 BDSM[4] 행위자를 변호한 것도 이런 상황에서다. 25년 후, 「과거가 된 혈전Blood Under the Bridge」[5]에서 게일 루빈은 열정적이었지만 많은 비판을 받은 성인 남성-소년 애인에 대한 자신의 변론을 되돌아본다. 그녀는, "나는 분명 나이 어린 사람의 섹슈얼리티와 관련해 들이닥칠 쓰나미의 충격적인 규모를 과

3 옮긴이: 우리말 번역으로는 게일 루빈, 「성을 사유하기」, in: 게일 루빈 지음/신혜수·임옥희·조혜영·허윤 옮김, 『일탈: 게일 루빈 선집』, 현실문화, 2015, 279쪽 이하.

4 결박Bondage, 훈육Discipline, 사디즘Sadism, 마조히즘Masochism.

5 옮긴이: 우리말 번역으로는 게일 루빈, 「과거가 된 혈전: 「성을 사유하기」를 반추하며」, in: 게일 루빈 지음/신혜수·임옥희·조혜영·허윤 옮김, 『일탈: 게일 루빈 선집』, 현실문화, 2015, 379쪽 이하.

소평가했다. 1983년에 「성을 사유하기」 원고를 끝냈을 당시, 나는 아동과 관련된 공황 상태의 윤곽은 분명히 그릴 수 있었지만, 그 규모와 지속 기간은 알지 못했다”(Rubin, 2010, 37). 게일 루빈은 아동에 관해 당시 자신이 했던 발언이 “형편없이 순진하고 비현실적으로 낙관적”(Rubin, 2010, 39)이었던 것 같다고 인정하며, 그러나 그녀는 「성을 사유하기」를 쓰기 전과 후의, “어린 사람들의 성 복지에 관한 적법한 관심이 정치적 동원을 위한 수단이 되어왔고, 그들의 명시적인 목적을 훨씬 넘어선 결과를 초래했던 정치적 수단이 되어왔으며, 그들이 도와야 할 어린 사람들에게 상당히 해를 끼쳐 왔던”(Rubin, 2010, 37) 방식을 묘사하고 있다. 특히, 게일 루빈은 다음과 같이 주장한다.

> 아동 보호라는 수사학은, 여성의 종속 지위 강화, 위계적 가족 구조 강화, 게이의 시민권 축소, 포괄적인 성교육 반대, 피임의 이용 가능성 제한, 낙태, 특히 젊은 여성과 소녀의 낙태 제한에 관한 수많은 보수 의제에 기반을 두고 있다.
>
> 아동을 보호할 것으로 여겨진 법과 정책이, 아이들이 간절히 원하는, 자기 나이에 맞는 성 관련 정보와 서비스를 박탈하는 데 사용되었다. 법률은 예컨대 아동 포르노그래피의 범주를 매우 폭넓게 규정함으로써 아동과 청소년을 보호하려고 하였지만, 오히려 아이들을 기소하는 데에 사용되었다. …… 금욕 홍보에서 동성결혼과 입양의 금지에 이르기까지 거의 모든 것에 아동의 안전과 복지 증진이라는 허울이 씌워졌다. 아동보호법과 정책의 세부 사항, 영향, 범위에 대한 비판적 평가는 이미 오래전에 이루어졌어야 할 일이었다. 그러나 그러한 분석에 참여하려고 했던 사람들은 종종 아동학대를 지지한다는 비난을 받는다.
>
> (Rubin, 2010, 37)

한 예로, 게일 루빈은 1994년 캘리포니아 "삼진아웃" 법안에 대해 논한다. 게일 루빈이 고찰한 것처럼, 위에서 논의한 메건법과 마찬가지로, 삼진아웃법은 여자아이의 성적 살인사건에 뒤따르는 정치적·정서적 격분 속에서 통과되었다. 아동 살인사건이 엄격한 법안의 통과에 이용되었지만, 그 법안의 주요 표적은 아동학대자가 아니었다. 오히려 이 법은 유색인종을 마약 혐의로 구금하는 기능을 압도적으로 수행했으며, 미국 감옥-산업복합체가 기하급수로 팽창하는 데 주요 원인이 되었다. 감옥이 범죄를 억제하지는 않으며, 대부분의 아동학대가 낯선 사람의 손에 의해서가 아니라 가정 내에서 일어난다는 점에서, 삼진아웃법은 이 법률의 제정을 유발한 "낯선 사람에 의한 위험한" 범죄로부터 아이를 보호하는 데 아무런 역할도 하지 않지만, 이 법률로 인한 감옥 인구의 팽창은 아이들에게 영향을 끼친다고 게일 루빈은 주장한다. 즉 많은 한부모(따라서 한부모만 수입이 있는) 가정을 양산하여 아이를 가난 속에 살게 함으로써, 그리고 교육처럼 아이를 위한 프로그램에 더 잘 쓰여야 할 엄청난 국가 재정이 다른 곳으로 빠져나가게 함으로써 결국 아이들에게 부정적인 영향을 끼친다(Rubin, 2010, 38).

누군가는 게일 루빈이 「성을 사유하기」에서 성인-아동의 관계에서 작동하는 권력관계, 그리고 이런 관계가 성적 강요와 학대에서 갖는 잠재력을 문제화하지 못했다고 쉽게 주장할 수 있을 것이다. 반면에 게일 루빈이 「과거가 된 혈전」에서 분명히 밝혔듯이, 성인-아동 성관계를 구금으로 해결하는 현재 우리의 접근 방식은 아동을 보호하기보다 오히려 아동에게 해를 끼치고, 동시에 보수적인 성 풍습과 감옥 정치권력을 더 강화하는 작용을 하면서,

분명히 역효과를 낳았다. 1970년대 말과 1980년대 초에 게일 루빈, 푸코와 같은 퀴어 지식인들이 법정 강간법에 대해 했던 비판 발언이 이제는 정치적으로 용인될 수 없는 것으로 보이지만, 법정 강간 문제와 이런 학자들이 참여한 LGBTQ·반구금 정책 사이에는 실질적인 연관성이 있다.

마리 오딜 파예와 마린 제카는 성인-아동 섹스가 (그것이 폭력적이든 아니든) 강간보다 더 나쁘다고 하겠지만, 「구금, 정신의학, 감옥」 대화에 참여한 사람 중 적어도 한 명, 즉 데이비드 쿠퍼에게는 성인-아동 섹스는 강간보다 문제가 덜할 뿐만 아니라 유토피아적 환상의 일부로 보인다. 데이비드 쿠퍼는 성인-아동 섹스가 즐거울 수 있고, 트라우마가 없을 수 있다는 것을 주장하려고 영화감독인 로만 폴란스키Roman Polanski 사건[6]을 끌어들이며 어떻게 "아동과 어른 사이의 …… 자유로운 교류"가 있는 "공동체"를 "재구축"할 수 있는지(Foucault, 1988a, 210)를 묻는 것으로 대화를 끝낸다. 데이비드 쿠퍼와 달리, 푸코의 태도는 강간에 대해 보였던 것과 마찬가지로 양가적이다. 즉 그는 그러한 성관계의 비범죄화를 제안하면서도 이런 제안이 일으키는, 실세인 성인과 그의 보호를 받는 아동 사이의 강제나 조종 가능성과 같은 몇 가지 우려에 주의를 기울인다. 한편으로는, 다음과 같이 보았다.

> 유혹받는 아동의 …… 소년·소녀의 문제가 있어요. 또는 유혹하기 시작한 사람의 문제가 있어요. 동의하는 아동, 거절하지 않는 아동과 어떤 관계든 맺을 수 있다고 말하는 법률을 발의할 수 있습니

---

6 옮긴이: 프랑스 출신 폴란드 영화감독. 미성년자(당시 13세)였던 배우 지망생을 강간, 미성년자 강간 혐의로 미국에서 재판받던 중 프랑스로 도주하였다.

까? — 이것은 법과 상관없는 일인가요? …… 열 살에 어른에게 몸을 던지는 아이들이 있어요. — 그래서?

…… 하고 싶은 말은, 아이가 거절하지 않는 순간부터, 어떤 행동도 처벌할 이유가 없다는 겁니다. ……

(Foucault, 1988a, 204)

그러나 다른 한편으로는, 성인과의 관계가 권력관계와 그에 따른 조종 가능성을 흔히 수반한다는 점에서 아동이 관련된 사건에서 의미 있는 동의가 있는지 없는지를 판단하기 어렵다는 것을 푸코는 재빨리 인정하고 있다. "아동과의 관계에서 부모, 후견인, 교사 또는 의사와 같은 권위적인 지위에 있는 성인이 관련되는 경우가 있어요. …… 부모, 특히, 아주 흔한 경우인 계부와 관련하여 중요한 문제가 있어요"(Foucault, 1988a, 205).

「성도덕과 법Sexual Morality and the Law」으로 출간된 1978년 4월 4일 프랑스 퀼티르France-Culture 라디오 방송 때까지, 푸코는 아동에 대한 성인의 성적 강요에 대해서는 대부분의 우려를 접어둔 듯하다. 방송에서 푸코는 기 오켕겜Guy Hocquenghem, 장 다네Jean Danet와 함께 법정 강간법 폐지를 주장한다. 푸코는 그들 주장에 대한 배경으로 작년에 그에게 자문한 형법개혁위원회를 다시 언급한다. 그는 다음과 같은 사실의 암시로 이 위원회의 작업을 언급한다. 200년 동안 성 관련 입법이 지속해서 증가한 이후, 성범죄 관련 법안이 폐지되고 성에 대해 더욱 관용적인 태도가 만연해지는 더 자유주의적인 시대의 시작이 순간 나타났다(Foucault, 1988b, 272). 그러나 푸코가 계속 설명하듯이 자유주의적 입법 개혁을 향한 이러한 움직임은 성인-아동 섹스 및 동성애 모두에 대한 재범죄화와 재병리화라는 역풍을 맞았다. 이에 대응하여 푸코, 기 오켕겜, 장 다네는 강제나 폭력을 수반하는 모든 연령대 사람 사이의 강간이나 성행위를 비난하지만, 성관계에서 연령과 관련된 어떠한 제한도 명시해서는 안 된다고 주장한다(Foucault, 1988b, 284). 푸코는 아동이 동의할 능력이 있으며, 자신의 동의 여부를 설명할 능력이 아동에게 있음을 부인하는 것은 "참을 수 없고" "도저히 용납할 수 없다"라고 주장한다. 그는 성적 조종이 성인들 사이에서 발생할 수도 있고, 반면 성인과 미성년자 사이의 성적 관계에서 조종, 강압, 폭력이 없을 수도 있으므로, 연령은 무관하다고 주장한다(Foucault, 1988b, 285).

이 방송에서 푸코는 성인이 아동에게 성적으로 접근하려는 것에 대해 우려하기보다는 최근에 아동 섹슈얼리티에 대한 태도가 변화하면서 형벌과 정신의학 권력이 결합하고 확대되는 것을 우려하는 듯하다. 그는 19세기와 20세기 초에 아동과의 성관계에 대한 제한이 *pudeur*(수치심), *outrage*(모욕, 불쾌 또는 무례), *attentat*(위해)와 같은 모호한 도덕 용어를 사용하여 정당화되었지만, 오늘날에는 병리학, 위험, 트라우마에 대한 정신의학적 주장에 근거하여 정당화된다고 주장한다. 그는 다음과 같이 말한다.

> 부상하고 있는 것, 그리고 실제로 내가 아동 문제에 대해 말하는 것이 중요하다고 생각하는 이유, 부상하고 있는 것은 새로운 형벌 제도와 입법 제도인데, 그 기능은 인구, 특히 취약한 것으로 간주되는 인구 일부를 보호함으로써 풍속에 관한 일반 법률을 어기는 범죄를 처벌하는 것이 아닙니다. 즉 입법자는 인류의 보편적 풍속을 지켜야 한다는 말로써 자신이 제안하고 있는 조치를 정당화하

> 지 않을 것입니다. 그가 말하고자 하는 것은, 다른 사람의 섹슈얼리티가 영구적인 위험이 될 수 있는 사람이 있다는 것이에요.
>
> (Foucault, 1988b, 276)

아동과 섹스하기를 원하는 사람은 "위험"의 범주에 속하고, 또한 소아성애자와 종종 같은 부류로 취급되는 동성애자도 마찬가지다. 푸코는 성범죄 관련 입법을 도덕성이나 풍속 측면에서 사고하는 쪽에서 위험이나 트라우마 측면에서 사고하는 쪽으로 전환하는 데 관계되는 것이 정신의학 권력의 확대라고 주장하는데, 그 이유는 성적 관계에서 비롯되는 트라우마를 예측, 감지, 측정할 수 있다고 주장하는 사람이 정신과 의사일 것이라는 데 있다(Foucault, 1988b, 277).

푸코는, 주이-아당 사건에 관한 설명에서처럼 「성도덕과 법」에서 성인-아동 섹스와 관련된 성적 트라우마가 정신의학 권력의 확대라는 목적 아래 정신의학에 따라 구성된다는 것을 다시 한번 시사하면서, 성인-아동 섹스가 그 자체로 어떤 트라우마를 일으킨다는 것에 대해 의구심을 나타냈다. 푸코는 정신의학이 곧 섹슈얼리티 규제를 너무 확고하게 장악해서 법의 적용을 더 이상 필요로 하지 않게 될 수도 있다는 끔찍한 예측으로 방송을 마친다. 즉 그렇게 되면 섹슈얼리티는 범죄에서 벗어날 수 있지만, 이는 섹슈얼리티가 너무 철저하게 의료화되어서 법률이 더 이상 필요하지 않게 된 결과일 뿐이다. 푸코는 이런 시나리오를 염두에 두며, 우리가 걱정해야 할 위험은 성인이 아동에게 일으키는 위험이나 남성이 여성에게 일으키는 위험이 아니라 정신의학이 도덕은 물론이고 법까지 흡수co-opts·대체함으로써 우리 모두에게 일으키는 위험이라고 경고한다.

안타깝게도, 주이-아당 사건에 대한 푸코의 논의가 비판받았던 것과 결을 같이하는 아동을 향한 경시 태도가 프랑스 퀼티르 방송에서도 발견된다. 비록 이번에 가장 경시하는 태도를 보인 사람은 푸코가 아니라 기 오켕겜과 장 다네였지만 말이다. 성인과 미성년자 간의 섹스에 대해 말하면서, 기 오켕겜은 다음과 같이 주장했다.

> 이런 형태의 범죄를 설정하는 것, 지금까지 아무도 그 일에 참견하는 것이 옳지 않다고 생각하고, 항상 행해졌던 일을 하는 정도를 개인의 도착으로 설정하는 것은 정치적 관점에서 볼 때 매우 심각한 조치입니다.
>
> (Foucault, 1988b, 278)

장 다네는 "변호사는 열 명의 노파 살해 혐의로 기소된 사람을 변호하는 것에 상당히 만족할 겁니다. 그것이 적어도 그를 괴롭히지는 않아요. 그러나 아이의 성기를 잠깐 만진 사람을 변호하는 것은 진짜 문제예요"(Foucault, 1988b, 279)라고 불평한다. 기 오켕겜이 성인-아동 섹스를 "지금까지 아무도 그 일에 참견하는 것이 옳지 않다고 생각하고, 항상 행해졌던 일"이라고 언급한 데서 가장 잘 드러난다. 푸코가 주이-아당 사건을 "극히 평범한", 한때 "사회풍경의 일부"이자 "매우 친숙"했던 "아주 일상적인 범죄"로 언급한 것과 유사하게, 기 오켕겜은 19세기와 20세기의 형벌·입법·의학적 개입 이전에 성인과 아동 사이의 섹스는 문제가 없었거나 권력으로부터 자유로웠음을 시사하는 것 같다. 그러나 페미니스트들이 주이-아당 사건과 프랑스 퀼티르 방송과 관련하여 지적했듯이, 이전에 누구도 "간섭하지" 않던 이들 "일상의" 범죄는 이미 역사적으로 우발적인 권력 형태, 즉 아동에 대한 성인의 권력과, 무엇보다도 흔히, 여성에 대한 남성의 권력 형태와 관련되어 있었다. 기 오켕겜, 장 다네, 푸코는 이미 이러한 성적 상호작용을 구조화한 권력관계에 주목하지 않거나 문제화하지 못할 확률이 매우 높다. 그들은 성인과 남성으로서 그것으로부터 이익을 얻었을 뿐이기 때문이다. 성인과 남성 권력 구조에 특권이 없는 독자는 푸코, 장 다네, 기 오켕겜이 형벌과 정신의학 권력에 대항하고 싶어 하는 것만큼이나 이런 형태의 권력에 이의를 제기하고 싶어 할 것이 틀림없다. 페미니스트들은 푸코의 『성의 역사』를 젠더를 고려하지 않았다는 이유로 반대하는 만큼이나(Bunting, 1992) 프랑스 퀼티르 방송이 성에 대한 형벌·정신의학적 규제를 역사화한 반면에 가부장적 권력을 문제화하는 데는 실패했다고 비판했다. 이하에서는 이런 비판에 관해 다룬다. 주이-아당 사건에 관한 논의는 성인과 미성년자 간의 섹스에 관한 푸코의 언급에 대해 페미니스트들이 보인 반응에서 개략적으로 설명했으므로, 아래에서는 성인 여성 관련 사건에서 성폭력에 관해 푸코가 한 논평에 대해 페미니스트들이 보인 반응에 초점을 맞춘다.

페미니스트 ― 푸코의 입법개혁안에 대한 반응

「구금, 정신의학, 감옥」 대화가 있었던 다음 해인 1978년, 모니크 플라자는 「우리의 손해와 그들의 이익Nos dommages et leurs intérêts(Our Costs and Their Benefits)」이라는 글을 발표했는데, 강간 관련 입법 개혁에 관한 푸코의 발언에 대해 분노를 표현한 내용이었다. 모니크 플라자의 글은 학술논문과 공개서한의 중간쯤에 해당하는 것으로, 종종 "당신", "M. 푸코" 또는 "미셸 푸코"라고 부르며, 푸코의 저작에서 인용한 글을 사용하여 그의 주장을 공격한다.

"누군가의 얼굴에 주먹을 꽂는 것과 음경을 음부(*sexe*)에 꽂는 것 사이에는 원칙적으로 아무런 차이가 없다"라는 푸코의 제안에 대해, 모니크 플라자는 프랑스어로 *sexe*라는 단어가 "여성의 생식기(질과 외음부)"(Plaza, 1978, 97)를 지칭하는 것으로 사용될 수 있으며, 푸코가 위 문장에서 *sexe*를 사용했을 때도 아마 이런 의미였을 것이라고 말한다. 그러면서 모니크 플라자는 다음과 같이 주장한다.

> 강간은 (사회적) 남성이 (사회적) 여성을 상대로 하는 억압 행위로서, 구체적으로는 남성이 손에 든 병을 여성의 항문에 넣는 형태로 일어날 수 있다. 이런 경우 강간은 성적인 것도 아니고, 생식기와 관련된 것도 아니다.
>
> (Plaza, 1978, 97. 강조는 원문에 따름)

이 점이 중요하다. 푸코는 강간을 단순한 신체 폭행과는 다르게 취급함으로써 성기에 더 큰 중요성을 부여하고 있다고 주장하지만, 모니크 플라자가 지적하듯이, 성기와 강간이 전혀 무관할 수도 있기 때문이다. 그런 다음 모니크 플라자는 다음과 같이 주장한다. 강간이 비록 성기와의 관련성에서 반드시 성적인 것은 아니지만,

강간이 흔히 성적인 행위라는 점에서, 그리고 무엇보다 남성과 여성이 대립한다는 점에서 매우 성적이다. 강간의 근간이 되는 것은 사회적 성구분*social sexuation*이다. …… 강간은 본질적으로 성적이다. 왜냐하면 강간은 성별 간의 사회적 차이에 기초하고 있기 때문이다. ……

내가 말하고자 하는 바는 주먹으로 턱을 치는 것과 음경으로 음부를 치는 것은 차이가 있다는 점이다. — 그것이 성별의 차이를 만든다.

(Plaza, 1978, 97. 강조는 원문에 따름)

모니크 플라자가 이 구절에서 강조했듯이, 강간은 젠더적이기 때문에 성적이고, 푸코의 『성의 역사』가 보여주듯이, 성은 사회적 또는 젠더적 구조이다. 단순히 강간을 탈성애화할 수 있다고 가정하기보다는 강간을 젠더화하고 성애화하거나, 모니크 플라자의 용어법으로 남성과 여성을 성구분 하는 방식을 조사해야 한다.

강간은 우리 사회에서 성적 차이가 구성되는 방식 중 하나이기 때문에, 강간이 성적이라는 모니크 플라자의 주장은 몇몇 다른 페미니스트들에게서 공명을 얻었다. 예를 들어, 로라 헹홀드는 강간뿐만 아니라 강간 재판도 이성적인 남성과는 대조적으로 신뢰할 수 없는 목격자, 비이성적인 주체로 구성된 여성을 히스테리화하는 기능을 한다(Hengehold, 1994)고 주장하며 모니크 플라자의 지적을 확대하였다. 이러한 방식으로, 강간은 특정 사건에 연루된 개인을 성애화하거나 젠더화하는 것은 물론, 이 외에도 "—범죄학 범주에 그치지 않고— 남성 지배 사회의 소통적 구조에 대한 실천으로서" 기능한다(Hengehold, 1994, 94. 강조는 원문에 따름). 모니크 플라자의 견지에서, 앤 카힐Ann Cahill은 여성의 신체 행동 양식의 현상학적 연구를 기반으로 강간뿐만 아니라 강간이라는 편재된 위협이 여성의 신체 구성에 중요한 요소임을 보여주었다. 여성들은 자기 몸이 허약하고 공격받기 쉬우며 무능할 뿐만 아니라 깨지기 쉽다고 인식하고, 이는 성폭력이 일어날 때 효과적으로 저항하는 것을 방해하는 요소로 작동한다(Cahill, 2000).

모니크 플라자, 로라 헹홀드, 앤 카힐은 여성이 강간을 성적인 것으로 경험하고, 따라서 강간은 우리 사회에서 성적인 것이라고 확신한다. 그러나 어떤 의미에서는 모니크 플라자가 제기한 다음과 같은 의문이 생긴다. "우리 사회에서 강간이 성적인 것이라면, 강간에서 성적인 것을 처벌하지 않는다는 것은 무엇을 의미하는가?"(Plaza, 1978, 97). 푸코의 잠정적인 제안이 강간의 개념 정의나 존재론적 주장이 아니라고 주장할 수도 있다. 푸코는 특정한 현상이 무엇이냐고 묻기보다는 오히려 현재 그 현상을 둘러싸고 있는 담론과 실천에서 권력의 영향은 무엇인가를 묻는 경향이 있다. 따라서 우리는 푸코가 강간을 정확하게 정의하기보다는 강간이 법적으로 어떻게 분류되는지, 그리고 우리가 어떻게 처벌하는지에 대한 권력의 영향에 더 관심이 있다고 추정할 수 있다. 우리가 강간죄를 처벌하는 방식이 범죄(정의)와 "일치해야만" 하는가? 강간의 법적 정의가 강간의 현재 경험과 부합하는지 아닌지보다는 오히려 강간에 대한 우리의 법적 대응이 성적 폭력을 억제하느냐에 대해 더 관심을 가져야 하지 않을까? 성적인 것으로서의 강간을 처벌한다는 것은 무엇을 한다는 것인가? 그것이 강간 예방에 도움이 되는가, 아니면 단순히 젠더나 성적인 차이를 강화함으로써 강간 문화를 강화하는가?

아마도 이런 질문에 대한 응답으로 모니크 플라자는 강간을 성과 지적으로 분리하려는 시도가 정치적으로 효과가 없다고 주장한다. 그녀의 관점에 따르면, 이는 일련의 젠더화된 행동 일부로서의 강간에 저항하는 것을 억제할 것이기 때문이다. 그녀의 주장대로, "우리는 현대의 이성애를 강간에 매우 가까이에 두고, 그것을 분리해서 생각하지 않도록 주의할 필요가 있다"(Plaza, 1978, 101). 이후의 페미니스트들이 주장하듯, 강간은 단순히 희귀한 사이코패스에 의해 저질러지는 반사회적 또는 일탈적 행위가 아니다. 강간은 남성성, 여성성, 이성애성의 "정상적인" 징후를 알려주는 사회규범의 산물이기 때문에 일반적이고 만연해 있다(Gavey, 2005). 강간은 페미니스트들이 강간 문화라고 부르는 것의 일부며, 문화적으로 규정되고 친숙한 "강간 각본"으로 완성되며, 우리가 강간을 그런 것으로 이해하지 않으면 효과적으로 강간에 저항하지 못할 것이다.

모니크 플라자가 고찰한 것처럼, 푸코는 마린 제카와 마리 오딜 파예에게 "어떻게 생각하세요? 내 말은, 당신들, 여성 …… 왜냐하면 이 분야에서 남성은 아마 불행히도 경험이 적기 때문에요"라고 말하면서 강간의 젠더화를 암묵적으로 인정한다. 모니크 플라자는 이에 대해,

> 나는 반대로 남성들은 불행히도 의심할 여지 없이 너무 심한 강간을 경험하고 있다고 생각한다. — 물론 강간범으로서. 강간이 다른 폭행과 같다면, 미셸 푸코, 남성들은 실제로 그들이 겪어 온 현실로서 그것을 훨씬 더 심하게 경험했을 것이다.
>
> (Plaza, 1978, 99. 강조는 원문에 따름)

달리 말하면, 남성이 피해자 관점에서의 강간 경험을 일반적으로 가지고 있지 않다는 푸코의 시인은 우리가 강간을 다른 폭력행위와 똑같이 다룰 수 있다는 그의 주장을 약하게 만든다. 따라서 푸코는 강간이 주로 여성에게 일어나는 일임을 인정하지만, 그는 범죄의 젠더적 측면에 대한 이해를 입법개혁안에 통합하지 못했다. 이 점을 더 강조하면서 앤 카힐은 다음과 같이 주장한다. "강간 행위를 탈성애화하여 법률상 다른 폭력과 동일시하는 것은 개인의 신체에 새겨진 비문inscription을 통해 성적 계층을 생성하는 역할을 —약하게 만드는 것이 아니라!— 모호하게 만들 것이다"(Cahill, 2000, 60).

모니크 플라자는 또한 강간을 고액의 벌금으로 처벌할 수 있는 민사범으로 보자는 푸코의 제안이 갖는 실질적인 시사점을 고려한다. 그녀가 말하기를,

> 여성은 남성이 그녀의 동의 없이 그녀와 '함께' 저지른 성행위에 대해 보상받을 수 있다. 따라서 모든 여성은 남성에게 성적 먹잇감이 될 것이다. 그녀는 아무 말도 하지 않거나(동의하지 않거나), 그 행위 전에(성매매) 또는 그 후에(강간) 정확한 보상을 요구할 것이다.
>
> (Plaza, 1978, 98)

모니크 플라자가 지적하는 바와 같이, 푸코가 강간이라는 사회문제에 대해 제시할 수 있는 최선의 해결책은 여성이 강간당하지 않는 (방향으로 나아가는) 사회가 아니라 그저 여성이 강간당하면 보상받는, 일종의 사후 성매매post facto prostitution를 인정하는 사

회일 뿐이다. 모니크 플라자가 볼 때, 푸코의 제안이 시사하는 바는 여전히 남성이 여성의 신체에 대한 확실한 접근권을 갖는 세계다. 비록 때때로 그 권리를 행사하기 위해 돈을 지급해야 한다고 하더라도. 더구나 모니크 플라자는 이러한 금전적 보상조차 얼마나 드문지를 지적한다. 그녀가 말하듯이,

하지만 조금 더 정확하게 그 장면을 상상해 보자.

- Y녀는 고발한다. 그녀는 말한다. X남에 의해 상처를 입었습니다(강간당하지 않았으므로 — 강간은 존재하지 않는다). 그녀는 부상의 증거를 제시한다. 그러자 질문이 시작된다. "하지만 당신은 어떤 손상도 없잖습니까? 정자는 어디에 있나요? 동의하지 않은 것이 확실한가요? 목격자는 어디 있나요? ……"
- Z남이 고발한다. 그는 말한다. X남(위 동일 폭행범)에게 얼굴을 맞았습니다. 그는 멍든 눈을 보여준다. 그가 동의하지 않은 것이 확실하냐는 질문을 받겠는가? 그들이 그의 주먹에서 피부 조각을 떼어내려고 할까? 분명 아니다. 정확히는 Z남-X남의 관계는 Y녀-X남의 관계와 동일한 권력관계에 있지 않기 때문이고, 얼굴을 때리는 것은 비정상적인 행동이며 보통 공격으로 이해되는 반면에, 음경을 "음부"에 넣는 것은 정상적인 행동이며 결코 공격으로 이해되지 않기 때문이다. 여성은 남성의 차지이며, 음부는 당연히 음경의 차지이다.

강간을 "단순한" 민사책임의 문제로 만드는 것은 아주 간단하게 강간을 허용하는 것이다. — 그것은 강간이 여성이 겪는 심각한 폭력 중 하나임을 주장하는 여성들에게 역행하는 것이다.

(Plaza, 1978, 98. 강조는 원문에 따름)

그렇다면, 모니크 플라자의 관점에서 볼 때, 푸코의 입법개혁안은 강간 억제 역할을 하지 못할 것이고, 어쨌든 강간이 더 많이 발생하는 결과에 이를 것이다. 이런 이유로 로라 헹홀드는 이렇게 쓰고 있다.

> 여성은 강간(더 나아가 강간법)의 영향을 가장 직접적으로 받는 사람이기 때문에, 적어도 남성 이론가들이 성 구분 없는 사회를 목적으로 권력/지식의 대항적 배치counterdeployment를 위한 최초의 전쟁터로 강간법을 선택하는 것은 무모한 것처럼 보인다.
>
> (Hengehold, 1994, 90)

모니크 플라자가 Y녀, X남, Z남에 대한 논의를 통해 강간에 대한 다른 입법적 대응을 상상하는 과정에서 분명히 밝혔듯이, 푸코는 페미니스트들이 이미 강간 사건의 법적 처리에 대해 내린 비판을 인식하지 못한다. 페미니스트들이 1977년까지 주장했듯이, 여성의 강간 신고 시도는 신체 폭행에 대한 신고에서는 없는 일종의 회의론에 직면하는 경우가 많다. 강간은 입증이 어렵기로 악명높다. 목격자가 거의 없고, 몸에 명백한 흔적을 남기지 않는 경우도 많기 때문이다. 경찰, 배심원, 판사는 편견 때문에 피해 여성이 한 진술의 신빙성을 의심하므로 강간 입증은 더욱 어려워진다. 성행위가 자연스럽고 정상적이며 쾌락적인 것으로 여겨지고, 남성의 섹스할 권리가 지속해서 추정되기 때문이다. 다시 말하면, 강간이 주로 여성에게 일어난다는 것을 인정하고, 따라서 참석한 두 여성에게 발언을 구했음에도 불구하고, 푸코는 강간이 매우 젠더적인 행위, 즉 젠더 역할에서 발생하고 그러므로 이를 구성하고 강화하는 행위라는 사실의 의미를 생각하지 않는다.

중요한 것은, 모니크 플라자가 상정한 Y녀, X남, Z남 시나리오도 강간이 항상 폭력적이지는 않으며, 또는 적어도 명백한 법의학적 증거로 작용할 수 있는 몸의 신체적 병변이라는 측면에서 폭력적이지 않다는 사실을 강조한다. 사실, 여성들은 종종, 그리고 꽤 합리적으로, 강간범이 신체를 폭력적으로 다루는 것을 막기 위해 강간범에게 복종하는 것을 선택한다. 로라 헹홀드가 고찰한 바와 같이, "'강간=폭력' 모델은 무심코 폭력이 사용되지 않은 강간을 거의 기소할 수 없게 만들었다(예를 들어, 「앨스턴 사건*State v. Alston*」[7])"(Hengehold, 1994, 93-5). 강제와 협박에 관한 법정 논의는 여성의 두려움이 "합리적"이었는지, 여성이 "적절한 저항"을 보였는지를 따지는 경향이 있으며, 이는 사실상 여성에게 남성이 상상하는 것처럼 용감하고 효과적으로 강간에 저항할 것을 요구한다. 로라 헹홀드의 입장에서, 여성을 "단순하게 폭력으로" 접근하는 방식에 얽매어 두는 그러한 재판은 강간으로 인해 여성이 히스테리를 일으키게 하는 한 가지 방법이다.

마지막으로, 모니크 플라자는 「구금, 정신의학, 감옥」 대화에서 여성들이 "성애화"를 옹호하려는 입장에 서는 반면에, 남성들이 "탈성애화"를 선호하는 태도를 보이는 방식에 주목한다. 즉 강간을 성범죄로 취급해야 한다고 주장해야 할 필요가 있는 쪽은 여성이고, "폭력만"을 처벌해야 하는 이유를 제시하는 쪽은 남성이다. 이렇게 해서, 여성은 『성의 역사』에서 푸코가 보인 철학적으로 불충분한 이론적 통찰에 저항해야 한다. 그렇지만, 우리가

---

7 옮긴이: 강간죄가 성립하려면 일반적인 공포로는 충분하지 않고, 피해자의 저항 의사를 억압하기 위해 폭력이나 협박을 사용해야 한다고 한 판결.

『성의 역사』에서 푸코가 한 주장을 받아들여 근대사회가 성으로 물들게 되는 방식이 유해하다는 데 동의하더라도, 그렇다고 해서 우리가 지금, 마치 그런 사회에 살지 않는 것처럼 단순하게 행동할 수 있다는 뜻은 아니라고 모니크 플라자는 주장한다. 모니크 플라자의 지적처럼, 실제로 여성은 푸코가 여성의 히스테리화에 대한 논의에서 스스로 인정했듯이 『성의 역사』에서 묘사한 과도한 성애화의 주요 피해자에 속한다(Foucault, 1978a, 153). 푸코가 이 책에서 인정한 것처럼, 여성은 성으로 전락했고, 페미니스트는 억압의 핵심 도구로서의 이러한 성애화를 오랫동안 반대해 왔다. 성기에 과도한 중요성을 부여했기 때문에 수 세기 동안 여성은 남성이 아닌 존재, 즉 타자로 취급되었다. 따라서 여성이 단지 현재 사회 맥락에서 성애화의 억압적인 영향을 부정하고 싶지 않다는 이유만으로 성애화를 옹호할 책임이 있는 것처럼 보이는 상황을 만드는 것은 아이러니하다. 모니크 플라자가 푸코에게 이의를 제기하듯이,

> 이런 [섹슈얼리티의] 장치가 여성에게 가장 큰 영향을 미친다는 것을 이해하지 못하는가? …… 성기가 머리카락이 아니기를 바라는 것은 확실히 우리 여성이 아니다. 이것이 바로 우리가 요구하는 것이다. 그러나 우리는 이상적으로 기능할 수 없고, —지금 여기에서— 성기가 머리카락인 것처럼 행동할 수 없다!
>
> (Plaza, 1978, 100. 강조는 원문에 따름)

「구금, 정신의학, 감옥」 대화의 맥락에서 푸코가 성애화의 옹호자와는 거리가 먼 여성이 주요 피해자이자 비판자 중 일부였다

는 사실을 인식하지 못한 것은 그가 오만하게 남성적인 관점을 취했다는 비난을 다시 한번 받게 되는 결과를 낳았다. 예를 들어, 로라 헹홀드는 다음과 같이 쓰고 있다.

> 모니크 플라자가 주장한 것처럼, 만약 푸코가 자신도 모르게 '육체와 쾌락'의 이름으로 강간범을 변호하게 된다면, 그는 은연중에 '쾌락'을 남성의 쾌락으로 제한하게 된다. 그는 마찬가지로 '남성'이 섹슈얼리티 장치의 주요 목표물이자 섹슈얼리티의 심문으로부터 보호받아야 할 사람임을 암시한다.
>
> (Hengehold, 1994, 91)

따라서 강간 관련 입법 개혁에 관한 푸코의 제안에 대한 다수 페미니스트의 반응은, 강간에 저항하기 위해서는 우선 이성애의 규범을 포함하여 강간을 젠더화된, 그리고 젠더화하는 행위로 보게 하는 젠더 규범과 성 규범의 전체 스펙트럼을 전환해야 한다고 주장하는 것이었다. 앤 카힐이 말하듯이,

> 여성의 몸이 다른 무고한 신체 폭력을 선동하는 대상이 아니라, 그 폭력에 대항하기 위한 강력한 수단으로 구성될 때, 강간이라는 너무 만연한 현상을 지탱하는 권력 구조는 현저하게 쇠약해질 것이다.
>
> (Cahill, 2000, 61)

그러나 오늘날 우리는 강간의 젠더적·성적 본질을 부정할 수 없으며, 강간의 젠더적·성적 본질의 부정이 사회의 탈성애화에 기여할 것으로 기대할 수도 없다. 반대로, 모니크 플라자, 앤 카힐,

로라 헹홀드가 보여주는 것처럼, 이것은 강간을 조장하며, 따라서 강간을 통해서, 그리고 강간을 여성의 신체와 남성의 신체로 젠더화하는 방식을 통해서 근대 서구에서 성(또는 성적 차이)이 구성되는 방식을 강화한다.

제1장과 제2장에서 본 것처럼, 주이-아당 사건, 강간, 법정 강간에 대한 푸코의 논의는 페미니스트의 관심을 상당히 끌었다. 제3장에서는 푸코가 여성에 대한 남성 폭력을 재차 논의하는, 그렇지만 다른 저작에 비해 덜 알려진 몇몇 작품으로 눈길을 돌릴 것이다.

제 3 장

불명예스러운 인물들과 위험한 개인

“남자가 여자에게 위협을 느끼는 이유는 뭘까?” 남자 친구에게 물어봤다. “여자들이 비웃을까 봐 두려운 거지.” 그의 대답이었다. …… 그런 다음 여학생들에게 물었다. …… “여자들은 왜 남자에게 위협을 느끼나요?” 그들은 말했다. “죽을 수도 있으니까요.”

— 마거릿 애트우드, 「남성 캐릭터 쓰기」(1982)

불명예스러운 인물들

푸코는 1977년 글 「불명예스러운 인물들의 삶The Lives of Infamous Men」을 다음과 같은 말로 시작한다.

이것은 역사책이 아니다. 이들을 선정하는 데 있어 내 취향이나 즐거움, 첫 발견 당시에는 강렬했지만 이제 와서 그 강렬함을 정당화하기는 어려울지도 모를 감정, 웃음, 놀라움, 어떤 두려움, 그 밖의 다른 느낌보다 더 실질적인 기준은 없었다.

(Foucault, 1977b, 157)

푸코는 17, 18세기의 「국왕 봉인장*letteres de cachet*」과 봉인장 작성의 원인이었던 가족 청원서와 경찰 보고서를 소개하고 있다. 그는 이 문서들이 "일상everyday"이라는 단어를 포함하고 있다는 사실에 주목한다. — 그 문서의 작성 빈도 때문이 아니라 참회 고백의 명령처럼 권력이 남녀에게 그들의 일상적 불행을 말하도록 부추기고 그들에게 귀를 빌려주는 역사의 중요한 순간을 나타내기 때문이다. 이들은 희극과 공포가 결합된 텍스트이다. 이 텍스트들은 진부한 일을 묘사하기 위해 사용하는 거창한 언어 때문에 푸코를 웃게 했는데, 심지어 이들이 문제의 바로 그 단어들에 의해 소멸된 —"(울음을 질식시키다, 불을 끄다, 짐승을 교살하다 같은)" 우리를 웃게 하는 말로 "숨이 막혀버린"— 존재들의 유일한 유물이기 때문에 푸코가 두려움을 느낄 때조차도 그랬다(Foucault, 1977b, 158). 그래서 「불명예스러운 인물들의 삶」은 구금되어 목이 졸린 "존재들의 선집"(Foucault, 1977b, 157)이다.

푸코는 이 선집에 영감을 준 두 개의 텍스트가 "가족으로부터 도망쳐" "시골에서 모호한 삶"을 영위하고, "보증 없이" 돈을 빌려주어 1701년 샤랑통에 구금된 한 남자와, 그보다 6년 전에 자신을 "진정한 혐오의 괴물"로 만든 "가장 큰 범죄"가 남색과 무신론이었던 비세트르에 구금된 한 수사에 관한 것이었다고 말한다(Foucault, 1977b, 158). 푸코는 의심의 여지 없이 『광기의 역사』를 언급하며 자신이 "오래전에도" 유사한 문서를 사용했고, 당시 그가 이 글들에 이끌렸던 것은 “몇 문장에 의해 잿더미로 변한 비천한 생명들에게” 느꼈던 “공명”이었다고 말한다(Foucault, 1977b, 158). 푸코가 “공명”을 언급한 것은 우리 역시 적절한 장소에서 적절한 사람들이 내뱉은 말 몇 마디로 삶을 빼앗길 수도 있었다는 것을 암시한다. 특히 푸코는 「국왕 봉인장」을 정신의학적 수용의 역사적 전조로 본다. 오싹하게 만들 때조차도 푸코에게서 웃음을 자아내게 하는 이 텍스트에 기술된 “범죄”, “광기”의 하찮음과 그것이 불러일으킨 “벼락” 사이의 격차는 이 문서들의 터무니없음을 보여준다.

이 선집에 포함된 텍스트의 선정 기준 중 하나는 텍스트 자체가 “그 텍스트가 이야기하는 현실에서 일부 역할을 했다”는 것이었다(Foucault, 1977b, 160). 수기나 인물묘사도 아니고 사후 사건에 대한 설명도 아니며, 어떤 일을 저질렀다는, 어떤 행동을 구성했다는, 그리고 “보복 수단이자 …… 전투에서의 에피소드”였던 텍스트이다(Foucault, 1977b, 160). 푸코가 선정한 각 텍스트는 그것이 기술하는 존재를 소멸시킨 권력과의 만남이다. “이러한 담론들은 정말 삶을 횡단했다. 존재들은 실제로 이러한 단어들 속에서 위태해졌고 사라졌다”(Foucault, 1977b, 160). 이전의 가톨릭 고해성사처럼, 그리고 이후의 정신의학·형벌의 진술처럼, 「국왕 봉인장」 기록들은 우리가 주목해야 할 텍스트를 포함하고 있다. 거기에서 우리는 권력이 새로운 방식으로 작동하는 것을 보기 때문이다. ─푸코가 죽음의 권리로 규정한─ 주권 권력의 시대로 거슬러 올라감에도 불구하고, 우리는 권력이 생명을 관리하기 시작하는 것을 본다. 산발적이고 스펙터클한 형태의 권력이 이제 스펙터클하지 않은 일상에 개입하고 있다. 우리가 이 간결한 문장에서 듣는 것은 "대수롭지 않은 소동들이나 그저 평범한 불평들"(Foucault, 1977b, 164), 사소한 충돌과 애처로운 분노, "과도한 술과 섹스"(Foucault, 1977b, 169)를 왕에게 이야기하는 평범한 사람들의 목소리이며, "불명예스러운infamous" ―하지만 무명의nonfamous― 개인이 구금되는 결과를 초래한 경찰 보고서의 목소리이다. 그러므로 우리가 보는 것은 아래로부터의 청원에 응답하여 작동하는 위로부터의 권력이며, 따라서 주권 권력이 그 주체의 "작은 소란"(Foucault, 1977b, 161)에 개입하기 위해 역사적으로 유례없이 몸을 굽신거리는 것이며, 주권 권력의 분산이나 민주화 같은 것이다. "완전한 남용인가?" 푸코는 묻는다. 이것이 「국왕 봉인장」을 일반적으로 이론화하는 방식이기 때문이다. 그는 대답한다.

> 그럴지도 모르지만, 절대 군주가 순전히 그리고 단순히 자신의 권력을 남용했다는 의미라면, 아니다. 오히려 각 개인이 자신의 목적을 위해 그리고 타인을 상대로 극악무도하게 절대적인 권력을 누릴 수 있다는 의미라면 ― 일종의 주권 메커니즘을 자신의 처분에 따라 배치하고, 그 효과를 자신의 이익으로 돌릴 기회, 즉 그것을 잡을 수 있을 만큼 영리한 사람이라면 누구나 얻을 수 있다는 의미라면, 그렇다.
>
> (Foucault, 1977b, 168)

「국왕 봉인장」과 탄원서, 그리고 그것들을 에워싼 보고서는, 따라서 생명 정치의 전조가 되는 행위에 주권 권력이 개입하는 기이한 사례이고, 비민주 권력의 민주화이며, 두 가지 권력 형태

사이의 협력과 전환의 순간이다. 이 순간, 비참한 백성들*misérables*의 몸은 왕의 몸과 거의 직접적으로 접촉하게 되고 그의 의식ceremonies에 요동치게 된다"(Foucault, 1977b, 172).

가족 구성원의 하나가 구금되기를 바라는 개인이 가장 자주 「국왕 봉인장」을 청원하므로, 푸코는 또한 프랑스에서 그러한 서한의 세기는 권력이 규제 형태로 가족에 철저하게 침투하는 길을 닦는 것이어서 권력의 테크놀로지 역사에 중요한 의미가 있다고 주장한다(Foucault, 1977b, 168). 생명권력의 가족 침투는 『정신의학의 권력*Psychiatric Power*』[1], 『비정상인들』, 『성의 역사』와 같은 작품에서 푸코가 탐색했던 발전(정신의학)에 의해 앞으로 수 세기 동안 훨씬 더 나아가게 될 것이다. 푸코는 이러한 사실을 전혀 언급하지 않지만, 권력의 민주화, 가족으로부터의 권력 청원, 권력의 가족 침투로 인해 국왕에게 불평할 권리는 남녀 모두에게 현저하게 개방되었다. 푸코는 「국왕 봉인장」을 보통 "가까이에 있는 사람이 —아버지와 어머니, 친척 중 한 사람, 가족, 아들이나 딸, 이웃, 때때로 지역 사제, 또는 몇몇 유명인이— 누군가에 대하여 요청했다"라고 말했다(Foucault, 1977b, 167). 푸코가 「불명예스러운 인물들의 삶」에서 인용한 여성 관련 청원 사건 세 건에는 각각 남편과 아내의 다툼이 실제로 기술되어 있다. 하나는 "종교, 명예, 성실, 심지어 인간성에 대한 모든 정서가 부족한 아내"에 관한 것이다(Foucault, 1977b, 165). "방종한 부인"이 불만인 남편의 「국왕 봉인장」 청원은, 언급한 행위와 추구하는 처벌 사이의 우스꽝스럽고 끔찍한 불일치라고 푸코가 기술한 나머지 텍스트의 전

---

1 옮긴이: 우리말 번역으로는 미셸 푸코 지음/오트르망(심세광·전혜리) 옮김, 『정신의학의 권력: 콜레주드프랑스 강의 1973~74년』, 난장, 2014.

형으로 보인다. 다른 두 사건은 여성이 청원인이다. 그 가운데 하나는 남편에게 버림받은 네 아이의 어머니이자 유모인 여자에게서 온 것으로 "반드시 위해를 가할 나쁜 시민이 사회에 어떤 피해도 끼칠 수 없게 함으로써, 자신과 자기 가족에 대한 비난과 오명을 막을 수 있도록" 남편을 구금해 달라는 청원이다(Foucault, 1977b, 165). 자녀 양육 이전에 버림받은 이 어머니에 대해 우리가 어떤 연민을 느끼든 간에, 이 사례도 푸코가 기술하는 다른 사례와 일치하는 듯하다. 하지만 마지막으로 푸코는 "니콜라 비엥페의 아내"를 인용하는데,

> 전하께서는 황송하게도 전하를 대신해 말할 기회를 주셨습니다. 마부 니콜라 비엥페는 아주 방탕한 자로서 부인을 때려죽이려 하고, 이미 두 명의 전처를 죽음으로 몰고 갔듯이 모든 것을 팔아치우고 있습니다. 그가 첫 번째 부인을 죽였을 때, 그녀는 임신 중이었습니다. 죽은 두 번째 부인의 경우에 그는 그녀가 가진 모든 것을 팔아 먹어 치운 후, 그의 나쁜 처우로 쇠약해져서 죽게 했고, 심지어 그녀가 죽기 전날 목 졸라 죽이려 했습니다. …… 세 번째 부인, 그가 저지른 여러 다른 살인은 말할 것도 없고, 그녀의 심장을 석쇠 위에 구워 먹기를 원합니다. 전하, 이렇게 전하께 엎드려 자비를 구합니다. 저의 목숨은 매 순간 위험에 처했기 때문에, 전하의 선하심으로 저에게 정의를 베풀어 주시기를 바랍니다. 저는 전하의 강녕하심을 위해 신께 기도하는 것을 멈추지 않을 것입니다. ……
>
> (Foucault, 1977b, 171)

푸코는 바로 다음 줄에서 그가 논의하는 모든 사건은 "동질"이

며 "단조롭고", 그것들 모두 "제기된 문제의 사소함과 발현된 힘의 거대함" 사이에 마찬가지의 격차를 수반한다(Foucault, 1977b, 171)고 말했지만, 사실 이 마지막 사례는 두드러진다. 혐의 내용이 전혀 사소한 것으로 보이지 않는다. 푸코는 이러한 텍스트에서 거짓말, 과장, 위선이 필수적이라고 추정하기 때문에, 아마도 연쇄 살인의 고발이 남색이나 무신론 또는 유기를 고발하는 것과 크게 다르지 않다고 생각했을 것이다. "그가 저지른 여러 다른 살인"이라는 말도 아마도 그렇게 생각했을 것이다. 푸코는 이 청원인이 과장한다고 추정한다. 아니면 살해된 아내들에 대한 그녀의 기술과 함께 남편이 자기 것이 아닌 것을 먹고 소비한다는 불평이 보여주는 사소함 때문에 푸코가 아내 살해를 경시하는 것일지도 모른다. 그러나 이것이 실제로 두 명의 전처를 살해한 사람에게 맞아 죽을 위험에 처했기 때문에 왕의 보호를 요청하는 여성의 사건이라면, 이 사례는 "아들 노릇을 못 하는" 사례나 "괴짜" 사채업자의 사례와는 다른 것으로 보인다(Foucault, 1977b, 159).

푸코는 『정신의학의 권력』에서 전통적인 가족 내 아버지의 권력을 주권 권력의 하나로 기술하므로(Foucault, 2006, 80), 아내나 아이를 때려죽인 남편은 「국왕 봉인장」에 나오듯이 "짐승을 교살"하듯이 ―마부가 아내를 목 졸라 죽였던 것처럼― 생명의 불씨를 꺼버리고 존재를 질식시키는 주권자이다. 그러므로 다음과 같은 것이 궁금하다. 보존 문서에서 발견된 왕에 대한 청원서가 조명하는 폭력적인 주권 권력의 이러한 다른 역사에 푸코가 주목하지 않는 이유는 무엇인가? 왜 마부-남편-주권자가 아내의 생명을 꺼버릴 때는 이것을 평범하고 일상적이며 사소한 일의 일부라고 하면서, 왕-주권자가 아내를 연쇄 살인한 인물의 생명을 꺼버릴 때는 그것은 "벼락"이 되는가? 둘 다 주체의 일상생활 속에 주권이 개입함으로써 생명의 질식이 수반되는 상황인데, 어째서 한 사람이 다른 사람보다 훨씬 더 주목받을 만한가? 전통적 가족과 함께 결국 우리는 주권자와 이미 몸을 접촉한 비참한 백성들의 일상적 소란에 항상 관여하는 주권자에 관한 흥미로운 사례를 가지게 된다. 아내 위에 군림하는 남편, 자녀 위에 군림하는 아버지 권력이 전통적인 가족에서 주권 권력의 한 형태였다는 푸코의 주장을 진지하게 받아들인다면, 왕에게 청원하는 학대받는 아내와 딸의 사례는 불만을 품은 남편이나 아버지가 왕에게 청원하는 경우와 매우 다르다. 후자는 단지 한 주권자가 더 강력한 주권자에게 자신을 대신해서 개입하도록 요구하는 경우일 뿐이지만, 전자는 권력의 반란이자 비참한 백성이 주권자의 권력에 저항하는 것이며, 그녀의 왕을 참수하기 위해 주권 권력을 내려달라고 비는 것이다.

이상하게도, 푸코가 이 텍스트들에 기술된 사람들의 목록을 제공할 때, 그가 쓴 내용은

> 이 수치스러운 수도승, 이 구타당한 여성, 이 격분하는 상습 술꾼, 이 걸핏하면 싸우는 상인에 관한 것이 아니다. 그리고 그 정도 소란을 피운 다른 사람들에 관한 것도 아니다. 이 사람을 비난하기 위해 …… 관료나 기관의 경계심을 유발하는 불행에 관한 것이다.
> (Foucault, 1977b, 163)

푸코가 보지 못하는 것은 관료나 기관이 불평에 주의를 기울일 때 "구타당한 여성"이 불행에 휩싸이거나 "핍박받지" 않는다는 점

이다. 그녀의 경우는 나머지 사람들의 경우와 다르다. 반대로, 그녀는 관료들에게 개입을 요구하며 청원하는 사람이다. 관료와 기관의 이런 새로운 각성이 그녀에게는 권력의 긍정적인 발전일 수도 있다. 생명 정치의 개입이 여성의 삶을 규제적으로 통제하는 결과를 가져올 수도 있고, 국가가 취하는 보호와 처벌 조치가 문제를 악화시키고 여성과 아동을 거의 보호하지 않을 수도 있다는 측면에서, 이 점은 페미니스트와 푸코주의자의 시각에서 간단치 않다. 그렇지만 가정폭력으로부터 국가의 보호를 구하는 선택권을 가지는 것은 여성과 아동을 위한 권력의 바람직한 발전이며, 현재의 국가 개입 관행에 대한 심오하고 복잡한 문제 상황에도 불구하고 국가가 그러한 폭력을 우려할 때가 우려하지 않을 때보다 여성과 아동을 위해 더 나은 세상이라는 점은 적어도 타당하다.

이는 다음과 같은 문제를 제기한다. 만약 우리가 특정 권력의 일상 개입으로 특정 사람들이 목숨을 잃었다는 사실에 대해 즉각적으로 경악하거나 두려움에 사로잡히지 않는다면 어떻게 될까? 만약 일부 주체들의 일상적 삶 속에 이미 주권 권력이 개입하고 있지만 보호받기보다는 맞아 죽고 있다는 것을 우리가 관찰한다면 푸코의 주장은 어떻게 될까? 역사 속의 이 인물들에게는, 그리고 학대자의 삶이 아니라 그 인물들의 삶에 공명을 느끼는 독자에게는 푸코가 조사하고 있는 이 역사의 파편들이 단순하지도 자명하게 희극적이거나 끔찍하지도 않을 것이다.

위험한 개인

푸코는 「19세기 법정신의학의 '위험한 개인'이라는 관념에 대하여About the Concept of the 'Dangerous Individual' in Nineteenth-Century Legal Psychiatry」를 1975년에 있었던 사건, 자신의 범행을 인정했으나 판사가 그에게 동기와 충동에 관해 물었을 때 끈질기게 침묵을 지킨 연쇄 강간범 사건을 묘사하는 것으로 시작한다. 결국 격앙된 한 배심원이 "제발, 변론하시오!"(Foucault, 1978b, 176)라고 외친다. 푸코의 말에 의하면, 우리는 여기에서

> 일탈을 확립하기 위해, 누가 그 범죄를 저질렀는지를 판단하기 위해, 그리고 법에 규정된 형벌을 부과함으로써 이러한 행위에 제재를 가하기 위해 사법제도를 설계했다. …… 우리는 이미 입증된 사실을 가지고 있고, 그것을 인정하는 인물도 있다. …… 가능한 최선의 사법 세계에서는 그것이 최선의 상황일 것이다. 그런데도 기계는 고장나고 기어가 서버렸다. 왜? 피고인이 침묵하기 때문에 …… 피고인은 근대 법정의 시각에서는 필수적이지만 150년 전에는 이상한 소리였을 질문에 답을 회피한다. '당신은 누구입니까?'
>
> (Foucault, 1978b, 176-7)

푸코는 고백이라는 기독교 전통과 함께하는 사법 담론, 기독교적 고백의 후계자인 자기 노출의 심리 담론, 이 양자의 분리된 세계가 무너지고 있다고 보았다. 푸코는 이 경우에서 「국왕 봉인장」(여기서 우리는 사법 형태의 권력에 더 일상적이고 모든 것을 망라하는 형태의 권력이 침투하거나 양자가 협력하는 모습을 본다)과 유사한 종류의 부조화에 주목하고 있다. 오늘날 법은 생명의

주체들을 판단할 뿐만 아니라 관리하기 위해 그들의 내부 생활은 물론 사적인 세부 사항까지도 알고자 한다. 이런 관리는 형 집행이나 채무이행을 훨씬 넘어선다. 법이 이런 새로운 기능을 수행하기 위해서는 범죄자의 동기, 이력, 반성 또는 반성의 부족을 밝혀야 한다. 이러한 기능은 범죄자를 처벌하는 것뿐만 아니라, 변화나 교화가 불가능하다고 판단되면 무기한 구금시키는 것이다. 법에서 이는 범인이 단순히 범죄를 저지른 개인이 아니라는 의미이며, 그 범죄에 대한 처벌이 적용되는 대상이라는 의미이다. 범죄자는 이제 자신이 사회에 가한 위험의 정도라는 측면에서 이해되어야만 하는 심리적 실체이다(Foucault, 1978b, 178). 이것이 의미하는 바는 법이 이제는 개인이 한 일에 대해서만 처벌하는 것이 아니라 정신의학 전문가가 말하는 범죄자의 정체성, 즉 사회의 위험에 대해서도 처벌한다는 것이다. 이러한 법의 역할 변화로 인해, 오늘날 범죄자가 형기를 채우고 다시 범죄를 저지르도록 풀려난다면, 법체계는 임무를 실패한 것으로 여겨지고 알려진 위험을 사회에 다시 방출했다는 비난을 받게 된다. 결과적으로 푸코는 형사법제가 보험 회사의 사고관리 업무와 비슷해졌다고 주장한다(Foucault, 1978b, 190-200).

이것은 법 역할의 극적인 전환이며, 푸코에게 심각한 윤리 문제를 제기하는 것이다. 그는 "자신이 한 일에만 적용되는 사법은 오로지 유토피아에서나 있을 법한 일일 뿐, 반드시 바람직한 것은 아니"라는 것을 인정하면서도, 또 다른 극단, "개인의 정체성 때문에 개인에게 개입할 수 있는 권한이 있는 법"은 "엄청난 위험"이며 "그로부터 끔찍한 사회가 출현할 수" 있다고 생각한다(Foucault, 1978b, 200). 한 인터뷰에서 푸코는 다음과 같이 말한다.

(행위자를 고려하지 않고 행위만을 처벌하는) 순수 '사법'으로의 회귀를 —또는 범죄자의 행위와 무관하게 오직 범죄자(나 잠재적 범죄자)만을 고려하는 순수 인류학으로의 진입을— 받아들일 사회는 어디에도 없을 겁니다.

(Foucault, 2000, 463)

그러나 푸코가 이 인터뷰에서 주장하는 바는, 간단히 말해, 끔찍한 이 양극단 사이에서 균형을 유지하려고 노력해야 한다기보다는 우리가 정의의 "또 다른 시스템"을 함께 생각하려고 노력할 필요가 있다는 것이다. 그러나 우리는 어떻게 한때의 순수 "법학적" 법률 시스템에서 "인류학적" 측면에 너무 지나치게 치우칠 위험이 있는 법률 시스템으로 전환할 수 있었을까? 범죄자를 인류학적 유형으로 이해한다는 주장으로 어떻게 정신의학이 법에 이 정도로까지 침투했을까? 이것이 푸코가 「'위험한 개인'이라는 관념에 대하여」에서 탐색한 역사적 질문이다.

푸코는 정신의학에 관한 글에서, 의학의 석연치 않은 측면에서 출발한 정신의학이 의학 분야뿐만 아니라 병·의원을 떠나 다른 모든 제도와 삶의 측면에 침투할 수 있는 사회 위생의 한 형태로 자신의 주장을 내세운 방식을 추적하는 데 지속해서 관심을 기울인다. 수많은 텍스트에서 푸코는 정신의학이 학교, 직장, 가족, 지금 우리가 쟁점으로 다루는 형사처벌제도에 접근하기 위해 사용한 전략을 조사한다. 그가 언급했듯이, 19세기 초에 법은 이미 정신이상으로 보이는 사람에게는 형을 부과하지 않았고, 따라서 정신의학 영역이 법 영역과 완전히 무관하지는 않았지만, 광기는 지각이 둔한 사람의 눈에도 자명하게 보였다. 광기로 인해 법적으로 형을 받지 않는 인물은 명백한 분노나 치매 상태였고, 그들을 식별하는 데 의학적 소견은 필요치 않았다. 18세기 말까지만 해도 법과 의학의 관계는, 푸코의 말을 빌리면, "회전문 원리"와 같았다(Foucault, 2003, 32). — 의학이 들어오면 법이 나가고, 법이 들어오면 의학이 나갔다. 개인을 의료당국에 인도할지를 결정하는 그 자체에는 의학 전문지식이 필요하지 않았다. 개인은 명백히 정신이상이거나 법적 책임이 있거나 둘 중 하나였다. 이 둘 사이에 회색지대는 없으며, 양자택일은 복잡하지 않은 문제였다.

19세기 전반기에 걸쳐 이 모두가 변화하였다. 첫째, 자신의 영역과 제도를 구성하기 위해 범죄자와 정신이상자를 구분했던 정신의학이 기괴하고 순수한 범죄성이라는 광기의 형태가 있다고 주장하면서 연못의 물을 다시 진흙탕으로 만든다. 이런 식으로, 정신의학은 대담하게 큰 범죄에 대처했고, 더군다나 비전문가가 인식할 수 없는 광기를 자신은 인식한다고 주장했다. 둘째, 정신의학은 명백한 정신이상자와 형사책임능력자 사이에 회색지대를 만든다. 범죄자는 이제 의료기관보다는 형벌에 맡길 수 있지만, 정신감정 때문에 형량이 줄거나 늘어나는 경우를 발견할 수도 있다. 정신과 의사는 법이 들어와도 이제는 회전문을 나가지 않는다. 그들은 법정에 남아서 형벌 제도에 머물 사람들에 대해서, 심지어는 명백한 정신이상은 아닌 사람들에 대해서도 이야기한다. 푸코는 이러한 술책에서 편집광monomania 진단이 매우 중요했음을 암시한다.

편집광은 19세기 초에 제안된 정신과적 진단으로, 멀쩡해 보이는 인물이 다음의 사례처럼 뚜렷한 동기 없이 강력범죄를 저지른 경우를 설명하는 방편이었다. 한 어머니는 딸을 죽이고 딸의 허벅지를 양배추와 함께 요리했다. 어떤 여성은 이웃집 소녀나 소녀의 가족을 사랑하거나 증오하지 않았는데도 소녀를 참수하고 창밖으로 머리를 내던졌다. 어떤 소년은 양어머니를 살해했는데, 그의 행위를 설명할 수 없었다. 한 여인은 아이를 계속 낳은 이유가 그 아이를 죽이기 위해서였다.[2] 각각의 경우에서 이들 인물은 광기의 징후를 보이지 않고, 동기가 없으며, 그들의 범죄에 대해 어떤 설명도 할 수 없다. 사형을 받을만한 범죄를 저질렀고 분노나 치매 증세를 보이지 않는 이러한 인물들은 한때는 논란의 여지 없이 교수형 대상이었지만, 이제 정신과 의사들은 그들이 일시적인 편집광이라는 광기에 시달리는 것이라며 법정에서 그들의 목숨을 살려달라고 촉구한다. 편집광의 본질은 범죄였다. 이 광기의 다른 증상은 범죄 그 자체 말고는 없었다. 따라서 "살인광은 가장 해로운 형태(즉 최대 결과, 최소 경고)를 띠는 정신이상의 위험이다"(Foucault, 1978b, 185). 푸코는 정신의학 진단의 목적은 광기를 사회의 궁극적인 위험으로 간주하여 이 위험에 대한 전문지식을 가진 사람들에게 중요한 권한을 부여하는 것이라고 주장한다. 훈련된 눈만으로도 위험한 개인을, 그가 행동으로써 위험성을 드러내기 전에 발견하게 될 것이고, 그렇게 함으로써 말도 안 되는 범죄를 예방할 수 있을 것이다.

1870년, 푸코는 정신과 의사들이 편집광이라는 개념을 포기했다고 주장한다. 왜냐하면 그것은 적어도 두 가지 면에서 역설적이기 때문이다. 첫째, 이 진단은 전례 없는, 성격에서 벗어난, 동기가 없는, 따라서 명백히 자유로운 행위일수록 더 결정적이라고 가정했다. 둘째, 이런 광기의 본질이 범죄라면, 그 누구도, 심지어 정

---

2 푸코는 『비정상인들』 5, 6차 강의에서 이들 사례 및 다른 유사 사례를 논한다(109-66).

신과 의사조차도 증상이 —즉 범죄가— 일어나기 전에 그것을 예측할 수 없고, 따라서 정신과 의사들은 너무 늦기 전에 이 위험으로부터 사회를 보호하는 데에 무력했다. 이러한 이유로 이 개념을 궁극적으로 옹호할 수는 없지만, 푸코는 편집광 개념이 19세기 전반기 동안 정신의학 권력의 법 영역 침투에 결정적이었다고 주장한다. 또한 편집광 개념이 정신의학과 형벌기관의 관계 역사에서도 중요한 의미를 지닌다고 주장한다. —오늘날 매우 중요한— "위험한 개인"이라는 관념이 처음 전개된 곳이기 때문이다. 푸코는 피에르 리비에르 사례와 관련해서 편집광 진단을 지속해서 고려하였다. 이 사건에 대한 푸코의 논의에 대해서도 「불명예스러운 인물들의 삶」의 경우와 비슷한 우려가 있다. 특히 푸코는 폭력으로 고통받은 여성과 아이들보다 폭력을 가한 남성에게 훨씬 더 많은 관심을 가졌으며, 폭력을 가한 남성, 의학, 법 사이의 권력관계를 분석하는 데 더 많은 관심을 기울였기 때문에 남성과 여성 사이의 권력관계와 가족 사이의 권력관계가 다시 한번 간과되었다.

피에르 리비에르

푸코가 1975년에 출간한 『(내 어머니와 누이와 남동생…을 죽인) 나, 피에르 리비에르*I, Pierre Rivière, having slaughtered my mother, my sister, and my brother...*』[3]는 10명의 의사가 편집광을 앓고 있다고 의심하고, 3명의 의사가 정신이 온전하다고 주장하는 한 개인에 관한 문서 모

3 우리말 번역으로는 미셸 푸코 지음/심세광 옮김, 『(내 어머니와 누이와 남동생…을 죽인) 나, 피에르 리비에르』, 앨피, 2008.

음집이다. 피에르 리비에르 사례는 19세기 전반기에 정신과 의사들이 비의학의 눈으로는 감지할 수 없는 광기로부터 위험을 예측할 수 있는 사회의 수호자이자 사회 위생 요원으로 자신을 자리매김하려는 투쟁의 모범으로 볼 수 있다. 의사 바스텔Vastel은 1835년 피에르 리비에르가 어머니와 두 남매를 살해한 것에 대해 "예상되는 바를 확증하였다"(Foucault, 1975, 127)라고 쓰고, 의사 뢰레Leuret는 "피에르 리비에르를 구금해야 한다. 이 청년은 병이 있어서 자유로운 생활을 하는 것은 무리다"(Foucault, 1975, 166)라고 적고 있다. 두 의사 모두 피에르 리비에르의 비정상적인 행동을 보고 마을 사람들이 그를 정신과 의사에게 더 일찍 데려갔더라면 삼중 살인사건의 비극은 피할 수 있었으리라고 본다. 바스텔은 또한 "온전한 관념의 회복은 오래 지속되지 않을 것이며, 유죄는 아니라 해도, 그는 적어도 위험하며, 자기 자신을 위해서, 무엇보다 사회의 이해를 위해 구금되어야 한다"(Foucault, 1975, 136)라고 경고한다.

푸코와 세미나 참석자들은 피에르 리비에르의 수기, 존속 살해범과 희생자 시신에 대한 의학 감정서, 범행 현장과 체포 및 초기 경찰의 신문조서, 범죄 목격자의 진술이나 피에르 리비에르의 성격에 대한 마을 사람들의 진술, 피에르 리비에르의 정신 문제에 대한 의사들과 배심원단 내부의 이견을 보여주는 피에르 리비에르 재판 관련 법정 문서들, 살인사건이 있은 날부터 4년 후 감옥에서 자살할 때까지 피에르 리비에르 사건을 보도한 신문 기사, 그리고 마지막으로, 이 문서들을 분석한 푸코와 세미나 참석자들의 논문을 엮어 한 권의 책으로 출간했다. 푸코는 이 보존 문서에 대해 다음과 같이 말한다.

> 이들은 …… 특이한 싸움, 대결, 권력관계, 담론 사이의 전투, 담론을 통한 전투를 형성한다. …… 여러 번의 전투가 동시에 벌어졌다. …… 의사들은 자기들끼리, 또 사법관과 전투를 벌였고, 피에르 리비에르와도 전투를 벌였다. …… 사법관들은 의학 전문가의 감정서를 둘러싸고 싸움을 벌였다. …… 오네 주민들은 자기들끼리 싸웠고 …… 그리고 …… 이 모든 것의 중심에 있었던 피에르 리비에르는 무수히 많은 복잡한 병기를 들고 싸웠다. ……
>
> (Foucault, 1975, x-xi)

푸코와 공동 저자들은 "권력과 지식체계의 관계에서 공격과 방어의 무기로서 그러한 담론의 상호작용을 재발견하기 위해서 이런 전투의 지도를 그리고" 싶었다고 설명한다(Foucault, 1975, xi). 「불명예스러운 인물들의 삶」에 기술된 문서처럼 푸코는 이 책에 수집된 문서들을 전투행위로 본다. 특히 마음속으로 존속살해 예행연습을 하고 범행을 한 후에 쓴 피에르 리비에르의 텍스트는 살인 행위와 분리될 수 없다고 주장한다. 범죄의 입안자author라는 피에르 리비에르의 주장은 그가 수기의 저자라는 것과 불가분의 관계에 있었고, 후자는 그가 제정신임을 주장하는 것이었으며, 따라서 대다수 의사가 부인했음에도 불구하고 그는 살인의 주동자였다.

푸코가 「'위험한 개인'이라는 관념에 대하여」와 다른 텍스트에서 탐색한 의학과 법 사이의 관계라는 기준에서 피에르 리비에르 사례에 대한 본질적인 관심에도 불구하고, 그는 "솔직해지자. …… 이런 궁금증 때문에 …… 이 기록에 1년 이상의 시간을 보낸 것은 아니다. 그저 피에르 리비에르 수기의 아름다움 때문이었다. 그것이 우리에게 자아낸 완전한 경탄이 출발점이었다"(Foucault, 1975, x). 푸코는 "이 텍스트의 아름다움 속에서 합리성의 증거를 볼 것이고 …… 다른 사람들은 광기의 징후를 볼 것이다"(Foucault, 1975, xi)라고 쓰고, "그 아름다움만으로도 오늘날 가치가 있다"(Foucault, 1975, 199)라고 주장하면서, 피에르 리비에르 수기의 "아름다움"을 두 번 더 지적한다. 페미니스트 범죄학자 애드리언 하우Adrian Howe가 고찰한 바와 같이, "(그들) 지도자의 설명에 도취된" 푸코 학자들은 이 텍스트를 기술하면서 "아름다움"이라는 말을 반복한다(Howe, 2008, 102-3). 그러한 미적 감상을 넘어, 푸코는 자신과 세미나 참석자들이 다음과 같은 이유로 피에르 리비에르의 수기를 "해석"하거나 "주석도 달지 않기로" 했다고 말한다.

> 네 명의 죽음을 가져온 이 텍스트에 대한 일종의 경외심과 또 아마도 공포 때문에, 우리는 피에르 리비에르의 수기 위에 우리의 텍스트를 겹쳐 놓고 싶지 않았다. 우리는 적갈색 눈동자를 가진 존속 살해범의 마력에 완전히 사로잡혔다.
>
> (Foucault, 1975, xiii)

이러한 주장에도 불구하고 푸코와 세미나 참석자들은 피에르 리비에르의 수기를 해석한다. 심지어 지나치게 개입적인 방식으로 해석한다. 실제로 그들은 피에르 리비에르의 살해와 수기가 그가 주장한 것과는 전혀 다른 이유에서 이루어졌다고 주장한다. 가장 주목할 만한 것은 푸코가 피에르 리비에르의 글을 "병기"(Foucault, 1975, xi)로 해석하는 반면, 장 피에르 페테르Jean-

Pierre Peter·잔 파브레Jeanne Favret는 피에르 리비에르의 "광기"와 살인을 계급 반란의 형태로 해석한다(Foucault, 1975, 177). 피에르 리비에르는 "[그의] 모든 원한에 종지부를 찍음"(Foucault, 1975, 121) 자기의 죽음을 예상하며 수기를 마무리하는 반면, 페테르·파브레는 이러한 원한을 빈곤에 관한 것으로 해석한다(Foucault, 1975, 177-8). 비록 페테르·파브레가 19세기 프랑스 농민의 곤경에 대해 설득력 있게 글을 썼지만, 그들의 해석은 피에르 리비에르가 여러 농민을 살해했다는 사실을 무시한다. 게다가 피에르 리비에르는 수기에서 세금이나 전염병, 굶주림이나 추위, 계약, 농민 봉기의 압살 또는 페테르·파브레가 기술한 다른 형태의 농민 탄압에 대해 격분하지 않는다. 그가 격분하는 것은 여성의 폭정이다. 존 잉험John Ingham이 쓴 바와 같이, "피에르 리비에르가 계약 관계의 자유 질서에 반기를 들었다는 생각은 텍스트를 왜곡한다. 피에르 리비에르는 여성의 법적 지위가 상승하는 것만큼 계약 제도를 혐오한 것은 아니다"(Ingham, 2007, 139). 특히 피에르 리비에르는 그의 어머니가 재산과 자녀 양육권을 놓고 아버지와 다투었기 때문에 어머니를 원망했고, 누이와 남동생이 어머니의 편을 들었기 때문에 죽였다고 한다. 줄리 마커스Julie Marcus가 주장했듯이, 피에르 리비에르는 가족 세 명을 죽임으로써 "어머니가 이끄는 가족을 전부 죽인 셈이고" 아버지-가장의 가정에 반기를 들던 여성-가장의 가계를 절멸시켰다(Howe, 2008에서 인용). 당시 피에르 리비에르의 어머니는 임신 3기였고, 판사는 남편의 주장에 반해 태아에 대한 양육권을 허락했다. 그녀의 아들은 그녀와 다른 희생자에게 사망에 필요한 것 이상으로 많은 타격을 가하였다. 두개골을 부수었고, 몸에서 머리를 거의 절단했다. 피에르 리비에르는 수기 대부분을 어머니의 잘못을 되짚는 데 할애하고 있으며, 판사들이 아버지에 대한 소송에서 어머니 편을 들었다는 데 분개하고 있다. 그는 어머니가 가정적·법적 반란을 일으킴으로써 죽게 된 것이라고 어머니를 죽인 일을 정당화했다.

여성에 대한 증오심이 살해 동기였다는 사실은 피에르 리비에르의 수기와 그의 범죄에 대한 19세기 모든 텍스트에서 드러난다. 에스키롤Esquirol은 피에르 리비에르가 "여성의 굴레에서 세계를 해방하기 위해" 가지치기용 낫으로 가족의 절반을 살해했다고 쓰고 있다(Foucault, 1975, 164). 지방검찰청 검사 보고서에 따르면, "항상 여성을 혐오했다는 점을 지적했다"(Foucault, 1975, 10). 목격자의 증언에 따르면, 피에르 리비에르는 일반적으로 여성과 암컷 동물을 두려워하고 혐오했다. 피에르 리비에르는 "나는 아버지가 미친개나 야만인에게 쫓기는 사람처럼 보였고, 나는 그 적을 향해서 무기를 들어야만 한다고 생각했다"라고 쓰고, 아내와 자녀의 생살여탈권을 아버지에게 주었던 로마법을 부활시키고 싶다고 썼다(Foucault, 1975, 105). 피에르 리비에르는 판사들에게 발언할 계획을 기술하면서, 다음과 같이 적고 있다.

> 나는 비르로 돌아가, 검사나 경찰에 자수한 후, 내가 아버지를 위해서 죽는다는 것, 아무리 여성을 지지해도 그들은 승리하지 못하리라고 선언할 것이다. 그리고 이후, 아버지는 편안하고 행복한 생활을 할 수 있을 것이다. 또 다음과 같이 말해야겠다고 생각했다. 옛날에는 시사라를 죽인 야엘, 홀로페르네스 장군을 죽인 유디트, 마라를 살해한 샤를로트 코르테 등의 여성이 있었다. 이제는 이 열광적 행동을 사용하는 것은 남성 쪽일 것이다. 계몽의 세기라고 불리는 이 뛰어난 세기를 지배하는 것은 여성이다. 그렇게나 자유

와 영광을 사랑하는 것처럼 보이는 국민이 여성에게 복종하고 있다. 그 점에서 고대 로마인은 훨씬 더 문명화되어 있고, 휴런족, 호텐토트족, 알곤퀸족 등 지능이 낮다고 이야기되는 민족들조차도 훨씬 더 문명화되어 있었다. 그들은 결코 힘의 가치를 소홀히 하지 않았고, 그들 사이에서 율법을 정하는 이는 언제나 신체가 가장 강건한 자였다.

(Foucault, 1975, 108)

피에르 리비에르는 자신의 행동이 아내에 대한 부담에서 아버지를 벗어나게 해줄 것이라고 생각했다. 또한 여성의 폭정이 용납되지 않고 남성이 다시 한번 통치하는 새로운 시대를 시작하는 데 자신의 행위가 모범이 됨으로써 자신에게 영광을 가져다줄 것이라고 생각했다.

애드리언 하우는 수기에 대한 경외심과 미적 황홀감을 시작으로 해서 여러 단계에서 푸코가 피에르 리비에르 사례를 다루는 방식에 대해 문제를 제기했다. 그녀는 묻는다. "누구의 관점에서 이것이 아름다운 텍스트인가? 그런 피비린내 나는 텍스트에 경외심을 가지는 것은 어떤 담론의 조건에서 가능한가?"(Howe, 2008, 100). 또한 애드리언 하우는 수기에 부여한 특권적 지위와 그것이 해석의 대상이 되어서는 안 된다는 푸코의 주장에 비판적이다. 그녀는 푸코와 세미나 참석자들이 사실상 이 텍스트를 여성과 아동에 대한 폭력이 보이지 않게 하는 방식으로 해석한다고 지적한다. 푸코는 피에르 리비에르가 의사들과 법적인 싸움을 벌였던 것으로, 페테르·파브레는 그가 농민들의 곤경과 계약 제도에 반기를 들었던 것으로 본다. 이들 저자들이 저마다 주목하지 못한 것은 "살해 무기의 칼날(가지치기용 낫)이 치명적인 힘으로 살인자의 불운한 가족 세 사람을 실제로 겨누었다"라는 점이다(Howe, 2008, 101). 애드리언 하우의 고찰에 따르면, 푸코는 여성 지배에 대해, 그리고 피에르 리비에르의 어머니가 그의 텍스트 전체에 걸쳐 강간당하고 구타당한 것으로 묘사되고 있다는 사실 및 그녀와 그녀의 딸이 이 운명에 저항한 죄로 치명적인 벌을 받았다는 사실에 대해 "경악할 정도로 지각이 없음"을 드러낸다. 피에르 리비에르의 아버지는 아내를 여러 번 "구타한" 것으로 기술된다(Foucault, 1975, 66, 84, 93). 피에르 리비에르 자신은 이웃 중에 "아버지가 어머니를 쇠고기 덩어리 때리듯 때린다"(Foucault, 1975, 89)고 보는 사람도 있음을 이야기한다. 그는 다음과 같이 쓴다.

> 누군가가 아버지에게 말했다. 내가 당신이라면 그녀를 격분시키는 것 말고는 다른 목적이 없더라도 부인과 자겠다고. 아버지는 집에 침대를 하나 더 들여놓고, 거기에 누이를 재우고 아버지는 어머니와 함께 잤지만, 어머니가 아들 쥘을 다른 곳으로 보내려 하지 않아 세 사람이 함께 잠을 잤다. 아버지는 어머니와 크게 싸운 후부터는 어머니와 육체관계를 맺지 않았다. 하지만 첫날 밤인가 두 번째 밤인가 아버지가 육체관계를 시도하는 것만으로도 어머니를 격분시키기에 충분했다. 내 누이 빅투아르가 이 소리를 들었다. 누이가 말했다. 하느님 맙소사, 하느님 맙소사, 지금 엄마한테 뭐 하는 거예요? 아버지가 누이에게 말했다. 뭐라고, 그게 너하고 무슨 상관이냐? 나는 남자가 자기 처에게 하는 일을 할 뿐이야. 누이는 엄마가 원치 않으니 가만히 내버려 두라고 했다. 아버지가 누이에게 말했다. 그래. 가만히 놔두마. 아버지는 여러 날 밤 어머니와 함께 잠을 잤지만, 어머니가 이불과 베개를 채우는 깃털까지

> 치워버리는 등 아버지에게 고통을 가할 수 있는 모든 수단을 동원하는 것을 보고 다른 침대에서 자기로 했다.
>
> (Foucault, 1975, 88)

피에르 리비에르의 어머니는 아이들 눈앞에서 뺨을 맞고 강간당하는 것에 항의하며, "밤에 나를 죽이려는 나쁜 놈 때문에 그렇게 고생해야 해?"(Foucault, 1975, 93)라고 울부짖는다. 「불명예스러운 인물들의 삶」에 등장하는 부인의 가정 학대와 마찬가지로, 푸코와 공동 저자, 그리고 피에르 리비에르 사건에 대한 대다수의 논평가는 젠더 권력관계와 성적 폭력, 피에르 리비에르와 그의 아버지가 그의 누이와 어머니에게 가하는 구타, 또는 여성의 저항행위에 대한 이러한 기술을 전혀 언급하지 않는다.

2차 문헌이 어머니 안 브리옹에 대한 피에르 리비에르의 묘사를 그대로 받아들임으로써 그녀가 죽어도 싼 "성깔 있는 여자"였다는 견해를 되풀이했지만, 페미니스트 인류학자 줄리 마커스는 피에르 리비에르 보존문서의 분석을 통해 사실 우리가 단지 이야기의 일면만을 보고 있다는 데 문제가 있음을 고찰했다. 줄리 마커스가 지적했듯이, 안 브리옹이 남편을 상대로 승소했다는 것은 의미심장하다. 피에르 리비에르는 이것을 이른바 계몽시대가 사실 야만적으로 여성들의 노예가 되었음을 의미하는 것으로 해석하지만, 이와 달리 우리는 안 브리옹의 불평이 그녀의 존속 살해범 아들이 쓴 수기의 내용보다 더 정당하다는 근거로 삼을 수 있다. 줄리 마커스는 피에르 리비에르의 살해를 양육권 상실과 이혼소송으로 분노한 남성들이 법원의 판결을 받아들이기보다는 아내와 자녀, 그리고 자신을 살해하는 현대 가정에서의 살인에 비유한다. 줄리 마커스도 언급했듯이 오네 마을 사람들은 부부 싸움에 대해 의견이 분분했다. 인터뷰에 응한 사람 중 다수는 죽은 아내를 비난했지만, 적어도 몇몇 마을 사람은 남편을 비난했다. 줄리 마커스의 비판에 따르면, 가장 중요한 점은 푸코가 이 사건을 고려하면서 가족 내에서의 "가장 즉각적인 권력관계"는 분석하지 못했다는 사실이다(Howe, 2008에서 인용). 푸코가 다수의 텍스트(Foucault, 1978a; 2003; 2006)에서 추상적인 수준으로 가족의 권력관계를 분석하지만, 가정폭력의 구체적인 사례를 고려할 때 이런 분석을 망각한 채, 갈등의 결과로 이후에 발생한 법적·의료적 분쟁에만 초점을 맞추고 있다는 점은 주목할 만하다.

존 잉험은 「푸코의 인류학에서 친모 살해의 광기: 피에르 리비에르 세미나Matricidal Madness in Foucault's Anthropology: The Pierre Rivière Seminar」에서 푸코가 피에르 리비에르 이야기의 비극을 가리는 "남성적 환상"에 매료되어 있음을 비판한다. 존 잉험은 푸코가 피에르 리비에르 기록물에 대한 자신의 해석, 즉 놀라운 전쟁이라는 해석을 유지하기 위해 그 텍스트들의 특정 측면을 간과하고 있으며, 이는 문제가 있고 대증적이라고 지적한다. 푸코는 특히 피에르 리비에르가 살인을 통한 영광에서 살인에 대한 회한의 자살로 전환하게 된 것을 감정적 고통의 징후로 인식하는 것이 아니라 젊은이가 정신과 의사에게 설치한 "덫", 의사를 약화하려는 전략으로 인식한다. 피에르 리비에르의 생명을 구하기 위한 의사의 개입과 몇 년 후 그의 성공적인 자살을, 연민과 절망의 행위가 아니라 교전 행위로 인식한다. 피에르 리비에르의 목숨을 구하려고 애쓰는 아버지의 모습, 아들이 죽고 싶어 하는데도 불구하고 상소 신청서에 서명하도록 아들에게 간청하는 모습은 언급되지 않는다. 이러한 슬픔과 사랑의 고통은 기록문서의 영웅적·군사적 읽기를 위해 무시된다. 그러나 살인이 끝난 후 피에르 리비에르는 자신의 상태를 다음과 같이 쓰고 있다. "내 발밑의 땅이 갈라져, 대지여, 나를 삼켜다오. 나는 흐느껴 울며, 땅 위에서 쓰러졌다. …… 아 하늘이시여, 어째서 나에게 존재를 허락하셨는가? 어째서 아직도 나에게 삶을 이어가게 하시는가? …… 나는 어디로 가는 줄도 모르고 걸었다 ……"(Foucault, 1975, 113). 법원 심리 기록에 따르면,

> 피에르 리비에르는 침울한 생각에 잠겨, 묻는 말에도 거의 대답하지 않았다. 가지치기용 낫에 희생자의 피가 여전히 묻어 있는 것을 보았을 때, 그는 시선을 돌리고 신음하며 다음과 같이 말했다. 빨리 죽고 싶습니다.
>
> (Foucault, 1975, 140)

피에르 리비에르는 재판 중에 감옥에서 자살을 시도했다. 재판 후 감옥에서 "피에르 리비에르는 자신이 죽었다고 생각하였고, 신체를 돌보려 하지 않았다. 그는 자기 목이 잘리기를 바란다고 말하며, 자신은 죽었으므로 그렇게 해도 전혀 아프지 않을 거라고 부언하였다"(Foucault, 1975, 171). 다른 죄수들에게 위험하다는 이유로 격리 구금된 피에르 리비에르는 자살에 성공했다. 푸코는 이 존속 살해범을 정신의학 권력에 대항하는 전투의 전쟁영웅으로 미화하기 위해 고통에 대한 광범위한 증언을 무시한다. 살인 전의 피에르 리비에르 자신처럼, 푸코는 전투와 전쟁에 넋을 잃었고, 이것이 그가 이 텍스트에서 보기로 선택한 전부이다.

소결

제1부에서는 푸코가 소녀와 여성에 대한 성적 폭력과 가정폭력을 고려했던 여러 텍스트를 검토했다. 이들 각각은 1975년에서 1978년 사이에 나왔거나 『감시와 처벌』, 『성의 역사』가 출간된 계보학 시기에 나온 것들이다. 이 텍스트들에서 푸코는 남성 가해자에게 초점을 맞추면서 피해자에게는 거의 관심을 보이지 않고 지속해서 그들의 경험을 경시했다. 푸코는 자신이 분석한 사건에서 여성과 소녀의 경험을 간과하거나 진지하게 받아들이지 않는다는 혐의를 받는 경우가 많았지만, 제1부에서는 또한 푸코가 성범죄와 젠더범죄 남성 가해자들의 경험을 잘못 표현하거나 이상화한다고도 주장했다. 예를 들어, 샤를 주이 사건에서 푸코는 날품팔이꾼의 마레빌 정신병원 이전의 성생활을 "목가적 쾌락"으로 기술하고 그의 병원 수용을 끔찍한 조처로 취급하였지만, 보네·뷜라르의 의학 보고서에 따르면, 주이는 마을에서의 생활이 외롭고 궁핍했으므로 마레빌에 머물기를 간절히 원했던 것으로 보인다. 이는 정신병원 수용을 옹호하려는 것이 아니라 수용되기 전 주이의 삶이 비참했음을 강조해서 말하려는 것이긴 하지만, 정신의학 이전 주이의 삶이 낭만적으로 묘사된 사건에 관해 푸코가 논의할 때 이런 이야기가 나오지 않은 것은 기이하다. 마찬가지로 푸코는 피에르 리비에르를 여성혐오 범죄에 대한 절망과 회한으로 죽은 자살 청년보다는 반정신의학anti-psychiatry의 군사 영웅으로 해석할 것을 주장한다. 푸코는 정신의학이 가져온 사회 전환을 비판하기 급급한 나머지 정신의학 권력 이전에 존재했던 다른 형태의 억압, 즉 가부장제와 주이 사건에서의 장애인 차별에 대해서는

의문을 제기하지 않는다. 요컨대, 푸코의 성범죄 논의에는 비판할 점이 많은데, 이런 범죄가 푸코의 가장 영향력 있는 두 작품이 교차하는 영역에 있다는 점에서 실망스럽기도 하고 놀랍기도 하다.

비록 세 개의 장에 걸쳐 푸코에 반대하는 여러 페미니스트 사례를 제시했지만, 한편으로는 성범죄와 젠더폭력에 대한 푸코의 논의에 철학적·정치적 통찰의 핵심이 담겨 있음도 보여주고자 했다. 다음 장에서는, 비록 성범죄에 대한 푸코의 구체적인 논의가 실망스럽더라도, 그의 감옥에 대한 비판과 섹슈얼리티의 구성에 대한 분석을 결합하는 작업은 성범죄라는 주제 탐구에 생산적이라고 주장할 것이다. 푸코의 성범죄 발언에 대한 페미니스트의 반응은 늘 섹슈얼리티에 관한 그의 연구와 연관을 맺고 있지만, 현행 "법질서"의 성범죄 대응과 푸코가 감옥에 대해 했던 비판은 한결같이 무시해 왔다. 예를 들어, 앤 카힐은 강간 관련 입법 개혁에 대한 푸코의 제안에 이렇게 말한다.

> 강간은 여러 측면에서 사회적으로 범죄로 인정된다는 점에서 …… 페미니스트가 강간의 법적 지위를 유지하려는 것은 정당하다. 즉 …… 법적 비난을 받을만한 행동으로 인식하고 있으며, 미국의 법 집행 수단에 대한 페미니스트의 우려에도 불구하고(특히 뚜렷한 인종차별적 결과), 강간범에 대한 엄중한 법적 조치를 촉구하지 않는 페미니즘을 상상하는 것은 거의 불가능해 보일 것이다.
> (Cahill, 2000, 58)

앤 카힐은 법을, 페미니스트가 사회적 반감을 전달하는 데 없어서는 안 될 수단으로 본다. 파웰·헨리·플린이 쓴 것처럼, "강간에 대한 유죄판결과 처벌이 성공적일 때, 형사사법은 피해에 대한 사회 공공의 인정뿐만 아니라 강간이 일어나서는 안 된다는 사회 공공의 인정도 대변한다. 강간은 근본적으로 우리의 집단적 가치에 대한 분노이다"(Powell et al., 5-6. 강조는 원문에 따름). 그럼에도 파웰·헨리·플린이 또 고찰하듯이, "법이 더 큰 불의의 도구로 작용하여 억압적이고 해로운 결과를 낳을 수 있다. …… 법은 궁극적으로 정의를 약속하지만 실현하지는 못한다"(Powell et al., 5). 덧붙여, 미국에서 법을 집행할 때 인종차별이 있음을 인정하면서도, 푸코에 대응하는 앤 카힐을 비롯한 페미니스트 학자들은 이러한 실패를 심각하게 받아들이거나 법을 넘어선 정의를 고려하지 않는다. 예를 들어, 로라 헹홀드는 "가해자가 재판에 회부되는 '이상적인' 상황"(Hengehold, 1994, 96)에 대해 말하는데, 그녀에게 이것은 형사재판과 유죄판결을 의미하며, 우리 사회에서는 감옥을 의미한다. 실제로 로라 헹홀드는 다음과 같은 말로 글을 마친다. "강간의 푸코주의적 분석은 범죄의 '탈성애화'로 이어지지도, 여성이 법 앞에서 자신의 불만을 제기해서는 안 된다는 주장으로 이어지지도 않는다"(Hengehold, 1994, 104). 그렇지만, 현재 강간을 신고함으로써 법에 기대할 수 있는 것은 로라 헹홀드가 피해자에 대한 "제2차 강간"이라 부르는 조치일 뿐이거나, "기껏해야" 강간범에 대한 유죄판결과 징역형일 뿐이다. 그러나 다음 장에서 논의하는 것처럼, 감옥은 여러 가지 억압의 축이 지나는 장소이며, 징역형은 강간범을 교화하거나 여성과 아동을 더 안전하게 만드는 데 아무런 역할도 하지 않는다. 앤 카힐과 로라 헹홀드는 『감시와 처벌』을 간략히 언급할 뿐, 둘 다 (특히, 앤 카힐은 미국 형사처벌제도의 인종차별을 인정하면서도) 감옥 제도에 대해 심각한 의문을 제기하지 않으며, 궁극적으로 성범죄에 대한 법질서의 대응을 지지한다. 성범죄에 대한 푸코의 참여와 관련하여 이 장에서 살펴본 페미니스트의 비평은 여러 면에서 빈틈이 없지만, 이 비평들은 푸코가 1977년과 1978년에 잠시 시도했던 (그러나 성공하지 못했던) 것, 즉 비판하는 데 그치지 않고 더 많은 감옥을 요구하는 것을 넘어서서 성범죄에 대해 우리가 해야 할 일을 구체적으로 제안하는 데까지 이르지 못했다는 점에 한계가 있다. 푸코는 1978년 이후에 이 규범적 기획을 포기했지만, 나는 그것이 여전히 중요한 과제로 남아 있다고 주장할 것이다. 제4장에서는 페미니스트가 구금 통치의 확장을 계속 지지할 수 없음을 주장할 것이다. 반폭력 정치의 맥락에서 볼 때 구금 통치의 확장을 지지하는 것은 오히려 문제를 키우는 것이다. 앞으로 논의하는 바와 같이, 감옥은 성폭력의 구조적 형태를 보여주는 장소이자 수감자들 사이의 강간과 교정 직원에 의한 수감자 강간이 끔찍한 비율로 벌어지는 현장이기 때문이다. 제이슨 라이든Jason Lydon이 주장한 바처럼, 감옥은 본질적으로 젠더적·성적 억압과 성범죄의 현장이기 때문에, 우리는 감옥을 그러한 범죄에 대한 우리의 기본 해법으로 상정할 수 없다(Lydon, 2016).

제2부

성범죄자의 규율과 처벌

제 4 장

페미니즘, 범죄, 처벌

내 경험상 구금시설은 이 나라에서 단연코 가장 성차별적(이고 인종차별적)인 환경이다.

— 스티븐 도널드슨, 「백만 명의 조커, 펑크, 퀸」(2001)

강간범을 강간당할 위험이 큰 시설에 위탁하는 것이 어떻게 페미니스트의 구제책이 될 수 있는가? 만약 우리가 강간에 반대한다면, 우리는 모든 강간에 반대하는 것이다.

— 콘스탄스 백하우스, 「성폭력에 대한 페미니스트 구제책」(2012)

성범죄, 성적 트라우마의 역사와 정치학

제4장의 목적은 오늘날 페미니스트가 성적 폭력의 문제에 개입하는 두 가지 방식에 대해 비판적으로 논쟁하는 데 있다. 첫 번

째 부분에서는 반폭력 페미니즘이 심리 트라우마 담론에 의존하는 방식에 이의를 제기하기 위해 푸코의 심리 담론 비판과 역사화는 물론 계보학 방법론을 사용한다. 두 번째 부분에서는 페미니즘이 구금 통치의 권력을 확장하게 만든 방식을 비판한다. 마지막으로 세 번째 부분에서는 페미니스트의 관점에서 감옥 내 성적 폭력을 고찰한다.

성범죄에 대한 우리의 문화적 서사에 더욱 복잡하게 뿌리 내린 견해 가운데 하나는 성범죄가 희생자에게는 항상 정신성적 트라우마를 남기는 경험이라고 보는 것이다. 이 견해는 그렇기 때문에 성범죄가 도덕적으로 잘못된 행위라고 본다. 이런 주장은 심리학을 기반으로 변이하면서, 성 학대의 영향에 관한 인식과 우려를 높이려는 페미니스트 학자와 활동가에 의해 끊임없이 전개되었다. 예를 들어, 우리는 제1장에서 성범죄를 경시하는 푸코의 발언에 대해 린다 알코프가 아동 성추행 생존자에 대한 현대적 서사를 인용하면서 반대하는 장면을 보았다. 이러한 서사는 심각한 정신성적 트라우마를 증명하는 것으로, 린다 알코프는 이런 정신성적 트라우마가 "성 자체의 현상학"에서 발생한다고 주장한다(Alcoff, 2000, 127-8). 린다 알코프가 보았을 때, 성적 폭력의 심각성을 무시하는 푸코의 태도는 부당하다. 성범죄는 현대의 많은 일인칭 서사가 시사하는 것처럼, 피해자에게 본질적·필연적인 트라우마를 일으키기 때문이다. 그러나 다른 저자들처럼 린다 알코프도 현재 시점에서 특별하게 보편화된 성범죄에 대해 역사적 또는 인류학적 증거로써 이를 뒷받침하려 하지 않고 역사 초월적인 주장을 한다. 린다 알코프처럼 저자도 성인-아동 섹스는 성폭력과 마찬가지로 도덕적으로 잘못된 행동이라고 주장하지만, 이를 역사와 무관하게 언제나 그렇다고 주장하거나 인류학적으로 일반화하려는 것은 아니며, 또한 피해자가 그런 행위를 항상 심리적으로 해로운 일로 그리고 성적으로 트라우마를 일으키는 일로 경험했거나 경험한다고 주장하려는 것은 아니다.

푸코주의적 관점에서 심리학 담론의 발명과 내재화, 성적으로 순수한 시기로서 아동기라는 관념의 발명, 섹슈얼리티의 발명 등에 앞서 피해자가 성인-아동 섹스라는 경험과 성적 폭력이라는 경험을 정신성적 해악으로 경험하는 것이 가능한 일인지 의문을 제기할 수 있을 것이다. 더불어 오늘날 우리가 아동기로 간주하는 나이에 일상적으로 결혼했고, 폭력이 만연하고 규범상 소녀와 여성을 물건으로 취급했던 사회에서 성인-아동 섹스와 성적 폭력이 오늘날의 피해자가 생각하는 것과 같은 의미를 지녔을지 질문할 수도 있다. 이는 성적 폭력이 결코 트라우마로 경험되지 않았다거나 역사적 증거가 그러한 트라우마를 암시하지 않는다는 말이 아니라 트라우마가 발생했을 때 그것이 다른 것이었을 수도 있다는 말이다. 앞으로 보겠지만, 이런 주장을 하는 목적은 강간 문화에 저항하는 페미니스트에게 도움이 되었던 논거를 빼앗으려는 것이 아니라 더 나은 도구를 제공하고자 함이다.

근대 초기 유럽의 역사 연구에 따르면, 성범죄는 열정과 어쩔 수 없는 상황의 결과로 여겨졌고, 사소한 일로 취급되었다(Ruggiero, 1980; 1995; Vigarello, 1998[1]). 강간은 거의 기소되지 않았다. 예를 들어, 르네상스 시기 파리에서는 매 10년간 강간 재판이 3건 미만이었고, 플랑드르에서는 18세기 동안 강간 재판

---

1 옮긴이: 우리말 번역으로는 조르쥬 비가렐로 지음/이상해 옮김, 『강간의 역사』, 당대, 2001.

이 18건뿐이었다. 더욱이 이 재판은 대부분 아주 어린 아이를 강간한 사건을 다룬 것이었다. 성인 여성과 어린아이가 아닌 미성년 여성에 대한 강간 재판은 거의 존재하지 않았고, 유죄판결이 내려진 경우는 거의 없었을 정도로 강간 범죄는 사소한 일이었다(Vigarello, 1998, 27-8). 근대 초기의 사고방식에서 공동체에 현저하게 위협이 되고 재범에 대해 유배형이나 손목 절단형 또는 다른 영구적 장애를 일으키는 신체형이 내려질 수 있는 범죄는 절도 같은 범죄였다. 조르쥬 비가렐로Georges Vigarello의 주장에 따르면, 근대 초기에 폭력은 너무나 일상적인 일이어서 용인되는 행위로 여겨졌지만, 재산범죄는 사회질서를 위태롭게 하는 행위로 다뤄졌다. 이 점을 증명하기 위해 조르쥬 비가렐로는 몇 년 사이에 일어난 유사 범죄 2건을 비교한다. 프랑스 동일 지역 시골길에서 여성이 공격받은 사건들로, 한 사람은 강간당했지만 다른 한 사람은 유혈사태 없이 강도를 당했다. 강간범은 피해자의 낮은 사회적 지위로 인해 무죄를 선고받았지만, 강도는 차형車刑을 받았다(Vigarello, 1998, 23). 근대 유럽에서 강간보다 강도를 법원이 더 심각하게 생각했다는 또 다른 명백한 징후는 강도가 강간과 관련해서 저질러진 때에는 강도 자체가 약하게 처벌되었다는 데서도 드러난다. 여자에게서 물건을 훔친 사람은 손이 잘릴 수도 있다. 그러나 만약 그가 여자를 강간하고 나서 그 여자에게서 물건을 훔쳤다면 그 결합 범죄에 대해 벌금형만을 받을지도 모른다(Ruggiero, 1980, 164). 절도 행위 자체가 사회적으로 용인되는 강간 과정에서 일어났다면 사소한 일로 취급되었다. 강간을 절도와 달리 개별 범죄 유형이 아니라 특정 상황에서 발생하는 열정의 행위로 이해했다. 따라서 그것은 상습성이 없고, 그래서 만일 남자가 여자를 강간하던 중 도둑질했다면 그는 단순히 강간이라는 용서받을 수 있는 열정에 휩쓸렸던 것뿐이어서 다시 절도죄를 저지르지는 않을 것이라고 여겨졌다. 핵심은 사람의 특성을 결정하는 본질적인 요소가 시대마다 달랐으며, 성범죄자를 상습성을 가진 존재로 생각하는 것이 우리 시대의, 즉 섹슈얼리티 시대의 특이성이라는 사실이다.

근대 초기, 성행위가 주체의 본성에 구속되지 않고, 따라서 상습적이지 않은 것으로 여겨졌을 때, 동성애와 강간 같은 범죄화된 특정 성행위는 실로 "생애의 한 시기(미혼 시기)"와 관련된 것이지 정체성과는 관련이 없는 것으로 보았다. 미혼남에 의해 저질러진 강간이 1650년에서 1815년 사이 주네브에서는 10건 중 9건이었고, 19세기에는 3건 중 2건이었다. 이는 1920년 이후 절반에도 못 미치게 되었다는 사실과 비교된다(Vigarello, 1998, 26, 156). 르네상스 시기 이탈리아 청년들에게는 동성애 관계를 맺고 하층계급 여성의 집단강간에 가담하는 것이 일반적이었지만, 결혼하면 이러한 행동을 그만두는 것 또한 일반적이었다(Ruggiero, 1995, 98). 오늘날 섹슈얼리티가 정체성에 얽매이면서 강간을 저지른 사람이 폭력적인 섹슈얼리티 "스타일"을 자신의 본질로 받아들이는 것이 가능해졌는데, 이는 르네상스 시대에는 상상할 수 없었던 방식이다. 푸코주의 관점에서 보면, 섹슈얼리티의 구성이 우리 모두의 성적 상습성을 만들었다고 주장할 수 있으며, 이는 자신의 섹슈얼리티가 범죄성과 밀접하게 관련된, 따라서 규율 담론과 규율 관행의 다른 층과 밀접하게 관련된 사람에게도 —아마도 특히 더— 진실일 것이다.

근대 초기에는 강간을 사실 미혼남의 어쩔 수 없는, 다소 용납할 수 있는 행동으로 이해했으며, 모든 남성은 결혼식 날 밤에 강간이 수반되는 것으로 여겼다. 성교육을 받거나 성을 경험한 적이 전혀 없는 사춘기 여성이 대부분 신부가 되어 결혼했던 시대에, 강간은 결혼식 날 밤에 일어나는 일에 대한 정확한 기술일 것이다. 이러한 이유로 강간의 신화적 묘사는 종종 신방과 혼수품 상자의 장식으로 의뢰되었을 뿐만 아니라 결혼 예식에서는 아마존과 사비니 여인들의 겁탈이 언급되었으며, 더 화려하게 꾸며진 행사에서는 그러한 사건들이 극적으로 수행될 수도 있었다. 역사학자들은 이러한 강간 묘사가 "신부를 위한 가르침"을 위해 의도된 것이라고 주장한다(Zirpolo, 1992; Baskins, 1998; Musacchio, 1998. Matthes, 2000도 참조). 산드로 보티첼리Sandro Botticelli의 《봄*Primavera*》(1482)은 이런 작품 중 가장 유명하다.

이 그림은 로렌초 디 피에르프란체스코 데 메디치Lorenzo di Pierfrancesco de' Medici와 세미란데 아피아노Semirande Appiano의 결혼을 위해 로렌초 데 메디치Lorenzo de' Medici가 의뢰한 것으로 보이며, 산

[그림 4.1] 산드로 보티첼리, 《봄》(1482, Uffizi Gallery, Florence)

드로 보티첼리의 이 작품 패널은 아마도 원래 이들 부부의 침대 헤드보드headboard였을 것이다. 그림 가장 왼쪽의 전령의 신 헤르메스는 로렌초 디 피에르프란체스코의 초상화이고, 플로라는 세미란데의 초상화이다. 그림 오른쪽에는 서풍의 신 제피로스가 요정

[그림 4.2] 산드로 보티첼리, 《봄》(1482, Uffizi Gallery, Florence), 세부

클로리스를 붙잡고 있고, 이어지는 강간으로 요정은 꽃의 여신 플로라로 변신한다. 강간이 시작되자 클로리스의 입에서는 덩굴이 자라기 시작하는데, 이는 그 행위에 뒤따르는 다산을 나타낸다. 폭행 현장은 사랑의 여신 비너스가 주재하고 큐피드가 머리 위를 날아다니는데, 이는 최초의 폭행인 강간이 곧 애정으로 막을 내릴 것임을 암시한다. 신부를 위한 교훈은 결혼식 날 밤에 그녀가 유린당한 클로리스 같겠지만 부부간의 사랑과 풍부한 모성애가 이 최초의 치욕에 대한 보상이 될 거라는 것이다. 신부가 아내와 어머니라는 사회적으로 안정된 역할로 격상되는 것처럼, 겁에 질려 볼품없는 클로리스는 아름답고 우아한 플로라로 변신한다.

신화에 근거한 결혼-강간 일체화는 중요한데, 강간을 대다수 남성의 정상적인 역할과 밀접하게 관련짓고, 강간-결혼을 영광스러운 신화적 행위의 재현이라고 말하는 것이기 때문이다. 강간당한 여성이 빈민이거나 강간한 남자의 미래나 현재의 신부인 한, 또는 강간이 피를 더럽히는 (근친상간이나 사회적 지위가 "높은" 사람을 강간하는) 것이나 과도한 유혈사태를 수반하는 것이 아닌 한, 강간은 흔하게 허용되는 일이었으며, 심지어 사회적으로 유용한 행위였다. 귀도 루지에로Guido Ruggiero는 르네상스 시기 이탈리아의 성범죄에 관한 연구에서, 귀족들이 집단 또는 개인으로 하층계급 여성을 강간하는 일이 만연했고, 그러한 여성이 같은 사회계급의 남성에게 강간당하는 일 또한 흔했으며, 실제로 이러한 관계는 강간 후 '간음'이 뒤따르고, 이어서 결혼으로 이어지는 패턴을 따르는 경우가 많았다고 기록하고 있다(Ruggiero, 1995).

17세기 예술가 아르테미시아 젠틸레스키Artemisia Gentileschi의 유명한 강간 사건은 ―그녀의 경우 예정된 결혼으로 이어지지 않았지만— 이러한 유형의 한 예다. 아르테미시아 젠틸레스키는 열아홉 살에 원근법 교사였던 아고스티노 타시Agostino Tassi에게 강간당했다. 그는 그녀의 아버지가 맡았던 로마의 팔라비치니 로스피글리오시 궁전Palazzo Pallavicini Rospigliosi에 있는 카지노 델레 뮤즈Casino delle Muse의 천장화 작업에 협력하고 있었다. 아르테미시아 젠틸레스키는 아고스티노 타시가 자신과 결혼할 것으로 생각하여 강간 후 9개월 동안 그와 합의된 성관계를 지속했다. 아르테미시아 젠틸레스키의 아버지는 아고스티노 타시가 자기 딸과 자발적으로 결혼하지 않을 것이 분명해지자, 딸의 처녀성을 빼앗았다는 혐의로 그를 고소하였고, 결혼을 강제하려 했다. 재판에서 아고스티노 타시는 이미 결혼했고, 아내를 살해할 계획을 세웠다는 사실이 밝혀졌다. 재판의 주요 쟁점은 아르테미시아 젠틸레스키가 강간 당시 처녀였는가 하는 것이었는데, 아고스티노 타시는 전혀 고문당하지 않았지만, 그녀는 이 문제에 대한 진실 발견을 위해 고문당해야만 했다. 아르테미시아 젠틸레스키가 강간당했을 때 처녀가 아니었다면 범죄는 일어나지 않은 일이 될 것이었다. 결국 아고스티노 타시는 아르테미시아 젠틸레스키를 강간한 혐의로 유죄판결을 받았지만, 처벌로 이어지지는 않았다. 이는 이 시대에 강간이 사소한 일로 취급되었음을 보여준다(Bal, 2005). 아고스티노 타시는 처벌받지 않았지만, 아르테미시아 젠틸레스키의 명예는 재판으로 인해 사회적으로 완전히 파괴되었고, 그녀는 로마를 떠나야만 했다. 로마를 떠났음에도 불구하고, 그리고 이후 예술가로서 빛나는 경력에도 불구하고, 그녀에게 창녀라는 세평은 평생을 따라다녔다. 아르테미시아 젠틸레스키가 성서의 여주인공 유디트가 홀로페르네스 장군을 참수하는 그림(《홀로페르네스의 목을 베는 유디트*Judith and Holofernes*》)을 한 장도 아닌 두 장을 그렸을 때, 유디트는 화가의 자화상이고 홀로페르네스는 아고스티노 타시의 초상화이며, 그녀가 그에게 예술적 복수를 한 것이라는 사실은 유명하다. 페미니스트 미술사가들이 자주 언급했듯이, 홀로페르네스의 참수형에 대한 아르테미시아 젠틸레스키의 묘사는 카라바조Caravaggio를 비롯한 동시대 다른 예술가들의 묘사에 비해서 훨씬 더 사실적이며 섬뜩하다(Garrard, 1989).

[그림 4.3] 아르테미시아 젠틸레스키,
《홀로페르네스의 목을 베는 유디트》(1620, Uffizi Gallery, Florence)

아르테미시아 젠틸레스키에 대한 최초의 강간은 사실 아고스티노 타시 외에 다른 남자도 연루되어 있었는데, 근대 초기 이탈리아 도시에서는 집단강간이 만연했다고 『르네상스 백과사전 *Renaissance Encyclopedia*』은 기록하고 있다(Ruggiero, 1980, 214). 조르쥬 비가렐로의 연구에 따르면, 같은 시기 프랑스에서도 개인과 집단에 의한 강간이 흔했고, 무시해도 될 정도의 범죄로 여겨졌다(Vigarello, 1998, 150-1, 7-8). 귀도 루지에로는 강간이 폭력을 수반했을 때 법원의 관심을 더 많이 받았고, 이 경우 법원의 흥미를 끈 것은 폭력이지 섹스가 아니었다고 말한다. 그러나 조르쥬 비가렐로는 이 기간에 프랑스에서는 일반적으로 폭력 범죄조차, 심지어 폭력이 수반된 강간도 법원의 관심을 끌지 못했다고 주장한다. 18세기에 들어서야 프랑스에는 폭력 범죄에 대한 새로운 감수성이 생겨났지만, 이런 관심도 오로지 유혈사태에 관한 것이지, 특별히 성적 폭력에 관한 것은 아니었다. 큰 유혈사태 없이 강간당한 가난한 여성은, 특히 그녀가 처녀가 아니었다면, 자신의 사건에 대해 법의 심판을 받을 기회가 없었을 것이다. 예를 들어, 조르쥬 비가렐로는 1782년의 일을 이야기하는데, 이는 세 차례나 들에서 강간당했는데도 양을 치러 나가기를 꺼린다는 이유로 삼촌에게 꾸중을 듣는 마리Marie라는 소녀에 관한 이야기였다(Vigarello, 1998, 34-5). 가난해서 강간으로 인해 피해자의 결혼이나 재산상 전망이 딱히 위태로워지지 않을 때는 강간이 피해자 가족에게조차 우려를 자아내지 못했다는 사실은 국가가 그에 대해 얼마나 무관심했는지를 잘 보여준다. 마리 이야기는 가족과 법정이 무관심할 때조차 (당연한 이야기지만) 여성과 소녀 자신은 강간 경험에 무관심하지 않았다는 사실을 분명히 보여주며, 따라서 제1장에서 논의한 요하나 옥살라의 주장, 즉 경험이 한 시대의 담론과 관행을 언제나 반영하지는 않는다는 주장, 그리고 푸코주의의 관점이 이러한 사실을 굳이 주장할 필요는 없다는 점을 뒷받침한다.

근대 초기 법정이 피와 관련될 때만 강간에 관심을 가졌다는 사실은 근대 초기에 정체성과 법적 이익이 성sex보다는 피blood 중심이었다는 푸코의 주장을 실증한다. 『성의 역사』 제5장에서 푸코는 고전 시대에는 섹슈얼리티의 분석론보다 피의 상징론 시대였으며, 정체성은 성보다는 혈통(서자 또는 적자, 귀족 또는 농민)에 기반을 두고 있었다고 주장한다. 사드 후작Marquis de Sade 사례는 근대 초기에는 성보다는 피에 더 관심이 있었다는 푸코의 주장이 18세기 후반까지 프랑스에서 사실이었음을 보여준다. 사드가 악명을 떨친 이 사건에서, 후작은 로제 켈러Rose Keller라는 여성을 하녀로 고용하고는 바로 몇 시간 후 자신의 시골집으로 데려가 피투성이가 되어 도망칠 때까지 폭행했다. 사드가 켈러를 공격한 사실이 언론에 대대적으로 보도되었고 수년간 소문이 떠돌았지만, 공격의 성적인 성격은 밝혀지지 않았다. 사드가 로제 켈러를 강간했는가? 유혈사태의 구체적인 세부 사항들이 —칼과 스크래퍼의 사용이— 퍼져나갔고 계속해서 윤색되었지만(그가 그녀의 내장을 해부했다는 소문이 떠돌았다), 이 질문은 제기되지 않은 것으로 보인다. 조르쥬 비가렐로가 썼듯이, 이 사건의 보도는

> 폭행에 사용된 예리한 도구의 역할은 강조하지만, 그것이 성적 목적으로 사용되었을 가능성은 무시한다. 희생자를 능욕하는 강간범의 혼탁한 이미지보다는 하인을 짓밟는 주인이라는 생생한 이미지만 드러낸다. 폭력에 대한 우려가 더 커서, 성과 직결되는 요

소를 명시하는 데까지 이르지는 못했다.

(Vigarello, 1998, 72)

프랑스 혁명으로 이어지는 몇 년 동안 사회 "하위" 계층에 대한 폭력이 드디어 논란의 대상으로 다뤄지는 데까지 이르렀지만, 성적 폭력의 문제에 관심을 가진 사람은 없었던 것으로 보인다. 이와는 대조적으로, ("사디즘"이라는 용어를 만든) 리하르트 폰 크라프트 에빙과 같은 19세기 과학자는 사드가 행사한 폭력의 성적 측면에 관심을 가졌고, 오늘날의 사드 독자도 마찬가지다.

사드 시대와 우리 시대 사이에 일어난 변화를 설명하기 위해 사드가 로제 켈러에게 행사한 폭력에 대한 당시의 반응과 1990년 페미니스트 철학자 수전 브라이슨Susan Brison에게 일어난 끔찍한 사건을 성폭력으로 보는 오늘날의 해석을 대조할 수 있다. 수전 브라이슨은 자신이 겪은 일을 『여진: 폭력과 자아의 재구성 *Aftermath: Violence and the Remaking of the Self*』(2002)[2]에서 기술한다. 가해자는 수전 브라이슨을 구강 강간한 후, 돌로 머리를 때리고 목을 졸랐다. 그녀가 의식을 잃자, 가해자는 그녀를 그대로 골짜기에 내버려두었고, 그녀는 거의 죽을 뻔했다. 이 사건에서 머리를 때리고 목을 조르는 행위를 가장 극단의 폭행으로 볼 수 있지만, 우리는 수전 브라이슨을 주로 성폭력 피해자, 강간 생존자로 본다. 자신도 그렇게 생각한다. 범죄의 성적 측면을 전체 폭행의 핵심으로 본다. 아마도 수전 브라이슨이 여성이 아니었다면 시골길을 걷는 동안 공격받지 않았을 것이므로, 목을 조르고 머리를 가격하는 행

---

2 옮긴이: 우리말 번역으로는 수잔 브라이슨 지음/여성주의 번역모임 '고픈' 옮김, 『이야기해 그리고 다시 살아나: 성폭력의 기억은 절대로 잊혀지지 않아』, 인향출판사, 2003.

위 그 자체로 성적 폭력 행위가 된다. 피해자와 가해자의 성별은 이 사건의 이해에 매우 중요하며, 물리적 폭력 그 자체가 가해자에게는 성적 행위였을지도 모른다. 사드 사건과 연관지어 다음과 같은 대조되는 사실을 강조하고자 한다. 18세기에는 남성이 여성에게 행사한 폭력의 성적 측면이 간과되었지만, 수전 브라이슨 사건에서 우리는 전체 폭행을 성적 측면에서 이해한다.

근대 초 유럽에서, 강간당한 여성이 처녀이고 강간범이 피해자와 같은 계급이라면 그는 그녀와 결혼하도록 권유받았을 것이며, 강간범이 피해자와 다른 계급이거나 기혼자라면 그는 비록 그녀가 처녀성을 잃었으나 다른 누군가와 결혼할 수 있도록 그녀에게 지참금을 주라는 요구를 받았을 것이다. 가난한 여성이 모든 계층의 남성에게 강간당하도록 허용하는 사회적 효용 중 일부는 강간범이 피해자와 결혼하거나 피해자에게 지참금을 지급함으로써 결혼으로 이어질 수 있다는 것이었다. 만약 결혼으로 이어지지 않는다면, 강간은 성매매를 강요받는 여성 풀pool을 만드는 데 이바지했고(Roussiaud, 1988), 이는 남성 욕망의 용인된 배출구 역할을 하며(Trexler, 1994), 남색, 근친상간, 유대인·수녀·유부녀와의 성관계처럼 더 받아들이기 어려운 성범죄 수를 줄였다(Ruggiero, 1980, 169). 사회적으로 더 불쾌한 성범죄를 예방하기 위해서라면 성매매뿐만 아니라 소녀와 여성에 대한 강간도 기꺼이 용인하겠다는 의지의 놀라운 예는 1427년 시에나의 성인 베르나르디노 Bernardino of Siena의 조언에서 분명히 드러난다. 베르나르디노는 아들의 경우 남색 목적으로 납치될 수도 있으므로, 아들보다는 딸을 심부름 보내는 것이 더 바람직하다고 말한다(Trexler, 1994, 374). 물론 딸도 아들만큼이나 납치와 강간에 취약했지만, 그 정도 위험은 예방하고자 하는 피해에 비해 사소한 피해로 인식했다.

한때 강간당한 여성을 강간한 남성과 결혼시키는 ―오늘날 서구 사회에서는 거의 상상할 수 없는― 관행은, 귀도 루지에로가 보았을 때, 근대 초기에는 여성이 강간으로 심리적 트라우마를 겪게 된다는 관념이 없었다는 것을 시사한다(Ruggiero, 1995, 102). 또한 결혼 첫날 밤에 일반적으로 강간이 일어난다고 이해했기 때문에 거의 모든 아내는 일회성 강간범과 함께 사는 것으로 보였고, 이는 근대 초기에 강간을 정상화하였다. 사비니 여인들이 겪은 강간이 결혼 이야기에 자주 등장하였다는 사실도 결혼으로 이어지는 이러한 심리적 트라우마 없는 강간 관념을 재확인해 주었다. 로마인들은 사비니 여인들을 칼로 위협하여 납치하고 강간했지만, 그녀들은 강간범을 사랑하게 되었고, 아이를 낳아 기르고 집을 지켰으며, 탈출의 기회가 주어졌을 때 자발적으로 남아, 로마의 기반과 인구에 결정적인 영향을 끼쳤다. 오늘날 강간과 결혼은 양립할 수 없는 것으로 인식하지만, 결혼으로 이어지는 강간은 한때 가족 유대를 형성하고 국가를 안정시킬 수 있는 일상 활동으로 여겼다. ―예를 들어, 최근까지 배우자 강간을 법적으로 부정하며, 경찰이나 법원은 성관계 파트너에 의한 강간, 이전 파트너에 의한 강간을 근거 없는 것으로 취급하거나 축소하였다.― 사실, 르네상스 법원에 강간범과의 결혼을 신청한 것은 여성과 소녀들이었다. 관건은 그녀의 순결 여부였으며, 여성이 가난했을 때는 무시될 수 있었다. 강간은 피가 너무 가깝거나(근친) 너무 먼("상위" 사회계급에 속한) 사람 사이의 극단적인 유혈사태나 성관계가 아닌 한 법정 기록에 거의 기술되지 않았다.

페미니스트 미술사학자 그리젤다 폴록Griselda Pollock은 귀도 루지에로의 연구에서 발견되는 논증을 정교하게 다듬어, 강간이 근대 초기에도 오늘날과 마찬가지로 소녀나 여성의 정체성에 충격을 주었을 것이지만, 다만 다른 방식으로 충격을 주었을 것이라고 주장한다(Pollock, 2005). 근대 초기에 강간은 고대와 중세처럼 "사회 신분과 역할social being"의 상실을 수반하기 때문에 트라우마가 되었지만, 오늘날에는 성적 자기결정권과 개인의 완전성 상실을 수반하므로 흔히 트라우마가 된다는 것이다. 오늘날 의학적·법적 담론이 강간 피해자의 정체성을 피해자나 생존자로 구성하지만, 그리젤다 폴록은 강간이 근대 초기의 소녀·여성의 정체성도 영구적으로 바꿀 수 있었다고 주장한다. 한때는 결혼도 할 수 있고 순결한 소녀였던 그녀는 이제 결혼도 할 수 없고 불명예스러운 존재가 되었다. 확실히, 이러한 소녀·여성의 정체성과 삶의 전망에 닥친 급격한 변화는 (비록 그것이 성적인 것이 아니라 사회 지위에 달려 있고, 오늘날의 의학 담론과는 다른 담론을 통해 이루어졌다고 해도) 오늘날 강간으로 인한 피해만큼이나 자기 분열을 초래했다고 그리젤다 폴록은 주장한다.

그러나 근대 초기에 강간으로 여성에게 일어날 정체성의 변화는 강간 이전에 그녀가 누린 사회 지위나 그 지위가 사회적으로 추락하는 정도에 비례해 중요했을 것이라는 그리젤다 폴록의 주장은 문제가 있어 보인다. 그리젤다 폴록의 관점에서는, 가난한 여성과 소녀, 그리고 처녀가 아닌 사람은 처음부터 결혼 전망이 좋지 않고, 그래서 강간이 그들의 정체성과 운명을 바꿀 가능성은 결혼에 더 많은 투자를 할 수 있는 부유한 집안의 여성보다 적었을 것으로 보인다. 그렇지만 근대 이전의 하층계급 소녀와 여성이 강간으로 결코 트라우마를 겪지 않았다고 결론 내리는 것은 주저

된다. 예를 들어, 들에서 반복적으로 강간당했기 때문에 양치기 일을 시키지 말라고 애원했던 소녀에 관한 조르쥬 비가렐로의 논의, 그리고 경험이 역사적 담론을 뛰어넘는다는 요하나 옥살라의 주장을 상기하라.

다른 시대의 소녀와 여성이 성인과의 강간과 성관계로 인한 트라우마를 어느 정도 덜 겪거나 다른 방식으로 겪는다고 생각할 만한 이유가 있다고는 해도, 그것에 비해서도 오늘날 대다수 소녀와 여성이 그런 행위로 인해 트라우마를 겪는 이유는 성이 "섹슈얼리티"의 형태로 정체성에 얽매여 있기 때문만은 아니다. 이제는 대다수 소녀와 여성이 자기의 신체와 경험을 스스로 제어하는 것에 대해 과거보다 더 큰 기대를 하고 있기 때문이기도 하다. 귀도 루지에로는 르네상스 시대에는 여성에 대한 폭력이 정상화되어 있었기 때문에 강간이 상대적으로 트라우마가 되지 않았다고 주장한다(Ruggiero, 1995, 102). 폭력의 비정상화가 과거보다 강간을 더 많이 또는 다르게 트라우마로 만들었다는 것이 사실이라면 이것은 역사적 발전이다. 우리는 이언 해킹이 아동학대에 대해 했던 다음 말을 일정 정도 현대의 강간 구성에도 원용할 수 있을 것이다. 비록 그것이 사회 구성물이라 할지라도, 그것은 "엄청나게 긍정적"이다(Hacking, 1995b, 67). 적어도 이전 시대의 일부 강간 피해자는 트라우마를 겪지 않았을 것이라는 사실이나 피해자의 성적 자기결정권 박탈보다는 가족의 명예가 더 중요했다는 사실이, 강간에 대해 오늘날의 여성이 보이는 반응이 과잉된 것임을 증명하지는 않는다. 오히려 위 사실은 여성에 대한 역사적 억압의 증거다.

성적 폭력이 심리적으로 트라우마가 된다는 주장을 처음 한 것은 지그문트 프로이트Sigmund Freud의 「히스테리아 원인론The Aetiology of Hysteria」(1896)인데, 여기서 히스테리 신경증은 대개 소녀에 대한 근친의 성적 학대로 발생한다고 주장한다. 그러나 불명예스럽게도 지그문트 프로이트는 이 주장을 빠르게 철회했다. 19세기 말 히스테리가 서구 세계 전역에 유행하며 퍼졌을 때, 근친상간, 아동학대가 지그문트 프로이트의 원논문이 제시한 것만큼 확산할 수 있다는 생각은 도저히 할 수 없는 것이었고, 근친상간을 일상의 사회문제로 간주하기를 거부하는 기류는 그 이후로도 80년간 지속되었다. 심리학자 수전 클랜시Susan Clancy는 1980년대까지 아동 성 학대의 성행과 중요성이 무시되거나 거부되었다고 지적한다(Clancy, 2009). 이러한 저항에 맞서 1980년대의 페미니스트와 심리학자들은 아동 성 학대를 흔하고 해로운 일로 인식하도록 캠페인을 벌였다. 그러한 학대가 끔찍하고 잘못된 일이라는 것을 주장하기 위해서 아동기에 성인과 성적으로 접촉하는 일을 아동에게는 끔찍하고 폭력적이며 자기 분열적인 경험이라고 기술했다. 아동 성 학대는 "살인보다 더 나쁜 것"으로 여겨졌고, 피해자는 "감정적·정신적으로 살해당한 것"으로 기술되었다(Adler, 2001, 227에서 인용). 실제로, 아동기 성 학대 피해자 중 많은 이들이 성인이 될 때까지 학대 사실을 기억하지 못하는 이유를 종종 그 경험에서 비롯된 트라우마로 설명하곤 한다. 여러 심리학자와 현재의 보편적 지식에 따르면, 아동 성 학대 피해자는 학대가 일어났을 때 느끼는 감정에 압도되어 그 사건에 대한 기억을 자주 억누른다고 한다. 그러나 수전 클랜시가 언급했듯이, 이 설명은 다른 모든 종류의 트라우마(전쟁, 테러 공격, 자동차 사고, 폭행, 성인 강간)와 관련하여, 더 큰 트라우마일수록 사건을 잊기 어렵다는 사실과 일치하지 않는다(van der Kolk, 2014). 사실 폭력적이고, 무섭고, 자기 분열적인 경험을 하는 사람은 보통 그것을 너무나 분명하게 기억한다. 성 학대 사건이 더 폭력적이고, 강압적이고, 처음으로 트라우마를 일으키는 사건일수록 피해자는 더 잘 기억할 가능성이 크다.

성 학대가 일어날 때 아동에게 항상 트라우마가 된다는 견해도 여러 임상 증거(여기에는 수전 클랜시 본인이 아동학대 생존자들과 직접 했던 인터뷰도 포함된다)와 일치하지 않는다(Adler, 2001, 228, note 107 참조). 이들 연구에 따르면, 성 학대가 물리적 폭력, 고통, 상처, 삽입 등을 수반한다는 사실을 고려할 때, 아동 성 학대 대부분은 폭력적이지 않다고 한다. 아동 성 학대 대부분은 성기를 만지고 키스하는 것이지 성교하는 것은 아니다. 더욱이 아동 성 학대의 성인 생존자는 대부분 성행위에 동의한 참여자로서 그것을 경험했다고 말한다. 성 학대를 당하는 아동은, 가해자가 자신이 신뢰하는 사람이기 때문에, 그리고 무슨 일이 일어나고 있는지 이해하지 못하기 때문에, 대부분 그런 일이 일어나는 동안 두려워하지 않는다. 아동은 자신이 이해하지 못하는 신체적 경험에 일상적으로 노출되기 때문에 성 학대가 당시에는 어린 시절의 전반적인 혼란과 무력감 속에서 특별하게 인식되지 않을 수도 있다. 수전 클랜시에 따르면, 아이들은 종종 학대를 잊는다. 트라우마를 겪어서가 아니라 그런 일이 일어났을 때 그것이 별스럽지 않아서이다.

수전 클랜시에 따르면, 아동기 성 학대의 심리적 고통은 피해자가 그들이 믿거나 사랑했던 어른에게 배신당하고 착취당했다는 것을 파악할 수 있는 청소년이나 성인이 되어 뒤늦게 그 학대를 기억해 내고 재해석할 때 자주 일어난다. 이런 자각에서 비롯된 괴로움은 종종 자존감을 무너뜨리며, 보통 죄책감과 수치심에 의해 더 나빠진다. 피해자들이 이런 죄책감과 수치심을 느끼는 이유는 자신이 비뚤어지거나 병든 행동에 동의했다는 생각 때문이다. 아동 성 학대는 항상 폭력적이고 트라우마가 된다는 시각이 팽배해 있으므로, 개별 피해자는 학대가 그에게는 그저 아리송한 일이었을 뿐이고, 자진해서 참여했다거나 그에 저항하지 않았다는 사실, 심지어 그런 접촉이나 어른의 관심을 즐겼을 수도 있다는 사실을 기억해 낼 때, 일반적으로 자기혐오와 자책에 빠져들어 그 사건에 대해 말하지 않게 된다. 사실, 신체적으로 폭력적인 성 학대를 당한 피해자 중에서, 학대 당시 이를 해롭거나 잘못된 것으로 인식했던 사람은 드문데, 이들은 학대를 처음부터 잊지 않을 뿐만 아니라 자신을 무너뜨리는 죄책감과 수치심에서도 대체로 벗어나 있다. 이는 폭력적 성 학대 피해자가 자신에게 일어난 학대 행위에 동의하지 않았음을 분명히 인식하고 있기 때문이며, 또한 자신의 경험이 아동 성 학대에 관한 지배적 서사와 부합하기 때문이다(Kelland, 2016 참조).

수전 클랜시가 기술한 바와 같이, 처음에는 트라우마를 일으키지 않았던 아동기 성 학대를 이후 기억해 냄으로써 받게 되는 심리적 고통은, 흔히 피해자가 자신에게 일어났던 일을 가족 구성원에게 말할 때 더 커진다. 가족 구성원은 종종 피해자의 이야기를 부정하거나 사소한 일로 취급한다. 바로 다음과 같은 이유가 학대를 평범한 행동으로 보이게 만들기 때문이다. 가해자가 피해자 가족과 피해자에게 사랑받거나 신뢰받는 사람이었기 때문에. 당시에 폭력이나 트라우마의 흔적이 없었기 때문에. 피해자 자신이 승

낙했기 때문에. 피해자가 그 사건을 더 일찍 기억하거나 말하지 않았기 때문에. 이러한 각 요인이 아동기 성 학대 사례 대부분을 특징짓는데, 이로 인해 가족 구성원도 피해자의 말을 믿지 않거나 무시하기 쉽다. 수전 클랜시에 따르면, 피해자는 물론이고 피해자로부터 학대 사실을 듣는 사람이 피해자에게 죄책감과 수치심을 주는 방식으로 회복된 기억에 반응하는 것은 우리가 아동기 성 학대를 폭력적이고 끔찍하다고 잘못 믿고 있기 때문이다. 대부분 사례에서 성 학대가 무섭지도 자기 분열적이지도 않다는 것을 이해한다면, 성 학대는 피해자의 동의하에 이루어지는 것이 전형적이며, 따라서 지금껏 아무렇지도 않았던 피해자를 믿어야 한다는 것을 깨닫게 될 것이다.

수전 클랜시가 강조하듯이, 아동기 성 학대가 일어날 때 대개 트라우마를 일으키지 않는다는 사실이 아동기 성 학대가 잘못된 행위가 아니라는 의미라거나 희생자가 해를 입지 않는다는 의미는 아니다. 수전 클랜시는 성인-아동 섹스가 도덕적으로 언제나 잘못된 행위라고 주장하면서, 그녀가 인터뷰한 모든 사람은 비록 사건을 회상하고 재해석할 때 뒤늦게 발생하기는 하지만 학대로 인해 상처를 입는다고 보고한다. 인터뷰 대상자들은 일단 사건을 이해할 수 있게 되자 자신이 학대와 배신을 당했다는 것을 깨달으며 상처를 입는다. 수전 클랜시가 보았을 때, 이런 사건들은 어른이 인지능력과 발달능력이 부족해서 상황을 이해하지 못하는 아동을 끌어들여 이용했기 때문에도 잘못되었다(Clancy, 2009, 184-5). 이어서 수전 클랜시가 주장하듯이, 아동기의 성 학대를 피해자에게 항상 폭력적이고 트라우마가 되는 일로 묘사하는 것이, 문제에 이목을 집중시키고, 이전에 무시되고 사소한 일로 치부되던 종류의 학대에 대해 사회 반감을 불러일으키는 데 효과적인 방법이었지만, 아동기 성 학대에 관해 문화적으로 널리 와전된 정의 때문에 궁극적으로 피해자에게 수치심과 죄책감을 유발한다. 학대가 일어났을 때 피해자는 그로 인해 충격을 받지도 않았고, 자신의 동의를 얻기 위해 강제력이 동원되지도 않았으며, 심지어 접촉과 관심을 즐겼을 수도 있으므로, 피해자는 자신에게 뭔가 문제가 있다고 느끼게 된다. 성인 생존자들은 학대의 기억이 우리가 말하는 학대에 관한 이야기와 일치하지 않기 때문에 자신이 "염병할 아이"나 "쓰레기"가 되는 경험을 한다(Clancy, 2006, 136, 140).

따라서 수전 클랜시는 유해성을 부당함과 동일시하는 작업을 중단해야 하며, 그렇게 해야지만 아동 성 학대가 그 당시나 심지어 그 이후에 피해자에게 해를 입혔는지와 무관하게, 또는 "피해자에게 어떤 영향을 끼쳤는지에 상관없이" 잘못된 일이라고 주장할 수 있다고 말한다(Clancy, 2009, 185). 특히 우리가 행위 공리주의자가 아닌 한, 이것은 거짓말, 도둑질, 속임수, 약속 위반과 같은 다른 여러 문제에 대해 우리가 취하는 도덕적 입장과 일치한다. 거짓말, 도둑질, 속임수, 약속 위반은 당하는 사람이 이를 잘 알고 있었는지에 상관없이 거의 모든 상황에서 잘못된 것이라고 사람들은 널리 믿고 있다. 예를 들어, 거짓말, 도둑질, 부정한 행위를 요령껏 잘 해냄으로써 상대방에게 해를 끼치지 않을 수 있지만, 그렇다고 해서 그 행위가 잘못이 아닌 것은 아니다. 마찬가지로, 몇 년이 지난 후 피해자들은 자신이 도둑맞았거나, 속았거나, 배신당했다는 사실을 알게 되었을 때 비로소 뒤늦게 상처받을 수 있다. 이런 경우에 피해가 사건 발생 후 한참 뒤에 온다는 사실이 그 당시 사건이 잘못되지 않았다는 것을 의미하지는 않는다. 마찬가지로 아동에 대한 성적 학대도, 비록 학대 당시 피해자 대다수가 느꼈던 감정이 공포도, 고통도 아니었다 하더라도, 부당한 행위라고 전적으로 주장할 수 있어야 한다.

성인 여성의 강간 사건에 대해서도 비슷한 주장을 전개할 수 있는데, 이들 중 다수는 아동기 성 학대의 생존자와 마찬가지로 자신의 피해에 대해 수치심과 죄책감을 느끼고, 자신의 이야기를 보고하는 일을 꺼리게 된다. 되풀이하자면, 지배적인 강간 관념은 실제 강간 경험 가운데 이례적인 사례이다. 강간이라는 문화적 관념은 낯선 사람이 여성의 집에 침입하거나 어두운 거리에서 흉기로 그녀를 놀라게 하는 것이다. 강간범은 신체 폭력이나 그러한 폭력의 위협을 이용해 피해자를 강제로 복종시키고, 신체에 상처를 입히고 정신적 충격을 준다. 그러나 대부분의 강간은 무기를 소지하지 않은 지인에 의해 저질러지며, 몸에 상처를 남기지도, 즉각적인 심리적 외상을 초래하지도 않을 수 있다. 강간은 종종 피해자와 과거에 합의된 성관계를 가졌던 남성에 의해 저질러진다. 비교적 엄격한 법적 강간의 정의를 충족하는 "원하지 않는 섹스"라는 경험을 말하고 있으면서도 "강간당한 적이 있나요?"라는 질문에 해당 여성이 "아니요"라고 대답하는 이유는 자신이 겪은 일이 전형적인 강간이라는 문화 관념과 일치하지 않아서일 것이다. 니콜라 가비Nicola Gavey가 쓴 것처럼, "강간의 법적 정의와 일치하는 경험이 있다고 보고한 여성 중 27%만이 자신을 강간 피해자로 분류했다"(Gavey, 2005, 60). 이 현상은 페미니스트 심리학자들이 자신을 강간 피해자라고 생각하지 않는 강간 피해자의 범주를 지칭하기 위해 "자각 없는 강간 피해자"라는 용어를 만들 만큼 충분히 일반적이다(Gavey, 2005, 59. Jenkins, 2017도 참조).

스스로 강간이라고 느끼지 않은 여성에게 피해자라는 낙인을 찍는 것은 페미니스트 관점에서 논란이 되지만, 강간의 확산세에 관한 페미니스트 연구는 더 많은 여성이 학대를 경험하는 순간 바로 인식할 수 있도록 강간 신화에 이의를 제기할 필요가 있음을 보여준다. 가장 폭력적이고 정신적인 충격을 주는 강간 시나리오를 강조하는 것이 강간의 절대적 부당성에 관심을 가지도록 하려는 의도였을지 모르지만, 이는 또한 많은 여성이 자신의 강간 경험을 강간으로 인식하지 못하도록 하고, 강간 신고가 무시되거나 회의론에 부딪히게 하는 상황을 초래하기도 했다. 마찬가지로 아동기 성 학대의 유해성을 입증하기 위해 비교적 비정형적인 시나리오를 강조해 왔지만, 이 전략 자체가 트라우마 서사 속의 자신을 인식할 수 없던 여러 아동기 성 학대 피해자에게 무심코 상처를 입혔다.

아동기 성 학대가 심각한 트라우마를 초래한다는 데 의문을 제기하는 것은 매우 논란이 되는 문제이기 때문에, 아동기 성 학대 생존자가 학대 경험이 없는 성인에 비해 적응력이 떨어지는 편은 아니며, 생존자가 보이는 정서적 차이도 다른 요인들로 설명할 수 있다고 주장한 미국 심리학 협회 『심리학 회보』의 1998년 주요 연구는 미국 의회에서 비난을 받기도 했다(Adler, 2001, 228, note 107). 놀랍지 않게도, 수전 클랜시가 『트라우마 신화*The Trauma Myth*』에서 자신의 주장을 전개했을 때, 그녀는 "소아성애자의 친구"라거나 "소아성애자"라는 비난을 받았다(Clancy, 2009, 182). 그러나 수전 클랜시가 주장하듯이, 『트라우마 신화』를 집필한 그녀의 의도는 아동과의 섹스를 옹호하려는 것이 아니라 더 효과적으로 비난하려는 것이었다. 아동기 성 학대의 트라우마 이론을 심리학자들이 계속 주장하는 이유가 아동을 성적 피해로부터 보호하려는 데 있다는 것을 수전 클랜시도 알지만, 그녀는 그 이론이 부정확할 뿐만 아니라 궁극적으로 아동기 성 학대 생존자들에게 도움이 되기보다는 더 많은 상처를 준다고 본다.

수전 클랜시는 아동기 성 학대의 트라우마 이론에 대한 비판이 학대 생존자를 위한 것이라고 강조하지만, 그녀의 주장이 성인-아동 섹스가 본질적으로 잘못되었다는 것을 부인하는 데 이용될 수 있다는 점도 명백하다. 실제로, 내게 『트라우마 신화』를 소개한 사람은 근친상간과 미성년자와의 섹스를 포함한 이른바 "세대 간 섹스"를 옹호하고, 수전 클랜시의 책이 그런 자신의 견해를 변호하는 것으로 읽은 철학자였다. 수전 클랜시의 의도에도 불구하고, 그녀의 주장에서는 성인-아동 성관계가 본질적으로 문제가 없다는 견해로 옮겨갈 수도 있다. 이런 관점에서 볼 때, 문제는 오히려 무해한 행위가 학대로 해석되는 성적으로 억압된 사회에 우리가 살고 있다는 사실이다. 『트라우마 신화』의 이러한 독해에 따르면, 성인-아동 섹스를 학대로 보는 시각을 내면화하지 않는다면, 자신의 기억을 정신적 피해와 고통을 주는 방식으로 해석하지 않을 것이다. 이런 관점에서 볼 때, 문제는 일부 어른들이 아이들과 성관계를 갖는 데 있지 않고, 우리가 그러한 섹스를 낙인찍는 사회에 살고 있다는 데 있다. 성인과 성교했지만, 이런 행위가 정상화된 사회에서 자란 아이들은 성행위의 결과로 외상이나 위해를 경험하지 못할 것이다.

물론 그런 사회도 많이 있었다. 유럽에서는 소녀들이 초경에 이르자마자, 또는 우리가 현재 성교 동의 연령 미만으로 간주하는 나이에 결혼하는 것이 오랜 관습이었다. —2005년 15세 여자 친구와 합의된 구강성교로 10년의 징역형을 선고받은 조지아주의 17세 소년과 같은— 청소년 관련 법정 강간 사건은 이 전례에 비추어 "로미오와 줄리엣" 범죄로 불린다. 셰익스피어의 16세기 후반 연극에서 줄리엣의 아버지는 딸이 "아직 열네 살이 되지 않았소"라고 말한다(1.2.9). 게다가 줄리엣의 어머니는 줄리엣에게 "내가 세어 보니, 네가 이제 숙녀가 된 때에 나는 이미 네 어머니였다"(1.3.74-5)라고 말하는 것처럼, 줄리엣의 나이에 이미 아이를 낳았다. 그런데도 르네상스 시대에 로미오와 줄리엣 이야기는 성범죄에 관한 이야기라기보다는 사랑 이야기가 될 수 있었다. 게다가, 성인과 아동 사이의 섹스는 20세기까지 비유럽 문화에서 표준으로 남아 있다. 예를 들어, 성 인류학의 고전에 속하는 일련의 작품에서 길버트 허트Gilbert Herdt는 —1970년대와 1980년대에 목격한— 뉴기니 삼비아 부족 소년들의 성인식 과정에서의 이른바 "의례화된 동성애"를 기술했다. 삼비아 부족의 전통에서는 남자 아이가 남성화되기 위해서는 이들의 여성성을 지속해서 "제거"해야 한다고 믿으면서, 소년들에게 빠르면 일곱 살부터 시작하여 정기적으로 남성끼리의 구강성교를 수행하도록 요구한다. 우리는 모든 삼비아 부족 소년들이 성적으로 학대받고 정신적 충격을 받았다고 말해야 하는가? 실제로 길버트 허트의 설명은 삼비아 부족 소년들이 겪었던 성인식 과정이 심리적으로 큰 충격을 주었고, 성인으로서의 성적·낭만적 삶이 성인식 과정의 공포로 고통받았음을 암시한다. 길버트 허트에 따르면, 1980년대에도 여전히 삼비아 문화를 특징짓던 극단적인 성적 적대감과 군국주의는 그가 글을 쓸 당시 모든 소년이 겪어야 했던 폭력적인 성인식에서 기인한 것일 수 있다. 그렇지만 그의 설명에 따르면, 소년들에게 정신적 충격을 준 것은 이런 성인식의 성적 요소가 아니라 극단적인 신체 폭력이었다. 길버트 허트는 소년들이 울면서 숲속으로 도망치려 한다고 기술하지만, 그들이 눈물을 흘리며 피하려고 했던 것은 코의 피뽑기, 매질, 쐐기풀 의식이 주는 육체 고통이었는데, 그것은 모성애 결핍, 수면 부족, 배고픔, 갈증으로 인해 더 악화되었다. 이틀간의 감정적이고 육체적인 학대가 있은 다음 치러지는 어른 남성과의 구강성교는 이 소년들에게는 가장 사소한 걱정거리로 기술된다. 성인식의 피뽑기와 매질을 계속 두려워하면서도, 이윽고 소년들이 삼비아 부족 남성 동성애 숭배의 열렬한 참여자가 되는 것을 길버트 허트는 목격한다(Herdt 1981; 1984; 1987).[3] 따라서 삼비아 부족 사례는 성인-아동 섹스와 성적 트라우마 사이의 연관성을 반박하지는 않지만, 소년들을 가장 힘들게 한 것이 의식의 육체적·정서적 폭력이었는데도 삼비아 부족 성인식의 성적 요소에만 초점을 맞추는 것은 서구의 독특한 처신일 것이다. 이런 맥락에서, 우리는 또한 고대 그리스처럼 남자 어른-소년 섹스가 관습적이었지만 신체적·정서적 학대에 휘말리지 않던 문화를 고려할 수도 있다.

푸코는 분명히 이와 같은 인류학적·역사적 사례를 성인과 미성년자 사이의 비폭력적·비강제적 섹스가 본질상 문제없다는 증거로 삼는다. 실제로 푸코는 고대 그리스의 남자 어른-소년의 관계에 관한 연구에서 “동성애”와 “양성애”의 구성이 시대착오적인 낙인이라고 보지만(Foucault, 1985, 187-8), 현대 독자들이 문제의 사례에 똑같이 적용할 가능성이 큰 “소아성애”라는 표식은

3 1970년대와 1980년대 길버트 허트의 연구는 섹슈얼리티와 젠더에 대한 인류학 연구에서 시금석이지만, 비판도 받았다. 예를 들어, Elliston(2005) 참조.

논하지조차 않는다. 그러나 비록 성인-아동 섹스가 언제 어디서나 반드시 트라우마를 일으키는 것은 아니고, 현대 서구의 성인-아동 섹스와 관련된 해악과 트라우마의 많은 부분이 그것을 둘러싸고 있는 담론과 관행 때문이라 할지라도, 그리고 도덕적 보편화의 위험에도 불구하고, 나는 다시 한번 더 도덕 상대주의가 가지는 한 쌍의 위험을 피하기를 원한다. 그러자면 아동학대의 사회적 구성을 긍정적인 역사의 발달로 보는 이언 해킹을 따라야 한다. 이것은 아동학대의 구성이 아동의 인지적·정신적·신체적 취약성을 성인의 목적에 악용해서는 안 된다는 견해를 나타내기 때문이다. 여기서 푸코와 좀 더 연계하여, 아동의 성생활이 특별한 경우가 되어서는 안 된다고 주장할 것이다. 오히려 더 일반적으로, 그리고 아동기의 성격으로 볼 때 가능한 범위 내에서 아동의 신체적 자율성과 육체적 성실성이 존중되고 그들의 자유가 함양되어야 한다. 아이가 무슨 일이 일어나고 있는지 완전히 이해하지 못하거나 권력관계로 인해 동의만 하고 있을 때, 어른이 아이와 섹스하는 것은 이 자유를 침해하는 것이며, 이는 이 책의 결론에서 비판할 "어덜티즘adultism"[4]의 한 예다. 제8장에서 논의하겠지만, 어른과의 성행위를 아동이 이해하고 욕망하고 먼저 시작하는 경우가 있을 수는 있지만, 성인의 인식론적 오만과 아동에게 자신의 욕망을 투영할 우려를 고려할 때 어른이 그러한 행동에 가담하는 것은 여전히 금지해야 한다고 주장한다. 아동기가 언제 끝나는지는 분명 문화적·개인적 편차가 있고, 아이들을 혼란스럽게 하는 경험에 그들이 노출되는 것이 용인되는 때도 있을 수 있지만, 우

4 옮긴이: 성인 중심의 사회제도가 아동 전체를 통제하고 억압하는 현상을 말한다.

리가 삼비아 부족의 세계관을 가지고 있지 않은 한, 어른의 성적 만족을 위해서 아동의 신체 자율성과 완전성을 무시할 만한 타당한 이유는 없어 보인다.

그렇긴 하지만 미성년자와 성인 사이의 섹스가 (만약 그런 사건이, 한 사람을 다시 범죄를 저지를 수밖에 없는 소아성애자로 구성하고, 나머지 한 사람을 성적으로 상처받을 수밖에 없고 그래서 정체성으로서의 성이 지배하는 우리의 시대에 그 존재의 핵심을 피해자로 구성하는, 이런 두 정체성에 얽매이지 않게 된다면, 미성년자와 성인 사이의 폭력적인 비동의 섹스가 가해자에 의해 반복될 가능성이 줄어들 것이고 미성년자와 성인 사이의 섹스가 피해자에게 영구적인 피해를 줄 가능성도 줄어들 것이라고 할지라도) 오늘날처럼 특별한 의미로 쓰이게 된 것은 그것을 구성하는 규율 담론과 성에 대한 우리의 생명 정치적 투자 때문이라는 푸코의 견해는 옳아 보인다. 푸코는 성범죄 행위자를 포함한 이른바 도착자에 관심을 두지만, 섹슈얼리티의 담론 구성은 그 행위자의 피해자들에게도 적용된다. 성적 경험이 정체성에 얽매이는 근대 서구에서 여성, 아동, 남성이 성 학대를 당했을 때, 이러한 범죄가 심리적으로 해로운 한 가지 이유는 이것이 그들의 정체성을 훼손하고 결정하기 때문이다. 강간당한 여성은 강간 피해자나 강간 생존자일 뿐이고, 이로써 초래되는 모든 결과를 짊어지게 된다. 이 여성은 사건에 대한 역사적으로 우발적인 자신의 이해에 따라, 그리고 의학적 담론을 통해 그렇게 구성될 것이다. 강간당했거나 어릴 때 어른과 섹스했던 경험은 이제 그녀의 섹슈얼리티에 결정적인 요인이 될 것이며, 나아가 그녀의 섹슈얼리티는 그녀의 정체성에서 중심이 될 것이다. 아마도 치료 담론의 결과로, 강간과 아동-성인 섹스는 이전 시대와 달리 오늘날에는 분명 훨씬 더 엄청난 영향을 끼친다. 피터 A. 레빈Peter A. Levine[5]이 말하는 것처럼, "트라우마 환자들은 자신을 치유에 본능적 힘을 가진 동물이라기보다는 생존자로 인식하는 경향이 있다"(Levine, 1997, 98). 그렇더라도 피터 A. 레빈에 따르면, "위협으로부터 회복하는 동물의 능력은 인간의 본보기가 될 수 있다"(Levine, 1997, 98). ― 혹은 트라우마를 중심으로 우리의 정체성을 구성하지 않고서 우리가 누구인지를 고수한다면 그렇게 할 수 있을 것이다. 따라서 우리는 강간과 아동학대를 계속 심각하게 받아들일 필요는 있지만, 심리적 트라우마와 정신성적 정체성의 구성에 관한 주장을 보편화하는 데 비중을 두지 않는 방법을 찾아야 한다.

구금주의 페미니즘

머리 갓쵸크는 미국의 대량 투옥 정책에 관한 연구에서 주로 백인 중산층 여성으로 대표되는 피해자 권리 운동을 포함한 여성 권리 운동이 "구금 통치the carceral state를 촉진하는 데 일조"했다고 주장한다(Gottschalk, 2006, 115). 초창기 미국 페미니스트들은 여성을 향한 폭력이 여성에 대한 사회통제의 기본 요소이고 강간과 가정폭력에 대한 해결책이 남녀관계의 전면 쇄신에 달려 있으며, 해결책을 국가에 의존하는 방식은 조직이 정부 측 전문가에 의해 잠식co-optation될 위험을 일으킨다고 주장하는 등, 성적 폭

5 옮긴이: 우리말 번역으로는 피터 A. 레빈 지음/양희아 옮김, 『내 안의 트라우마 치유하기: 힐링 트라우마, 내 안에 잠든 호랑이를 깨워라』, 소울메이트, 2016.

력과 가정폭력에 대해 급진적인 태도를 보였다. 그러나 이들의 태도는 점차 "국가 개입 옹호"로 바뀌었고, "학대받는 여성에게 전문 치료 환경을 제공하고, 강간이나 가정폭력 혐의로 기소된 남성을 엄벌로 단죄하는 법안 통과에 힘쓰는 데 목표를 두는 등 더욱 온건해졌다"(Gottschalk, 2006, 122). 샤론 마커스Sharon Marcus는 "미국에서는 지난 20년 동안 페미니스트의 강간 반대 문헌, 행동주의, 그리고 강간 관련 정책 개발이 점점 더 경찰의 절차와 강간의 법적 개념 정의에 집중"했다고 본다(Marcus, 1992, 388). 마리아 베바쿠아Maria Bevacqua의 조사 결과도 이와 비슷하다. 그녀는 1960년대에 강간 문제를 제기한 급진주의 페미니스트의 경우 여성에 대한 폭력을 사회에서 여성의 역할과 연계된 것으로 보았지만, 이후 이 문제에 유일하게 관여한 자유주의 페미니스트의 경우에는 도움이 필요한 특정 피해자와 마땅히 처벌받아야 할 특정 범죄자에 관한 것으로 문제를 개별화하는 경향이 있음을 보여준다(Bevacqua, 2000, 35). 자유주의 페미니스트는 남성과 여성의 사회 역할에 근본적으로 이의를 제기하기보다는, 강간 범죄의 법 집행 기관에 의한 엄중한 처리와 희생자 학대 감소에 힘썼다.

머리 갓쵸크에 따르면, 영국처럼 비교적 강력한 복지제도를 가진 국가의 여성운동은 다른 곳에서 활동 자금을 구할 수 있었지만, 미국의 페미니스트 단체들은 강간 위기 센터rape crisis center와 강간 방지 교육 프로그램에 자금을 대기 위해 종종 정부에 지원금을 신청해야 했고, 따라서 경찰과 제휴할 수밖에 없었다. 결국, 강간과 관련하여 급진주의 페미니즘보다는 자유주의 페미니즘의 태도가 지지받으며, 강간과 가정폭력에 반대하는 페미니스트의 활동이 법 집행 기관과 보수 이익 집단을 보완하는 방식으로 전개되었다. 예를 들어, 정부 지원금을 받은 일부 강간 위기 센터는 경찰에 신고하기를 거부하는 피해자에 대해 서비스 제공을 보류해야만 했다. 강간 위기 센터의 이러한 조처에 페미니스트 직원이 이의를 제기하자, 그들은 곧바로 형사사법기관에서 파견된 직원으로 교체되었다(Gottschalk, 2006, 126). 정부는 자금을 지원할 때 전문가가 주도하는 사업을 선호했다. 결과적으로 학위가 없는 페미니스트 활동가는 굳이 페미니스트일 필요가 없는 "전문가"에 의해 "밀려났다"(Bevacqua, 2000, 82). 전문가가 개입하자 강간을 개인의 문제로 취급하는 방식이 다시 선호되었다. 강간을 현재의 젠더 구조와 관련된 사회 구조적인 문제로 이해하기보다는 개별 피해자에 대한 의료, 상담, 법률서비스의 제공과 개별 가해자에 대한 기소, 처벌, 처우 등이 필요한 사건으로 보는 시각이 우세해졌다.

비록 초창기 강간 위기 센터들은 여성에 대한 폭력과 싸우기 위해 더욱 급진적인 전략을 이론화했지만, 차츰 "국가 기관, 정신 보건, 법 집행의 목표를 더 많이 수용"해야 했다(Gottschalk, 2006, 127). 앤절라 데이비스Angela Davis가 고찰한 바와 같이, 경찰과 법이 흑인 남성을 불균형하게 겨냥해 왔기 때문에, 이처럼 "법 집행 기관에 주로 의존하는 강간 방지 전략은 계속해서 다수의 유색인종 여성을 소외시킬 것이다"(Davis, 1989, 48). 앤절라 데이비스는 경찰이 흑인 사회를 더욱 잔혹하게 다루기 위해 더 많은 경찰관, 헬리콥터, 추적견, 경찰견을 확보하는 명분으로 강간 방지를 내세운다고 주장한다. 경찰에 성폭력을 신고한 흑인 여성들은 도움을 청하기 위해 의지했던 경찰관들로부터 재차 폭행당했고, 가정폭력을 신고한 이민자 여성은 오히려 그로 인해 경찰에 체포되어 추방됐다(INCITE, 2016). 경찰 자체가 유색인종 여성, 빈민 여성, 성매매 종사자, 성전환자 등에 대한 폭력의 주범인 경우가 많아서, 이들은 젠더폭력과 성적 폭력에 경찰이 개입하는 것을 합리적으로 경계한다. 모굴Mogul·리치Ritchie·휘틀록Whitlock은 다음과 같이 보고한다.

> 2008년 폭력방지프로그램 전국연합the National Coalition of Anti-Violence Programs(NCAVP)에 들어온 보고에 따르면, 법 집행관이 반LGBT 폭력 가해자 가운데 세 번째로 큰 범주였다. …… 2000년, NCAVP는 샌프란시스코에서 트랜스젠더 여성들이 보고한 편견 관련 폭력의 50%는 경찰과 사설 보안요원에 의해 저질러졌다고 밝혔다. …… 유색인종, 트랜스젠더 청년, 노숙자, 길거리 청소년들은 경찰 폭력에 더 취약하다. ……
>
> 2002년 시카고 지역에서 실시한 성매매 여성에 관한 연구는 강간당한 에로틱 댄서 중 30%와 길거리 성 노동자 중 24%가 경찰관을 강간범으로 지목했다는 사실을 발견했다. 연구 참가자들이 보고한 다른 성적 폭력 행위의 약 20%는 경찰에 의해 저질러졌다.
>
> (Mogul et al., 2012, 47, 63)

경찰을 경계하는 데 정당한 이유를 가진 개인들은 성폭력에 대한 대응을 법률에 의존하거나 장려하는 강간 위기 센터로 눈을 돌리지 않을 것이다. 따라서 이러한 센터들은 주로 가장 특권 있는 여성들의 요구에 반응한다.

이러한 정부 측 전문가에 의한 잠식, 흡수와 타협이 가져온 결과는 참담했다. 머리 갓쵸크에 따르면, "19세기 이후 미국에서 끊임없이 나타난 여성 개혁 운동과 페미니즘의 물결은 형벌정책에서 보수적인 성향을 뒷받침하는 제도와 정체성을 구성하고 관행을 확립하는 데 일조했다"(Gottschalk, 2006, 115). 실제로 1970년대에 여성운동과 구금 통치가 동시에 나타났는데, 머리 갓쵸크는 여성운동이 미국에서 비교적 성공적이었던 이유 중 하나로 그것이 범죄의 병리화와 범죄자의 비인간화에 이바지하면서 징벌적이고 보수적인 정책 기조를 더욱 강화하는 데 도움을 주었다는 사실을 꼽는다. 미국의 '반강간', '반가정폭력', '피해자 권리' 운동은 모두 비백인에 대한 처벌을 강화하는 보수적인 역할을 하면서 레이건Reagan 행정부의 강력한 지지를 받았다.

이러한 전반적인 추세에도 불구하고, 일부 페미니스트는 일관되게 법질서에 의한 해결을 지향하는 움직임을 문제 삼았고, 사회전환을 성·젠더폭력과 싸우기 위한 더 나은 전술로 제안한다. 예를 들어, 앤절라 데이비스는 다음과 같이 말한다.

> 만약 성적 폭력의 본질을 인종, 계급, 그리고 정부의 폭력과 권력에 의해 매개되는 것으로 이해하지 못한다면, 결국 우리 사회가 억압적인 여성혐오 폭력을 제거할 수 있는 전략을 개발하기를 바랄 수 없다. 강간이라는 구조를 이해하려는 시도에서, 우리의 분석을 개별적인 사례로 한정하거나 심지어 남성 심리학의 관점에서 분석하는 것은 심각한 실수일 것이다. 이런 유형의 분석에서 도출되는 강간 방지를 위한 유일한 논리적 전략은 강간범을 처벌하고 저지하기 위한 억압에 의존하는 것이다. 그러나 일반적으로 증명되었듯이, 국가의 억압적 수단 사용이 추가 범죄를 방지하는 일은 거의 없다.
>
> (Davis, 1989, 47-8)

마찬가지로, 에밀리 버크월드Emilie Buchwald·파멜라 플레처Pamela Fletcher·마사 로스Martha Roth는 『강간 문화 전환하기*Transforming a Rape Culture*』 서문에서 "마치 처벌을 강화하는 것만으로 중대한 변화를 불러올 수 있는 것처럼 강간범에 대해 더 엄한 처벌, 더 긴 징역형, 심지어 사형을 요구하기보다는 젠더에 대한 가치, 교육, 언론 이미지, 사고방식을 바꿀 필요가 있다"(Buchwald, Fletcher, and Martha Roth, 1993, 1)라고 주장한다. 이 책에 수록된 다수 논문은 해결책으로 대학의 남학생 사교 클럽 폐지, 포르노그래피 검열, 언론의 강간 사건 기술 어휘의 변화, 남성성의 문화적 의미의 변형, 남학생 대상 강간 방지 교육, 소녀와 여성을 위한 자기주장 훈련, 비디오 게임·텔레비전·영화에서의 새로운 이미지 생성을 주장한다. 이 논문집의 몇몇 논문은 남자아이를 이제까지와는 다르게 길러야 하며, 아버지들은 새로운 양육 기술을 배워야 한다고 주장한다. 페기 밀러Peggy Miller·낸시 비엘리Nancy Biele의 기고문은 "진단, 치료, 의약품, 책, 영화와 테이프로 구성된 전체 산업이 강간 현실을 사회 맥락에서 개별 문제로 옮기는 방식을 문제 삼는다"(Buchwald, Fletcher, and Martha Roth, 1993, 52). 이 책의 글들은 사회에서 젠더의 역할 전환을 위한 전술을 이론화한다는 점에서 유용한 읽을거리이지만, 강간범에 대한 종신형이나 사형집행을 주장하면서 국가가 이를 하지 않을 때는 페미니스트 자경단이 이를 수행해야 한다(Buchwald, Fletcher, and Martha Roth, 1993, 318-20)고 주장하는 D. A. 클라크D. A. Clarke가 집필한 장을 제외하고는 이미 범죄를 저지른 사람들을 어떻게 할 것인가를 다룬 장은 하나도 없다.

『강간 문화 전환하기』는 1993년에 나왔다. 그 이후로, 성범죄와 젠더폭력에 대한 법질서의 대응이 가해자를 어떻게 하든지 간에 신고자에게 실망을 주고 재차 피해자로 만든다는 것을 인정하는 페미니스트 문헌이 급증하고 있고(Smart, 1995; Hudson, 2002; Johnson, 2012; Flynn, 2015), 감옥-산업복합체와 구금 통치를 비판하는 문헌 수가 늘어나고 있다(Garland, 2002; Davis, 2003; Gottschalk, 2006; 2015; Wilson, 2007; Wacquant, 2009; Guenther, 2013; Ben-Moshe et al., 2014). 『강간에 대한 정의 구현: 형법을 넘어서 *Rape Justice: Beyond the Criminal Law*』(Powell et al., 2015)와 같은 작품에서 저자들은 성적 폭력에 대한 법 외부 extralegal의 대응을 탐색하는데, 이는 그들이 가해자에게 관심이 있다거나 경찰과 감옥이 범죄화된 사람들의 특정 인구통계를 압박하는 다양한 방식에 관심이 있어서가 아니라 성폭력에 대한 법질서의 대응이 종종 범죄 생존자의 요구를 충족하지 못하고, 심지어 그들의 고통을 악화하기 때문이다. 애셔 플린은 국제적으로 반영되는 오스트레일리아의 통계(Flynn, 2015, 96)를 인용하며, 신고율이 이렇게 낮은 것은 피해자 관점에서 성적 폭력에 대한 사법적 대응 juridico-legal responses이 실패했기 때문이라고 보고 있다. 예를 들어, 캐나다에서 성폭력이 경찰에 신고되는 경우는 8%에 불과하고, 성폭력으로 유죄판결을 받는 경우는 0.3%에 불과하다(Johnson, 2012). 무엇보다 캐나다의 성폭력법 sexual assault law은 성폭력을 3단계로 ―1단계: 흉기를 이용하지 않고 상해의 결과 발생이 없으며 사망 위험이 없고 단독범행으로 저질러진 가장 심각하지 않은 성폭력, 2단계: 흉기를 이용하거나 다수의 가해자가 가담하거나 신체적 상해를 수반하는 성폭력, 3단계: 가장 심각한 성폭력으로 중상해나 치명상 또는 사망의 위험을 수반하는 성폭력으로— 구분하는데, 1단계로 분류되는 성폭력 중 상당수가 상해의 결과가 있거나 흉기를 이용한 폭행으로서 2단계 폭행으로 분류되어야 하는데도 경찰에 의해 1단계 폭행으로 분류되는 것으로 보고되고 있다(Johnson, 2012). 따라서 경찰은 발생한 폭행을 조직적으로 최소화한다. 게다가 경찰은 다른 폭력 범죄보다 성폭력 혐의를 "근거 없는 것"으로 볼 가능성이 거의 2배나 높다. 캐나다 경찰은 성폭력 혐의의 16%를 근거가 없다고 판단하는 데 비해 다른 범죄 혐의는 9%에 불과했다. 또한 경찰은 성폭력 혐의 여부를 강간 신화와 일치하는 방식으로 판단한다. 즉 이들은 성폭력 당시 여성이 만취 상태였거나, 전과나 정신질환 전력이 있거나, 강간 혐의자가 피해자의 현재 또는 이전의 성관계 파트너일 경우 무혐의로 보고할 가능성이 크다. 이런 식으로 경찰은 "진짜" 강간에는 "무고한" 또는 "이상적인 피해자"가 수반되며, 강간범은 피해자에게는 분명 낯선 사람일 것이라는 강간 신화에 대한 믿음을 표출한다. 따라서 다른 나라와 마찬가지로 캐나다에서 성폭력을 신고하는 여성은 극히 소수지만, 그러한 여성들도 회의론에 부딪힐 가능성이 크고, 혐의가 근거 없는 것으로 무시되거나 관련 폭력과 무관하게 낮은 단계의 성폭력으로 치부될 가능성이 크다. 더욱이 재판에 넘겨지는 소수의 성폭력 사건에 대해 아나스타샤 파웰은 다음과 같이 주장한다. "[법원의] 심리 형식은 …… 피해 생존자의 정의 요구와 …… 정반대이다. …… 피해 생존자의 정의 요구는 참여*participation*, 발언*voice*, 통제력*control*, 인정*validation*, 지지*vindication*이다. …… 형사사법 절차가 시작됨과 동시에 이는 배제sideline, 침묵silence, 수치심disempower, 강간 피해 진술에 대한 의심doubt accounts of rape victimisation이 된다"(Powell et al., 2015, 227-8).

성적 폭력의 일부 생존자는 자신에게 가해진 피해에 대한 응보를 바라지만, 다수의 생존자가 법 제도에 바라는 결과는 범죄자의 구금과 처벌이 아니라 자기 이야기의 인정과 존중, 존엄, 발언, 주체의 발현, 가해자의 사과나 책임 통감, 다시 안전하다고 느끼는 것, 이런 일이 다른 사람에게는 일어나지 않을 것 등인데(Flynn, 2015, 95), 이는 구금이라는 해결책으로는 이룰 수 없는 것이다. 주디스 허먼Judith Herman이 고찰한 바에 따르면,

> 피해자에게는 사회적 인정과 지원이 필요하다. 법원은 그들에게 그들의 신뢰성에 대한 공공의 이의제기를 견뎌낼 것을 요구한다. 피해자는 자기 삶에 대한 우월감과 통제력을 확립해야 할 필요가 있는데, 법원은 피해자에게 복잡한 규칙과 관료적 절차를 따르도록 요구한다. …… 피해자는 자신이 선택한 환경에서 자신만의 방식으로 자신의 이야기를 할 수 있는 기회가 필요하다. 그러나 법원은 일관되고 의미 있는 이야기를 구성하려는 개인의 시도를 무너뜨린다. 법원은 질문에 '예, 아니요'로만 답할 것을 요구하고 그런 질문만을 한다.
>
> (Powell et al., 2015, 227에서 인용)

따라서 애셔 플린은 다음과 같이 결론짓는다. 성폭력 피해 생존자의 요구는 기존의 응보적 형사재판의 적대적이고 방어적인 본질적 구조와 "정 반대"에 있는 것이며, 이는 국제적으로 성폭력 신고가 계속해서 낮은 이유 중 하나다(Flynn, 2015, 96).

자주 언급했듯이, 경찰에게 성폭력을 진술하는 경험과 형사재판에서 피해자를 비난하는 반대 심문을 받아야 하는 경험은 성폭력 자체보다 훨씬 더 충격적이다. 이러한 모든 이유로, 바버라 허

드슨Barbara Hudson은 다음과 같이 주장한다. "공식적인 사법은 기회를 가져왔다. 그것은 매우 오랫동안 정의의 지배적 형태였는데, (성·젠더폭력) 범죄에 대한 효과는 입증되지 않았다"(Hudson, 1998, 623).

이 개요가 시사하듯이, 페미니스트 학자가 성범죄에 대한 비구금직non-carceral 대응을 검토할 때면, 대개 법은 가해자의 구속수감이라는 결과를 보장하지 못하고, 이러한 목적을 추구하는 과정이 성범죄 생존자들에게 과도하게 해롭다는 주장을 근거로 든다. 페미니스트가 법 집행에 문제가 있고 그것이 성범죄에 대한 해결책이 아니라는 것을 고찰하며, 대신 성범죄에 대한 사회적 재교육, 예방, 풀뿌리 페미니스트 대응에 집중하는 것은 전혀 드문 일이 아니다(Gotell, 2012). 반면에, 페미니스트가 더 엄격한 형벌을 요구하거나 가벼운 형벌과 무죄판결을 반대하는 것 외에 성범죄자에게 무슨 일이 일어나야 하는지에 대해 말하는 것은 드문 일이다. 대체로 페미니스트 이론가와 활동가는 성범죄자에 대한 더 많은 법 집행과 더 엄격한 처벌을 요구하거나, 아니면 그 대신 범죄자에게 전혀 초점을 맞추지 않고서 피해 생존자와 잠재적 범죄자에게 집중한다. 비록 반폭력 페미니스트 이론가들과 활동가들이 중요한 사회 진단과 해결책을 제안했지만, 이들 페미니스트 대다수는 형사처벌제도에 의해 구금되는 성범죄자의 증가 상황을 계속해서 방치하고 있다. 머리 갓쵸크가 주장했듯이, 페미니스트는 감옥-산업복합체의 확장에 관여해 왔고, 실제로 중요한 역할을 해 왔으며, 따라서 그 결과에 대해 심각하게 생각해야 할 책임이 있으므로, 이러한 태도는 문제가 있다.

엘리자베스 번스타인은 일련의 논문에서 "구금주의 페미니즘

carceral feminism"에 대해 비판해 왔다(Bernstein, 2007; 2010; 2012. Bumiller, 2008도 참조). 머리 갓쵸크처럼, 엘리자베스 번스타인은 "강간, 성희롱sexual harassment, 포르노그래피, 성적 폭력, 성매매, 인신매매trafficking와 같은 문제를 계속해서 연방 형법에 규정하게 하고 이제 국제 형법에 규정하게 함으로써, 주류 페미니스트들이 현대의 구금 통치로의 전환을 유도하는 데 중요한 이념적 지원을 제공"했다고 주장한다(Bernstein, 2012, 253). 이 같은 진술에서 엘리자베스 번스타인은 일반적으로 성범죄를 언급하지만, 그녀의 주장은 성 노동의 범죄화에 초점을 맞추고 있다. 예를 들어, 『"새로운 폐지주의"의 성 정치학*The Sexual Politics of the "New Abolitionism"*』에서 그녀는 좌파 중산층 백인 페미니스트와 우파 복음주의 백인 기독교인이 (종종 모든 형태의 성매매를 의미하는) "성매매sex trafficking"라는 "새로운 노예제"에 맞서 싸우기 위해 연합하는 방식을, 그리고 가난한 흑인의 구금 증가에 이바지하는 방향으로 연합이 이루어지는 방식을 조사한다. 여기서 그녀는 "[성매매sex trafficking] 근절을 목표로 하는 페미니스트 활동가의 법질서 의제를 고수하며, …… 복지 국가가 아닌 구금 국가를 페미니스트 목표를 집행할 장치로 활용하는 것"(Bernstein, 2007b, 143)을 "구금주의 페미니즘"이라고 설명한다. 엘리자베스 번스타인이 지적하듯이, 미국의 새로운 성매매 법률들sex trafficking laws에 따라 체포된 성 노동 구매 고객은 유색인종 남성이 압도적이며, 62%는 아프리카계 미국인이고, 25%는 히스패닉/라틴계였다. — 이러한 결과는 백인 남성이 성 노동자의 성적 서비스를 구매하지 않아서가 아니라, 그들은 더 고급스럽고 경찰의 감시를 받지 않는 실내 시장을 이용하기 때문이다(Bernstein, 2007a; 2012, 253). 마찬가지로, 포주에게 최대 99년의 징역형을 허용하는 새로운 법률은 거의 독점적으로 거리의 경제에 관련된 유색인종 남성을 표적으로 삼는다(Bernstein, 2012, 253).

엘리자베스 번스타인은 「무장한 인도주의, 구금주의 페미니즘을 만나다Militarized Humanitarianism Meets Carceral Feminism」(Bernstein, 2010)에서 성매매sex trafficking 문제를 둘러싼 우파 복음주의 기독교인과 좌파 페미니스트 운동가 사이의 묘한 충성을 다시 한번 살핀다. 그녀가 주장하듯이, 이 그룹을 하나로 묶는 것은 "사회적, 특히 젠더적 정의의 '구금 패러다임'에 대한 공동의 헌신, …… 그리고 국가의 탁월한 참여 방식으로서 '무장한 인도주의'에 대한 공동의 헌신"(Bernstein, 2010, 47)이다. 엘리자베스 번스타인은 정의에 대한 그와 같은 징벌적 접근을 "현대 사회문제에 대한 재분배적 해결책"이라는 방식과 대조한다(Bernstein, 2010, 47). 예를 들어, 성 노동의 경우에 구금적 대응이 이를 근절하는 것이 아니라 실내로 몰아넣을 뿐이기 때문에, 한때 홍등가였던 도시 인접 지역의 젠트리피케이션gentrification을 촉진한다는 사실을 우리는 알고 있다. 징벌 전략의 대상이 되는 성 노동자들은 길거리에 남아 있는 사람들인데, 이들은 가장 위험한 형태로 생존을 위해 성 노동을 하는 가장 취약하고 인종화된 성 노동자들이다. 경찰에 시달리는 이들 성 노동자는 체포를 피하려고 낯선 사람들과 함께 차에 오르거나 어두운 골목으로 들어가게 되고, 결국 이들은 폭행, 안전하지 않은 성관계, 살인에 더욱 취약해진다. 이와 대조적으로, 성 노동에 참여하는 사람 수를 줄이는 데 실제로 효과적인 정책은 이 인구에게 더 많은 경제적 기회와 저렴한 주택을 제공하는 것이다. 성 노동자나 고객의 범죄화는 성 노동자를 보호하거나 구제하지 않는다. 반대로 그들의 삶을 더 불안정하게 만든다. 특정 사람들이 성 노동을 선택하도록 이끄는 경제 상황을 해결함으로써, 이러한 인구와 관련하여 페미니스트가 관심을 가져야 하는 사회문제에 더 효과적으로 대응할 수 있다. 마찬가지로, 국제적 성매매international sex trafficking의 경우, 성매매sex trafficking에 대해 더 가혹한 법을 도입하고 가난한 나라들이 이러한 법을 시행하지 않는 것에 대해 제재하기보다는, 특정 국가를 더욱 가난하게 만들어 성매매sex trafficking가 일어나도록 하는 나쁜 무역 정책을 해결하는 것이 훨씬 더 효과적이다. 제재는 실제로 문제를 악화시킬 뿐이다(Bernstein, 2010, 49).

마지막으로, 「젠더 정의로서 구금의 정치학?Carceral Politics as Gender Justice?」(2012)에서 엘리자베스 번스타인은 페미니즘이 지난 수십 년 동안 경제 정의와 해방에 중점을 두는 태도에서 "범죄통제로서의 페미니즘"(Bernstein, 2010, 57; 2012, 233) 모델로 전환한 이유를 조사한다. 오늘날 비록 정의를 "범죄라는 틀"을 벗어나서 바라보기는 어렵지만, 엘리자베스 번스타인은 페미니즘이 성 문제에 대해 꾸준히 신자유주의적이고 징벌적인 방향으로 움직이기 시작한 것은 1960년대 이후이고, 페미니즘 내의 이런 움직임은 정치에서 더 일반화된 "구금 지향carceral turn"의 일부—이며, 실제로 여기에 인과적 역할을 하였다—라고 지적한다(Bernstein, 2012, 235-6, 241). 엘리자베스 번스타인은 페미니즘 내에서의 이런 움직임이 부분적으로 "페미니즘 가족관feminist family values"에 기인한다고 본다(Bernstein, 2012, 247). 주류 페미니스트조차 한때 가정 영역을 여성에게 가장 위험한 공간으로 간주하여 비판하고, 가족을 여성과 어린이를 억압하는 제도로 인식했지만, 최근 수십 년 동안 백인 중산층 페미니스트는 가족 내 폭력을 분석하는 쪽에서 가족과 그 가치에 대한 위협, 특히 "성 포식자"와 상업적 성의 위협과 싸우는 쪽으로 방향을 바꿨다. 범죄통제 수단으로서의 페미니즘에 접근하기 가장 쉬운 백인 중산층 페미니스트들은 또한 그들 자신이나 그들이 사랑하는 누군가가 결국 감옥에 가게 되는 것을 가장 상상할 수 없는 여성이기도 하다. 다시 성 노동의 예로 돌아와서, 엘리자베스 번스타인은 이들 여성의 구금주의 페미니즘이 신자유주의적이고 징벌적인 국가의 이익에도 부합하고, 도시 공간의 고급화와 인종화되고 빈곤해진 인구의 무해화라는 목적에도 부합하기 때문에 영향력이 있다고 주장한다. 그녀가 말하는 것처럼, "국가는 그러므로 도시 재편성, 공공의 공간에서 인종적·계급적 타자의 제거라는 신자유주의적 의제를 가로막는 사람들을 체포하기 위해 페미니스트의 주장을 근거로 제시할 수 있다"(Bernstein, 2012, 249).

반성매매anti-sex trafficking 페미니스트에 관한 그녀의 연구는 설득력 있고 중요하지만, 성 노동은 상대적으로 탈구금주의의 의제로서 비교적 쉬운 사례이며, 엘리자베스 번스타인은 이 사례를 일반화하여 법 집행을 요구하는 페미니스트 운동 전반에 대한 비판으로 확장하는 경향이 있다. 리스 고텔Lise Gotell이 고찰한 것처럼 (Gotell, 2015, 66), 엘리자베스 번스타인은 이런 방식으로 감옥 폐지론과 관련해서 강간·아동 성추행과 같은 더 어려운 사례를 얼버무리고 넘어간다. 리스 고텔은 다음과 같이 주장한다.

> 구금주의 페미니즘을 비판하는 사람들은 성적 폭력의 가해자에 대한 대책 문제를 슬쩍 무시한다. 엘리자베스 번스타인의 분석은

대부분 성매매sex trafficking and prostitution 반대 운동의 구체적인 예를 근거로 하고 있으며, 그녀는 명시적으로 비범죄화를 옹호한다. 그러나 그녀가 페미니스트의 성적 폭력 방지 캠페인에 대해 보다 광범위한 주장을 할 때조차도 성폭력 문제에 대한 전략적 접근법은 명시되지 않는다. 반구금anti-carceral의 입장을 유일한 진보적 견해로 내세울 때, 그리고 강간 반대 페미니스트가 법질서 통치의 공모자로 비난받을 때, 비범죄화는 암시되고 때로는 명시적으로 수용된다. 엄격한 반구금의 지지는 범죄화 문제를 전부 아니면 전무의 문제로 취급한다. 페미니스트 법률 개혁의 모순된 결과는 형법에 대한 진보적 개입의 가능성과 더불어 무시된다.

(Gotell, 2015, 66)

리스 고텔은 "전부 아니면 전무의 문제"라고 선언하기를 거부하면서, 적어도 때로는 성폭력에 대한 구제책으로 구금을 찬성하는 동시에, 성 노동에 대한 비구금적 대응을 추구할 수도 있다는 견해인 것 같다. 이러한 점들을 확대하면서, 리스 고텔은 페미니스트가 엘리자베스 번스타인과 같은 구금주의 페미니즘 비평가들이 인정하는 것보다 더 법에 대한 미묘한 차이를 가지는 접근법을 가지고 있다고 주장한다. 엘리자베스 번스타인의 주장은 주로 뉴욕에서 열린 성매매 방지anti-trafficking 모임의 인종학적 고찰에서 비롯된 것이지만, 리스 고텔은 캐나다의 성폭력 관련 법률을 개혁하기 위한 페미니스트의 노력을 그녀의 사례 연구 대상으로 삼았다. 리스 고텔이 보여주듯, 1990년대 캐나다에서 성폭력 관련 입법 개혁 운동을 성공적으로 펼친 페미니스트들은 동시에 감옥의 인종차별적이고 계급주의적인 제도를 비판하며, 성폭력 문제가 처벌만으로 해결되는 것이 아니라 다방면으로 다뤄져야 한다는 점을 인식했다. 리스 고텔에 따르면, 수감률의 증가가 페미니스트 성폭력 관련 입법 개혁의 주요 목적이 아니었다. 유죄 선고율에 관한 관심을 넘어서, 페미니스트들은 강간 신화에 이의를 제기하고, 젠더 규범을 바꾸고, 성에 관한 각본을 다시 쓰고, 성폭력 재판에서 고소인의 경험이 트라우마가 되지 않도록 만들기 위해 법의 전환을 추구한다(Gotell, 2015, 59-61). 페미니스트 이론가들이 인정한 바와 같이, 법을 바꾸는 것은 여러 가지 결과를 가져올 수 있으며, 징역형의 형기 증가는 그중 하나일 뿐이다. 단순히 수감률에 영향을 주기보다는, 페미니스트는 성폭력에 대한 다른 법적 정의를 주장함으로써 젠더와 이성애 규범의 전환을 열망해 왔다. 리스 고텔이 쓴 것처럼, "페미니스트들은 엄격한 동의 기준을 법에 규정함으로써, 남성의 성적 공격과 여성의 복종이 기준인 이성애 각본에 반박하기를 바랐다"(Gotell, 2015, 59). 리스 고텔에 따르면, 유죄 선고율이나 형량의 가중과는 무관하게, "성폭력 법은 정상적 이성애를 담론적으로 구성·재구성하는 데 강력한 역할을 한다"(Gotell, 2015, 61).

그러나 우리는 법의 강력한 표현 기능에 대한 가정에 최소한 두 가지 방법으로 의문을 제기할 수 있다. 첫째, 푸코주의 관점에서 우리는 금지가(특히 성적 금지가) 법에 의해 금지된 것에 대한 욕망을 생산, 영속화 또는 가속화할 수 있다고 주장할 수 있다. 이러한 관점에서, 법은 우리가 준수할 규범적 각본을 작성하는 것과는 다르게, 오히려 법이 방지하고자 하는 일종의 일탈을 생산하는 데 이바지한다. 페미니스트에 의한 이성애 각본의 입법적 재작성은 성공만큼이나 쉽게 역효과를 낼 수 있으며, 페미니스트의 이상과 법을 위반하는 성에 대한 욕망을 불러일으킬 수 있다. 이것은 아동 포르노그래피 관련 입법에 대해 페미니스트 법학자 에이미 애들러Amy Adler가 취한 견해이다.

에이미 애들러는 「아동 포르노그래피의 도착적인 법The Perverse Law of Child Pornography」(2001)에서 "특정한 성적 금지는 금지 대상에 대한 성적 매력을 증가시킴으로써 금지의 위반을 불러일으킨다"(Adler, 2001, 212)라고 주장한다. 특히, 에이미 애들러는 아동 포르노그래피 법이 아동의 성애화에 이바지한 방식을 탐색하고 "아동 포르노그래피 법의 극적인 확장은 무의식적으로 소아성애 욕망을 고조시켰을 수 있다"(Adler, 2001, 212)라고 말했다. 에이미 애들러가 보았을 때, 아동 포르노그래피 법은 그 자체가 소아성애 욕망의 도착적인 표현일 수 있다. 관련 법률이 그렇게 많이 생산되고 소비되는 것은 그런 법률이 숙고할 수 있게 해준 성애화된 아동에게 매혹되었기 때문이다. 에이미 애들러가 썼듯이, "아동 포르노그래피 금지에 관한 법 담론은 우리 문화가 성애화된 아동에 휩싸이는 또 다른 방법을 나타내는 것일 수도 있다"(Adler, 2001, 213). 따라서 에이미 애들러는 법이 "그저 성 문화에 대응하는 기관이라기보다는 적극적으로 성 문화를 창조하는 기관"이라는 리스 고텔의 의견에 동의한다(Adler, 2001, 214). 그러나 에이미 애들러가 볼 때, 법은 의도하는 것과 정확히 반대되는 방식으로 그렇게 한다. 따라서 입법 활동과 관련하여, 에이미 애들러는 "더 많은 규제가 피해를 더 많이 방지한다는 확신"을 깨뜨려야 한다고 주장한다(Adler, 2001, 213). 금지는 일반적으로 유혹을 낳는다고 말할 수도 있지만, 삶의 여러 영역의 금지 대상에 대한 열망은 제재의 두려움과 사회규범의 내재화에 의해 균형을 이룰 가능성이 크다. 따라서 속도제한의 경우, 금지는 교통 법규 위반을 조장하기보다는 방지하는 경우가 더 많을 것이다. 그러나 에이미 애들러의 말처럼 "성은 위반으로 번성한다"(Adler, 2001, 249)는 점, 더구나 위반이 흔히 사적인 곳에서 발생하므로 속도위반보다 처벌을 덜 받는다는 점에서 성 관련 금지는 특히 우려스러운 경우인 듯하다. 따라서 에이미 애들러는 점점 더 포괄화되는 아동 포르노그래피 법이 미디어에 만연한 아동의 성애화와 어떻게 연관되어 있는지를 추적한다(Adler, 2001, 255).

페미니스트 성폭력 법안을 재고해야 한다는 에이미 애들러의 주장을 받아들여, 우리는 이 법안이 우리에게 규범적인 이성애에 대한 새로운 페미니스트 각본을 제공했는지, 아니면 강간의 성애화에, 특히 가장 만연한 형태(데이트 강간, 지인 강간, 배우자 강간)로 성애화에 기여하고 확대했는지에 대해 의문을 가질 수 있다. 실제로, 캐서린 맥키넌Catherine MacKinnon은 포르노그래피 법을 논의하는 중에 강간을 짧게 언급하면서 많은 것을 제안했다. 그녀는 다음과 같이 말했다.

> 어느 정도 규칙에 어긋난다는 것은 포르노그래피의 쾌감에 필수적인 것 같다. …… 그러므로 외설법obscenity law도 강간 관련 법률과 마찬가지로 그것이 평가절하하고 금지하고자 하는 외설의 가치, 외설을 얻을 수 있는 능력을 제한하지 않고 보존한다. 외설법은 남성들이 성적으로 접근할 수 있는 것에 대한 금지의 배후에 공권력을 배치함으로써 포르노그래피를 계속 섹시한 것으로 유지하는 데 도움을 준다.
>
> (MacKinnon, 1987, 162. 강조는 필자)

만약 캐서린 맥키넌이 옳다면, 성폭력 법도 아동 포르노그래피 법과 마찬가지로 그것이 금지한 대상을 섹시하게 만드는, 에이미 애들러가 "도착적인" 효과라고 부르는 효과를 가질 수 있다 (Butler, 1997[6]도 참조).

성범죄 법률, 재판, 언론보도가 성적 일탈을 묘사하면서 관능화할 수 있지만, 성범죄 사건에서의 —특히 강간 재판에서의— 사법적 결정은 이성애 각본을 새로 쓰기보다는 오히려 오래된 각본을 강화하는 것 같다. 이는 강간 신화가 경찰 업무부터 재판에 이르기까지 모든 단계에서 여전히 작용하고, "이상적인" 강간 피해자라는 개념이 지속해서 구성되는 방식에서 드러난다. 바버라 허드슨은 강간 재판에서 고소인은 고통에 관한 서사를 제시할 의무가 있다고 주장한다. 그러나 이 서사는 "그녀에게서 가장 소중한 것이라거나 그런 침해가 사실 '죽음보다 더 나쁜 운명'이라는 등과 같은 여성의 성적 접근성에 관한 남성중심적 관념"에 의존한다. 피해자가 법정에서 제시해야 하는 의무적인 강간 서사는 "그녀의 섹슈얼리티에 여성이라는 정체성의 멍에를 씌우고," 결과적으로 "강간에 대한 법적 표현은 여성의 성적 학대를 영속시키는 남성과 여성의 섹슈얼리티에 대한 고정 관념을 강화한다"(Hudson, 1998, 623-4).

둘째, 푸코주의 관점에서 보면, 법은 더 이상 권력이 주로 작동하는 방식이 아니라고 주장할 수도 있다. 이러한 관점에서 우리의 모든 "엄청난 입법 활동"은 우리를 구성하고, 규율하고, 정상화하는 권력이 어떻게 작동하는지에 대한 관심을 다른 곳으로 돌리는

---

6 옮긴이: 우리말 번역으로는 주디스 버틀러 지음/유민석 옮김, 『혐오 발언: 너와 나를 격분시키는 말 그리고 수행성의 정치학』, 알렙, 2016.

것일 뿐이다(Foucault, 1978a, 144). 이런 맥락에서 변호사이자 법학자인 딘 스페이드Dean Spade는 다음과 같이 설득력 있는 주장을 한다.

> 우리는 법이 스스로에 대해 말하는 것이 진실이고, 우리에 대해서 말하는 것이 중요하다는 믿음을 버려야 한다. 법이, 소외되고, 범죄화되고, 가난해지고, 착취당하고, 추방된 사람들에 대해 "나쁜" 말 대신 "좋은" 말을 하게 하는 것이 우리의 목표가 될 수는 없다. 법을 개혁하고 "권리"를 쟁취하기 위한 투자는 우리가 근절하고자 하는 해악을 낳는 바로 그 제도를 합법화하고 강화하는 데 기여해 왔다.
>
> (Spade, 2011, 128)

딘 스페이드는 북미의 법체계가 역사적으로 노예제도와 식민주의에 뿌리를 두고 있다고 주장한다. 이 법체계가 할 수 있는 일만을 "바라보며" "상상력을 제한"한다면, 우리는 "우리와 관련된 제도를 근본적으로 변화시키기보다는" 가부장적 권력의 백인우월주의 도구로 남아 있는 것에 재투자하여 "이를 영속화"하게 된다고 주장한다(Spade, 2011, 128).

딘 스페이드는 분명히 인종차별 반대주의와 게이·레즈비언·트랜스젠더 운동이 차별을 철폐하고, 유색인종, 비이성애자 및 젠더 비순응자에 대한 혐오범죄를 철폐하기 위해 법을 이용하려고 시도한 방식을 논의하고 있지만, 그의 요점은 성차별에 반대하고 특히 성적 폭력에 반대하는 법을 배치하려는 페미니즘을 분석하는 데도 사용할 수 있다. 딘 스페이드는 시민권 운동 사례를 예로 가져온다. 비록 이 운동이 공식적으로는 미국에서 유색인종의 평등한 권리 획득에 성공했지만, 차별은 (특히 이 운동이 가져왔던 극적인 결과와 함께 범죄화의 형태로) 줄어들지 않고 완벽하게 합법적으로 계속된다. 결과적으로, 미국에서 유색인종의 삶의 기회는 이 운동 이전보다 나아지지 않았다(Spade, 2011. Alexander, 2011도 참조). 마찬가지로, 게이와 레즈비언 운동은 그들의 입법 목표 중 일부(성 지향성을 다루는 차별 금지법과 혐오범죄 처벌법의 통과 및 결혼할 권리와 군 복무 권리와 같은 특정한 법적 권리의 확보)를 달성했지만, 딘 스페이드는 이것이 많은 퀴어의 삶의 기회를 향상하는 데 아무런 도움이 되지 않았다고 주장한다. 차별을 받는 사람은 변호사를 선임할 여력이 없는 경우가 많고, 변호사를 선임할 여력이 있는 사람은 법정에 갔을 때 차별이 거의 입증이 불가능하다는 것을 알게 되기 때문에, 차별 금지법은 집행되지 않는다. 다시 말해서, 혐오범죄 관련 법안은 폭력을 억제하는 것이 아니라 그저 경찰과 교정 기관에 더 많은 자원을 할당할 뿐이고, 이것은 젠더 퀴어, 유색인종, 빈민에 대한 폭력의 주요 원천이 된다. 마지막으로, 게이와 레즈비언 운동으로 획득한 법적 권리는 정상화하는 제도와 억압적인 제도(결혼, 군대)를 강화하며 주로 중산층 백인 게이와 레즈비언에게 유익하다.

마찬가지로, 우리는 1980년대 이후 법이 성폭력에 대해서 말하는 것과 관련하여 상당한 개선을 보았을지 모르지만, 이것이 피해자에 대한 강간 재판의 경험을 개선하였는지 또는 강간이 페미니스트 입법 개혁 수십 년 전보다 사회에 덜 확산되었는지는 분명하지 않다. 실제로, 페미니스트가 주도한 성폭력 관련 입법 개혁에도 불구하고, 강간 재판은 고소인들에게 "엄청나게 끔찍한" 상태로 남아 있다(Gavey, 2005, 25). 따라서 강간 각본과 규범적

이성애 각본 사이의 연속성을 기술하는 책에서 니콜라 가비는 페미니스트 심리학자 메리 코스Mary Koss를 인용하는데, 그녀는 "심리과학의 전문가이자 실무가인 우리는, 우리 직업의 도구들이 심리적으로 해로울 뿐만 아니라 효과적이지 않음을 드러내는 사법적 정의의 대응을 이제는 소극적으로도 지지할 수 없다"라고 말했다(Gavey, 2005, 25). 더욱이 여성에 대한 성폭력은, 입법 영역에서의 페미니스트 업적과는 무관하게, 계속해서 관능화되고 정상화되고 있다. 2016년 미국 대선을 계기로, 여성 유권자의 42%를 포함한 다수의 미국인이 여성에게 연쇄적으로 성폭력을 행사한 혐의로 기소된 대통령이 나올 것이라는 전망에 동요하지 않은 모습을 볼 수 있었다. 수십 년의 페미니스트 입법 개혁에도 불구하고, 여성에 대한 성적 폭력을 정상화하는 패권적 남성성이 만연해 있다. — 그리고 이것은 성범죄에 대한 구금적 대응의 증가라는 규칙에서 강간이 두드러진 예외로 남아 있는 이유를 설명해 줄 것이다.

그러나 엘리자베스 번스타인과 같은 구금주의 페미니즘에 대한 비판자들의 주장과 달리, 리스 고텔은 페미니스트 입법 개혁이 적어도 성폭력과 관련해서 볼 때, 많은 수의 남성을 감옥에 가두는 데 반드시 성공한 것은 아니라고 주장한다. 이와는 반대로, 1990년대 이후 캐나다에서 성폭력에 대한 유죄 선고율이 감소했다고 지적한다. 이는 사실이지만, 성범죄 전반의 유죄판결은 증가했으며, 형기도 길어졌다. 미국의 경우에는 강간을 제외하고, 리스 고텔이 논의로 삼고 있는 시기에 성범죄의 형기는 급격히 늘어나, 성범죄자 구금 인구가 1980년대와 1990년대에 걸쳐 매년 평균 15%, 또는 전반적인 미국 감옥 인구 증가율의 두 배로 증가했다(Wacquant, 2009, 212). 머리 갓쵸크는 미국에서 "성범죄자의 치솟는 구금률"에 대해 쓰며, "성범죄자와의 새로운 전쟁"을 "마약과의 전쟁"과 유사한 것으로 비교했다(Gottschalk, 2015, 196). 그녀가 고찰한 바와 같이, 성범죄 발생률은 낮아지고 있었지만, "1993년부터 2000년까지 성범죄 유죄 선고율은 400% 증가했으며"(Gottschalk, 2015, 199), "현재 주 교도소 수감자의 10-20%가 성범죄로 복역 중이고, 일부 주에서는 30%에 육박한다"(Gottschalk, 2015, 199). 로익 바캉과 마찬가지로 머리 갓쵸크는 이러한 구금의 증가가 강간 이외의 성범죄(Gottschalk, 2015, 199), 주로 아동 포르노그래피 소지에 대한 유죄판결로 인해 발생했다고 지적한다. 그녀가 말하는 것처럼,

> 연방 교도소 시설에 성적으로 노골적인 자료, 전형적으로 아동 포르노그래피를 소지한 이유로 복역하는 사람의 수는 1996년에서 2010년 사이에 60배 이상 증가했다. 이는 같은 기간에 마약 범죄가 80% 증가했던 것과 비교된다.
>
> (Gottschalk, 2015, 199)

미국에서 성범죄에 대한 형량 증가는 일부 성범죄에 대해 최소 25년의 징역형을 요구하는 제시카법, 특정 성범죄에 대해 종신형을 요구하고 일부 성범죄에 대해서는 사형도 가능하며, 소유한 불법 이미지 각각에 대해 법정 최저형이 가능한(예를 들어, 애리조나에는 아동의 포르노그래피 이미지 하나를 가지고 있을 때마다 최소 10년이라는 법정 최저형 기간이 규정되어 있으며, 이는 애리조나 법원이 불법적인 아동 이미지 20장을 가지고 있던 사람

에게 200년의 징역형을 선고할 수 있게 했다) 투 스트라이크 법과 같은 법률로 가속화되었다. 이것은 아동 포르노그래피를 소지한 사람의 경우, 비록 아동에게 성적으로 학대할 것이라는 증거가 거의 없다고 해도, 실제로 아동에게 성폭력을 행사한 사람보다 훨씬 더 긴 형량을 선고받을 수 있다는 뜻이다(Gottshalk, 2015, 200). 이 성범죄 유형(성매매, 포르노그래피, 법정 강간)은 강간과 달리 형량의 증가를 불러왔고, 강간과 마찬가지로 수십 년 동안 구금주의 페미니스트 활동과 페미니스트 입법 개혁의 원인이 되었으며, 종종 페미니스트를 우익 및 종교 정치 운동과 협력하게 하는 원인이 되었다. 불행하게도, 엘리자베스 번스타인의 경우 미국의 상황에서 성매매sex trafficking라는 지나치게 좁은 예로부터 일반화했다고 리스 고텔이 비난하는 것은 옳지만, 그녀 자신도 구금주의 페미니즘이 감옥 인구 확대에 "성공적이지 않았다"고 일반화할 때 캐나다에서의 성폭력 유죄판결만을 보았다.

그러나 리스 고텔은 유죄 선고율이 이 영역에서 페미니스트 "성공"의 (최선은 아니지만) 한 가지 척도에 불과하다고 지적한다(Gotell, 2015, 61). 더 중요한 것은 성폭력 법의 페미니스트적 변혁이 강간 신화의 사회적 확산에 효과적으로 대응했는지, 성폭력 재판에서 고소인의 경험을 개선했는지, 동의에 대한 사회적 이해와 남성성·여성성 규범 및 "여성의 묵인에 기초한" 이성애 각본에 영향을 미쳤는지를 고려하는 것이다(Gotell, 2015, 60). 가장 중요한 것은, 아마도 성폭력 법에 대한 페미니스트 개혁이 성폭력 사건을 줄였느냐 여부일 것이다. 리스 고텔에 따르면, 처벌이 아니라 이러한 사회적 전환이 항상 성폭력 법 개혁에 참여한 페미니스트의 주요 목표였다고 한다. 그러나 위에서 언급했듯이, 페미니스트의 성폭력 관련 입법 개혁이 다음 중 어떤 것에서 성공적이었는지 의문을 가질 수 있다. 성폭력은 여전히 흔하고, 이성애 각본은 계속해서 강간과 연속성을 가지며, 강간과 성폭력 재판은 고소인에게 끔찍한 경험이고 본질적으로 그럴 수 있다. 이러한 영역 일부에서 개선이 있었다고 하더라도, 이것이 문화에서의 다른 변화에 기인한 것이 아니라 입법 개혁에 기인한 것인지는 불분명하다. 더욱이 리스 고텔은 이러한 주장을 하면서 페미니스트들이 또는 구금 통치에 의한 그들 조직의 잠식이 여성과 아동을 성적 폭력으로부터 더 안전하게 만드는 데 거의 도움이 되지 않는 계급주의적, 인종차별적, 식민지적, 성차별적, 비장애 중심적, 동성애 혐오적, 트랜스 혐오적인 제도에 더 많은 권한을 부여한 방식에 문제를 제기하고, 그들의 관심을 돌리라고 촉구하는 것 같다. 페미니스트는 수감률을 높이는 것을 목표로 삼은 것이 아니라 젠더·섹슈얼리티 규범을 변화시키기 위해 노력하고 있다고 주장함으로써, 리스 고텔은 우리에게 최근 수십 년 동안 실제로 일어난 일보다는 페미니스트가 일어나기를 원했던 것에 초점을 맞추라고 요구한다.

비록 리스 고텔은 반구금 페미니즘에 대해 비판하고 "페미니스트 법 개혁 전략을 조건부로 옹호"(Gotell, 2015, 53)하는 입장이지만, 그녀 자신이 성폭력 법을 둘러싼 페미니스트 행동주의의 정치적 결과를 "모순적"인 것으로 기술하고, 보수적인 하퍼Harper 정부의 오랜 통치 기간동안(2006-2015) 캐나다를 특징지었던 징벌적 지침agenda에 대해 매우 비판적(Gotell, 2015, 66)이라는 점에 주목하는 것이 중요하다. 우리는 캐나다 연방 교도소 인구가 매해 7% 증가하는 것을 목격하였으며, "모든 새로운 순 증가분은 토착민 수감자와 인종차별적 수감자 수의 증가로 설명된다"라고 그녀는 고찰한다(Gotell, 2015, 67). 리스 고텔이 지적했듯이, 이러한 구금 문화로의 변화는 여성에 대한 폭력을 퇴치한다는 명분이 아니라 "안전"을 증진한다는 명분으로 이루어졌다(Gotell, 2015, 66). 이런 맥락에서, 리스 고텔은 "페미니스트들이 공개적으로 처벌의 정치와 멀어지는 것이 중요"하며, "페미니스트들은 정의에 대한 요구가 가혹한 처벌 및 구금과 동일시되지 않도록 해야 한다"라고 주장한다(Gotell, 2015, 67). 다른 페미니스트 법학자들에 이어서, 리스 고텔은 처벌과 구금의 목표가 현재 "페미니스트의 목표와 일치하지 않는다"라고 결론짓는다(Gotell, 2015, 67). 이하에서는 구금이 페미니스트의 목적과 일치하지 않는 또 다른 이유로 눈을 돌린다. 그것은 성적 폭력이 구금시설의 특징이라는 점이다.

감옥과 성적 폭력

미연방 교정국the U.S. Federal Bureau of Prisons은 수감자의 9-20%가 수감 중 강간을 당한 것으로 추정하고 있으며, 다른 연구에 따르면 폭행 비율은 22-28%이다(Kupers, 2001, 111; Paczensky, 2001, 133). 이러한 통계는 널리 퍼진 사례, 즉 수감자가 생존 목적으로 다른 수감자와의 성관계에 "동의"하는 강제 섹스 사례를 제외한 것이다. 남자 감옥에서 강간당한 죄수들은 한 번만 강간당하는 것이 아니라 집단강간을 당하거나, 개별 수감자와 교정 직원에 의해 반복적으로 강간당하거나, 또는 그를 "그렇게 만든" 죄수의 성노예가 되거나 그 죄수가 팔거나 빌려준 죄수의 성노예가 될 수밖에 없다(O'Donnell, 2004). 일단 남자 감옥에서 수감자가 "당했다"는 사실이 알려지면, 그는 추가 강간 대상으로 지목된다. 감옥 강간에 대한 공포는 감옥 인구에 인간면역결핍 바이러스HIV가 확산하며 심해졌다(Kupers, 2001, 111). 강간당한 사실을 교도관에게 "이르는" 죄수는 보복으로 폭행당하거나 살해될 위험이 크다(Kupers, 2001, 112). 앰네스티Amnesty에 따르면, "[학대는] 거의 보고되지 않는데, 그 이유는 학대 사실과 관련된 엄청난 오명 때문이며, 신고 이후 '철창' 안에서의 기대수명이 며칠이 아닌 몇 분이 되기 때문이다"(Mogul et al., 103에서 인용). 교도관에게 강간을 신고해도 소용없을 가능성이 크며, 강간을 신고한 수감자는 감옥 내 성관계 금지 위반으로 징벌을 받을 수도 있다. 한 죄수는 국제인권감시기구Human Rights Watch에 "수감 후 성폭력을 두 번 당했습니다. 두 번 다 교정 직원들은 저를 가두고 동성애자라고 비난하는 일 외에는 어떤 조치도 취하지 않았습니다"라고 말했다(Mogul et al., 103에서 인용). 여러 수감자가 감옥 내 성폭력을 신고하지만, 이들은 교도관에 의해 무시되고 강간은 조사되지 않는다. 남자 감옥의 흑인 게이 수감자였던 로더릭 존슨Roderick Johnson은 상습적으로 강간, 자위, 구타당했다. 한번은, 교도관이 다른 수감자가 로더릭 존슨의 감방에서 "서비스받도록" 허용했다(Mogul et al., 93). 로더릭 존슨은 안전한 거주를 위해 수용 분류위원회the Unit Classification Committee(UCC)에 생명 보호 청구Life Endangerment Claims를 거듭 제기했고, UCC에 일곱 차례나 출석했지만, 교도관과 UCC 위원으로부터 게이이기 때문에 강간당할 만하고, 분명히 즐겼을 것이란 말을 들었다(Mogul et al., 92-3). 로더릭 존슨은 번번이 강간범들에게 되돌아왔고, 신고했다는 이유로 그의 안전은 더 위태로워졌다. 정신질환과 인지장애가 있는 죄수들은 특히 강간당할 가능성이 크고, 신고의 결과를 이해하지 못할 수도 있어서 구타당하거나 살해당할 위험도 크다(Kupers, 2001, 112, 117). 구금 중 강간당할 가능성이 큰 부류는 LGBTQ 수감자와 성범죄자이다.

제4장을 스티븐 도널드슨Stephen Donaldson의 다음과 같은 말로 시작했다. 감옥은 내 경험상 "이 나라에서 단연코 가장 성차별적(이고 인종차별적)인 환경이다"(Donaldson, 2001, 118). 스티븐 도널드슨은 감옥 집단강간의 생존자인데, 감옥 강간 문화에 대한 그의 글은 일부 수감자를 "여자"로 만들어야만 하고 여자가 된다는 것은 강간당할 수 있고 남자에게 종속된다는 것을 의미하는 이런 성차별적 기관의 극단적인 여성혐오를 잘 보여준다. 스티븐 도널드슨이 설명하듯이, 수감자가 —자발적이든 아니든— 한 번이라도 삽입되고 나면 영구적으로 남자의 지위를 잃게 되며, "'남성'이 지배권을 쥐고 전체 감옥 인구의 가치와 행동 규범을 확립한다"(Donaldson, 2001, 118).

「강간과 감옥 규범Rape and the Prison Code」에서 감옥 교육자 테리 A. 쿠퍼스Terry A. Kupers는 이러한 기관의 여성혐오를 보여주는 남자 감옥의 네 가지 구조적 요소를 설명한다.

1. 가장 강하고 지배적인 사람이 덜 지배적인 사람을 지배한다는 점에서 지배계급이 있다. ……
2. 계급의 맨 위에 있는 사람인 지배자와 바닥층에 있는 사람인 약골과 펑크the weaklings and Punks 사이에는 날카로운 경계선이 있다. 강간 피해자는 …… 밑바닥이다.

3. 밑바닥 계급은 여성적인 측면으로 정의된다. 어떤 사람이 패배자로 인정되든, 아니면 약골이나, 밀고자, 또는 남성 동성애자나 펑크로 인정되든, 그는 남자가 아니라는 —다시 말해서, 여자라는— 비난을 받는다. ……
4. 감옥 문화의 엄격한 과대 남성적 자세에 순응하는 것만이 살아남는 길인 것처럼, 개인적인 선택권은 좁혀진다. …… (Kupers, 2001, 115)

테리 A. 쿠퍼스가 지적한 바와 같이, 일부 사람은 과장된 남성적 행동을 함양해서 형기 동안 살아남는다. 예를 들어, 리처드 쇼블라드Richard Shoblad는 "'말썽을 일으키는 자를 겁줘 쫓아버리기 위한 다양한 방어 자세'를 취하고, '거친 유행 은어'를 쓰고, 더 위협적으로 보이기 위해 머리를 흔들며 항상 긴장이 곤두선 상태로" 형기를 지내는 것으로 기술한다(Kunzel, 2008, 162). 또 다른 죄수는 더 남성적인 걸음걸이에 대해 설명한다. "걸음걸이에 조금이라도 여성적인 부분이 있다면, 당신은 곤경에 처할 겁니다. 거드럭거리며 돌아다녀야 하고, 가슴을 부풀리고, 당신이 그 장소의 주인인 것처럼 행동해야 합니다"(Kunzel, 2008, 162).

그러나 다수의 수감자는 과대 남성성을 성공적으로 과시할 수 없으며, 다른 생존 방법을 찾아야만 한다. 몸집이 작거나 약하거나 여성, 게이, 또는 양성애자로 인식되거나 감옥 강간을 "당한" 이들은 "대디Daddy(장기 동반자를 가진 지배적 남성을 뜻하는 감옥 속어)"의 파트너가 되어 감옥을 견디는 경우가 많다. 이런 남자의 "여자"는 감옥 밖에서 그들의 성적 지향이 무엇이었든 간에 게이로 여겨지지만, 지배적 남성 파트너는 적극적이고 삽입하는 역할을 유지하는 한 이성애자로 여겨진다.

남자 감옥의 일부 수감자는 "퀸Queen"이라는 모욕적인 지위를 떠맡는다. 이는 여자처럼 옷을 입고 여자로 보이게 하는 것을 의미하며, 이것은 그들을 매우 바람직한 성적 동반자로 만들고 그래서 대디로부터 보호받을 가능성이 있다(Kupers, 2001, 116). 그러나 그러한 수감자들의 범법적인 젠더 수행은 격리 수용segregation을 포함한 감옥 내 징벌을 초래할 가능성이 있다(Donaldson, 2001, 119). 이와 대조적으로, "펑크Punks"는 여성의 정체성을 거부하고 따라서 덜 바람직한 파트너이지만, 그들이 폄하되고, 성매매 되고, 여자로 취급되는 한에서는 퀸과 마찬가지다. 퀸이나 펑크와 같은 순종적인 역할을 강요받는 남성 수감자는 장기 복역 중인 대디의 안정적이고 지속적인 보호를 찾기 위해 보안등급이 더 높은 감옥으로의 이감을 요구하기도 한다. 스티븐 도널드슨의 설명처럼,

> 나는 펑크다. 펑크가 보호받는 방법은 '남자'와 연결되는 것이다. 보안등급이 높은 구금시설일수록 장기수도 많아진다. 장기수일수록 펑크의 존재를 높이 평가하고, 그를 자기 것으로 주장하며 보호할 가능성이 크다. 그래서 보안등급이 높은 구금시설일수록 안전해질 것이다.
>
> (Kunzel, 2008, 164에서 인용)

대디 확보는 구타와 강간으로부터의 보호를 의미하지만, 지배하는 남자에게 성적으로 서비스를 제공하고 방 청소, 커피 서빙, 세탁 등 "아내의" 업무를 수행하는 것(Donaldson, 2001, 120)은 물론, 사탕, 담배 같은 제품의 교환 대가로 다른 죄수에게 성매매하

는 것을 의미하기도 한다.

분명히 남자 감옥의 강간 문화와 젠더 구조는 페미니즘이 목표로 삼는 것에 완전히 상반된다. 젠더는 남자 감옥의 문화 내에서 "남자"와 "여자" 사이의 엄격한 이진법으로 잉태되고, "여자"가 된다는 것은 복종, 신체적 폭력성과 동의어지만, "남자"가 된다는 것은 폭력, 지배와 연관된다. 마찬가지로 명백한 것은 감옥의 극단적인 동성애 혐오인데, 감옥에서는 게이나 양성애자로 확인된 수감자는 즉시 강간의 표적이 되고, 동성애는 성적 수동성과 강간당한 남성의 역할과 관련을 맺지만, 이성애는 ―남성성과 마찬가지로― 적극적 섹슈얼리티와 강간범의 역할로 인식된다. 스티븐 도널드슨이 기술한 것처럼, 그리고 이 주장에는 분명히 예외가 있지만(Kunzel, 2008, 181), "죄수 구조에는 성적으로 상호적이거나 남성 정체성의 게이를 위한 틈새가 없다. …… 상호적인 게이 커플과 같은 다른 가능성은 용납되지 않는다"(Donaldson, 2001, 120).

LGBTQ 감옥 폐지론자 단체 블랙 앤 핑크Black and Pink의 설립자인 제이슨 라이든은 감옥 강간 관련 논문에서 텍사스의 한 수감자의 증언을 인용한다.

> 사실, 행정부는 강간과 성폭력이 감옥의 일부에 불과하다고 믿고 있다. 그것은 일종의 처벌이다. 당신을 당신의 범죄로 처벌하는 것이 아니라, 다르다는 이유로 ― 게이, 트랜스 또는 청각 장애인이라는 이유로, 또는 그저 소극적이라는 이유로 처벌하는 것이다.
>
> (Lydon, 2016, 61)

제이슨 라이든에 따르면, 이 진실은 감옥이 의도한 기능을 발휘하지 못하고 있다는 증거로 받아들여서는 안 되고, 오히려 적절하게 이름 붙여진 "교정" 기관의 정상화 기능을 보여주는 것이다. 제이슨 라이든의 말처럼, "미국의 감옥 시스템은 깨진 것이 아니라 …… 오히려 의도한 대로 정확히 작동하고 있으며"(Lydon, 2016, 62), 이 경우 "젠더 이탈" 또는 비정상적인 상태를 보다 더 일반적으로 교정하는 것이다. 따라서 섹슈얼리티, 젠더 또는 능력에 이상이 있다고 표시된 죄수들은 즉시 성적인 처벌의 대상이 된다. 제이슨 라이든에게 있어 강간이 감옥이 기능하는 방식의 일부라는 통찰은 일단 감옥이 무너진 것이 아니라는 것을 깨닫고 나면 그 해결책은 감옥을 고치는 것이 아니라 폐지하는 것이라는 점에서 폐지와 연결되어 있다.

불법 감옥 강간 사건의 직접 가해자 중 절반가량이 교정 직원이지만, 교정 직원이 그들 자신의 목적을 위해 수감자들 간의 성적 폭력을 허용하고 조작하는 한, 수감자 사이의 강간에도 간접적으로 연루된다고 수감자들은 종종 주장한다. 수감자들은 교정 직원이 "수감자 연대를 약화하기 위해 수립된 의도적 분열-정복 전략이나 징계와 보상으로 설계된 체계 속에서 수감자 간의 폭력, 특히 성적 폭력을 조장"한다고 본다(Kunzel, 2008, 165). 스티븐 도널드슨에 따르면, 교정 직원은 "수당을 받는 대가로, 또는 논리정연하게 주장하는 죄수의 잠재적 지도력 파괴와 같은 다양한 목적을 위해 강간과 성적 접촉을 설정하는 데 관여한다"(Donaldson, 2001, 124). 스티븐 도널드슨은 교정 직원이 의도적으로 자신을 이틀에 걸쳐 집단강간에 노출되도록 방치했고, 45명의 남성에게 약 60회에 이르는 폭행을 당했으며, 그 결과 수술이 필요한 직장 열상을 입었다고 주장한다(Kunzel, 2008, 150).

감옥에 불법 성폭력이 만연해 있을 뿐만 아니라, 많은 저자들이 이러한 기관에서 일상적으로 행해지는 탈의 검색, 구강·항문 검색, 신체 검색은 합법적이기는 하지만 추가적인 성폭력에 해당한다고 주장해 왔다(Ross, 1998; Pereira, 2001; Davis, 2003, 81; Richie, 2012). 교정 직원은 탈의 검색을 성폭력이라고 인식하지 않지만, 제이슨 라이든이 지적한 바와 같이,

> 만약 누군가가 길을 걷다 …… 폭행의 위협을 받으며 다른 사람에 의해 옷이 모두 벗겨진다면, 우리는 그 사람이 성적으로 폭력을 당했다는 데 동의할 것이다. …… 죄수들은 계속해서 옷을 벗어야 한다. 엄청난 힘을 가진 교정 직원들이 그들의 벌거벗은 몸을 보거나 종종 만진다.
>
> (Lydon, 2016, 64)

수감자 상당수가 성적 학대의 생존자이기 때문에, 제이슨 라이든은 또한 탈의 검색이 이 인구 구성원들에게 성적 학대로 작동될 가능성이 크다는 것을 고찰하고(65), 탈의 검색 및 신체 검색에 대한 직접적인 설명이 이를 자주 증명한다(Arkles, 2015).

앤절라 데이비스는 『감옥은 퇴물이 되었나?*Are Prisons Obsolete?*』에서 여성 수감자들이 교정 직원을 청중으로 앞에 두고 공연했던 2001년의 한 협의회를 묘사한다. 공연의 한 시점에 "몇 명의 여성이 무대를 장악했고, 일부는 간수 역할을 하고 일부는 죄수 역할을 하며 탈의 검색을 극화했다." 이 공연을 보던 교도관들은

> 여자 감옥 어디에서나 일상적으로 일어나는 이런 관행의 입법이 너무 역겨워서, 많은 참가자는 자신들은 이 일을 하지 않았다고 주장하며, 그러한 관행에서 벗어나야 한다고 느꼈다. 교도관 몇 명은 …… 교도소의 맥락을 벗어난 자기들의 행동을 보고 그저 울부짖었을 뿐이다. 그들이 분명히 깨달은 것은 "유니폼이 없었다면, 국가의 힘이 없었다면 [탈의 검색은] 성폭력이 될 것"이라는 것이다. (Davis, 2003, 82-3)

법학자 가브리엘 아클스Gabriel Arkles에 따르면, 교정 직원들이 자기 행동의 유해성을 인식하지 못하는 것은 성적 폭력이 "개인적이고 변칙적이며, 불법적이며 주로 성에 관한" 것, 그리고 "악한 가해자와 무고한 피해자"와 관련된 것이라는 대중적 이해 때문이다(Arkles, 2015, 76). 교정 직원들은 탈의 검색을 성폭력으로 보는 데 어려움을 겪고 있다. 왜냐하면 이러한 관행은 감옥에서 일상적이고 합법적이기 때문이며, 대부분의 경우 교정 직원들에게 성적인 것이 아니기 때문이다. 더욱이 수감자에 대한 이해가 떨어지기 때문에 교정 직원들은 수감자들을 무고한 것으로 보지 않으며, 자신을 일탈적이라고 생각하지도 않는다. 그러나 성폭력에 대한 페미니스트 분석을 바탕으로 가브리엘 아클스는 강간이 성에 관한 것이기보다는 종종 권력관계에 관한 것이기 때문에, 가해자에게 성적인 것일 필요는 없다고 주장한다. 더욱이 페미니스트들은 "이상적인" 강간 피해자를 무고한 사람으로 구성하고, 가해자를 병리적이거나 일탈적인 존재로 인식하는 태도에 대해 비판해 왔다. 반대로, 누구든지 성적 폭력의 피해자가 될 수 있으며, 강간 문화와 남성성의 패권적 구조의 산물 속에서 강간은 흔하다.

수많은 저자가 2003년의 교정시설 강간 근절법Prison Rape Elimination Act을 비판해 왔는데, 이는 수감자에게 의미 있는 보호는 제공하지 않으면서 감옥의 권력만을 확장해왔기 때문이기도 하고(Arkles, 2014), 감옥은 성적으로 학대하는 공간이 아닌 다른 어떤 공간이 될 수 있다는 이 법의 근본적인 가정 때문이기도 하다. 제시 리 잭슨Jessie Lee Jackson이 고찰한 바와 같이, 교정시설 강간 근절법은 "구금의 특징인 신체 지배 행위 그 자체가 성적 폭력행위"라고 인정하지 않는다(Jackson, 2013, Lydon, 2016, 64에서 인용). 제이슨 라이든은 "구금 환경은 본질상 성적으로 폭력적인 공간"(Lydon, 2016, 64)이라고 주장하면서 이러한 정서에 공명했다. 가브리엘 아클스도 마찬가지로, "구금 체계가 죄수에게 행사하는 신체 통제의 범위 때문에 구금은 본질적으로 성적인 처벌이다. 구금은 완전히 탈성애화될 수 없다"(Arkles, 2015, 74)라고 주장한다. 다시 성적 폭력에 대한 페미니스트의 글을 바탕으로 하여, 가브리엘 아클스는 강간과 싸우기 위해서는 신체적 자율성과 성적 자기결정권의 증대가 필요하다고 주장한다. 그러나 감옥은 식생활에서 위생, 운동, 의복에 이르기까지 수감자의 존재에 대한 모든 생물학적 측면을 통제함으로써 신체적 자율성을 체계적으로 훼손한다. 또한 감옥은 합의된 섹슈얼리티의 표현조차 금지함으로써 성적 자기결정권을 훼손한다. 이것은 에이즈가 유행하는데도 감옥에서는 콘돔이 밀수품이라는 것을 의미하며, 교정 직원은 동성애를 용인하는 것보다 수감자의 생명을 위태롭게 하는 것을 선호한다(Donaldson, 2001, 123). 감옥에서 성적 동의는 무의미해진다. 그곳에서 사람들은 다른 수감자와의 섹스에 대해 "예"라고 말할 수도 없고, 교정 직원이 자기 옷을 벗기고, 보고, 삽입하는 것에 대해서 "아니요"라고 말할 수도 없다. 가브리엘 아클스는 밀수품 문제를 고려할 때, 감옥이 탈의 검색 없이는 기능할 수 없다는 것을 인정한다. 그러나 가브리엘 아클스에 따르면, 감옥의 탈의 검색 필요성은 탈의 검색을 정당화하는 것이 아니라 감옥을 폐지해야 하는 또 다른 이유 중 하나라고 한다. 그가 말하는 것처럼, "나는 성적 폭력을 정당화할 만큼 구금이 중요하다는 것에 동의하지 않는다. 궁극적으로 공동체의 책임수용community accountability, 문화의 변화cultural change, 반복종anti-subordination, 전환적 정의transformative justice, 감옥 폐지prison abolition가 성적 폭력을 종식하는 계기가 될 것이라고 믿는 다른 이들의 의견에 동의한다"(Arkles, 2015, 120).

캐나다 페미니스트 법학자이자 성폭력 법제 분야 석좌연구자인 콘스탄스 백하우스Constance Backhouse는 감옥이 빈곤층, 소수민족, 장애인을 불균형하게 구금하고 있으므로, 감옥이 성적 폭력에 대한 "페미니스트의 구제책"이 될 수 없다고 주장해 왔다(Backhouse, 2012, 733). 콘스탄스 백하우스는 또 LGBTQ 수감자나 장애인 수감자와 마찬가지로 성범죄자들이 감옥에서 구타와 강간을 당할 가능성이 특히 크다고 보며, 이러한 이유로 그들은 종종 보호를 위해 행정적으로 격리 배치된다. 그러나 콘스탄스 백하우스가 언급하듯이, 우리는 "독방 구금"의 암울한 결과를 — 인간의 마음과 정신에 가해지는 고문과 그로 인해 발생할 수 있는 끔찍한 광기와 정신병적 분노를— 알고 있다(Backhouse, 2012, 734. Guender, 2013도 참조). 더욱이 콘스탄스 백하우스는 감옥이 "잔혹·증오·질병·자해·자살의 번식지이며, 공포·질병·가혹한 잔인성으로 가득 찬 기관"(Backhouse, 2012, 734)이라고 주장한다.

감옥을 진지하게 생각해 온 다른 여러 저자들처럼, 콘스탄스 백하우스도 감옥이 사회를 더 안전하게 만들 수 없다고 결론짓는다. 왜냐하면 감옥은 형을 선고받기 전보다 더 문제 있는 사람을 양산하기 때문이다. 그러므로 비록 우리가 죄수의 운명에 전혀 무관심하다고 하더라도, 우리는 구금 제도를 특징짓는 억압에 관심을 가져야 할 것이다. 억압은 결국 외부 세계로 되돌아올 인간에게 하는 짓이고, 그들이 되돌아오면서 이 공간의 폭력과 증오도 함께 가져올 것이기 때문이다. 이러한 이유에서 페미니스트가 감옥에 대해 더 많이 생각해야 한다고 주장하는 바다. 따라서 제5장에서는 감옥에 관한 푸코의 고전적 텍스트인 『감시와 처벌』과 최근 비판적 감옥 연구 문헌에서의 이 텍스트 수용에 대해 고찰한다.

제 5 장

푸코의 감옥 폐지론

감옥이 일탈행위자를 만든다고들 한다. 감옥이 수감자였던 자를 거의 숙명적으로 다시 법정에 서게 한다는 것은 사실이다. 그러나 감옥이 법과 위반, 법관과 범법자, 수형자와 형집행자 사이의 상호작용 속으로, 이들을 서로 결부시키고, 한 세기 반 동안 이들을 모두 동일한 올가미로 붙잡아 둔 범죄라는 비신체적 실체를 끌어들였다는 또 다른 의미에서도, 감옥은 일탈행위자를 만든다.

— 미셸 푸코, 『감시와 처벌』(1977)

푸코의 감옥의 계보학

1968년 5월 반자본주의와 반체제 정치 시위를 하는 동안, 프랑스에서는 수많은 학생과 지식인이 구금되었고, 그중 일부는 1970년과 1971년에 정치범 단식 파업에 참여했다. 애초 푸코 같은 프랑스 지식인들의 관심을 감옥의 여건으로 끌어들인 것은 바로 이런 상황이었고, 1971년 2월 푸코는 기자회견에서 감옥정보그룹le Groupe d'information sur les prisons(GIP) 창립을 발표했다. 감옥정보그룹 본부의 주소는 파리 보지라르 가rue Vaugirard 285번지, 바로 푸코의 아파트였다. 감옥정보그룹의 다른 회원으로는 푸코의 파트너인 다니엘 드페르Daniel Defert, 철학자 엘렌 식수Hélène Cixous, 질 들뢰즈Gilles Deleuze, 장 폴 사르트르Jean-Paul Sartre, 시몬 드 보부아르Simone de Beauvoir, 자크 랑시에르Jacques Rancière 등이 있었다. 푸코가 감옥정보그룹과 함께 한 작업은 이후 몇 년 동안 콜레주 드 프랑스에서 그의 강의로 —『형벌의 이론과 제도*Penal Theories and Institutions*』(1972)와『처벌사회*The Punitive Society*』(1973)로— 나타났고, 1975년『감시와 처벌: 감옥의 탄생』의 출간으로 정점을 찍었다. 감옥정보그룹의 정치적 목표는 감옥의 명시적인 폐지가 아니라 죄수와 교도관 모두를 위해 감옥 담장 안쪽에서 일어나는 현실, 즉 감옥정보그룹이 "받아들일 수 없다"고 여긴 상태(Zurn and Dilts, 2016)를 밝히는 것이었다. 감옥정보그룹은 죄수와 교도관으로부터 얻은 감옥의 현실에 대한 정보를『받아들일 수 없는*Intolerable*』이라는 네 개의 소책자로 배포함으로써 목표를 달성했다. 이 소책자는 다음과 같다.『20개 감옥에 대한 조사*Investigation into 20 Prisons*』,『플뢰리 메로지 감옥에 대한 조사*an Investigation into a Model Prison: Fleury-Mérogis*』,『조지 잭슨 살해 사건*The Assassination of George Jackson*』,『감옥에서의 자살 사건*Prison Suicides*』(Zurn and Dilts, 2016, 5). "감옥 경험을 가진 사람들이 발언할 수 있게 한다"(Zurn and Dilts, 2016, 1에서 인용)는 목표 아래, 2년 만에 감옥정보그룹은 프랑스 최초의 죄수 주도 단체인 죄수행동위원회Comité d'action des prisonniers(CAP)에 자리를 내주었다. 이 단체는 1980년까지 《죄수행동위원회 저널*Le journal du CAP*》을 발행했다. 안타깝게도 이 운동에 대한 대중의 관심은 "저명한 지식인들"이 물러나자 약화되었고(Zurn and Dilts, 2016, 6), 결국 죄수행동위원회는 해체되었다. 그러나 푸코는 감옥정보그룹과 함께 한 작업에서 구금에 대한 생각을 분명히 형성했고, 이 생각은 『감시와 처벌』에서 가장 영향력 있게 공식화되었다. 전Zurn·딜츠Dilts는 이 작품을 "주장하건대, 감옥정보그룹의 기억을 무색하게 만드는 (그리고 중층결정된) …… 가장 활기찬 감옥정보그룹의 사후세계"라고 묘사한다. 제5장에서는 『감시와 처벌』과 그 영향력에 집중할 것이다.

주지하듯이, 푸코는 『감시와 처벌』을 18세기 로베르 프랑수아 다미엥의 끔찍한 사형집행과 19세기 치밀한 감옥 시간표를 비교하는 것으로 시작한다. 이듬해 출간된 『성의 역사』에서 푸코가 했던 생명 권력에 대한 논의라는 렌즈를 통해 이 내용을 읽으면, 특히 주권 권력과 생명 권력의 차이를 분명하게 보여준다고 할 수 있다. 다미엥의 처형에 사용된 일종의 주권 권력은 죽음의 권리의 스펙터클한 행사였지만, 생명 권력은 대상을 죽이기보다는 오히려 생명의 모든 순간을 통제하는 것이다. 주권 권력은 복종하지 않는 사람을 사형에 처할 수 있는 왕의 권리인 반면, 생명 권력은 대상의 삶을 더 보편적으로 관리하는 것이다. 주권 권력은 생명을 부정하거나 빼앗는 것에 불과하지만, 규율 권력은 새로운 형태의 주체성을, 그리고 우리 몸과 세계의 존재에 관한 새로운 방식을 구성하는 광범위한 삶의 통제권이다. 그러므로 푸코가 『감시와 처벌』에서 강조하듯이, 더 인간적이고 덜 잔인하고 더 적은 벌을 받게 되었다고 해서 '다미엥의 처형에서 감옥 시간표로의 변화'를 단지 양적인 처벌의 감소로 보아서는 안 된다. 오히려 주권 권력에서 생명 권력으로의 전환은 질적 변화를 의미하거나, 다르게 처벌하는 것을 의미한다. 특히 푸코는 주권 권력의 경우 사형수의 신체를 잔인하게 그리고 직접 공격하지만, 규율 권력은 부수적으로만 신체를 구속하고 통제할 뿐이며, 그 진짜 대상은 정신이라고 주장한다. 예를 들어, 감옥의 시간표는 구금된 신체가 특정 시간에 특정 행동을 하도록 요구한다. 하지만 이러한 훈련의 요점은 새로운 유형의 주체를 만드는 것이다. —적어도 최초의 그리고 이상적인— 감옥의 목적은 범죄자를 유순하고, 참회하며, 생산적인 사회구성원으로 변화시키는 것이었다. 그러나 이러한 질적인 처벌의 변화는 규율 권력이 주권 권력의 스펙터클한 행사보다는 육체와 정신에 더 많은 목표를 두고 있고 주권 권력이 그대로 방치했던 이러한 대상들의 삶의 여러 측면으로 확장되므로, 궁극적으로 이전보다 처벌이 덜한 것은 아니었다. 다미엥의 처형은 특정 신체에 제도가 엄청난 폭력을 가하는 것이었지만, 감옥의 시간표는 특정 보호시설에 있는 수천 명의 신체에 적용될 수 있었다 (Foucault, 1977a, 29). 감옥의 목적은 죄수를 행동의 틀과 양식에 길들이는 것이었다. 이러한 규율 습관은 죄수의 정신을 생산하면서 죄수의 제2의 천성이 될 것이다. 결국, 수감자의 절제된 정신은 그가 감옥을 떠난 후에도 감옥 시간표에 명시된 질서정연하고 생산적인 방식으로 계속 행동하도록 보장할 것이며, 이런 식으로 푸코가 말하는 "유순한 몸"을 구성한다(Foucault, 1977a, 135-69). 그런 죄수는 바로 감옥의 담장 너머로 떠날 수 있다. 왜냐하면 그의 정신이 그의 몸을 유순하게 유지할 감옥이 되었기 때문이다. 그는 감옥의 일상을 바깥세상으로 가져갈 것이다. 푸코는 육체가 정신의 감옥이라는 형이상학적 사고를 뒤집어 정신은 규율 권력의 산물이자 "성과이자 도구"이며 "정신은 육체의 감옥"이라고 쓰고 있다(Foucault, 1977a, 30).

푸코가 묘사한 19세기와 20세기 초 감옥이 수반하는 정신의 감독, 훈련, 교정에는 단순히 주권 권력에 의한 육체의 파괴가 아닌 개별 죄수에 대한 지식이 필요했다. 개별 범죄자에 대한 지식은 재판 기간뿐만 아니라 선고 기간 내내 필요했다. 감옥에서 죄수의 개별 성격은 그들의 습관과 행동, 표현된 생각과 신념에 주의를 기울이며 자세히 감시되어야 했는데, 이 모든 것이 교도소장, 교도관, 교도소 의사, 간호사, 보호관찰 위원회, 그리고 아마도 정신과 의사에 의해 추적되고 기록되었다. 이 모두가 조기 석방이나 형량의 연장이라는 결과를 가져올 수 있다. 심지어 죄수가 형기를 복역하고 감옥에서 풀려난 후에도, 그의 정신은 의무적으로 참석해야 할 치료 프로그램에서 가석방 담당관, 사회복지사, 상담원 등에 의해 계속 감시되고 변형될 수 있다.

『감시와 처벌』의 부제는 '감옥의 탄생'이다. 하지만 푸코는 어떤 감옥을 언급하고 있는가? 한편으로는 분명히 물질적 구금시설이라는 의미의 감옥에 대한 계보를 제공하고 있다. 그와 동시에 『감시와 처벌』은 근대정신의 계보를 제공하는데, 규율된 정신이 또 다른 감옥이고, 몸을 유순하게 유지하는 또 다른 방법이라고 그는 주장한다. 따라서 푸코는 감옥이 죄수의 정신을 감시할 뿐만 아니라 생산한다는 것을 보여주지만, 감옥이 생산하는 것은 거의 필연적으로 그들의 몸을 다시 감옥으로 이끄는 일탈적 정신이다. 사실 감옥은 감옥 밖의 생활을 위해서는 범죄자에게 부적합하고, 그들의 정신을 해치며, 폭력적이고 범죄적인 환경에서 그들을 사회화시킨다. 그 밖에 중범죄자라는 사실은 수감자가 물질적 필요성과 절망으로 인해 새로운 범죄를 저지르게 할 정도로 낙인을 찍고 배척한다.

푸코의 이러한 분석처럼, 감옥은 죄수의 교화에 명백하게 실패했으며, "쓸모없지 않다고는 해도 위험하다"(Foucault, 1977a, 232). 비록 감옥의 교화 실패가 주목해야 할 중요한 일이지만, 푸코는 이와 같은 주지의 범죄학적 사실을 순진하게 반복하는 것을 넘어서서 생명 정치 체제가 감옥 없이 작동하는 것을 꿈도 꾸지 않을 정도로 감옥이 잘하는 일이 무엇인지를 물어야 한다고 주장한다. 푸코가 볼 때, 감옥의 범죄 억제 실패나 수감자 교화 실패는 현존 권력이 이를 그저 알아차리지 못한 경우라거나, 우리가 단지 이 사실을 다시 증명하면 되는 경우일 수 없다. 그러한 증명은 다음과 같은 이유로 200년 동안 효과가 없었다. 감옥은 사실상 생명 정치 체제에 필수 불가결한 목적에 효과적으로 봉사하고 있다.

감옥이 잘하는 것이 무엇인지를 설명하려면 징벌 영역에서 주권 권력이 실패하고 있었던 방식을 이해할 필요가 있다. 주권 권력 하에서의 범죄는 범죄 피해자에게 직접 저질러진 것이라기보다는 주권자에 대해 저질러진 것으로 여겨졌다고 푸코는 주장한다. 따라서 만약 당신이 누군가를 강탈하거나 살해했다면, 당신은 그저 그 사람을 해친 것뿐만 아니라, 더 중요하게는 주권자의 법을 어기고 그의 권력에 손상을 가함으로써 주권자에게 해를 입힌 것이다. 처벌은 자신의 피해자나 더 일반적으로는 사회에 빚을 갚는 것이 아니라 주권자의 권력에 대한 재천명으로 여겨졌다. 형벌은 대중을 위해서나 그들을 대신해 집행되는 것이 아니며, 대중은 주권자가 권력을 재천명하는 장면을 강제로 구경해야만 하는 구경꾼이었다. 인구가 법률 위반자의 처벌로 정당화되거나 보호받는다고 느끼는 것이 아니라, 오히려 주권자의 힘을 보면서 공포와 경외심을 느끼고 복종하도록 의도되었다. 중요한 점은, 이러한 처벌 방식으로 인해 사람들이 종종 사형수에게 동정심을 느끼고 주권자의 과도한 폭력 행사에 분노를 느꼈다는 사실이다. 반면에 규율 권력은 사회에 대한 채무의 시급과 사회의 보호로 포장되어서 일반 인구의 지지를 받을 가능성이 크다. 예상대로, 우리는 우리를 위협하거나 억압하려는 노력보다 우리를 위한 노력을 지지할 가능성이 더 크다. 따라서 주권 권력의 징벌적 스펙터클은 반란을 불러일으켜 자주 역효과를 내지만, 대중 저항의 발현은 감옥이 등장한 이후 비교적 드물어졌다.[1]

그밖에 주권 권력은 본보기로 삼으려는 대상이 비교적 소수였고, 이들의 신체만을 처벌했기 때문에 실효성이 없었다. 이와는 대조적으로, 규율 권력은 특정 몸에 가하는 순전한 폭력성은 덜하지만, 모든 신체와, 더 중요하게는 모든 정신을 대상으로 삼는다. 중요한 사실은, 우리는 이미 우리를 구성하는 권력의 형태에 저항할 가능성이 작다는 점이다. 규율의 효과는 우리가 자기 형성과 직관을 권력의 산물로 인식하지 못할 것이라는 사실에 있다. 따라서 우리는 규율 정상화의 산물인 조건부 규범을 보편적, 상식적으

---

1 이것은 감옥에 대한 저항의 역사, 특히 유색인종의 역사를 무시하는 것이 아니다. 예를 들어 댄 버거Dan Berger의 『포로국가: 민권 시대의 흑인 감옥 조직화*Captive Nation: Black Prison Organizing in the Civil Rights Era*』(Chapel Hill: University of North Carolina Press, 2014)와 오늘날 비판적 저항 작품을 참조하라. 그런데도 감옥이 우리를 더 안전하게 만든다고 생각하며 감옥을 지지하는 것은 백인 중산층뿐만이 아니다. 반대로, 이런 생각은 감옥의 가장 많은 표적이 된 인구의 구성원이 널리 지지한다. 머리 갓쵸크Marie Gottschalk가 『감옥국가*Caught*』에서 논하듯이, 미국의 많은 가난한 흑인들은 법률을 지지하고 범죄에 대한 대응을 주문하는데, 이는 그들이 그러한 범죄의 희생자가 될 위험이 가장 큰 소외된 지역에 살고 있기 때문이며, 따라서 이것은 놀라운 일이 아니다.

로 받아들인다. 예를 들어, 범죄자들이 어떻게 인식되는지뿐만 아니라 범죄로 여겨지는 것이 무엇인지는 우연적·사회적으로 구성되지만, 대체로 우리는 범죄자를 병리화하고 두려운 존재로 이해하는 것을 비판 없이 내재화했는데, 그들 중 대부분은 폭력적이거나 위험하지 않다. 오히려 그들 대부분은 빈곤과 인종 프로파일링의 희생자이며, 그들의 행위는 때와 장소에 따라서는 범죄가 아니었을 것이다. 그러나 범죄는 폭력과 일탈행위를 수반하고, 따라서 범죄자는 두려운 대상이고 불신의 대상이라는 생각은 오늘날 규범적이다. 우리는 우리가 규범으로서 내면화시킨 것, 또는 우리의 정신을 재단해 왔던 것에 저항하지 않는다. 한마디로 —감옥에 의해 드러난— 규율 권력이 범죄를 저지하거나 사회를 보호하는 데 실패하더라도 형사처벌제도에 순종하는 인구를 비범하게 양산하기 때문에 생명 정치 체제로서는 바람직하다.

앤절라 데이비스는 『감옥은 퇴물이 되었나?』에서 다음과 같이 썼다.

> 1960년대 후반에 처음 반감옥 운동에 참여하게 되었을 때, 나는 20만 명에 가까운 사람이 감옥에 있다는 사실을 알고 놀랐다. 30년 후에 이보다 10배나 많은 사람이 철창에 갇히게 될 거라는 말을 당시 누군가 내게 했더라면 절대로 믿지 않았을 것이다. 아마 다음과 같은 반응을 보였을 것이다. "이 나라가 어쩌면 인종차별주의적이고 비민주적일지는 모르겠지만 …… 미국 정부가 강력한 대중의 저항을 일으키지 않고 그렇게 많은 사람을 가둘 수 있으리라고 믿지 않는다. 아니, 이 나라가 파시즘에 빠져들지 않는 한, 그런 일은 절대 일어나지 않을 것이다."
>
> (Davis, 2003, 11)

그러나 앤절라 데이비스의 예상과 달리 미국은 200만 명 이상의 사람을 철창에 가두고 있고, 이러한 사건에 대한 대규모 저항은 없었다. 게다가, 그러한 과잉 진압으로 인해 광범위한 대중 반란이 일어나기는커녕 수십 년 동안 미국 정치권 전반에 걸쳐서 "범죄 엄단"이 법정 선거 공약이었다. 미국의 경우에는 구금과 관련하여 지나친 면이 있지만, 프랑스, 영국, 벨기에, 이탈리아, 네덜란드, 스페인, 그리스 등의 유럽 국가에서도 유사한 관찰을 할 수 있으며, 이들 국가는 같은 시기 수감 인구가 2, 3배 증가했다(Wacquant, 2009, 7). 규율 권력을 정상화하고 우리를 온순한 대상자로 재단하는 방식에 관한 푸코의 설명은 서구의 정부가 어떻게 대중의 큰 저항을 받지 않고서 그들 인구의 많은 부분을 구금할 수 있었는지를 설명하는 데 도움을 줄 수 있다.

푸코는 또한 주권 권력 하에서의 처벌이 너무 극단적이었기 때문에 판사들은 법을 일관성 있게 집행할 의사가 없었다고 지적한다. 따라서 법관 스스로가 일관성을 갖추려 하지 않았고, 이에 따라 주권 권력의 처벌과 법률이 일관성 있게 집행되지 않았기 때문에 정의도 불규칙적이었다. 이 모두가 주권 권력을 매우 산발적인 것으로 만들었다. 즉 때로는 법문에 따른 적용이 이루어져 절도 등의 사소한 범죄로 신체 절단형이나 사형을 받을 수도 있지만(이로써 유죄판결을 받은 사람을 동정한 반란이 일어날 수도 있다), 다른 경우에는 법이 너무 가혹해서 시행되지 않아 처벌에 확실성이 없었다. 이와는 대조적으로 규율 권력과 함께 처벌이 가벼워지자, 법관도 이를 기꺼이 강행하려 했다. 푸코는 다음과 같이 말한다. 형벌과 입법 개혁의 목표는 "위법행위에 대한 처벌과 억제가 사회 전반에 대해 정규적 기능을 행사하도록 하는 것이다.

…… 더 적게 처벌하는 것이 아니라 더 잘 처벌하는 것이 되도록, 가혹성을 완화한 형태로 처벌하는 것이면서 더 많은 보편성과 필연성을 수반한 처벌이 되도록 하는 것이다"(Foucault, 1977a, 82).

주권 권력과 비교해 규율 권력 하에서 민중의 저항이 훨씬 덜하지만, 오늘날 사람들이 국가의 처벌권 행사에 반항·저항하고 거리에서 폭동을 일으키는 경우는 처형(주권 권력의 잔재)이 여전히 존재하거나 경찰에 의해 행사될 때, 그리고 처벌이 여전히 모순적으로 적용된다고 인식될 때이다. 그래서 미국에서는 합법적 처형이 곧 있을 때, 경찰이 무장하지 않은 흑인 남자나 소년을 처형할 때, 그리고 유명 법원의 결정이 노골적으로 인종차별적일 때 시위가 있다. 그러나 규율 권력은 주권 권력보다 저항을 덜 받는다.

푸코는 『감시와 처벌』에서 18세기 후반과 19세기 초반의 형벌 개혁자들이 감옥 이외의 처벌에 대한 다양한 접근법을 제안했다고 말한다. 예를 들어, 어떤 제안은 처벌이 범죄와 "일치"해야 한다는 것이었다. 도둑은 손이 잘릴 것이고 독살자는 끓는 물에 삶길 것이며 살인자는 처형될 것이다. 구금되는 범죄자는 납치범처럼 다른 사람의 자유를 박탈한 범인일 것이다. 그러나 형벌개혁에 대한 이러한 생각은 결코 설득력을 갖지 못했지만, 감옥은 곧 "자명한" 그리고 심지어 "자연스러운" 것으로 보이게 되었다. 감옥 문제는 빠르게 인식되었지만, 감옥이라는 "자명한" 면모는 여전했다. 푸코가 말한 것처럼, "감옥은 고약한 해결책이어서, 그것 없이는 아무것도 할 수 없을 정도다"(Foucault, 1977a, 232). 하지만 왜 우리는 감옥이 없는 세상을 상상할 수 없을까? 단지 200년 전의 발명품이라는 것을 알면서도 그것은 왜 자명해 보이는가?

무엇보다도 푸코는 감옥이 사회의 만연한 구조의 연장선에 있으므로 오늘날 우리에게 자명한 것처럼 보인다고 생각한다. 우리는 규율 사회, 구금 사회에 살고 있으며, 규율 논리와 구금 논리에 따라 살고 있다. 감옥은 그저 우리 일상의 삶보다 조금 더 극단적인 규율과 구금의 공간일 뿐이다. 따라서 감옥은 우리가 형성한 다른 모든 제도에서 우리가 습관화했던 것에 불과하므로 우리에게 자연스러워 보인다(Foucault, 1977a, 233). 그러므로 『감시와 처벌』의 마지막 장에서 푸코는 벌을 받는 것, 사소한 죄로 벌을 받는 것을 받아들이는 이유가 무엇인지를 묻는다. 이에 대한 답으로 다음을 제시한다. 규율 권력이 부모의 훈육에서 학교, 병원, 직장, 군대, 감옥에 이르기까지 온화한 형태에서 엄격한 형태로 확대됨에 따라 우리가 그것에 익숙해졌기 때문이다.

그 밖에 감옥은 다른 처벌에 비해 평등하고 민주적인 것으로 인식되기 때문에 자명해 보인다. 더욱이 감옥은 경제적이고 도덕적이다. 형량은 "사회에 빚을 갚는" 수단이며, 그 빚은 복역 시간의 관점에서 계산된다. 처벌에 대한 이러한 경제적·양적 접근은 자본주의 세계관과 일치하고 그 안에서 공평한 것으로 보인다. 마지막으로, 감옥은 적어도 원래 치료를 위한 것으로 여겨졌고, 따라서 형벌개혁자들은 범죄자를 수감하는 일이 우리가 그들을 해치지 않고 단지 그들 스스로 자신을 돕도록, 그들의 자유를 박탈하는 문명화되고 인간적인 사회를 반영한다고 확신할 수 있었다. 감옥에 대한 이러한 인식들이 아무리 간단하게 반박될 수 있는 것이라 하더라도, 구금 제도는 서구 민주주의에서 평등하고 자본주의적이며 문명적이고 인간적이라는 우리의 이미지에 부합하기 때문에 용인된다.

푸코는 감옥이 불가피해 보이거나 적어도 유용하고 필요하게 보이는 또 다른 이유로 감옥이 지식 생산의 현장이라는 점을 든다. 푸코가 『말과 사물』, 『성의 역사』 등의 작품에서 주장하는 바와 같이 근대성은 인간 과학의 발명과 우리 자신을 알고자 하는 욕구로 특징지어진다(1978a; 1989d). 푸코의 『성의 역사』의 프랑스어 제목은 '*La volonté de savoir*: 지식의 의지'이다. 근대성은 이런 인식자를 알고자 하는 욕망이라는 측면에서, 특히 "문제적" 형태를 띤다는 점에서 독특하다. 푸코의 "지식의 의지"는 니체의 "권력의 의지"를 이용한 것으로, 문제가 있는 유형의 인간에 대한 지식의 의지는 이런 유형의 인간을 우리가 통제하거나 변형시키기 위해 알고자 하는 한, 권력의 의지에 휘말리게 된다. 범죄행위의 경우, 이제는 범죄에 대한 지식뿐만 아니라 더 중요하게는 범죄자에 대한 지식도 필요한 것으로 여겨지고 있는데, 이는 19세기 범죄학의 발명에 가장 뚜렷이 나타나 있다. 푸코에 따르면, 범죄학 지식은 오늘날 범죄자를 심판하고 처벌하는 데 필요한 것으로 여겨진다. 감옥은 어떤 면에서는 개인으로서나 인간 유형으로서 범죄자에 대한 지식을 도출하는 데 이상적인 장소다. 구금기관은 그곳에 거주하는 문제 있는 유형의 인간을 완전히 관찰할 수 있는 완벽한 기회를 제공하는 파놉티콘이다.

그러나 감옥과 기타 파놉티콘이 인간에 대한 객관적인 지식을 제공한다는 생각은 의미 있는 방식으로 검증되어야 한다. 푸코가 보았을 때, 감옥에서 관찰되는 것은 범죄 주체와는 다른 "일탈행위자"이다. 범죄 주체는 자유의지 또는 자율성을 가지고, 따라서 자신이 하고자 했던 것을 행동하기로 선택한다고 이해된다. 반면에 일탈행위자는 동물학자가 비인간 동물을 연구하는 방법, 즉 그들이 어떻게 행동할지를 결정하는 충동이나 경향에 관해서 더 많이 접근한다. 푸코는 따라서 감옥에서의 지식 생산을 "사회적 아종의 동물학"(Foucault, 1977a, 253)이라고 부른다. 불행하게도, 범죄학자는 동물학자가 구금된 동물을 관찰할 때 겪는 것과 같은 문제를 가진다. 동물은 자주 자해하거나, 다른 방법으로 자신과 서로에게, 그리고 사육사에게 해를 입히거나, 우리에 갇힌 절망으로 미치거나 죽는다(Jamieson, 2002). 동물원은 실제로 동물학의 측면에서 동물을 관찰하기에 좋은 장소가 아니다. 동물은 대개 야생에서처럼 잘 살아남지 못하고 "자연스럽게" 행동하지 않기 때문이다. 동물원과 실험실 우리는 포획된 동물을 미치게 만든다. — 그들은 주위를 두리번거리고, 짝짓기를 잘 못 하거나 새끼를 잘 돌보지 못하고, 서로를 또는 포획자를 공격한다. 그래서 정신적 충격을 주고, 부자연스럽고, 우울한 포획의 환경에 동물을 놓았을 때, 동물의 행동에 대해 그렇게 배울 것이 많지 않다. 똑같은 방법으로, 범죄학자는 실제로 감옥에서 그들이 관찰하는 인간이라는 동물에 대해 배울 것이 많이 없다. 결과적으로 죄수를 철창에 가두어 놓음으로써 죄수에 대한 엄청난 지식을 얻어냈지만, 이것은 구금이 인간이라는 동물에게 어떤 작용을 하는가에 대한 지식일 뿐, 그러한 인간이 자유롭다면 어떨지에 대한 지식은 아니다.

푸코가 스스로 분명하게 그렇게 묘사한 적은 없지만, 그가 감옥 폐지론자라는 것을 우리가 알 수 있는 곳은 "불법행위와 일탈행위"라는 제목의 장이다. 이 장의 제목은 불법행위에서 일종의 정체성으로의 전환, 즉 일탈행위자로서의 정체성, 일탈행위가 정체성이 되는 존재를 암시한다. 그런 주체는 그가 누구라는 것 덕택에 상습성을 가지게 된다. 일탈행위자를 양산하는 감옥은 사회를 더 안전하게 만드는 것이 아니라 더 많은 범죄를 양산한다. 그러나 푸코의 주장대로, 감옥과 관련된 이러한 현저한 문제에 대해 제안되는 해결책은 결코 이러한 제도를 없애는 것이 아니라 언제나 더 많은 감옥을 만드는 일이었다. 푸코는 감옥의 실패가 항상 감옥의 연장으로 이어지는 일종의 순환론을 묘사하고 있는데, 감옥은 항상 "자가 치료법"(Foucault, 1977a, 268)으로 이용된다. 이와는 대조적으로 푸코에게 감옥 문제의 해결책은 감옥 개혁이 아니다. 감옥이 문제라면 더 많은 감옥이 결코 해결책일 수 없다. 푸코는 감옥 개혁을 거부하고 감옥 폐지론을 취한다.

하지만 푸코는 우리가 감옥을 어떻게 대체해야 한다고 생각하는가? 범죄에 대응하는 더 좋은 방법이 무엇일까? 푸코는 이 질문에 대한 답을 절대로 제시하지는 않지만, 범죄의 실제 원인이 대체로 빈곤(Foucault, 1977a, 276)이라는 점은 분명히 하고 있다. 따라서 우리가 정말로 범죄와 효과적으로 싸우기를 원한다면, 우리는 더 평등한 사회를 위해 노력해야 할 것이다. 푸코는 따라서 사회적 해악을 재분배하는 대응을 주장했을 것이다. 그러나 우리는 그렇게 하는 대신에 감옥이 단지 더 많은 가난과 더 많은 범죄로 이어진다는 것을 충분히 알고 있는 상태에서 계속해서 자원을 감옥에 쏟아붓고 있다. 이 역설적인 행동을 이해하면서, 우리는 푸코 이후 비판적 감옥 연구를 구조화한 질문으로 다시 한번 돌아가야 한다. 감옥이 생명 정치 체제에 없어서는 안 될 것처럼 보일 정도로 잘 수행하는 일은 무엇인가?

서론에서 지적한 바와 같이, 푸코는 이 질문에 대한 일련의 답을 제시하며, 일탈행위자 생산은 압도적으로 많이 구금되는 빈민을 희생시키고 중상류층의 정치적·경제적 이익을 위해 봉사한다는 것을 시사한다. 서론에서 논의한 것처럼, 오늘날의 감옥은 경제에 깊이 관여한다. 그러나 이 외에도 푸코는 때때로 법을 어기는 제멋대로인 인구를 상습적이고 병적인 범죄자로 만드는 것이 범죄를 탈정치화시켰다고 주장한다. 달리 말하면, 감옥을 뒷받침하는 근거는 범죄를 빈곤과 관련된 정치 문제라기보다는 정신의학과 사회학의 문제로 만들었다. 이런 식으로 범죄를 탈정치화하는 것은 ―개념적으로 범죄를 빈곤으로부터 분리하고, 특히 특정 개인의 일로 분리하는 것으로― 빈민과 범죄자 사이에 쐐기를 박았다. 그러므로 범죄자는 여전히 압도적으로 빈민이 많지만, 빈민 쪽에서는 범죄자에 대한 적대감을 가지게 된다. 빈곤층과 범죄자의 연대 해체는 범죄화된 계층의 수치심과 비밀을 초래하고, 처벌이 훈육으로 전환하기 이전에 존재했던 가혹성과 빈곤 문제를 둘러싼 일종의 자발적인 정치 반란을 방지한다.

최근 연구는 범죄성의 낙인이 범죄화된 인구와 빈민 사이의 정치 연대를 막았다는 푸코의 주장을 뒷받침한다. 미셸 알렉산더는 다음과 같은 지적을 한다. 출소한 전과자는 일자리와 주거를 구하는 데 엄청난 지장을 겪고 있으며, 심지어 많은 주에서는 전과자의 노숙자 쉼터 출입을 금지하고 있고 그들에게 식권 교부를 금지하고 있는데, 정작 전과자들이 가장 큰 사회적 장벽으로 꼽는 것은 감옥에 있었다는 낙인이라고 한다. 이것은 전과를 가진 사람이 흔한 지역사회에서조차도 사실이라고 한다. 미셸 알렉산더에 따르면, “대량 구금으로 가장 큰 타격을 입은 동네에서도 …… 친척, 친구, 이웃과 대화할 때 자신의 범죄 경력이나 사랑하는 사람의 범죄 경력 등에 대해 대놓고 ‘이야기하는’ 경우는 거의 없다”(Alexander, 2011, 23). 미셸 알렉산더는 그 결과 전과자가 짐크로우 시대에 밝은 피부색을 가진 흑인이 백인인 것처럼 행사하

여 통과함으로써 낙인을 피하려 했던 방식과 유사하게 "슬쩍 넘어가려" 한다고 묘사한다. 그래서

> 수감자의 자녀는 친구와 친척에게 '아빠가 어디 계신지 모른다'고 거짓말을 한다. 몇 년 동안 구금되었다 풀려난 성인은 선거일에 누구에게 투표할 거냐는 질문을 받았을 때 여전히 아래를 내려다보며 투표할 수 없다는 것을 인정하기를 부끄러워한다.
>
> (Alexander, 2011, 23)

범죄화에 대한 수치심은 가장 직접적으로 구금의 부당함을 경험한, 그리고 불균형하게 높은 비율을 차지하는 유색인의 침묵을 초래하며, 이는 정치적 반대 견해를 사라지게 하는 데 이바지한다. 이러한 모든 면에서, 감옥은 범죄를 예방하지는 않지만, 자본주의, 생명 정치, 인종차별 국가의 이익에 도움이 된다.

"완전하고 준엄한 제도" 40년 후

감옥의 정치 도구성에 관한 푸코의 주장은 『감시와 처벌』 발간 40년 동안 등장한 비판적 감옥 연구의 중심이었다. 특히 비판적 인종 연구 학자와 탈식민주의 학자는 북미의 상황에서 감옥의 인종차별적·식민주의적 기능을 다루기 위해 푸코의 주장을 각색했다. 예를 들어, 『감옥은 퇴물이 되었나?』에서 앤절라 데이비스는 미국의 반흑인인종차별anti-Black racism의 역사에 감옥을 배치한다. 앤절라 데이비스가 언급했듯이, 인종차별주의 시기에 노예는

절도나 범죄를 잘 저지른다고 여겨졌지만, 감옥은 거의 전적으로 백인으로 채워졌다. 왜냐하면 감옥은 자유의 박탈이자 고된 노동을 하는 장소로서, 상실할 자유가 있고 힘들고 비자발적인 노동의 삶을 영위하고 있지 않은 사람에게만 적절한 처벌로 상정되었기 때문이다(Davis, 2003, 28). 따라서 남북전쟁 이전 감옥에 갇힌 소수의 흑인은 자유 흑인이었고, 노예는 신체 처벌의 대상이었을 뿐이었다. 남북전쟁 이후 노예제도가 이론상 폐지되었을 때, 한 가지 중요한 예외가 있었다. 즉 "정당한 유죄판결에 따라 범죄에 대한 형벌로서 부과되는" 비자발적 노역은 여전히 허용되었다(Davis, 2003, 28에서 인용). 그러므로 여전히 노예제도는 죄수에게 형벌로 선고될 수 있는 힘든 노동의 형태로서 완벽하게 합법이었다. 앤절라 데이비스가 말하는 것처럼, 미국 남부 백인들은 이 법의 허점을 재빨리 이용해 노예로서 해야 했던 고된 무급 노동에 흑인을 다시 투입했다. 그녀는 다음과 같이 말했다.

> 노예제도 폐지 이후, 이전의 노예주들은 노예제 시기에 존재했던 것과 유사한 방식으로 자유 흑인의 행동을 규제하기 위해 노예제도를 손질한 새로운 법안을 통과시켰다. 새로운 흑인 단속법Black Codes은 흑인이 기소되었을 때만 범죄로 간주되는 —부랑, 결근, 업무 계약 위반, 총기 소지, 모욕적 몸짓이나 행동과 같은— 일련의 행동을 금지했다.
>
> (Davis, 2003, 28)

흑인 단속법이 분명히 밝힌 바와 같이, 흑인은 일자리를 "떠나거나", 결근하거나, "게으름피우거나" 실업자가 되는 것이 불법이기 때문에, 여전히 사실상 노예였다(Davis, 2003, 29). 흑인이 백인이 기대했던 일을 하지 않는다면, 그들은 체포되어 고된 노동에 동원되었다. 어떻게 해서든 흑인은 여전히 백인을 위해 일하도록 강요받았고, 법적으로 일을 거부하는 것이 금지되었다. 더구나 흑인 단속법에서 절도죄는 흑인에 의해 저질러졌을 때만 중죄였다. 역사학자 매리 앤 커틴Mary Ann Curtin은 해방 노예가 때로는 살기 위해 어쩔 수 없이 도둑질해야 했을 뿐만 아니라, 절도 혐의가 이전에 노예였던 흑인에게 중노동형을 선고하기 위해 조직적으로 조작되었음을 보여주었다(Davis, 2003, 33-4). 그래서,

> 노예제도의 즉각적인 여파로, 남부의 주들은 새로 풀려난 노예들에 대한 자유의 가능성을 법적으로 제한할 수 있는 형사사법제도를 서둘러 개발했다. 흑인은 노예제의 환생이라고 불리는 죄수 임대 제도convict lease system의 주요 대상이 되었다.
>
> (Davis, 2003, 29)

흑인 단속법 통과와 죄수 임대 제도의 등장으로 감옥의 백인 대 흑인 비율은 순식간에 역전되었고, 이전에 노예였던 엄청난 수의 흑인들이 구금되어 처벌 조건 때문에 다시 노예가 되었다. 앤절라 데이비스가 지적하듯이, 노예는 평생 노예주를 위한 경제적 투자를 대표해 왔으며, 따라서 노예주는 노예를 살려두는 데 관심을 가졌던 반면, "죄수는 …… 개인이 아니라 단체로 임대되었고, 그들은 말 그대로 혹사당할 수 있었으며, 죽는다고 해도 단체의 수익성에 영향을 주지 않았다"(Davis, 2003, 32). 만약 죄수가 죽는다면 다른 죄수로 대체되었다. 죄수 임대 제도는 결과적으로 노

예제보다 더 나쁜 생활과 노동조건을 수반했고 사망률도 더 높았다. 남북전쟁 이전의 미국 남부 경제가 노예 노동에 의존했던 것처럼, 남북전쟁 이후의 남부 경제와 산업화는 죄수 임대 제도에 의존했음을 앤절라 데이비스는 보여준다. 남북전쟁 이후 남부는 실제로 죄수 노동으로 재건되고 현대화되었다(Davis, 2003, 34-5).

앤절라 데이비스에 따르면, 미국의 형사처벌제도는 "노예제도를 되풀이하고 더욱 확장"했을 뿐만 아니라(Davis, 2003, 33), 자신을 자유인으로 여기는 흑인에게 보복으로 린치를 가하는 기능을 했다. 앤절라 데이비스는 커티스의 연구를 인용하며, 법정은 "건방진" 흑인에 대한 "인종적 응징을 실행하기에 이상적인 장소"(Davis, 2003, 34)라고 주장한다. 흑인 단속법은 흑인의 "무례한 몸짓과 행동"을 범죄로 만들었고, 백인 원고, 변호인, 판사, 배심원은 인종적 방침을 따르기를 거부하는 흑인의 어떠한 행위도 그와 같은 몸짓이나 행동이라고 자의적으로 해석할 수 있었다. 따라서 린치처럼 흑인 단속법은 해방 노예를 "노예의 지위에" 머무르게 하고, 감히 백인과 동등하게 행동하려는 흑인을 처벌하는 역할을 했다(Davis, 2003, 34).

앤절라 데이비스가 볼 때, 미국 감옥에서 아프리카계 미국인의 과대 대표는 감옥 시스템이 실패하고 있음을 나타내는 징표가 아니며, 감옥이 본연의 기능을 발휘하도록 "바로 잡아야" 할 문제도 아니다. 반대로, 이러한 과대 대표는 노예제도의 역사와 그 영향을 영속화하는 미국 감옥 시스템의 주요 기능 중 하나를 보여준다. 여기에는 백인의 사회적·경제적 우위의 지속, 흑인의 빈곤과 경제적 착취, 흑인의 생활·공동체·가족의 조직적 훼손과 파괴 등이 포함된다. 앤절라 데이비스의 주장대로, 우리는 현행 법

체계의 인종 프로파일링에서 흑인 단속법의 한 형태를 볼 뿐만 아니라(Davis, 2003, 30-1), 처벌의 민영화·기업화 현상에서 감옥의 경제 이익 추구가 진행 중임을 본다(Davis, 2003, 37). 미셸 알렉산더도 마찬가지로 "민영 감옥 회사는 인간을 가두는 사업의 최신 시장인 이민자 강제수용소 건설을 희망하며, 불법 이민자로 의심되는 사람을 대상으로 한 징벌적 법을 위해 로비를 벌였다"(Alexander, 2011, 25)라고 말하며, 민영화 감옥이 미국에서 영리를 위한 처벌의 인종화 역사를 확장한 방식에 주목한다.

형사처벌제도가 노예제도와 린치 관행을 대체하고 확대했다고 앤절라 데이비스는 주장하는데, 미셸 알렉산더도 오늘날 감옥이 미국에서 인종화된 카스트 제도를 영구화하는 것이거나 "도덕적으로 짐 크로우와 동등한"(Alexander, 2011, 7) 것임을 증명했다. 흑인 단속법은 노예법Slave Codes을 따른 것이었는데, 짐 크로우법은 아프리카계 미국인의 시민권과 자유를 제한하는 새로운 방법으로 흑인 단속법을 따랐다. 짐 크로우법은 학교, 연방 근무지, 군사 및 대중교통은 물론 분리형 화장실, 음용수 분수와 식당을 포함한 모든 공공시설에서 흑인과 백인의 분리를 요구했다. 짐 크로우법은 또한 투표세와 문맹 검사 실시로 수많은 아프리카계 미국인의 투표권을 부정했다. 이런 식으로, 아프리카계 미국인의 선거권 박탈은 선거권 박탈에 관한 명시적 규정 없이 인종을 이유로 조직적으로 이루어졌다. 비록 어떤 경우에는 차별 철폐가 제정되기까지 오랜 시간이 걸렸지만, 짐 크로우법은 1954년에 위헌이라고 선언되었다. 미셸 알렉산더의 주장에 따르면, 이 시점에 형사처벌제도에서 인종 프로파일링과 중범죄자에 대한 완벽한 법적 차별이 결합한 유색인종의 대량 구금은 짐 크로우법이 했던 일을 대신했다.

짐 크로우법 폐지 이후 빈민가의 유색인종은 천문학적인 비율로 구금되어 여러 도시 지역에서 흑인 남성의 대다수가 전과 기록을 가지게 되었다. 시카고는 80%, 워싱턴 D.C.는 75%, 수도 인근의 빈민가는 거의 100%에 이른다(Alexander, 2011, 9, 12). 실제로 미셸 알렉산더가 지적한 것처럼, "오늘날 —감옥에서, 또는 보호관찰이나 가석방 속에서— 교정 통제를 받는 아프리카계 미국 성인의 수가 남북전쟁이 시작되기 10년 전인 1850년에 노예가 된 숫자보다 더 많다"(Alexander, 2011, 9). 전과가 있는 사람은

> 법에 따라 영구적으로 2등급 지위를 갖는다. 조부모와 증조부모가 짐 크로우 시대에 그랬던 것처럼, 그들도 투표권이 박탈되고 배심원에서 자동으로 배제되며 고용, 주택, 교육 및 공공 혜택에서 법적으로 차별받을 수 있다.
>
> (Alexander, 2011, 10)

형사처벌제도가 일반인(대부분 백인)이 할 때는 불법이 아닌 일상의 여러 행동을 전과자(대부분 유색인종)가 할 때는 불법인 것으로 만드는 한, 그것은 짐 크로우법과 같은 기능을 한다. 예를 들어, 가석방된 사람이 이웃의 거의 모든 남자가 전과자인 가난하고 인종화된 자신의 동네로 돌아왔을 때, 그가 다른 전과자와 교류하는 것이 가석방 조건 위반에 해당하는 것처럼, 보호관찰과 가석방에 부가되는 제한이 어떤 사람에게는 위반하지 않는 것이 거의 불가능할 수도 있다. 이 시나리오에서 가석방된 사람은 재구금의 위험을 무릅쓰지 않고서는 이웃과 대화하거나 편의점에 갈 수

없다. “아프리카계 미국인은 건국 이후 노예제도나 짐 크로우와 같은 제도를 통해 반복해서 통제받아 왔으며, 사라진 것처럼 보이는 이런 제도들은 그 후 시대의 필요와 제약에 따라 새로운 형태로 재탄생한다”(Alexander, 2011, 10)라고 미셸 알렉산더는 말한다.

중요한 점은, 미셸 알렉산더가 보여주듯이, 미국에서 가난한 아프리카계 미국인 남성—과 점점 증가하고 있는 아프리카계 미국인 여성—의 치솟는 수감률은 그들의 범죄 증가나 일반적인 범죄의 증가와 관련이 없다는 사실이다. 반대로, 로익 바캉이 “폭식”(Alexander, 2011, 11)이라고 불렀던, 감옥이 흑인의 신체를 삼켜버리는 방식은 전적으로 마약과의 전쟁과 형기를 대폭 늘리는 “범죄에 대한 강력 대응” 운동으로 설명할 수 있다. 미셸 알렉산더가 언급했듯이, “마약과의 전쟁이 시작된 이후 마약 관련 유죄 선고가 1,000% 이상 증가했으며, 이는 마약의 사용, 판매와는 무관한 증가다”(Alexander, 2011, 12). 관련 연구들이 백인이 유색인종과 같은 비율로 마약을 판매하고 소비한다는 것을 일관되게 보여주지만(더구나, 백인 젊은이가 흑인 젊은이보다 마약을 사고팔 가능성이 더 크지만), 마약과의 전쟁은 압도적으로 유색인종이 거주하는 가난한 지역사회를 목표로 하고 있다. “일부 주에서는 아프리카계 미국인이 전체 마약 사범의 80-90%를 차지한다”(Alexander, 2011, 14). 마약류 검거 5건 중 4건은 마약류 소지이며, 마약류 소지의 대부분은 마리화나다(Alexander, 2011, 18). 따라서 지난 30년 동안 수감된 사람의 대다수는 비폭력 범죄자였는데, 여기에는 백인이 아무렇지도 않게 하는 행위를 한 수많은 아프리카계 미국 젊은이가 포함된다. 이렇게 하여, 미셸 알렉산더는 다음과 같이 주장한다.

놀랍도록 짧은 시간 안에 새로운 인종 카스트가 만들어졌다. 수백 만 명의 유색인종이 현재 전과 기록에 시달리고 있으며, 시민권 운동에서 획득한 것으로 추정되는 바로 그 권리를 법적으로 거부 당하고 있다.

(Alexander, 2011, 18)

앤절라 데이비스처럼, 미셸 알렉산더는 아프리카계 미국인의 대량 구금이 짐 크로우법은 물론이고 노예제도와 린치의 역사까지 영속시킨다고 주장한다. "안에서는 노예가 되고, 나가면 짐 크로우가 된다"(Alexander, 2011, 19)라고 말하면서, 그녀는 구금되었던 수많은 사람이 이런 관계를 맺게 된다고 진술한다. 미셸 알렉산더는 구금을 린치와 같은 제거 행위로 비유하는 미시시피 출신 흑인 목사를 인용했다(Alexander, 2011, 20). 미셸 알렉산더는 중범죄 낙인이 찍힌 사람이 죽지는 않지만, 그들이 너무 조직적으로 차별을 받아 대다수가 다시 감옥에 가게 된다는 것을 보여준다(Alexander, 2011, 22). 감옥은 사회적 죽음의 한 형태로 정확하게 묘사할 수 있기 때문에(Guenther, 2013), 대량 구금의 인종화는 남북전쟁 후기 린치 폭도들이 했던 일을 효과적으로 계속한다. 린치 폭도들은 종종 흑인이 백인에 대해 저지른 범죄를 밝힌다고 주장하지만, 그들의 인종차별주의가 대량 구금에서처럼 효과적으로 가면 뒤에 가려진 적은 없다. 비록 그것이 법의 작용으로 위장하고 있지만, 미셸 알렉산더는 "우리의 형사사법제도는 범죄통제 제도라기보다는 카스트 제도와 같은 기능을 한다"(Alexander, 2011, 11)라고 말한다.

다른 비판적 인종 연구 학자와 탈식민주의 학자들은 감옥이 범죄통제와 무관한 생명 정치적 목적을 위해 봉사해 온 방식을 보여주는 데 있어서 푸코, 앤절라 데이비스, 미셸 알렉산더를 따랐다. 『빈민을 벌하다*Punishing the Poor*』에서, 로익 바캉은 미국에서 짐 크로우법이 폐지됨에 따라 인종화된 게토가 아프리카계 미국인을 억제하는 수단으로 등장했다고 주장한다. 흑인 시위와 인종 폭동으로 도시 게토가 부분적으로 폐허가 되었을 때, 로익 바캉은 "도축장으로서 정의를 실현"(Wacquant, 2009, 23)하는 감옥이 "게토의 대용"으로 "그로테스크하게" 확장되었다고 주장한다(Wacquant, 2009, 196). 「징역살이: 대량 구금의 우생학 구조Life Back Bars: The Eugenic Structure of Mass Incarceration」에서 리사 건서Lisa Guenther는 감옥이 미국과 캐나다의 상황에서 우생학을 영속시킨다고 주장한다(Guenther, 2016). 리사 건서가 보여주듯이, 비동의 우생 불임시술이 교도소 의사에 의해 계속해서 시행되고 있을 뿐만 아니라, 인종화되고, 가난하고, 장애가 있는 사람이 그들의 자녀와 분리되며, 감옥의 성분리적 성격sex-segregated nature은 가임기의 전 기간 또는 다년간 자주 구금되는 생명 정치적으로 평가절하된 인구의 생물학적·사회적 번식을 막는다.

감옥은 정착민 식민주의의 중요한 도구이기도 했다. 1883년 미국 인디언 사무청장은 전통적인 토착민 춤과 의술을 범죄화했다(Ross, 1998, 18). 흑인 단속법과 마찬가지로, 19세기 법은 백인이 신고하면 어슬렁거리거나 "돌아다니는 것"과 같은 일상적인 행동을 하는 토착민의 체포를 허용하였고, 법원은 "어슬렁거린" 죄로 체포된 토착민을 4개월의 기간 동안 최고 입찰자에게 고용시켰다(Mogul et al., xvii). 토착민은 오늘날에도 계속 미국 형사처벌제도의 불균형한 표적이 되고 있다. 2008년, 토착민 여성은 몬타나주 인구의 7%에 불과하지만, 주 교도소에 수감된 여성의 27% 이상을 차지하고 있다(Mogul et al., xii). 로버트 니콜스Robert Nichols는 「구금의 식민주의The Colonialism of Incarceration」에서 캐나다의 상황을 검토하면서, 토착민 기숙학교가 없어졌을 때 기숙학교의 용도를 대체하는 토착민 구금의 확대가 이루어졌다는 사실로써 감옥이 지속적인 식민지 지배의 도구로서 기능하는 방식을 보여주었다(Nichols, 2014; MacDonald, 2016. Monchalin, 2016도 참조). 토착민은 캐나다 백인보다 구금될 확률이 10배나 높고, 그들은 치안, 재판, 감옥의 보안 수준에 이르기까지 형사처벌제도의 모든 수준에서 차별받는다(MacDonald, 2016).

여전히 다른 비판적 감옥 연구 학자들은 오늘날 감옥의 중요한 기능 중 하나가 이민 통제이며, 강제수용소에 수용되는 등록·미등록 이민자의 수가 점점 늘어나고 있다고 말한다(Walia, 2013; Gottschalk, 2015). 실제로 머리 갓쵸크가 지적하듯이, 현재 미국 연방 교도소와 법원의 수감자 중 가장 큰 인종 또는 민족 집단은 아프리카계 미국인이 아니라 히스패닉이다(Gottschalk, 2015, 215). 이민자 대부분은 불법 입국·재입국 혐의로 억류되지만, 심지어 영주권을 소지한 등록 이민자조차 사소한 위반으로라도 체포되면, 재판받을 기회도 없이 추방될 수 있다. 정부는 범죄로 체포된 이민자의 추방을 국가 안보에 대한 위협으로부터 국민을 보호하기 위한 조치라고 말하지만, 추방된 이민자 5명 중 1명만이 중범죄로 기소되었다. 머리 갓쵸크가 썼듯이, "경미한 위반을 이유로 하는 체포는 범죄로 기소된 사람에게 주어지는 변호인의 변론 및 기타 법의 보호를 받을 자격이 없는 추방 절차로 비시민을 몰아넣는 주요한 구실이 되어 왔다"(Gottschalk, 2015, 216.

INCITE, 2016도 참조).

이민 통제 역할 외에도, 비판적 퀴어 감옥 연구 학자들은 감옥이 젠더를 단속하고 젠더 규범을 따르지 않고 비이성애적인 죄수를 처벌하는 생명 정치적 목적에도 이바지한다고 주장해 왔다(Mogul et al., 2011; Lydon, 2016). 교화소penitentiary는 원래 18세기 영국에서 "회개한" 성매매 여성을 수용하기 위해 설립되어, 그들의 일탈적인 젠더와 섹슈얼리티를 처벌하고 교화하였다(Mogul et al., 2011, 94). "타락한 여성"이 출소 후 아내와 가정부라는 젠더 역할을 하기 위한 훈련으로, 그들은 교화소에서 집안일을 해야 했다(Davis, 2003). 현대 여자 감옥은 계속해서 젠더규범에 의해 형성되고 있다. 예를 들어, 캐나다에서는 "오두막" 스타일의 주택을 여성 연방 교도소로 사용하는데, 이 주택에서 "평범한" 가정생활을 해본 적이 없는 여성들이 공동으로 요리하고 청소하며, 자기의 식료품 목록과 식사 계획을 세운다(Hayman, 2006). 이와 같은 여성 수감자의 책임화responsibilization는 그들에게 자율권을 주도록, 그리고 생활 필수 기술을 가르치기 위해 고안된 것이지만, 그것은 또한 여성이 어떠해야 하고 어떤 기술을 가져야 하는가에 관한 젠더화된 생각을 반영한다. 남자 감옥에는 그에 비견될만한 가정 프로그램이 거의 없다.

마지막으로, 감옥은 젠더 수행gender performance과 LGBTQ 수감자의 섹슈얼리티를 규제한다. 그러한 규제의 한 형태는 퀴어 수감자의 처벌이다. 모굴·리치·휘틀록은 여자 감옥에 수감된, 젠더 관행을 따르지 않는 사람이 "꼬마 소년"이라고 불리며 교도관에게 조롱당하고 괴롭힘을 당하며, 일반 인구와 분리되어 "사내 동", "꼬마 소년 동" 또는 "수컷 동"(Mogul et al., 2011, 109)에 수용되는 방식을 보고한다. 이성애자처럼 행동할 수 있는 게이와 양성애자 수감자는 동성애를 혐오하는 교도관에 의한 폭력, 행정적 분리, 조롱을 피하려고 이성애자처럼 행동한다(Kunzel, 2008, 2, 8-9). 트랜스 죄수는 종종 그들이 필요로 하는 치료뿐만 아니라, 젠더를 확인하는 옷과 화장품을 거부당한다. 또한 그들은 출생시 결정된 성으로 구분된 감옥에 배치됨으로써, 그들의 젠더는 일상적으로 거부되며, 성적 폭력의 위험에 그대로 노출된다(Spade, 2011; Lydon, 2016). 말할 필요도 없이, 이러한 모든 요소는 삶과 죽음을 담보로 규범적 젠더 수행과 규범적 섹슈얼리티를 장려한다.

푸코의 주장이 현대 감옥 연구에서 관련을 맺고, 수용되며 확대되는 이런 방식에도 불구하고, 비판적 감옥 연구 학자들은 푸코의 분석이 현대의 구금 상황에서 가지는 한계도 고찰했다. 무엇보다도, 푸코는 감옥에 관한 글에서 인종을 고려하지 않았다는 비판을 받는다(James, 1996; Davis, 2005; Garland, 2012). 게다가, 비판적 감옥 연구 학자들은 푸코가 예상하지 못한 방식으로 감옥이 변화하고, 그의 연구 일부 측면을 낡은 것으로 만드는 방식에 주목했다. 예를 들어, 1970년대에 감옥을 연구했던 푸코는 곧 일어날 감옥의 대규모 팽창을 예측하지 못했고, 오히려 감옥의 감축을 예상했다. 로익 바캉은 1970년대 다른 감옥 역사가들과 마찬가지로 푸코가 감옥을 "보다 더 분산, 분리, 다각화된 사회통제 제도에 의해 …… 교체될 수밖에 없는, 쇠퇴할 운명에 처한 기관"으로 추정했다고 말한다(Wacquant, 2009, 6). 이 추정은 다른 프랑스 지식인들도 공유했다. 예를 들어, 질 들뢰즈는 「통제사회에 대한 후기Postscript on the Societies of Control」에서 "[담장을 두르는] 이 제도는 끝났다는 것을 모두 안다"(Deleuze, 1992, 4)라고 썼다.

1970년대 이후 미국과 같은 나라에서, 거의 이해할 수 없는, 예상치 못한 감옥의 팽창이 가져온 한 가지 효과는 형사처벌제도가 푸코가 기술한 정신에 관한 관심을 제공할 능력을 잃었다는 것이다. 제3장에서 보았듯이, 「19세기 법정신의학의 '위험한 개인'이라는 관념에 대하여」와 같은 저작에서, 푸코는 판사와 배심원이 피고인에게 "당신은 누구인가?"라고 물으며 피고인의 심리를 이해하기 위해 고군분투하고, 피고인이 그러한 질문에 응답하기를 거부할 때 재판이 단락되는 법정 드라마를 묘사한다(Foucault, 1978b, 1). 그러나 현실적으로 이와 같은 법정 시나리오는 오늘날에는 예외적인 일일 것이다. 현재 실형을 선고받는 대다수 사람은 절대로 재판받지 않으며, 따라서 그들이 누구인지에 대한 심문을 받지 않는다. 대신 미국에서 피고인은 마약 소지죄로 30년 또는 성매매sex trafficking 혐의로 99년 등 극히 긴 형량을 통해 위협받는다. 대다수 피고인은 재판에서 이러한 엄격한 형량을 받을 위험을 무릅쓰기보다는 자신이 무죄라 하더라도 변호사의 조언에 따라 형량을 대폭 줄이기 위해 유죄답변 협상plea bargains을 한다. 미국에서 피고인은 유죄답변 협상이 타결되어 그들의 운명이 결정되기 전 몇 분 동안만 주 정부 지정 변호인을 만난다. 이는 캐나다에서도 마찬가지다. 피고인 대부분은, 특히 그들이 토착민인 경우, 유죄답변 협상에 동의하기 전 5분에서 10분 정도만 변호인과 시간을 보낸다(MacDonald, 2016). 이것은 많은 사람, 특히 토착민과 그 외 유색인종이 자신들이 저지르지 않은 —또는 저지르지 않았을 수도 있는— 범죄로 인해, 그리고 피고인에게 거의 관심이 없어서, 그들에게 유죄를 선고하는 법정으로 인해 구금되는 상황을 초래한다(Carling, 2018). 미국 형사처벌제도에 관한 2018년 다큐멘터리 《감옥 생존자 가이드*The Survivor's Guide to Prison*》(Cooke, 2018)에 따르면 형사사건의 95%가 재판이 아니라 "거래"인 유죄답변 협상으로 결정된다. 법학자 미셸 알렉산더는 이 다큐멘터리 인터뷰에서 미국의 수감자 중 15%에 달하는 사람이 무죄일 가능성이 있다고 말한다. – 그들 대부분은 자신이 저지르지 않은 범죄에 대한 유죄답변 협상을 받아들인 사람들이다.

이러한 피고인의 정신에 관한 관심 부족은 재판이나 유죄답변 협상제도에서 감옥으로까지 확장되는데, 리사 건서가 주장한 바와 같이, 우리는 푸코가 기술한 것과 같은 구금 제도로부터 정신의 교화를 위한 어떠한 시도도 하지 않는 "통제 감옥control prison" 시대로 넘어갔다. 리사 건서는 미국 감옥에서의 격리 구금의 세 "물결", 일반적으로 세 개의 구금 체제와 더 잘 연결되는 "물결"에 관해 기술하고 있다(Guenther, 2013). 제1의 물결은 1850년대 종교개혁가들이 주도했으며, 감옥의 고독이 죄수에게 성찰하고 참회하는 전환의 기회를 제공한다는 믿음에 근거를 두고 있었다. 1960-70년대에 시작된 제2의 물결은 행동과학자들이 주도했으며 범죄자의 교화가 목표가 아니라 "생산적인 사회구성원"(Guenther, 2013, xvi)이 되도록 재조정하는 것을 목표로 삼았다. 이것이 푸코가 1970년대에 분석한 감옥의 철학들이다. 하지만 그가 묘사할 수 없었던 격리 구금의 제3의 "물결"은

> 1980년대에 시작되었고, 범죄 주체를 구원하고 교화하는 것보다는 교도소장, 교도소 직원, 입법자, 기획자, 그리고 범죄와 구금의 정치경제에서의 기타 이해당사자의 요구에 가장 적합한 방법으로 감옥 인구를 격리하고 통제하는 것을 더 추구하는 감옥 관리자들

에 의해 주도되었다. 이 현행 정책의 목적은 죄수들이 감옥을 벗어나 새로운 비범죄적 생활에 적응할 수 있게 하는 것이 아니라 감옥 자체의 규칙과 구조에 적응하도록 하는 것이다. 우리는 범죄자의 정신적 자기성찰이나 심지어 비정상적인 행동의 외면성까지 꿰뚫는 방식보다는 수감자를 붙잡아 두는 것 자체가 끝인 통제 감옥의 시대를 살고 있다.

(Guenther, 2013, xvi)

레지나 쿤젤Regina Kunzel에 따르면, ―그녀가 "폭력 감옥violent prison"이라고 부르는― 통제 감옥은 1970년대의 죄수들의 인권 운동과 폭동에 대한 신랄한 대응으로 생겨났다(Kunzel, 2008, 165). 통제 감옥이 등장하면서 이제는 구금 관행이 참회적 효과나 치료적 효과를 가진다거나, 이것이 그들의 목적이라는 가식도 거의 사라졌다. "범죄에 대한 강력 대응"이라는 정치 담론은 순전히 응보적이고 제거적이며, 감옥은 생명 정치적으로 평가절하된 신체를 위한 창고, 또는 사샤 에이브럼스키Sasha Abramsky의 표현을 빌리자면, "살아있는 죽은 자들의 창고"(Abramsky, 2007, 129)가 되었다. 그래서 니콜라 레이시는 "포스트 포드주의, 포스트 케인즈주의 세계의 환경에 특유한 '탈규율적post-disciplinary' 처벌 관행"(Lacey, 2011, 49)에 대해 썼고, "이것들은 일탈행위자를 정규 사회 경제에 재편입될 준비가 된 '유순한 신체'와 순응하는 정신으로 사회화하는 것을 강조함으로써 현대 감옥 제도의 특징을 규율의 '정상화'라고 보는 푸코주의 기법을 부적절한 것으로 만들었다"(Lacey, 2011, 50)라고 썼다. 따라서 하급 보안 기관과 북미 이외 국가의 일부 수감자는 자기의 경험과 푸코의 구금 권력에 대한 설명 사이에서 약간의 공명을 발견하지만(Minogue, 2010), 테네시주의 경비가 가장 엄중한 시설 수감자는 『감시와 처벌』이 자신들이 원하는 감옥의 모습(더 많은 정신 건강 관리, 더 개인적인 관심, 더 온화한 형태의 통제)을 잘 묘사하고 있으나 하향식 육체 폭력과 정신(개인의 의사소통)에 대한 완전한 무시라는 자신들이 실제 경험한 감옥과는 거리가 멀다는 것을 발견한다고 리사 건서는 보고한다.

유사하게, 성범죄자에 관해서, 로익 바캉은 "성 공황sex panic" 이전의 물결과는 달리, "당신은 누구인가?"라는 물음에 흥미를 잃었다고 말한다. 오늘날 우리는 성범죄자의 개인사에 관심이 없고 단지 그의 신체를 공공장소에서 제거하는 데에만 관심이 있다. 결과적으로,

> 성범죄자에 대한 새로운 정책은 개인을 "교정"하고 교화하는 데 우선순위를 두는 1920년대부터 1970년대까지의 지배적 정책을 공공연히 폐기한다. 대신에, 일탈행위의 총 확률을 통해 통계적으로 정의된 죄수 전체 범주에 대한 응보, 무해화, 엄격한 감시를 우선시한다.
>
> (Wacquant, 2009, 225)

교화라는 행형학의 목적이 무해화와 제거로 바뀌면서, 로익 바캉은 범죄 피해자의 이익을 위해 정신의학·범죄학 전문가의 "민중의 지혜와 대중의 의지를 전달하는 권위자"로서의 역할이 매우 축소되었음을 발견한다(Wacquant, 2009, 225-6). 성범죄 공황의 초기 물결은 "정신과 의사의 특권을 확인하고 확대"했지만, 메건

법이 통과된 이후, 정신과 의사의 역할은 효과적으로 "단락"되었다고 로익 바캉은 주장한다. 예를 들어 미국 정신의학협회 성범죄자 대책위원회the American Psychiatric Association Task Force on Sexually Violent Predators의 1996년 보고서는 메건법이 규정하고 있는 "정신이상"에 근거한 공지와 무기한 구금(정신과 의료기관에의 "민사적 구금") 관행에 반대하면서, 이것이 "정신의학 시설과 자원을 잘못 배분하고 정신의학 남용을 조장"한다고 주장했다(Wacquant, 2009, 226에서 인용). 그런데도 연방정부와 적어도 20개 주는 정신과 전문의의 조언에 반하여 성범죄자를 무기한 구금할 수 있는 민사적 구금법civil commitment laws을 제정했다. 로익 바캉이 말하는 것처럼,

> 성적 일탈행위에 대한 공개 토론에서 병인학적·치료적 고려는 사실상 사라졌기 때문에, 더는 의학 전문가의 협업이 필요하지 않다. 매년 심각한 성범죄를 저지르는 15만 명 이상의 사람을 교화한다는 것은 더 이상 문제가 아니다. 이제 목표는 "대중의 안전과 피해자 보호를 강화"하기 위해 그들을 "격리"하는 것이다.
>
> (Wacquant, 2009, 226)

1970년대에 글을 쓴 푸코에게는 정신과 의사가 성범죄자에 대한 당시의 구성에 저항하기 위해 다투어야 할 주요 인물이었으나, 로익 바캉에 따르면, 전문가의 목소리는 "1980년대 후반부터 형벌 분야의 주요 주인공으로 떠오른 언론인, 선출직 공무원, 특히 범죄 피해자와 그 가족들의 감성적인 북소리에 파묻혀 버렸다"(Wacquant, 2009, 214).

최근 몇 년간 정신의학의 권위가 평가절하된 데 대한 로익 바캉의 설명은 중요하다. 그리고 우리는 형사처벌제도가 정신의학 지침을 일상적으로 무시하는 다른 방식을 지적할 수 있다. 예를 들어, 미국 정신의학협회the American Psychiatric Association는 경우에 따라서 트랜스젠더에게 의학적으로 호르몬 치료의 접근이 필요할 수 있다고 권고하지만, 감옥 직원들은 트랜스젠더 수감자에 대한 젠더 확정 치료gender-confirming treatment를 단지 "미용"에 불과하다는 이유로 일관하여 거부한다(Mogul et al., 2011, 111; Spade, 2011). 그렇지만 범죄 피해자의 이익을 위한 정신의학 강등에 대해 로익 바캉이 시도한 설명은 과장된 것이다. 머리 갓쵸크가 관찰한 바와 같이, 가혹한 성범죄자법sex offender laws에 반대하는 정신과 전문가들의 주장은 헛되지 않았다. 오히려 "많은 주에서 자신들만의 민사적 구금 프로그램을 수립하는 것을 고려했다 철회했는데, 이는 주로 전문가 단체, 특히 정신건강 전문가들의 반대 때문이었다"(Gottschalk, 2015, 201). 감옥은 —그리고 특히 성범죄자에 대한 구금 처우는— 정신의학 전문가들의 담론이 실패했거나 집단으로서 우리가 그들을 거부했기 때문이 아니라, 그 전문가들이 그들의 일을 해냈기 때문에, 때때로 그들이 없어도 되거나 그들을 무시할 수 있다는 주장이 있을 수도 있다. 현재 우리는 섹슈얼리티가 심리적 정체성의 핵심 부분이라는 견해, 따라서 성범죄자는 그들이 누구인지를 표현하는 것에서처럼 상습성을 가질 것이라는 견해, 이러한 범죄는 우리가 우리 자신을 방어해야 하는 사회에 가장 중요한 위험이라는 견해를 받아들인다. 정신과 의사들은 200년간 이러한 메시지를 강조했고, 우리는 그 메시지를 듣고, 내재화하고, 제도화했다. 결과적으로 우리는 가끔 정신과 의사에게 사소한 역할을 맡기는 경우가 있는데, 이는 그들의 담론이 실패했기 때문이 아니라 역설적으로 그들이 성공했기 때문이다. — 때로는 정신과 의사들이 못마땅해하는 결과를 가지고 말이다.

정신과 의사들은 성범죄자에 대한 무기한의 민사적 구금에 반대했지만, 이런 구금기관의 운영자는 여전히 이들이라는 점도 눈여겨볼 대목이다. 따라서 정신과 의사의 권위가 성범죄에 대한 공개 담론에서 범죄 피해자의 이익을 위해서 약해졌을 수 있다. 그러나 정신의학 기관 내에서 성범죄자의 삶에 대한 직접적인 권한을 계속 가지는 사람은 범죄 피해자가 아닌 정신과 의사들이다. 이러한 정신의학 기관들과 이를 지휘하는 의사는 계속해서 형사처벌제도에서 중요한 역할을 한다. 그들의 생명 정치적 통치가 성범죄자를 형기가 끝난 다음에도 무기한으로, 그리고 종종 종신형으로 구금하는 것을 허용하기 때문이다. 정신과 —특히 법의학 정신과— 의사들 역시 전문가 증인의 형태로, 그리고 감옥의 정신의학 동에서 형사처벌제도에서의 중요한 역할을 계속 수행하고 있다. 더욱이 병원이 아니라 감옥의 정신의학 동이 이제 가장 정신적으로 아픈 수감자를 구금하는 기관이다(Ben-Moshe, 2014). 따라서 정신의학 권력은 로익 바캉이 시사하는 바와 같이 단락된 것이 아니라 오히려 형사처벌제도의 도구로 변모하였다. 제6장에서는, 특히 정신의학이 퀴어를 범죄화하는 데 이용되어 온 만큼, 법과 정신의학의 관계에 대한 푸코의 분석을 살펴볼 것이다(Foucault, 2003).

제 6 장

퀴어의 범죄화

범죄라는 유령이 미국 LGBT 사람들의 삶을 끊임없이 떠돌고 있다. 그것은 동성애 및 젠더 비순응과 위험, 무질서, 기망, 질병, 전염, 성범죄 위험, 타락, 전복, 침해, 배신, 폭력 개념이 지속적으로 혼합된 산물이다.

— 조이 모굴·안드레아 리치·케이 휘틀록, 『퀴어 (부)정의』(2012)

그로테스크한 권력

푸코는 1975년 강의 『비정상인들』(2003, 11-4, 35-6)에서 그로테스크한 권력grotesque power 개념을 소개한다. 이 강의에서 푸코는 전년도 강의 『정신의학의 권력』에서 시작한 일련의 탐구를 이어서 한다. 그것은 정신의학이 형사처벌제도 내에서 했던 역할을 포함해 현대생활에서 자신의 권력을 어떻게 확대해 나갔는지를 탐사하는 것이었다. 현재 우리는 정신의학이 우리 삶의 모든 곳에 존재하는 것에 너무나 익숙해져서, 정신의학의 편재omnipresence에 별다른 감흥이 없다. 그러나 푸코가 보여주듯이, 19세기 초에 정신의학은 안정적인 의학의 한 분과로 자리매김하는 데 어려움을 겪었고, 정신과 의사들은 처음에 돌팔이 혹은 사기꾼으로 여겨졌다. 그러나 19세기를 거치면서 정신의학은 과학으로서 자리매김할 뿐만 아니라 삶의 다른 모든 영역으로 퍼져나갔다. 가장 중요한 것은 법의 영역에 침투했다는 사실일 것이다.

이것은 사실 이상한 관류인데, 원래 법에서 정신의학의 유일한 역할은 형사처벌제도에 부적합한 사람(명백한 정신이상자, 책임무능력자)을 떠맡는 것이었다. 그러나 정신의학에 맡겨진 사례들은 너무나 명백해서 정신과 의사의 확인이 필요 없었다. 19세기 초, 정신의학은 푸코가 "가장 당혹스러운 사례"(Foucault, 1988a, 180)라고 부르는 것에 대해서만 자기 소관이라고 주장할 수 있었으며, 이를 인정하는 데 정신의학의 전문지식이 전혀 필요 없어서 법정에 정신과 의사가 필요한 일이 없었다. 그러나 시간이 흐르면서 정신질환은 좀 더 복잡하고 미묘한 것이라고 이해하게 되었다. 현재 우리는 정신질환을 누군가가 분명히 가지고 있거나 그렇지 않은 명백한 섬망 상태라기보다는, 우리 중 다수는 우리들 삶에서 각기 다른 지점에 자리하고 있다는 한 줄 스펙트럼 속에서의 비정상성abnormalcy으로 생각한다.

『비정상인들』에서 푸코가 지적한 것 중 하나는 이러한 전환이 정신의학 권력의 영역을 크게 확장했다는 점이다. 19세기에 정신과 의사들은 판사로부터 특정 주체가 정신이상인지 아닌지 또는 그들이 범죄를 저질렀을 때 정신이상이었을 수도 있는지의 판단을 요구받았다. 광기를 탐지하고 그것이 제기하는 위험의 유형을 확인하기 위해 이제 훈련된 전문가가 필요하다고 보기 시작했다. 그러나 어떤 대상이 재판받기에 적합하다고 판단되면 정신의학의 역할은 거기서 끝났다. 이와는 대조적으로 오늘날에는 정신의학의 한 분과 전체(법정신의학forensic psychiatry)가 법률 사건을 전문으로 다룬다. 푸코에 따르면, 법정신의학 의사들에게 제기되는 근본적인 질문은 "피고인이 유죄인가?" 혹은 "피고인이 아픈가?"가 아니라 "피고인이 위험한가?"이며, 위험은 대부분 비정상성과 결합한다. 정상성은 사실 인종, 계급, 능력, 젠더, 섹슈얼리티를 나타내는 유사 과학 용어다. 푸코는 정신의학이 질병을 "배제"(Foucault, 2003, 308)하거나 또는 병리를 진단하고 치료하는 의학의 한 분과 기능을 그만두는 대신에 위험한 개인을 식별하여 그들을 정상화하거나 구금할 수 있게 만듦으로써 "사회"를 보호하는 엄격한 생명 정치의 기능을 수행하고 있다고 주장한다. 따라서 정신과 의사들은 피고인이 정신질환자로 판단되든 아니든 법정에 머물며, 정신질환 진단을 받지 않은 피고인에 대해 그리고 정신질환 진단을 받았음에도 불구하고 재판에 부쳐져 징역형이나 심지어 사형을 선고받는 피고인에 대해 증언한다.

정신과 의사가 이제 회전문을 나갈 필요가 없듯이, 법도 마찬가지다. 형사처벌제도는 정신질환자로 분류된 범죄자를 더 이상 포기하지 않는다. 실제로 현대 감옥은 정신질환 진단을 받은 사람들로 가득 차 있고, 구금시설 자체가 정신질환의 원인으로 널리 인식되고 있다(Ben-Moshe et al., 2014). 감옥이 장애의 문제가 되는 것은 많은 수감자가 지적 장애인이거나 정신질환을 앓고 있기 때문이기도 하지만, 마이클 렘비스가 주장하듯이, "감옥-산업복합체의 부상, 사회적 '일탈'행위와 구금 인구에 대한 정신의학화, 구금으로 인한 정신적 트라우마 사이에 중요한 관련성"이 있기 때문이기도 하다(Rembis, 2014, 139). 우리는 소위 "탈시설화"를 계기로 한 정신질환의 범죄화를 목격했다. 감옥과 법의학 정신병원의 정신의학과 설치는 법과 정신의학 융합의 제도적 표현이다.

푸코는 정신의학이 의학의 기능을 중단했듯이 법도 정의의 기능을 중단했다고 주장한다. 정신의학처럼 법도 위험 관리의 하나인 엄격한 생명 정치 기능을 수행해 왔다. 따라서 범죄가 발생했는지, 누가 저질렀는지를 결정하고, 그 행위에 대해 형벌을 부과하는 법의 역할은 점점 줄어들고 있지만, 피고인이 어떤 유형의 사람인지, 위험한지를 알아내고, 위험하다면 무해화하는 법의 역할은 점점 늘어나고 있다. 푸코는 때때로 생명 권력을 사법 권력이나 주권 권력과 대치시키지만, 『비정상인들』과 같은 작품에서 사법 권력이 생명 권력으로 포화상태에 이르면서 "그로테스크한" 융합이 어떻게 일어나는지를 보여준다. 이는 법이 이제 진실이나 정의보다는 비정상성의 제거나 규율에 더 관심을 가지는 철저한 정상화 세력이 되었다는 것을 뜻한다.

푸코는 "그로테스크"하다는 말을 단순히 "욕설이나 모욕적인 용어"로 쓰는 것이 아니라 "다소 엄격하고" "치밀하고" "진지한 의미"(Foucault, 2003, 11)로 사용한다고 지적하고 있으므로, 이 개념이 무엇을 의미하는지 고려해 볼 만하다. 그로테스크라는 용어는 동굴이나 인공동굴인 그로토grotto에서 발견된 고대 로마 예술의 특정 스타일을 가리키는 데 사용하는 이탈리아어 *grottésco*에서 유래했다. 이 그로토들은 실제로 네로Nero가 지은 미완성 황금궁전 도무스 아우레아Domus Aurea의 지하방이자 복도로, 15세기에 재발견되어 이러한 스타일의 예술로 부활했다. 18세기 이후 이 용어는 추하거나 역겹거나 기형으로 여겨지는 괴물 석상gargoyles과 같은 형상이나 조각상의 대명사로 사용되었다. 레미 아스트뤽Rémi Astruc은 그로테스크의 세 가지 특성이 이중성doubleness, 잡종성hybridity, 변태성metamorphosis이라고 주장한다(Astruc, 2010). 그로테스크한 예술의 예로는 15세기 네덜란드 화가 히에로니무스 보스Heironymus Bosch의 작품을 들 수 있고, 현대의 예로는 살바도르 달리Salvador Dalì의 작품이 있다. 저스틴 에드워즈Justin Edwards · 룬 그롤런드Rune Graulund에 따르면, 그로테스크한 것과 괴기스러운 것the monstrous은 중첩되며 때로는 동의어 범주라고 한다. 괴기스러운 것과 마찬가지로 그로테스크한 것은 자연의 범주, 대칭과 비율의 법칙을 무시하는 부자연스럽고 기이하며 기괴하고 부조리하고 터무니없는 조합을 나타낸다(Edwards and Graulund, 2013, 36-7). 비율의 그로테스크한 변형은 과도한 소모를 수반하거나 폭력과 잔혹함의 과잉을 초래할 수 있다(Edwards and Graulund, 2013, 38). 식인풍습과 "이상한 …… 유혈, 선혈, 대학살" 행위는 가해자와 함께 괴기스럽거나 그로테스크한 것으로 인식된다(Edwards and Graulund, 2013, 39). 과장된 부도덕과 공포가 이렇게 결부되어 있음에도 그로테스크는 또한 우스꽝스러울 수도 있다. 에드워즈·그롤런드가 말하듯이, "해학적이고 풍자적이며 우스꽝스러운 것은 모두 그로테스크한 텍스트와 연관되어 있으며, 이러한 모든 형태는 적어도 잠재적으로라도 감정·육체 반응으로서 웃음을 유발할 수 있다"(Edwards and Graulund, 2013, 93). 그로테스크의 이러한 개념화를 고려하면, 우리는 그로테스크한 권력을 자기 모순적이고 추악하고 이상하고 과장되고 폭력적이고 잔인하고 우스꽝스러운 권력의 일종으로 이해할 수 있다. 푸코는 "그런 주제의 강좌에 바칠 힘도, 용기도, 시간도 없다"(Foucault, 2003, 14)라고 말하지만, 그로테스크에 대한 그의 짧은 언급은 형사처벌 제도 내에서의 젠더와 섹슈얼리티의 규율을 너무나 적절하게 묘사하고 있어서 현 상황에서의 탐색에 유용하다.

『비정상인들』의 첫 강의에서 푸코는 특히 법정에서 정신의학 전문가의 증언 기능에 관심을 가지며 그로테스크 개념을 처음 소개한다. 정신의학 전문가의 증언은 푸코에게는 근본적으로 그로테스크한 것인데, 왜냐하면 —의학과 법, 생명 정치와 사법— 그것은 모순적이거나 양립할 수 없는 현실의 융합이기 때문이다. 우리는 아직도 어느 정도는 정신질환자를 처벌하는 것이 아니라 치료해야 한다고 믿고 있으며, 따라서 정신의학은 형벌 제도의 도구로서 그로테스크한 것이다. 그러나 푸코에게 정신의학의 법적 증언은 몇 가지 다른 이유로도 그로테스크하다. 첫째, 이러한 담론은 우스꽝스럽고 웃기고 유치하기 때문에 그로테스크하다. 둘째, 그들은 자신이 아닌 것(의학, 과학, 정의)의 기이한 패러디를 통해 권한을 부여받거나 사실로 받아들여지기 때문에 그로테스크하다. 셋째, 정신의학의 법적 증언은 사소한 이유로 많은 생명을 소멸시킬 수 있다는 점에서 잔혹할 수 있어서 그로테스크하다. 푸코가 든 예시와 내가 보충한 예시를 통해 이들 주장을 하나씩 살펴보겠다.

푸코는 1955년부터 1974년까지의 사례에 나타나는 정신의학의 법적 증언에서 발췌한 내용을 읽는 것으로 『비정상인들』의 첫 강의를 시작한다. 첫 발췌문은 1955년 어머니가 아이를 살해한 혐의로 재판에 부쳐진 사례였다. 쟁점은 어머니의 연인 알가롱이 딸을 죽이도록 부추겼는가였다. 정신과 의사들은 알가롱이 소녀의 어머니에게 영향을 주었는지를 모른다. 게다가 그들은 알가롱을 미쳤다고 여기지도 않는다. 엄밀히 말하면, 그렇다면 정신과 의사들은 아무 관련이 없고, 그들도 이를 어느 정도 인정하고 있다. 그런데도 그들은 계속해서 많은 것을 말하고, 법원이 알가롱에게 사형을 선고하도록 부추기는 말을 한다. 예를 들어, 알가롱이 사생아였고, 그의 어머니는 정신장애가 있었으며, 그의 아버지는 말년까지 그를 자식으로 인정하지 않았다는 사실이 그의 "타고난 자존심"에 영향을 미쳤음이 틀림없고, 그가 안정된 환경에서 자라지 않아 무질서에 익숙했으며, 판단력이 형편없었다는 점 등을 지적한다. 비록 의사들은 알가롱에게 과학적으로 알려진 정신이상 진단을 내리지는 않지만, 그에게 온갖 꼬리표를 다 달았다. 그들은 그가 무질서를 만들어 악명을 얻더라도 이를 즐기는 "알키비아디즘Alcibiadism"과 "헤로스트라티즘Herostratism"이라는 심리적 특성을 가졌다고 말한다. 알키비아데스Alcibiades의 화려하고 범죄적이며 자아도취적인 삶은 고대 아테네의 민주주의 붕괴와 관련되어 있고, 헤로스트라투스Herostratus는 방화범이며 유죄 판결을 받은 범죄자였다. 따라서 정신과 의사들은 알가롱이 사회에 위험을 초래하거나 범죄를 저질러 왔다고 말할 수는 없지만 알키비아디즘과 헤로스트라티즘의 특징을 가지고 있다고 말함으로써 심리적으로 범죄 기질이 있음을 암시한다. 정신과 의사들은 계속해서 알가롱이 심리적으로 보바리즘*bovarysme*과 "돈 후아니즘Don Juanism"의 특징을 나타낸다고 말한다. 보바리즘은 낭만적인 백일몽의 성향으로 이해되고, "돈 후아니즘"은 "쉽게" 정부情婦를 모으는 습관이라고 이해된다. 정신과 의사들은 알가롱이 미치지 않았다고 결론내리지만, 부정적인 역사적·문학적 비교를 통해 그가 심리적으로 비정상이고 부도덕하거나 사회규범을 무시하는 사람이며, 따라서 정부에게 아이를 죽이라고 부추겼을 가능성이 충분히 있고 사회에 위험할 수 있는 유형의 인물로서 사회를 보호하기 위해 가두어야 한다는 것을 암시한다. 여기서 우리는 정신과 의사가 누가 비정상적이고 따라서 잠재적으로 위험할 수 있는 사람인지를 법정에서 말하며, 이제는 의사로서 기능하지 않고 오히려 판사와 위험 관리 자문위원으로서 기능한다는 푸코의 말이 무슨 뜻인지를 보게 된다. 또한 우리는 법이 이제는 그 사람이 저지른 행위를 근거로 엄격하게 처벌하는 것이 아니라, 그들의 유형이나 비정상적인 성격에 비추어 앞으로 저지를지도 모를 범죄에 근거해 구금하고 있다는 푸코의 지적이 무엇인지를 목격하게 된다.

푸코가 살펴보는 두 번째 사례는 강의 전 해인 1974년 사건이다. 이번에는 협박 사건이지만 연인 사이였던 남성들이 관련되어 있다. 이 남자들에 대해 말하면서, 정신과 의사들은 다음과 같이 논평한다.

> 그런 말[사랑]이 어떻게 사용될 수 있는지 이해하기 위해서는 그들 둘의 여성스러운 모습을 보아야만 했다. 두 사람은 소돔보다는 고모라에서 살아야 했을 정도로 여성적이다.
>
> (Foucault, 2003, 5)

이 남성 중 한 사람이 성 노동을 통해 자신을 부양해 왔기 때문에, 한 정신과 의사는 "그는 더할 수 없이 혐오스럽다"(Foucault, 2003, 6)라고 말한다. 다시 한번 말하지만, 이러한 발언들은, 전문가 역할을 하는 과학자들이 한 진술로서 이들 남성이 협박을 저질렀는지와는 무관하지만, 배심원이나 판사가 피고인에게 불리한 판결을 하도록 했다.

이러한 전문가 증언에 대해 푸코가 지적하는 바는 사생아, 원래의 자신보다 자신을 더 똑똑하다고 생각하는 것, 판단력이 떨어지는 것, 남성이 여성스러운 것, 진술된 혐오감은 말할 것도 없고 알키비아디즘, 헤로스트라티즘, 보바리즘, 돈 후아니즘이 범죄가 아니며 의학 진단도 아니라는 사실이다. 이런 것들은 법이나 의학 어디에도 있지 않고 있어서도 안 된다. 이는 의사의 진단도 아니고 범죄의 증거도 아니다. 푸코가 강조하듯이 피고인에 대한 이러한 기술은 —정신의학은 물론이고— 과학이나 법의 인식론 수준에 미치지 못하는 것이다. 비록 이것이 19세기 정신의학 사례는 아니었지만, 20세기 중반까지 이런 증언을 했던 정신과 의사가 만약 이것이 정신의학 저널에 게재할 의도로 작성된 글이었다면 진술에 서명하지 않았을 테고, 서명해서 게재 신청을 했더라도 편집자가 거절했을 것이다. 그런데도 정신과 의사들은 적어도 사형선고를 받을 수 있는 사건에서는 재판을 목적으로 이러한 증언에 서명했다. 푸코는 정신의학 전반에 대해 낮게 평가하는데, 그는 "전문가가 정신의학 소견이라며 말하는 것들이 (이런 낮은 평가를 받는) 정신의학의 인식론 수준에도 한참 못 미친다"(Foucault, 2003, 37)라고 말한다. 그러나 푸코가 말하는 것처럼, 이런 담론을 말하는 사람들의 과학적 지위 때문에 "이런 진술들은 ……" "법률상 진실 추정"을 포함한 "사법적 증거의 다른 요소와 비교해서 확실한 특권"을 가진다(Foucault, 2003, 11). 이들 증언은 "진실과 권력을 특정한 방식으로 형성하는 진술"이지만,

동시에 법의 규칙뿐만 아니라 심지어 과학 담론을 형성하기 위한 가장 기본적인 규칙 등에도 어긋나는 기이한 속성을 가지고 있다 (Foucault, 2003, 11).

『퀴어 (부)정의: 미국에서의 LGBT 사람들의 범죄화』에서 모굴·리치·휘틀록은 푸코가 묘사하는 사건에서 판사를 뒤흔든 청교도적 성 도덕주의와 노골적인 동성애 혐오증이 희귀하지도 구식도 아니라는 것을 설득력 있게 보여준다. 모굴·리치·휘틀록에 따르면, 퀴어성과 범죄성 사이의 연관성은 "미국 사회에 너무 깊이 뿌리박혀 있어서 고정 관념이라는 용어가 사회적·정치적 힘을 발휘하지 않는다. 그것이 만들어 내는 서사는 너무나 생생하고 설득력 있고 고착되어 있어서, 전형으로서 더욱 적절한 것으로 여겨진다"(Mogul et al., 2011, 23. 강조는 원문에 따름). 모굴·리치·휘틀록은 다음과 같은 네 가지를 범죄적 퀴어의 전형적인 특징으로 본다. 첫째, "퀴어는 본질적으로 정신이 불안정하다고 여겨진다." 동성애 혐오 사회에서 살아남기 위해 그들은 자신의 섹슈얼리티를 감출 수도 있기 때문이다. 둘째, 퀴어는 기만적이고 정직하지 못하며, 따라서 그들을 알 수 없으므로 위험하다고 여겨진다(자신의 섹슈얼리티를 감추지 않는 퀴어는 자신의 섹슈얼리티를 "공격적으로 과시"한다고 비난받지만, 이 또한 위험의 명백한 징후이다). 셋째, 퀴어는 "무고한 이성애자를 동성에게 성적 매력을 느끼게 해 젠더 위반으로 나아가도록 유혹하는 사악한 노력에 끊임없이 가담"한다고 여겨진다. 마지막으로, "퀴어의 성애적 욕구, 성적 표현, 비극적인 절망, 반사회적 성향"에 폭력이 내재한다고 여겨진다(Mogul et al., 2011, 43-4). 이러한 전형의 증거로, 모굴·리치·휘틀록은 게이와 레즈비언 피고인들이 자기 섹슈얼리티의 병리화에 기초하여 유죄판결을 받거나 사형을 포함한 터무니없는 형을 선고받은 수많은 재판을 기술한다. 레즈비언, 특히 젠더퀴어 레즈비언이 되는 것은 남성을 죽이는 충분한 동기(Mogul et al., 2011, 42-3, 81-4)이자 여성을 죽이는 충분한 동기(Mogul et al., 2011, 27, 84-6)로 자주 받아들여졌다. 동성애에 내재한 것으로 추정되는 비정상성은 특히 섬뜩한 살인을 설명하기 위해 자주 사용되었다. 예를 들어, 여성 은행원 몇 명을 살해한 남자 게이 은행 무장 강도 사건에서, 남자 게이의 여성혐오와 억압된 이성애 욕구가 법정에서 살해 동기로 거듭 기술되었다. 모굴·리치·휘틀록이 기술하듯이,

> 오클라호마주 수사국의 경감은 언론에 살인범이 게이인 것으로 추정된다고 보고했다. 왜냐하면 '대부분의 과잉 살상 사건[에서] …… 가해자는 동성애자로 판명되었기 때문'이라고 그는 말했다. 그래디 카운티 지방검사에 따르면, '가해자는 여성에 대한 성적 편견이 있어야 하므로 게이여야만 했다. 여성에 대한 정서적인 문제가 있고 그들보다 우월하다고 느낄 필요가 있는 사람이어야 했다.'
>
> (Mogul et al., 2011, 87)

남성 동성애는 여성을 살해하는 동기로 묘사되지만, 남성에 의한 다른 남성의 살해를 설명하는 역할도 한다(Mogul et al., 2011, 20-2). 예를 들어, 어쩌다 일어나는 게이 연쇄살인범 사례에서 살인범의 성적 지향이 남성 피해자를 살해하는 데 동기가 되었다고 설명하기는 하지만, 훨씬 더 많이 발생하는 여성을 죽인 이성애자 연쇄살인범을 설명하는 데는 이성애가 절대 사용되지 않는다

(Mogul et al., 2011, 31).

모굴·리치·휘틀록이 증명하듯이, LGBTQ 사람들은 자기의 젠더나 섹슈얼리티에 대해 사람들을 속이기 때문에 신뢰할만한 증인으로 여겨지지 않아서, 그들의 증언은 법정에서 기각될 가능성이 크다. 예를 들어, 한 사건에서 기소 검사가 배심원에게 묻는다. "여러분은 이 사람을 어떻게 믿을 수 있습니까? 그는 여러분에게 자기가 여자라고 말합니다. 그는 분명히 남자인데 말입니다"(Mogul et al., 2011, 76). 트랜스젠더는 사람들에게 자기 "진짜 성"을 속였다는 이유로 사기 혐의로 체포되기도 했다(Mogul et al., 2011, 73). 모굴·리치·휘틀록에 따르면, 퀴어들은 부정직하고 도착적이라는 인식을 고려할 때, 이들이 법정에서 편견 없는 대우를 받기는 매우 어려우며, "이것은 퀴어를 범죄화하는 전형으로서 공명하는 '성 관련 범죄' 사건에서는 특히 진실이다"(Mogul et al., 2011, 76). 사람들은 게이 남성과 트랜스 여성을 —흑인 남성과 여성처럼— 과잉 성욕자로 믿기 때문에, 판사와 배심원들은 이들이 고발된 성범죄를 저질렀을 것이라고 믿는 경향이 있으며, 게이 남성과 트랜스 여성은 성 관련 범죄로 인해 과다 기소되어 장기의 징역형을 선고받고 성범죄자 등록부에 등록될 가능성이 매우 크다(Mogul et al., 2011, 76). 감옥은 퀴어 수감자를 그들이 저지른 범죄가 전혀 성 관련 범죄가 아닌데도 때때로 성범죄자로 분류하고, 심지어 성범죄자에게 입히는 특별한 색상의 죄수복을 입혔다(Mogul et al., 2011, 97). 마찬가지로 청소년 LGBTQ는 불균형하게 성범죄 혐의로 기소되고, 비성범죄로 기소되었을 때도 성범죄자로 취급되며, "로미오와 줄리엣" 사건에 연루된 퀴어 청소년은 이성애자 청소년에 비해서 장기의 형이 선고된다(Mogul et al., 2011, 77). 퀴어 청소년은 정직하지 않다고 여겨져, 감옥에서 성폭력을 당할 위험이 더 큰데도 이성애자 청소년보다 보석금을 내고 석방될 가능성이 작다(Mogul et al., 2011, 79).

푸코가 보았을 때, 그가 인용한, 그리고 오늘날 경찰 수사와 법원에서 계속 기능하고 있는 심리학적 프로파일링이라는 유형은 그저 부모가 아이를 꾸짖는 언어와 유사한 도덕적 의견의 집합일 뿐이다. 그는 이러한 전문가 의견이 "근본적으로는 부모-자녀 parental-puerile …… 담론의 재활성화"라고 말한다(Foucault, 2003, 35). 전문가 의견은 또한 위험에 대한 담론이다. 법과 정신의학의 융합은 우리가 행위를 판단하는 데서 인류학적 유형과 그에 따른 위험을 추측하는 데로 이동할 수 있게 했다.

이런 유치하고 지독한 담론의 누적된 효과는 우스꽝스러워서 푸코의 학생들을 웃게 만들지만, 과학자들이 전문 감정인으로서 이런 말을 하는 것이기 때문에, 그리고 이것이 재판 상황에서 이루어지기 때문에, 그런 담론들은 삶과 죽음의 결과를 초래하는 결정에서 배심원과 판사에게 영향을 끼치면서 진실이라는 가치와 효과를 부여받는다. 푸코는 이렇게 말한다. 이것들은 "사람을 죽일 수도 있는 담론이고, 진실의 담론이며, 그리고 …… 아주 우스꽝스러운 담론이다. …… 그리고 웃음을 유발하는, 그러나 사람을 죽일 수 있는 제도 권력을 가진 진실의 담론은 결국 우리 사회에서 어느 정도 주목할 가치가 있는 담론이다"(Foucault, 2003, 6). 이러한 담론은 또한 "형사재판에서 다반사로 다루는 일"이며, "우리 사법제도의 핵심"이기 때문에 관심을 가질만하다(Foucault, 2003, 6). 괴물과 달리, 이러한 담론들은 일상적이며 형사처벌제도의 핵심이다. 그러나 괴물처럼, 그들은 서로 호환되지 않는 영역을 융합하여 각각의 권력 기능을 수행한다.

법과 정신의학의 일상적인 융합은 형사사건에서 전문가의 정신의학적 소견을 듣는 관행(정신과 의사가 판사의 기능을 수행한다)뿐만 아니라 판사와 경찰 수사관이 정신과 의사의 역할을 하는 방식으로 훨씬 더 자주 나타난다. 여기서 그들은 "신뢰성"을 백인, 부, 남성성, 능력과 관련지으면서 누가 "신뢰할 수 있는 증인"인지처럼 증인과 범죄 용의자의 심리적 특징을 알아낼 수 있다고 추정한다. 법률재판, 경찰 수사 그리고 기타 법에 준하는 조사는 오늘날 "인격"과 관련이 있어서, 인신공격이 반대신문의 표준 기법이 되었다. 법이 어느 순간부터 무슨 일이 일어났는지에 관한 것이 아니라 고소인과 피의자의 심리를 분석하는 것이 되었다면, 우리는 바로 다음과 같이 질문해야 할 것이다. 판사와 경찰은 언제부터 범죄가 아니라 성격에 대한 전문가가 되었는가? 이 분석은 어느 정도의 인식론 수준에서 기능하고 있는가?

지적 측면에서 퇴화한 형태의 정신의학과 법의 융합이 푸코가 제시한 그로테스크한 권력의 첫 번째 예시이지만, 그는 이것이 더 넓은 현상의 한 예일 뿐이라고 주장한다. 푸코는 다른 두 가지 종류의 그로테스크한 권력을 "추악한 주권vile sovereignty"과 "그로테스크한 행정the administrative grotesque"(Foucault, 2003, 12)으로 기술한다. 둘 다 "하나의 담론이나 한 개인이 자신의 본질적인 자질만으로는 도저히 가지지 못할 권력의 효과를 자신의 지위에 의해 가질 수 있는" 상황을 수반한다(Foucault, 2003, 11). 이하에서는 이러한 개념들로 푸코가 의미하고자 하는 바가 무엇인지, 형사처벌 제도에 어떻게 적용되는지를 살펴보도록 하겠다.

추악한 주권과 그로테스크한 행정

문학 작품 속에 나타난 추악하거나 그로테스크한 주권의 예는 알프레드 자리Alfred Jarry의 희곡 『위뷔 왕*Ubu roi*』에서 찾을 수 있고, 푸코는 강의 내내 "그로테스크"와 "위비에스크Ubuesque"라는 용어를 함께 사용한다. 극 중 그로토에서 여러 장면이 진행되는 것을 볼 때, 자리는 위뷔 왕(영어로는 "똥덩어리 왕King Turd")이 그로테스크한 것으로 이해되기를 전적으로 바랐다(Jarry, 2003 [1983]). 푸코의 다음과 같은 기술이 의미하는 바에 따르면 위뷔 왕은 그로테스크한 인물이다. 그의 본질적인 자질은 낮은 수준의 지능, 유아증, 잔인성, 비겁함, 우스꽝스러움, 불쾌감을 포함하며, 이러한 특성으로 인해 위뷔 왕은 어떤 위치에서든 자격을 박탈당할 것으로 생각할 수 있지만, 그의 주권적 지위는 신하들을 난폭하게 처형하고 무의미한 전쟁을 일으킬 수 있는 권력을 포함하여, 이 지위가 가져오는 모든 권력의 효과를 그가 가지고 있다는 것을 의미한다. 사실, 위뷔 왕의 그로테스크함은 그의 권력을 더 돋보이게 한다. 그가 매우 추악한 상태에서 덜 비열한 통치자가 하는 것보다 더 제멋대로 주권을 행사하기 때문이다. 푸코는 그로테스크한 지도자들이 그로테스크한데도 불구하고 주권 권력을 정확하게 행사할 수 있는 것이 아니라, 그로테스크하므로 정확하게 주권을 행사할 수 있다고 지적한다. 푸코가 말하듯이, 그로테스크한 주권의 경우 "권력의 효과"는 "그것을 생산하는 자의 결격에 기초하여" "최대화"된다(Foucault, 2003, 12). 여기서 우리는 조지 W. 부시George W. Bush와 그가 외친 테러와의 전쟁을 생각할 수 있다. 부시는 어릿광대 대통령이었지만, 그의 악명 높을 정도로 평범한 사고력은 더 날카로운 지능과 예민한 양심을 가졌다면 축소했을 전쟁 비용을 허용함으로써, 그 권력을 극도로 행사할 수 있게 해주었기 때문에 주권 권력을 행사할 자격을 잃지 않았다(Ronell, 2013).

푸코는 이러한 위비에스크한 주권자는 "우리 사회의 구조와 정치적 작동에서 오랜 역사를 가진다"라고 지적한다(Foucault, 2003, 12). 예를 들어, 우리는 로마제국의 역사에서 예를 찾을 수 있다.

> 존엄*maiestas*의 소지자, 즉 다른 모든 권력에 비해 더 많은 권력을 가지고 있는 한 사람을 동시에 그의 인격에서나 성격, 신체 상황, 의상, 행동, 육체, 섹슈얼리티, 삶의 방식에서 천박하고 그로테스크하며 우스꽝스러운 인물로 만들어 주는 것이다. 네로에서 엘라가발루스에 이르기까지 추악한 주권, 그로테스크한 권력의 메커니즘은 로마제국의 기능에서 끊임없이 작동하고 있었다.
>
> (Foucault, 2003, 12)

푸코는 그러한 터무니없는 주권의 사건들이 민속학자들에 의해 연구될 만큼 충분히 널리 퍼져 있다고 지적한다. 그들은 "권력을 손에 쥔 사람이 여러 의식과 예식을 통해 동시에 웃음거리가 되거나 경멸당하거나 부정적으로 비치는 현상을 명확히 확인했다"(Foucault, 2003, 13).

고통스럽게도 2016년 도널드 트럼프Donald Trump의 당선이 분명해졌듯이, 우리는 현대 시대의 그로테스크한 주권도 보고 있다. 푸코는 히틀러와 무솔리니를 이러한 용어로 설명한다. 푸코의 표현에 따르면, 히틀러는 "4천만 명의 죽음으로 왕관을 쓴 수전증을 앓는 키 작은 남자였는데, 그는 자신의 벙커 속에서 단 두 가지만을 요구했다. 자기 머리 위의 모든 것을 파괴할 것과 그가 터질 때까지 초콜릿케이크를 달라는 것이었다"(Foucault, 2003, 13). 무솔리니에 대해서 푸코는 다음과 같이 말했다. 그의 "그로테스크한 성격은 …… 권력의 메커니즘에 절대적으로 내재해 있는 것이다. 권력은 어릿광대나 희극배우처럼 극적으로 과장되게 그려진 어떤 사람에게서 나온 것과 같은 이미지를 가지고 있다"(Foucault, 2003, 13). 그로테스크한 주권은 사실 너무나 흔해서, 우리는 특정 인물이 그들의 흉측함에도 불구하고 당혹스럽게 통치하는 것이 아니라 어떻게든 그것 때문에 통치하는 것으로 생각해야 한다. 푸코는 다음과 같이 말했다. "나는 이것이 권력의 역사에서 결코 우연이나 기계의 오작동이라고 생각하지 않는다. 내가 보기에 그것은 권력의 메커니즘에 내재한 톱니바퀴 중 하나인 것 같다"(Foucault, 2003, 12). 이런 이유로 주권자의 그로테스크함을 폭로하는 것은 그들을 권력에서 제거하는 데 아무런 도움이 되지 않는다(Foucault, 2003, 13). 푸코가 시사하는 바는 현대 민주주의의 정치 지도자들은 행정 기계의 톱니바퀴에 불과하며, 이 행정 기계는 어느 개인도 크게 바꿀 수 없는, 다소 기계적이고 필연적인 방식으로 권력을 작동한다는 것이다(Foucault, 2003, 12). 만약 그렇다면, 푸코가 그로테스크한 주권에 대해 말하는 것은, 그가 결국 권력 기계의 톱니바퀴에 불과한 평범한 인물들을 다시 한번 다루는 "그로테스크한 행정"에 대해 말한 것과 크게 다르지 않을 것이다.

푸코는 추악한 주권에 비해 그로테스크한 행정을 많이 언급하지는 않았지만, 그가 말하는 것은 특히 구금기관에서의 젠더와 섹슈얼리티의 규제에 대해 생각하는 것과 관련이 있다. 그는 다음과 같이 말한다.

> 그로테스크는 성실한 관료제의 고유한 과정이다. 19세기 이래 서구 관료제의 근본적인 특징 가운데 하나는 불가피한 권력의 효과를 지닌 행정 기계가 평범하기 짝이 없고 쓸모없으며, 아둔하고 경박하며, 우스꽝스럽고 너덜거리는, 초라하고 가련하며 무기력한 관리에 의해 수행된다는 것이다. 그로테스크한 행정은 단순히 발자크나 도스토예프스키, 또는 쿠르틀린이나 카프카 등이 꿰뚫어 본 모습만이 아니었다. 그로테스크한 행정은 관료제의 진정한 가능성이다. 과거에 로마 황제의 권력이 미친 역사가의 손안에 놓였던 것처럼 '서기pen pusher' 위뷔는 근대 행정의 기능적 요소이다.
>
> (Foucault, 2003, 12-3)

이것이 『비정상인들』에서 행정 권력에 대해 푸코가 말한 전부이지만, 그는 인터뷰 「권력에 대하여On Power」에서 이런 "위뷔 서기"에 대해 다시 한번 말한다. 여기에서 그는 다음과 같이 말한다.

> 나는 '누가 권력을 행사하는가?'라는 이 질문은 '어떻게 그런 일이 일어날까?'라는 다른 질문이 동시에 해결되지 않는 한 해결될 수 없다고 생각합니다. 물론 책임자들이 누구인지 보여줘야 하고, 그러니까, 의원들, 장관들, 수석비서관 등에게 돌려야 한다는 것을 우리는 잘 알고 있어요. 하지만 이건 중요한 문제가 아닙니다. 우리가 이 모든 사람을, 모든 '의사결정권자'를 지정하는 시점에 도달한다고 해도, 왜, 어떻게 결정이 내려졌는지, 어떻게 모든 사람

이 받아들였는지, 그리고 그것이 어떻게 특정 범주의 사람을 해치는 것인지 알 수 없다는 것을 우리는 잘 알고 있기 때문입니다.

(Foucault, 1988c, 103-4)

이 대목에서 푸코는 행정적 결정을 조직적으로 "특정 범주의 인물을 해칠 수 있는" 일종의 권력으로 묘사하며, 이런 상황에서의 "의사결정자"를 "가련"하고 "무기력"한 인물로 특징짓고, 어떤 구조, 즉 규범(그들을 지배하고 제한하는 구조 속에서 이를 강화할 뿐 저항하지 못하는 그러한 규범) 내에서 중립적인 것 같지만 치명적인 기능을 수행하는, 그저 "낡고" "쓸모없는" 사람으로 특징짓는다. 개별 의사결정권자의 무기력에 대한 예를 들자면, 감옥에서의 탈의 검색이라는 일상적인 관행을 들 수 있다. 제5장에서 논의한 것처럼, 수감자들은 이것을 흔히 성폭력으로 묘사한다. 탈의 검색은 보통 출생 시 정해진 수감자의 성별과 동일한 성별의 교도관이 수행한다. 이에 따라 트랜스 여성 죄수는 남성 교도관이 검색하거나, 때로는 상부는 수술했으나 하부는 수술하지 않은 경우 상부는 여성 교도관이, 하부는 남성 교도관이 검색한다(Arkles, 2015). 성적 폭력이 어떤 것인지, 성폭력 피해자들이 어떤지에 대한 규범적 가정을 근거로, 이것이 수감자에게 여러 수준에서 트라우마를 주고 있다는 것을 교도관들은 인정하지 않는다. 교정 직원 개개인은 무관심하거나 심지어 마지못해 이러한 검색을 수행하며, 대다수 교도관에게는 가학적이거나 성적인 측면이 전혀 없다. 그런데도 교정 직원들은 탈의 검색을 수행해야 할 필요성을 인정하고 있으며, 만약 그들이 그것을 수행하지 않으면 그들은 일자리를 잃게 될 것이다.

따라서 푸코에게는 탈의 검색과 같은 제도적 관행의 가해자 개개인을 추적해 제거하는 것이 아니라 자신의 결정을 알려주고 불가피해 보이게 하는 규범의 체계를 파악해 해체하는 것이 핵심이다. 예를 들어, 성폭력의 문화 규범에 관한 가브리엘 아클스의 논의로 돌아갈 수 있는데, 성폭력의 문화 규범에 따르면 강간은 드물고 병적인 사건이며, 피해자는 무고해야 하며, 가해자는 사악하고 의도된 해악일 경우에만 가해자로 인정된다. 만약 우리가 이러한 성폭력 규범에 이의를 제기한다면, 우리는 탈의 검색을 성적 폭력이라고 인식할 수 있는 더 나은 위치에 서게 된다. 또한 우리는 성폭력을 정당화하면서까지 감옥을 유지해야 할 만큼 감옥이 중요한 것은 아니라는 가브리엘 아클스의 주장으로 돌아갈 수 있고, 그에 따라 규범에 반론을 제기할 수 있다. 달리 말하면, 우리는 억압적인 정상화의 논리를 확인하고 이 정상화 자체에 저항할 필요가 있다. 우선, 하나의 그로테스크한 행정관이 권위의 지위에서 제거되면, 그들은 그저 다른 행정관으로 대체될 뿐이고, 이들은 이들을 내장하고 있는 행정 체계의 규범에 저항하는 데 똑같이 효과가 없는 대상이라는 것을 우리는 알고 있다. 우리는 이것을 시설 차원에서 더욱 명확하게 볼 수 있다. —정신과 병원, "정신박약자"를 위한 병원 또는 기숙학교와 같은— 정상화 기관의 한 유형이 제거되거나 대폭 축소될 경우, 이전에 이 기관에 구금되었던 사람들은 다른 유사한 기관으로 빠르게 흡수되고, 가장 흔하게는 가장 탁월한 규율 기관인 감옥에 흡수된다. 따라서 저항해야 할 대상은 개별 의사 결정자나 규율 권력을 가진 그로테스크한 개별 기관이 아니라 그들을 뒷받침하고 그들의 존재를 필요로 하는 것처럼 보이게 하는 정상화의 규범과 관행이다.

안타깝게도 푸코는 행정 권력에 대해서는 거의 언급하지 않았지만, 변호사이자 비판적 트랜스 학자인 딘 스페이드는 "행정 폭력administrative violence"에 대해 본격적으로 글을 쓰기 위해 권력에 관한 푸코의 연구를 이어나갔다. 딘 스페이드의 연구는 『비정상인들』의 강의를 참조하지는 않지만, 그의 주장은 이 과정에서 푸코의 주장을 구체화하는 데 유용하다. 딘 스페이드는 『정상적인 삶: 행정 폭력, 비판적 트랜스 정치학, 그리고 법의 한계*Normal Life: Administrative Violence, Critical Trans Politics, and the Limits of Law*』를 트랜스젠더에게 무료 법률 상담을 제공하는 실비아 리베라 법률 프로젝트the Sylvia Rivera Law Project의 의뢰인에 관한 몇 가지 이야기로 시작한다. 딘 스페이드의 의뢰인들은 기본적인 생존을 거의 불가능하게 만드는 다양한 차별에 직면해 있다(Spade, 2011, 11). 가족의 거부, 사회복지사와 복지기관의 차별, 고용 차별 및 해고, 퇴거 및 주거 차별, 경찰 프로파일링, 폭력 및 괴롭힘 등이 여기에 해당한다. 딘 스페이드의 의뢰인들은 자신의 성별에 부합하는 정부 발급 신분증이 없는 경우가 많아서 취업, 주거, 실업보험 가입 등의 어려움이 배가된다. 정부가 발급하는 신분증의 성별을 변경하기 위한 행정규정은 대개 수술을 포함한 성별 확인 의료서비스에 대한 증명을 요구하지만, 성별 확인 의료서비스는 대부분의 민간 의료 보험사는 물론이고 주 의료 지원 프로그램의 적용 대상에서 제외되기 때문에 딘 스페이드의 의뢰인들은 그러한 신분증을 얻기를 바랄 수 없다(Spade, 2011, 12). 딘 스페이드의 의뢰인들이 의료서비스를 받았고 성전환 수술이 보험사에 의해 보장되더라도, 많은 트랜스젠더는 신분증의 성별 표시를 변경하는 데 필요한 종류의 수술을 원하지 않는다(Currah and Moore, 2015). 가난하고 노숙자일 가능성이 크다는 것이 딘 스페이드의 의뢰인들과 같은 트랜스젠더가 안정적인 고용이나 실업보험에서 마주하게 되는 장애물이지만, 노숙자 쉼터에 머무르려고 할 때조차도 이런 기관들이 종종 트랜스젠더가 나타내는 젠더는 고려하지 않는 성별 분리 기관이기 때문에 추가적인 장애물에 직면하게 된다. 실업, 빈곤 및 실업보험 가입에서의 장애, 심지어 노숙자 쉼터의 침대를 얻는 데도 존재하는 장애는 많은 트랜스젠더를 성 노동 같은 불법 거리 경제로 몰아넣고 불법 시장에서 젠더 확정 약물gender-confirming drugs을 조달하게 한다. 트랜스젠더가 매우 눈에 잘 띄고 일부는 노숙자라는 점을 고려하면, 그들은 시스젠더cisgender보다, 그리고 개인 주택이나 경찰의 지속적인 감시를 받지 않는 곳에서 일하고 약물을 살 수 있는 덜 가난한 성 노동자들보다 이러한 일에 가담했다는 이유로 체포될 가능성이 훨씬 더 크다. 그 결과, 트랜스젠더는 체포되거나 구금될 비율이 높고, 경찰의 괴롭힘과 학대, 성 정체성보다는 생식기에 기반한 감옥 배정, 교도관과 수감자들의 성폭력 등 추가적인 형태의 행정 폭력에 직면하게 된다. 트랜스젠더는 감옥에서 그들의 취약성 때문에 광기를 유발하는 독방에 수감될 가능성이 매우 크다. 감옥에서 풀려나면, 이제 전과로 인해, 그리고 새로운 또는 심해진 정신질환으로 인해 직업을 구하기가 훨씬 더 어려워지며, 다시 길거리로 내몰려 또다시 감옥에 가게 된다. 이런 과정이 반복되며, 결국 살해되거나 자살하거나 아니면 다른 이유로 조기 사망하게 되는 비율이 올라가게 된다.

트랜스젠더가 직면한 문제 대부분은 트랜스젠더나 성차별을 명시적으로 언급하는 혐오범죄 관련 입법이나 헌법상 권리와 같은 법률 개혁으로는 해결되지 않을 것이라는 딘 스페이드의 주장은 의미심장하다. 제4장에서 논의했듯이, 이전의 시민권 운동들은 헌법 안에서 명시적으로 보호단체로 지명되는 것이 억압받는 인구의 삶의 기회를 개선하는 데 거의 도움이 되지 않으며, 심지어는 삶의 기회가 악화하는 데 부합할 수 있다는 것을 보여주었다. 또한 우리는 혐오범죄 관련 입법이, 트랜스젠더나 다른 억압받는 사람들에 대한 폭행을 막는 데 아무런 도움이 되지 않지만, 트랜스젠더와 다른 억압받는 사람들에 대한 폭력이 가장 많이 일어나는 장소인 형사처벌제도의 권력을 강화하고 확장한다는 사실도 안다. 트랜스젠더가 직면하는 폭력의 일부는 범죄 차원에서 이루어지지만, 대부분은 행정 정책 수준에서 이루어진다. 트랜스젠더의 생존과 번영을 가로막는 대부분의 장애물은 화장실을 둘러싼 행정 정책, 신원 확인 요건, 기관의 성별 분리, 그리고 의료보험에 의해 보장되는 의료서비스의 종류, 보장 대상에 기인한다. 딘 스페이드가 지적한 바와 같이, 트랜스젠더가 받고자 하는 모든 젠더 확정 의료서비스는, 시스젠더가 합법적이라고 여겨지는 의료 조건에서 같은 치료를 받았을 때 사실상 의료보험에 의해 보장되는 것들이다. 이러한 행정 정책은 규범에 근거를 두거나, 성별에 대한 "자연스럽고" "상식적인" 것처럼 보이는 직관과 그에 따른 논리적 집행에 근거를 둔다. 딘 스페이드가 말하는 바와 같이, 이런 규범들은 다음과 같은 구성물이다.

> 규범들은 종종 배경으로 작동하며 다양한 행정 체계의 '중립적인' 특성으로 여겨지는 것이다. 따라서 그러한 행정 규범의 존재와 운용이 인종이나 체형 또는 젠더 때문에 사람들이 해고되거나 죽거나 명시적으로 배제되는 그 순간보다 덜 눈에 띄지만, 규범들은

때때로 삶의 전체 맥락을 구성하기 때문에 더 큰 해를 끼친다.

(Spade, 2011, 24)

따라서 "삶의 기회는 인종화되고 젠더화된 의미와 통제의 체계를 통해 분배되며, 종종 인종 중립적이고 젠더 중립적이며 단순히 행정적임을 입증하는 프로그램의 형태로 배포된다"(Spade, 2011, 25). 따라서 딘 스페이드는 차별 금지법과 혐오범죄 처벌법보다는 "법의 다른 지점, 즉 행정 영역이 바로, 법이 트랜스 인구의 취약성을 구성하고 재생산하는 방법을 찾을 수 있는 장소"라고 주장한다(Spade, 2011, 29).

푸코의 생명 권력에 대한 이해를 바탕으로, 딘 스페이드는 우리의 관심을 행정 영역으로 이동시키려면 "행정 규범이나 규칙성이 구조화된 불안정을 만들고 삶의 기회를 인구 전체에 (불균형하게) 분배하는 방법을 조사해야 한다"라고 주장한다(Spade, 2011, 29). 따라서 딘 스페이드는 특정 집단에 대해 법이 말하는 것보다, 중립적인 것처럼 보이는 정책이 그 집단에 하는 일에 대해 주의를 기울일 것을 촉구한다. 그런 만큼, 차별금지와 혐오범죄 입법에 걸려 있는 법적 권리와 보호의 종류를 걱정하기보다는 행정 정책을 뒷받침하는 규범을 해체하는 것이 더 나을 것이다. 따라서 딘 스페이드는 사법 권력보다는 생명 권력에 더 주의를 기울여야 한다는 푸코의 주장에 귀를 기울이며, 사법제도가 생명 권력으로 흠뻑 젖게 되는 방식을 인식하는 데 있어서 푸코를 따른다. 그러나 여기서 더 나아가 딘 스페이드는 생명 권력에 의한 법의 잠식 현상이 행정 영역 또는 그로테스크한 행정에서 발생하는 것으로 파악했다.

현대 형사처벌제도의 그로테스크함에 대해서는 여러 가지 방식으로 논의할 수 있을 것이다. 예를 들어, 리사 건서는 추악한 주권의 예로 미국의 사형 활용을 조사했다(Guenther, 2016b). 그러나 딘 스페이드와 푸코의 그로테스크한 행정에 관한 논의는 형사처벌제도에서의 젠더와 섹슈얼리티 규제에 초점이 맞춰져 있으므로, 아래에서는 21세기에 계속되는 퀴어의 범죄화를 분석하기 위해 그로테스크한 권력에 관한 푸코의 설명을 취한다. 특히, 푸코가 경찰과 교도관을 "평범하기 짝이 없고, 쓸모없고 …… 우스꽝스러운" 인물로 기술함으로써 그런 것으로 암시되는 그로테스크한 권력(Foucault, 2003, 12)을 검토한다. 캐나다 경찰관은 개별 주에 따라 12주에서 24주까지만 훈련을 받으며, 선임 경찰관과 함께 일한 지 2 내지 6개월이 지나면 단독으로 배치될 수 있다. 미국에서 경찰관들은 보통 26주간의 훈련만 받는다. 미국의 교도관들은 단지 6주간의 군대식 훈련을 받고, 캐나다의 교도관들은 일반적으로 몇 주간의 온라인 학습에 추가로 10주에서 11주간의 훈련을 받는다. 아래에서 볼 수 있듯이, 복잡한 사회 현안을 다루는 데 있어 훈련 기간뿐만 아니라 더 중요하게는 내용에서도 불충분한 교육을 받은 상태에서 경찰관과 교도관 모두가 형사처벌제도를 형성하는 데 상당한 역할을 하며, 수백만 명에 대한 생사를 결정하는 데 중요한 역할을 한다.

추악한 경찰, 그로테스크한 교도관

푸코가 『감시와 처벌』에서 기술한 바와 같이, 법 집행은 법이 상정하는 정의나 공정성 또는 중립성에 위반하여 조직적으로 기능한다(Foucault, 1977a, 266). 예를 들어, 경찰관의 인종차별은 유명하고, 미국과 캐나다 양국 모두 그에 대한 "깊은 역사적 뿌리"를 가지고 있다. 미국의 경찰력은 노예 순찰에서 비롯되었으며, 토착민들을 통제하는 준군사조직의 역할도 했다(Mogul et al., 2012, 51). 마찬가지로 캐나다 왕립 기마경찰은 원래 토착민을 정착민의 통제 아래에 두려는 준군사조직으로 설립되었다(Nichols, 2014, 446). 모굴·리치·휘틀록이 말하는 것처럼, "다수의 경찰병력이 정교하고 전문화된 기관으로 발전해 왔지만, 어떤 면에서는 그들의 목적, 목표, 전술은 거의 그대로 남아 있다"(Mogul et al., 2012, 51).

경찰은 인종을 차별하고 괴롭힐 뿐만 아니라, 성적 또는 젠더 비순응자로 인식되는 사람을 목표물로 삼는다. 특히 이들이 인종차별의 대상이 되는 사람이거나 가난한 사람이라면 더 그렇다. 예를 들어, 경찰은 지속해서 LGBTQ 사람들을 성 노동자로 잘못 인식하고 체포하는데, 특히 유색인종 트랜스 여성에 대해서 더욱 그렇다. 경찰은 유색인종 트랜스 여성이 단순히 길을 걷는 것만으로 호객행위 또는 범죄를 저지르려 했다는 혐의로 체포할 가능성이 크다. 유색인종 트랜스 여성이 우연히 택시를 잡거나 지갑에 콘돔이 한 개 이상 들어 있다면, "뻔한 사건이 된다"(Mogul et al., 2012, 62). 따라서 유색인종 트랜스젠더는 수감될 위험이 매우 크다. 오웬 대니얼 맥카터가 지적하듯이, "트랜스젠더와 젠더 비순응자 참가자들에게 감시와 구금 경험에 대해 질문한 2011년 연구에서, 현재 수감 중에 있지 않은 흑인 트랜스젠더 응답자의 47%가 수감 경험이 있다고 보고했다"(Daniel-McCarter et al., 2016,

116. 강조는 원문에 따름). 모굴·리치·휘틀록이 설명하듯이,

> 법 집행관은 남성 중에 행동이나 외모에서 젠더 불일치를 보이는 사람이나 '여장 남자'로 인식되는 트랜스젠더 여성을 고도로 성애화하여 보기 때문에, 젠더 비순응자를 성적 활동에 가담하거나 가담하려는 것으로 추정한다. 이것은 결과적으로 어떤 성적 행위가 일어나기 전에 법 집행관이 행하는 사전 체포를 정당화한다. 이러한 추정은 젠더 비순응과 성적 일탈의 융합뿐만 아니라 퀴어를 전적으로 성적인 존재로만 한정하는 데서 유래한다.
>
> (Mogul et al., 2012, 53)

그러한 인식은 무질서한 행동이나 외설 행위, 공연음란 행위, 호객 의도의 배회 행위 등을 포함한 삶의 질 위반의 특정 부분집합에 대한 매우 재량적인 치안 유지를 촉진한다(Mogul et al., 2012, 53). 이런 소위 삶의 질 위반범죄는 일반적으로 이성애자라면 체포되지 않을 (공중화장실 사용과 같은) 행위를 이유로 트랜스젠더를 체포할 수 있는 상당한 재량을 경찰에게 준다. 또한 가난한 게이 남성들은 외설 행위로 불균형하게 체포된다. 예를 들어, 경찰은 동성애자 클럽과 대중목욕탕에 갈 형편이 안 되는 흑인, 라틴계, 남아시아계, 이민자 게이 남성들이 만나는 것으로 알려진 공원, 스페인어 사용자 거주지역barrios, 지하철역과 같은 장소를 목표로 한다. 그 결과, 2년 동안 로스앤젤레스에서 외설 행위로 체포된 사람의 54%가 흑인과 라틴계 남성들이었다(Mogul et al., 2012, 59).

중요한 것은 경찰의 기본 (동성애 혐오, 트랜스 혐오) 규범이 변하지 않고 더 넓은 사회에 반영되는 한, 특정 법률을 폐지한다

고 해서 경찰이 LGBTQ 사람들을 체포하는 것을 막을 수는 없다는 사실이다. 하나의 법이 폐지되면, 경찰은 그저 다른 법을 사용하거나 같은 목적을 달성하기 위한 법을 만든다. 예를 들어, 사치단속법sumptuary laws은 경찰관이 출생 시의 성별과 관련된 옷을 입지 않은 사람을 체포할 수 있도록 허용했다. 비록 사치단속법이 폐지되었지만, 경찰은 이성의 옷을 입은 것으로 여겨지는 사람을 계속해서 체포하고, 단순히 호객하려는 의도나 범죄를 저지르려는 의도를 이유로 그들을 기소한다. 마찬가지로 1980년에 합의 소도미법이 폐지되었지만, 2003년 한 조사에 따르면, 뉴욕 경찰은 폐지 이후 20년 동안 합의 소도미를 이유로 400명을 체포했다. 이러한 부당한 체포에 직면하자, 관계자들은 "실수를 알았다면, 폐지된 법률에 따라 제기되는 혐의 대부분을 그저 다른 법률 위반 혐의로 바꿨을 것"이라며 일축했다. 모굴·리치·휘틀록이 고찰하듯이, 이런 대답은 "하나의 법이 폐지되면 다른 법이 똑같이 작동한다는 것을 분명히 증명한다. 또는 의심스러운 경우 간단하게 기소가 이루어질 수 있다는 것을 증명한다"(Mogul et al., 2012, 60).

관계자의 대답이 정확했다는 것은 합의 소도미법 폐지 이후에 성관계로 계속 체포된 게이 남성과 트랜스젠더의 숫자가 분명하게 보여준다. 폐지된 법률 대신 외설 행위로 기소된다. L.A. 경찰서 LGBT 업무담당관은 경찰이 카섹스를 하는 남녀를 발견하거나 심지어 한 쌍의 여성을 발견했을 때도 그들을 돌려보내지만, 두 명의 남성이나 트랜스젠더가 카섹스를 하는 것을 발견했을 때는 외설 행위로 체포한다고 인정했다(Mogul et al., 2012, 56-7). 그러한 차별적 치안에 의해 영향을 받는 게이 남성과 트랜스젠더의 수는 상당하다. 1997년부터 1999년까지 매년 2천 명의 게이 남성이 로스앤젤레스에서 외설 행위로 체포되었고, 1999년부터 2001년까지 900명의 게이 남성이 샌안토니오에서 체포되었다. 샌안토니오 공원 경비원 한 명이 혼자서 500명이 넘는 게이 남성을 외설 행위로 체포했고, 법정에서 "게이 공원을 없애기 위해서" 그렇게 했다고 인정했다. 한편, "미시간주 전역의 트럭 정류장을 중심으로 미시간주 경찰이 10년에 걸쳐 펼친 동성애자를 겨냥한 함정수사 작전bag a fag operation에 수백 명 이상의 게이 남성이 휘말렸다"(Mogul et al., 2012, 57). 마찬가지로, "로미오와 줄리엣" 사례에서는 이성애자 청소년보다 LGBTQ 청소년이 기소될 가능성이 훨씬 더 크다(Cocca, 2004).

오웬 대니얼 맥카터Owen Daniel-McCarter·에리카 마이너스Erica Meiners·레이 놀Ray Noll은 퀴어, 트랜스젠더, 젠더 비순응자가 트랜스젠더와 동성애를 혐오하는 경찰에 의해 체포될 가능성이 더 클 뿐만이 아니라, 일단 체포되면 합의된 성행위, 심지어 애정 어린 스킨십, 제스처, 쳐다보는 방법이나 걷는 방법 또는 단순한 자기의 젠더 표시로도 성적 위반이라며 딱지를 떼일 가능성이 있다고 설명한다. 앞의 장들에서 언급했듯이, 이 딱지는 LGBTQ 수감자들을 독방에 구금하게 하고 다른 제재 가운데 형량 연장에 영향을 줄 수 있다. 위에서 언급한 바와 같이, 교정 직원들은 경찰관들과 마찬가지로 최소한의 훈련만을 받는다. 이러한 부족한 교육을 바탕으로 그들은 교도소 규정을 폭넓게 해석하고 수감자의 삶에 대한 중요한 결정을 내린다. 예를 들어, 독방 구금에 들어가는 사람과 그곳에 머무는 기간, 구타 및 성폭력에 대한 수감자의 불만에 대응하는 방법, 교정시설 강간 근절법 시행 방법, 수감자의 의료진료 요청에 대응하는 방법을 결정하는 것은 그들이다. 일부 교도관은 감옥 내 폭력을 줄이려고 수감자 간의 관계를 장려하는 반면, 일부 교도관은 수감자들이 성관계하는 것을 "잡기" 위해 그들이 할 수 있는 모든 일, 즉 장기간의 관계에 있는 수감자들을 분리하고, 동성애 관계, 젠더 위반 행동, 심지어 애정의 표시를 이유로 수감자들을 징벌하는 등의 일을 할 것이다. 수감자를 동성애자라는 이유로 독방에 가두거나 그러한 관계를 무시하거나 장려하는 그들의 결정은 수감자의 정신 건강과 안전에 큰 영향을 미칠 수 있다. 레지나 쿤젤은 법관들이 감옥의 내부 업무에 개입하는 것을 꺼리며, 따라서 법원은 감옥의 규율을 해칠 것을 우려하여 죄수들을 교도소 행정과 직원의 자의적인 권력에 내맡긴다고 말한다(Kunzel, 2008, 156). 모굴·리치·휘틀록은 교정 직원의 전제적 방식의 끝없는 예를 목록화하며, 감옥 체계 내에서 교정 직원에 의해 저질러지는 부정행위는 몇 개의 썩은 사과가 상자를 오염시킨 결과라는 견해를 부정하고 오히려 "상자 자체가 썩은 것"이라고 주장한다(Mogul et al., 2012, xx).

경찰과 교정 직원에 대한 이러한 논의는 그들이 법에 대한 교육을 거의 받지 않았음에도 불구하고 어떤 법률과 규칙을 적용할지, 어떻게 실행할지, 누구를 대상으로 할지 결정하는 데 엄청난 재량권을 가지고 있다는 사실을 보여준다. 경찰과 교정 직원들은 때로는 존재하지 않거나 폐지되었거나 그들이 넓게 구성하거나 해석한 법과 규칙을 집행한다. 그들의 결정은 사회에 널리 퍼져 있는 인종차별주의, 성차별주의, 계급주의, 식민주의, 동성애 혐오 및 트랜스젠더 혐오 규범에 의해 구조적으로 영향을 받는다. 경찰과 교도관의 권력은 그것을 휘두르는 사람들이 그 권력에 합당하지 않다는 점에서 종종 과도하고 잔인하며 우스꽝스럽다는 의미로 그로테스크하다. 그리고 사법 권력과 규율의 정상화 권력이 합쳐진다는 의미에서도 그로테스크하다. 다시 한번 말하자면, 이것이 의미하는 바는 다음과 같다. 우리가 사회 규범을 바꾸는 것보다 법을 바꾸는 데 초점을 맞춘다면, 또는 법을 집행하고 사회를 보호한다고 주장하지만 실제로는 억압적인 사회 규범을 시행하고 있는 입법자와 개별 경찰 및 교도관의 배경을 이루는 가정background assumptions이 아니라 그들 자체에 우리의 정치적 행동을 겨냥한다면, 우리의 노력은 부질없는 것이 될 수 있다.

소결

시카고에 기반을 둔 반감옥 활동가이자 학자인 대니얼 맥카터·마이너스·놀 사이의 원탁 토론인 「퀴어 거부를 넘어 폐지의 구축까지Beyond Queer Disavowal to Building Abolition」에서 저자들은 스톤월Stonewall 이전에 게이와 레즈비언 운동이 반감옥 활동을 핵심 문제로 삼았다는 점을 지적했다(Daniel-McCarter et al., 2016). 경찰의 감시, 동성애자의 범죄화와 구금을 고려하면, 구금 통치와 성의 범죄화에 저항하는 것은 게이와 레즈비언 활동가들에게 명백한 과제였다. 스톤월 이전 시대에는 퀴어와 성범죄자 사이의 연관성이 뚜렷했다. 게이, 레즈비언, 트랜스젠더가 되는 것은 성범죄자가 되는 것이었다. 그러나 대니얼 맥카터·마이너스·놀은 오늘날 LGBTQ 사람들의 목소리에는 일반적으로 구금 통치에 대한 비판이 빠져 있으며, 성범죄자의 삶과 퀴어의 삶 사이의 연관성이 부인된다고 지적한다(Kunzel, 2008도 참조). 저자들이 지적한 바와 같이, "—법률과 다른 권리에 기초한 의제에 중점을 두는— 주류 게이와 레즈비언 운동에는 형사사법에 관한 개혁 지향적인 대화가 명백히 부재하다"(Daniel-McCarter et al., 2016, 110. Spade, 2011도 참조). LGBTQ 커뮤니티 일부는 —인종과 계급 특권을 가진 사람들은— 주류로서의 존중을 얻었지만, 성범죄자들은 소아성애자나 "최악 중의 최악"과 합쳐지면서 "과도한 비난을 받게" 되었다. 그런데도, 대니얼 맥카터·마이너스·놀이 주장하듯이, 게이, 레즈비언, 트랜스젠더, 젠더 비순응자가 성범죄를 포함하여 범죄로 기소될 가능성이 매우 크다는 점에서, 구금, 특히 "성범죄자"의 구금은 여전히 LGBTQ 사람들의 문제이다.

제2부 세 개의 장이 추구한 목표는 경찰에서 법원을 거쳐 감옥에 이르기까지의 현행 형사처벌제도가 성범죄나 사회 정의 문제에 대한 해결책으로 기능하는 것이 아니라 오히려 성적·젠더적 폭력과 사회적 불의의 주요 현장임을 증명하는 것이었다. 제4장은 페미니스트 반폭력 운동과 관련하여 이 주제를 다루었다. 제5장은 주로 인종과 관련하여 이 주장을 밀고 나갔다. 끝으로 제6장에서는 형사처벌제도가 LGBTQ 사람들에 대한 불의의 해법이라기보다는 젠더 규제, 성적 정상화, 퀴어성의 처벌이라는 형태를 갖춘 그로테스크한 권력의 현장임을 입증했다.

제3부

도착의 이식

제 7 장

도착의 이식과 성 노동

> 서양은 어쩌면 새로운 쾌락을 만들어 낼 능력이 없었을는지도 모른다. 의심할 바 없이 새로운 악덕을 발견하지도 못했다. 그러나 서양은 권력과 쾌락의 게임에 대한 새로운 규칙을 정했다. 여러 가지 성도착의 창백한 얼굴이 이 게임의 도구다.
>
> — 미셸 푸코, 『성의 역사』(1978a)

> 문제의 언어적 반복이 '그 문제를 구성하는 방식'을 인식하기 위해서 굳이 멋진 프랑스 이론가가 될 필요는 없다.
>
> — 에이미 애들러, 「아동 포르노그래피의 도착적인 법」(2001)

도착의 이식

『성의 역사』에서 푸코는 19세기 성 과학이 도착을 개인에게 "이식"하고 "등재"했을 때 그것을 그다지 억압하지 않았다고 주장한다. 비록 19세기 의사들이 성도착에 대해 반감과 경멸을 품은 채 말했더라도, 그들은 끊임없이 성적 일탈에 대해 "알려고 했고," 그것을 분류하고자 했으며, 원인과 특성이 무엇인지를 이해하려고 했다. 이런 분류학적 열정 속에서 "근친혼, 남색, 수녀 유혹, 가학성애, 부정행위不貞行爲, 시신 훼손은 본질적으로 서로 다른 것이 되었다"(Foucault, 1978a, 39). 비록 이 행동 중 어떤 것도 새롭지는 않았지만, 한때 육체의 죄로 한데 묶인 적이 있었다. 19세기에 새로워진 것은 이러한 행위가 별개의 정체성을 드러낸다는 해석이다. 푸코가 주장하기를, 이전에는 금지된 행위를 하는 가해자는 "사법 제재의 대상일 뿐"이었지만(Foucault, 1978a, 43), 예컨대 동성애는 이제 이와 대조를 이룬다. 푸코의 유명한 주장에 따르면,

> 19세기에 동성애자는 중요한 인물이 되어, 과거, 이력, 유년기에 대한 것은 물론 성격, 생활양식, (무분별한 해부학과 어쩌면 수수께끼 같은 생리학을 통해) 체형이 세세하게 조사되었다. 그의 모든 것이 그의 섹슈얼리티와 연결된다. 동성애자에게 섹슈얼리티는 모든 행동을 지배하는 은밀하고 한없이 활성적인 원리이기 때문에 뻔뻔하게 얼굴과 몸에 새겨져 있으며, 행동의 근원 모든 면에서 드러난다. 늘 저지르던 죄라기보다는 특이한 기질처럼 동성애자와 일체를 이루는 것이다.
>
> (Foucault, 1978a, 43)

동성애는 —다른 섹슈얼리티처럼— 개인이 어떤 성적 행동을 했는가에 대한 것이 아니라 그들이 어떤 존재인가에 관한 것이었고, 이들 존재는 자신의 욕망으로 정의되었다. 그 결과, 자주 인용

되는 푸코의 말처럼, "남색가는 일시적인 일탈행위자였지만, 동성애자는 이제 하나의 종species이 되었다"(Foucault, 1978a, 43).

도착의 이식은 어떻게 일어나는가? 과학자들이 19세기에 이른바 도착에 따라 개인을 분류했다는 것은 한 가지 주목할 만한 일이지만, 개인은 어떻게 그 분류를 자신이 누구인지를 말해 주는 것으로 받아들였을까? 왜 우리는 우리가 섹슈얼리티를 가지고 있고, 이러한 섹슈얼리티가 우리를 특별히 의미 있는 방식으로 특징짓는다는 견해를 오랫동안 받아들였을 정도로 의학 권력에 복종했는가? 한 가지 설명은, 어떤 사람이 특정한 방식으로 이야기되고 그런 방식으로 자신에 대해 말하게 된다면, 결국 그는 이러한 이해에 따라 자신을 보게 될 것이고, 그때 자신을 어떻게 보게 되었는지에 따라 행동하게 된다는 것이다. 우리가 누구라고 이야기되는 것을 내재화하는 이 과정은, 우리 시대의 가장 탁월한 권위자인 과학자와 의사처럼, 우리를 그렇게 분류한 사람이 권위적인 지위를 가질 때 특히 잘 진행된다. 실제로, 푸코는 『광기의 역사』에서 광인이 의사의 권위를 존중하고 정신질환이 있다는 의사의 견해를 받아들임으로써 광기가 정복되었다고 주장한다(Foucault, 2006). 이런 방식으로 정신의학에 정신이 속박되면서 광인들은 정신병원 내에서의 육체적 사슬에서 풀려날 수 있었고, 결국 정신병원 자체로부터 풀려날 수 있었다. 우리는 의사의 담론에 권위를 부여하기 때문에 그들이 하는 말에 얽매이게 된다. 『성의 역사』에서 푸코는 의학에 의한 성 정체성의 이식에 초점을 두었지만, 이언 해킹과 같은 푸코주의 학자들은 ―정신질환이라는 꼬리표처럼― 다른 병리학적 꼬리표를 의학이 개인에게 이식하고 정체성으로 내면화하는 방식을 논했다(Hacking, 1995; 2002). 푸코는 정신과 의사가 하는 일이 과학보다는 도덕성, 사회규범과 더 관련이 있음을 지속해서 보여주지만, 의사는 교육을 많이 받고 엄청난 권위가 부여된 의료 면허를 소지하기 때문에, 우리는 그들이 하는 말을 믿으며 우리에게 달아주는 꼬리표를 받아들인다.

푸코에 따르면, 주체가 자신에게 부여된 표식을 내면화하는 또 다른 이유는 바로 이러한 섹슈얼리티의 범주화가 성애적 행위가 되었기 때문이다. 비록 푸코는 서양의 스키엔티아 섹수알리스 *scientia sexualis*[1]와 동양의 아르스 에로티카*ars erotica*[2]를 대조하지만, 그는 또한 성 과학이 성적 고백을 그들만의 성애의 기술로 만들었다고 주장한다(Foucault, 1978a, 57-8, 71-2). 푸코는 근대 서구를 "유별난" 고백의 사회로, 근대 서구 주체를 "고백의 동물"로 특징짓는다(Foucault, 1978a, 59). 빅토리아 여왕 시대에 성에 대해 침묵하기는커녕 개인의 성 경험을 여러 편의 연대기로 기록한 『은밀한 사생활*My Secret Life*』의 익명의 저자에 대해 푸코는 다음과 같이 말했다. "이 익명의 영국인은 기독교의 교서와 더불어 이미 주요 특징이 형성된 섹슈얼리티에 대해 그의 여왕보다 더 중심적인 인물일 수도 있다"(Foucault, 1978a, 22). 자전적인 글 외에도, 푸코는 의학의 맥락에서 도출된 성적 고백을 관능적인 것으로 기술하며, 다음을 시사한다.

> 의료 검진, 정신의학적 조사……는 제멋대로이거나 비생산적인 모든 섹슈얼리티에 대해 아니라고 말하는 것이 전반적이고 분명한 목적일 수 있지만, 사실은 이중의 추진력을 지닌 메커니즘, 즉

1 옮긴이: 성의 과학.
2 옮긴이: 성애의 기술.

> 쾌락과 권력으로 작용한다. 한편으로는 질문하고, 추적 관찰하고, 감시하고, 염탐하고, 찾아내고, 촉진觸診하고, 밝혀내는 권력을 행사하는 즐거움이 있고, 다른 한편으로는 이러한 권력에서 벗어나거나 이러한 권력을 피하거나 속이거나 왜곡할 필요가 있다는 점 때문에 생겨나는 즐거움이 있다. …… 의사와 환자, 정신의학자와 히스테리 환자 …… 모두 19세기부터 끊임없이 이러한 놀이를 해왔다. 이와 같은 소환, 회피, 순환적 선동은 성과 육체의 주위에 뛰어넘지 못할 경계선을 그은 것이 아니라 권력과 쾌락이라는 끊임없는 나선을 그었다.
>
> (Foucault, 1978a, 44-5)

푸코가 암시하는 바와 같이, 성적 고백은 쾌락일 수 있다. 고백은 전희일 수도 있고 유혹일 수도 있다. 그런 다음 우리는 우리가 하는 이야기를 믿고 다시 말한다. 우리는 그 이야기에 관능적으로 투자되기 때문이다. 그래서 푸코는 다음과 같이 말한다. "도착의 증가는 빅토리아 여왕 시대 사람들의 엄격한 정신을 사로잡았을 교훈적 주제가 아니다. 그것은 육체와 육체적 쾌락에 대한 한 가지 권력 유형의 간섭에서 나온 실제의 소산이다"(Foucault, 1978a, 48). 이는 도착이 권력에 대한 저항이 아니라 권력의 영향이라는 의미다.

중요한 점은, 푸코가 『성의 역사』에서 기술한 것 때문에 도착의 이식이 "대항 담론"으로도 기능한다는 사실이다(Foucault, 1978a, 101). 대항 담론은 꼬리표에 따라 분류된 사람들이 자신의 목소리로 그 이름을 취하고 이를 전복적인 방식으로 재배치할 때 일어난다. 푸코의 예에서, 많은 사람이 자신이 정말로 "역성애자inverts"[3]나 "동성애자"임을 받아들이고, 자신의 섹슈얼리티에 대해 의사가 한 말 중 상당 부분을 사실로 받아들였지만, 이들은 이로써 낙인이 찍힌 사람을 병리화하고 범죄화하는 데 저항할 수 있는 더 나은 위치에 설 수 있게 되었다. 역설적으로 "역성애자"나 "동성애자"를 정체성으로 받아들이는 것은 이러한 낙인에 연관된 성적 관행에 일정한 정당성이나 자연스러움을 부여했고, 그렇게 낙인찍힌 사람이 개인·집단 정체성을 형성할 수 있게 했다. 그 결과 자기의 성 정체성이 가지는 지위에서 의사가 자신에 대해 한 말 중 일부 측면에 대해 권위적으로 대항할 수 있게 되었다. 만약 "동성애자"라는 낙인이 그렇게 분류된 사람에게 이식되지 않고, 그들에 의해 내면화·재배치되지 않았다면, 동성 간의 성적·낭만적 관계가 오늘날처럼 사회에 받아들여질 수 있었을지 의문이다. 대항 담론은 그것이 성공했을 때 대상자가 자신을 범주화하고 기술한 원래의 담론 중 일부 측면에 저항할 수 있도록 허용하지만, 그들은 단지 이러한 담론에 크게 양보함으로써 그럴 수 있다는 점을 인식하는 것이 중요하다. 대항 담론은 하나의 외부 권력을 설정하거나 권력을 전복시키는 것이 아니라 권력에 협상하고 저항하는 것이다. 제3부에서 보듯이, 모든 대항 담론이 성공적이지는 않다.

『성의 역사』에서 도착의 이식에 관해 주로 든 예는 동성애지만, 특히 가족 내에서 욕망이 발생하므로, 아동에 대한 성적 욕망(일반 용어로는 소아성애)의 이식에 대해서도 논한다. 『성의 역사』에서 푸코는 아동이 생명 권력에 대한 "소중하고 위태롭고 위험하며, 위험에 처하는 성적 가능성"을 대표한다고 한다

3 옮긴이: 19세기 말부터 20세기 초까지 동성애를 병리적이거나 역전된 성적 상태로 보는 시각에서 나온 용어이다.

(Foucault, 1978a, 104). 그 결과 "18세기부터 19세기 말까지, 조숙한 성은 나중에 성인이 되었을 때의 건강뿐만 아니라 사회와 인류 전체의 미래를 위태롭게 할 우려가 있는 위험으로 여겨졌다"(Foucault, 1978a, 146). 인구를 관리하려는 권력은 다음 세대의 섹슈얼리티의 형태를 통제할 필요가 있을 것이다. 만약 아동의 섹슈얼리티를 잘못되게 내버려둔다면, 이것은 생명 정치 국가의 미래에 엄청난 위험을 초래할 것이다. 앤 로라 스톨러Ann Laura Stoler가 고찰한 바와 같이, "19세기 중반까지 유럽에서는 '국가는 육아실에서 나온다', '국가의 역사는 전장이 아니라 육아실에서 결정된다'라는 관념이 계속 울려 퍼졌다"(Stoler, 1995, 163). 생명 권력의 문제는 아동이 가족, 특히 부모의 통제를 받는 경향이 있으며 소수의 아동만이 국가의 보호를 받는다는 데 있다. 따라서 아동의 섹슈얼리티를 통제해야 할 필요성은 생명 권력과 가족 제도가 충돌하도록 만든다. 아동의 섹슈얼리티를 통제하기 위해서는 이 "소중한 …… 가능성"을 부모의 변덕에 맡기기보다는 의사와 교사 같은 규율적인 인물이 아동의 섹슈얼리티에 개입할 수 있도록 사회를 전환해야 한다. 이를 위해 전례 없는 수의 아이를 국영 기관에 보내고, 때로는 의사의 지시가 부모의 뜻보다 우선하도록 하여, 일정 부분 부모의 보호에서 아이들을 떼어놓아야 한다. 그러나 부모를 생명 정치 국가의 이익에 충실하게 봉사할 수 있도록 변화시키는 것이 훨씬 더 중요했다. 푸코는 『성의 역사』와 『비정상인들』에서 아동의 자위에 대한 의학적 대응이 규율과 생명 정치가 가족에 침투할 수 있도록 하는 데 중요했음을 강조한다. 19세기에 가족의 의료화가 일어나고, 가정이 "남자의 성채"에서 클리닉으로 전환하는 데에는 아동의 자위행위가 위험하다는 주

장도 일부 작용했다. 비록 이러한 조치들이 아동을 섹스의 위험으로부터 보호하려는 욕망에서 나온 것일지는 모르지만, 그 결과는 가족과 아동의 성애화였다고 푸코는 주장한다. 즉 아동의 에로티시즘에 대항하는 투쟁으로, 가족 관계는 "근친상간적인 것"이 되었다.

푸코가 쓴 —그가 인용부호에 넣은— "근친상간"이 의미하는 바는 분명하지 않다. 푸코가 이 용어를 사용했다고 해서 그가 가족의 생명 정치화 이후 부모와 자녀 사이에 성적 행위의 빈도가 증가했다고 생각했다거나, 역사상 어느 때보다 오늘날 아동에 대한 성 학대가 더 많다고 생각했다는 것을 의미하지는 않을 것이다. 특히 아이의 몸을 감시하고 자위행위를 예방하는 역할을 맡은 사람이 엄마이기 때문에, 푸코의 주장은 대부분의 근친상간을 엄마들이 저지르고 소년과 소녀를 똑같이 표적으로 삼을 것으로 예측할 것이다. 그러나 "근친상간"이 성기 접촉과 성 학대를 의미하는 것이라면, 이것은 사실이 아닌 것 같다. 오히려 아버지와 다른 남성 친척들이 어머니나 다른 모계 친척들보다 훨씬 더 흔히 아이들과 성기 성행위를 하는 것으로 보이며, 근친상간의 주요 피해자는 소녀들이다(Bell, 1993). 푸코는 이 사실을 알고 있었기 때문에, 우리는 그가 "근친상간적인 것"이라는 용어를 성적 행위를 지칭하기보다는 긴밀하게 맺어진 관계의 생산과 친밀하고 소유적인 가족 유대관계의 생산을 지칭하는 말로 썼다고 추정할 수 있다. 그는 "가족 공간의 정서적 강화"에 대해 말하고 있으며, 이는 성적 학대, 성기 접촉, 성기 쾌락을 포함하지 않더라도 느슨하게는 에로틱한 것으로 특징지을 수 있다(Foucault, 1978a, 109). 푸코는 『비정상인들』에서 "근친상간"을 "지식 지향적epistemophilic"인 것이라고 기술하며, 이것이 무엇보다도 아동과 성관계를 맺고 싶은 욕망이 아니라 아동의 성에 대해 알고 싶어 개입하는 욕망이 내포되어 있음을 시사한다(Foucault, 2003, 249). 따라서 푸코는 핵가족을 현대 가족의 증대된 친밀감과 지나친 성에 대한 투자를 포함한 권력/지식 관계(이 모두는 근친상간의 성적 행위와는 달리, 아버지-자녀 관계보다는 어머니-자녀 관계에서 더 일반적이며, 이는 심지어 오늘까지도 그렇다)를 간략하고 과장된 방식으로 "근친상간적"이라고 기술한다.

19세기 여성의 히스테리화와 유사하게, 푸코는 아동의 성에 대한 생명 정치의 투자로 인해 아동이 성애화되었다고 주장한다. 아동의 신체를 감시하는 목적이 아동을 성관계로부터 보호하고, 조기 성 지식의 습득을 막으며, 아동기를 "순수"의 시기로 유지하려는 것이었지만, 푸코는 그 결과가 역효과를 일으켜 아동이 성적 요소에 휘말리게 되었다고 주장한다. 소아성애에 대한 현재의 인식을 예로 들 수 있다. 대부분의 성 학대는 가정에서 일어난다는 것을 알고 있지만, 소아성애자가 계속해서 놀이터나 학교 운동장 변두리에 숨어있는 낯선 사람으로 인식되면서 에이미 애들러가 말하는 "소아성애적 시선"을 통해 아이를 보는 관행이 생겨났다(Adler, 2001, 256). 우리는 이제 누군가가 우리 아이를 성적인 방식으로 인식할 수 있다는 위협에 경계하고 개입할 준비를 하게 된다. 하지만 이는 아동을 성적 대상으로 삼는 도착 효과를 가져오는데, 이제 위험한 타인의 상상된 욕망이라는 렌즈를 통해 아동을 성적 먹잇감으로 바라보기 때문이다. 일부 성인도 그 과정에서 성적으로 대상화되었다. 아이들이 노는 공원에 앉아 있는 남자, 개와 산책을 나왔다가 아이에게 말을 걸기 위해 멈춰 선 이웃, 아이의 알몸을 사진에 담는 어머니 등, 이 인물들은 이전에는 없었던 의심스러운 섹슈얼리티를 부여받게 되었다. 소아성애의 위험성에 대한 어른들의 경각심은 아동을 끊임없이 성적 대상으로 생각하게 하며, 푸코가 옳다면, 이는 결국 그들이 방지하려는 바로 그 욕망의 이식에 이바지한다.

분명한 점은 오늘날 우리가 가진 경계심이 어린 시절의 순수함을 보호하기보다는 이전의 순수한 이미지와 행동을 성적인 것으로 만들었다는 사실이다(Levine, 2002). 알몸의 아이를 보여주는 영화와 사진을 한때는 자연스럽고 순수한 것으로 여겼지만, 이제는 포르노적이고 도착적인 것으로 본다. 이렇게 바뀐 시각에 따라, 알몸의 아이가 나오는 가족사진과 예술은 최근 몇 년 동안 반복해서 포르노그래피라고 해석되며, 사진작가와 예술가들의 놀라움을 자아냈다. 2000년 2월, 뉴저지 출신 65세 할머니와 사진작가가 네 살, 여섯 살짜리 손녀의 나체 사진을 찍은 혐의로 체포되었다(Adler, 2001, 241). 이 같은 사례는 아동 포르노그래피의 법적 개념의 범위를 점점 넓혀, 이미지가 외설적이지 않거나 알몸 노출이 없더라도 아동의 "음란하거나 선정적인 표현"을 포함하는 한 포르노그래피로 분류될 수 있다고 보는 데까지 확대되었다. 한 판결에 따르면, 이미지가 "선정적"인지 여부는 "시각적 묘사가 성적인 수치심을 불러일으키는지 또는 성행위에 가담하려는 의지를 암시하는지", "시각적 묘사가 보는 이의 성적 반응을 유도하도록 의도되었거나 만들어졌는지"에 좌우된다(Adler, 2001, 240). 그러나 무엇을 수치심이나 성적 유혹으로 읽을 것인지는 매우 주관적이어서 놀랄 수도 있다(그림 7.1).

미술사학과 학부생 시절 사실주의와 인상주의 수업에서 교수

[그림 7.1] 메리 커샛, 《파란 안락의자에 앉아 있는 소녀》
(1878, National Gallery of Art, Washington D.C.)

가 메리 커샛Mary Cassatt의 《파란 안락의자에 앉아 있는 소녀*Little Girl in a Blue Armchair*》(1878)를 소아성애증으로 설명하는 것을 들었을 때 깜짝 놀랐다. 그의 해석에 따르면, 메리 커샛은 이 작품에서 소녀의 표정과 널브러져 있는 자세가 성적으로 유혹적으로 보이게, 그리고 옷을 입고 있지만 벌어진 다리와 성기 쪽으로 시선이 가도록 그렸다는 것이다. 포르노그래피의 현재 법적 정의에 따르면, "시각적 묘사의 초점이 아동의 생식기나 음부에 있는 경우"라면(Adler, 2001, 240, 262), 이미지의 "설정"과 "자세"가 "성적으로 도발적"이라면, 아이가 비록 옷을 입고 있더라도 그 이미지는 "선정적"이며, 따라서 메리 커샛의 그림을 아동 포르노그래피로 평가할 수도 있다. 수업 전에 이 그림을 관능과는 무관한 작품으로서 여러 차례 즐겨 감상했던 나는 미술사 교수의 해석이 처음에는 혐오스러웠다. 하지만 소아성애자가 실제로 이 그림을 보면 정말 흥분할 수도 있고, 소녀의 벌어진 다리와 시선이 요염하게 보일 수 있음을 재빨리 깨달았다. 이제 메리 커샛의 그림을 다른 방식으로는 볼 수 없게 되었다. "소아성애적 시선"을 채택함으로써 메리 커샛의 작품 같은 이미지를 포르노그래피로 보거나 간주하게 되는 이유는 이미지를 그런 방식으로 보는 법을 배웠기 때문이다. 포르노그래피와 같은 이미지 검열은 더 많은 사람이 아동을 성적으로 보게 만든다. 이들은 이런 검열이 없었다면 그렇게 보지 않았을 것이다.

아동 포르노그래피 관련 법률이 이전과는 다른 방식으로 사회적으로 아동을 성적 존재로 구성했다고 할 수 있지만, 이런 사회적 구성의 효과는 간단하지 않으며 사람마다 다를 수 있다는 점에 유의해야 한다. 따라서 아동은 우리 모두에게 성애화되었지만, 그렇다고 해서 모두가 소아성애자가 된 것은 아니다. 에이미 애들러의 말처럼, 어떤 사람은 아동에 대한 성적 욕구가 증가한다고 느낄 수 있지만, "다른 사람은 공포감이나 혐오감을 느낄 수 있다. 어떤 이는 행동주의로 나아갈 수도 있다. 어쨌든 아동 포르노그래피 관련 법은 아동과 성 사이의 연결고리를 더 강화했다. 이들의 결합에 대한 반응은 관찰자마다 다를 것이다"(Adler, 2002, 256). 따라서 소아성애의 사회적 구성이 우리 중 일부에게는 소아성애자가 되는 결과가 아니라 성인-아동 섹스에 대한 혐오감이나 매혹, 또는 성인-아동 섹스 퇴치 욕망을 가지게 하는 결과를 낳는다. 그러나 일부 사람들은 이전에는 없었을 소아성애자로 구성될 것이다. 이를 넘어, 아동에 대한 성인의 성적 욕망을 소아성애로 규정하지 않고서는 이런 욕망에 대해 생각하는 것은 사실상 불가능해졌다. 실제로, 페미니스트 비평가들이 주이-아당 사건에서 "소아성애"에 관해 쓰는 경향은 이러한 상황을 잘 보여준다. 이 의료 모델을 통하지 않고서는 아동에 대한 성인의 욕망에 대해서 더 이상 생각할 수 없다는 점은 아동에 대한 성적 욕망을 경험하는 사람과 그렇지 않은 사람 모두에게 사실일 것이다. 결과적으로 오늘날 아동에 대한 성적 욕망을 경험하는 사람들은 수치심을 가지며 비밀리에 그렇게 하든, 또는 NAMBLA와 같은 소아성애 단체에서 볼 수 있듯이 대항 담론과 공개적인 자기 확인 행위 속에서 그렇게 하든, 자신을 소아성애자로 식별할 것이다.

제3부 세 개의 장은 범죄화된 성행위와 욕망의 몇 가지 유형과 관련해서 푸코가 주장한 "도착의 이식"의 지속적인 연관성을 보여줄 것이다. 동성애와 다르고 소아성애와 더 유사한 이들 유형은 (제9장에서 다룰 성적 연쇄살인범의 섹슈얼리티와 같은 일부 유형은 제7장의 나머지 부분에서 탐구할 "존John"[4]의 섹슈얼리티 같은 것들보다 분명히 훨씬 더 문제가 많지만) 내가 진짜 문제라고 생각하는 섹슈얼리티다. 도착의 이식에 관련된 이들 각 사례는 정신의학·성 행태학sexological 담론과 관행이 섹슈얼리티를 구성한다는 푸코의 논의가 범죄화된 섹슈얼리티와 성범죄에 대한 고려에 여전히 필요함을 보여준다. 더욱이 이러한 예들은 범죄화된 섹슈얼리티에 대한 현재의 접근 방식이 성범죄 해결책이 아니라 문제의 일부라는 점을 시사한다. 즉 문제가 되는 섹슈얼리티에 대응하는 현재의 방식은 항상 범죄학 분류나 정신의학 프로파일링, 정신의학화 및 범죄화를 포함하며, 이는 그들이 해결하고자 하는 문제를 이식하거나 더 고착시킨다. 앞에서 개진한 형사처벌제도에 대한 비판을 바탕으로 제3부에서 전달하고자 하는 바는 다음과 같

---

4 옮긴이: 성매매 여성을 만나려는 남성 고객을 지칭하는 속어.

다. 성범죄 처벌을 포함한 현행 형사처벌제도는 물론이고, 성범죄에 대한 현재의 정신의학적·범죄학적 접근 방식을 폐기하고, 문제적인 성행위에 대해 전혀 다른 접근 방식을 개발할 필요가 있다.

상업적 성과 정체성 구성

「샴페인, 딸기, 트럭 정류장 모텔: 주체성과 성 노동에 관하여 Champagne, Strawberries, and Truck-Stop Motels: On Subjectivity and Sex Work」에서 성 노동자 빅토리아 러브Victoria Love는 열네 살 무렵 마담 알렉스와 그녀의 로스앤젤레스 사창가에 대한 뉴스를 읽으며 "콜걸"에 대해 처음 알게 되는 장면을 묘사한다. 빅토리아 러브는 즉시 고급 콜걸이 되려는 생각에 이끌렸고, 그녀는 이 생활방식이 풍기는 아름다움과 매력에 끌렸다. 10년 동안 섹스산업에 종사하며 트럭 정류장 모텔에서 시작해 성공적으로 값비싼 동행 서비스 여성escorting이 된 그녀는 다음과 같이 말했다.

> 어렸을 때 나는 콜걸이라는 주체적 지위를 나와 동일시했고(마담 알렉스의 여성들은 이러한 사례의 하나였을 뿐이다), 어떤 의미에서는 이것이 '고급 에스코트upscale escort'라는 페르소나persona를 만들었다. 내가 고객에게 파는 것은 나 자신이나 내 육체 자체가 아니라 이런 이미지와 그에 관련된 관념이다. 콜걸과 관련된 의미들은 내 고객이 상당한 액수의 돈을 기꺼이 지급하려는 경험을 만들어 낸다.
>
> (Love, 2013, 63)

빅토리아 러브는 성을 판매함으로써 노동 계급에서 —예를 들어, 학부와 대학원 학위를 위해 비용을 지출하는— 중산층으로 올라설 수 있었으며, 이제 그녀가 마케팅하는 것은 바로 이 중산층 정체성이다. 빅토리아 러브에 따르면, 성 노동자로 일하는 것이 그녀의 자아 구성에 얽매여 있는 것처럼 성을 구매하는 행위 역시 고객의 정체성 구성에 얽매여 있다. 특히 빅토리아 러브는 고객이 어떤 콜걸의 서비스를 구매하느냐에 따라 고객의 자아가 결정된다는 점을 강조한다. 그녀는 다음과 같이 말한다.

> 인종과 계급적 위치 때문에 나는 고객이 자신을 부르주아 주체로 경험할 수 있는 상황을 연출한다. 나는 젠더화된 노동을 통해 고객의 주체성, 즉 중산층 남성으로서 자신에 대해 갖는 의미와 감정을 생성하도록 한다.
>
> (Love, 2013, 64)

빅토리아 러브는 성 노동에 가담하는 일이 개인의 정체성 구성에 이바지하는 방식을 기술한다. 즉 그녀 자신의 경우에는 독립적이고 아름답고 매혹적이며, 그녀를 고용하는 고객의 경우에는 교양 있고 부르주아적이며 남성적이다.

성 노동에 대한 논의에서, 저자는 상업적 성이 계급과 젠더 정체성을 구성하는 방식보다는 오히려 성적 자아의 구성에 이바지하는 방식에 더 관심이 많다. 특히 고객의 경우, 성 노동이 푸코가 말하는 도착의 이식에 대한 독특한 예로서 기능한다고 주장할 것이다. 성을 제공하거나 구매하는 것은 보통 “섹슈얼리티”로 이해되지 않기 때문에, 성 노동이 도착을 이식하거나 일탈적 섹슈얼리티를 구성한다는 것은 명백하지 않다. 오히려 성 노동자와 고객은 성 시장에서의 계약과는 무관한 섹슈얼리티를 —거래에 참여하기 위해 종종 생략되(고 해를 입을 가능성이 있)는 노동자의 섹슈얼리티와 만족을 위해 성 노동자와의 관계에 가져오는 고객의 섹슈얼리티를— 가지는 것으로 여겨진다. 푸코가 주장했듯이, 섹슈얼리티는 행위보다 욕망과 더 관련이 있으며, 성 노동자는 거래 행위에 참여하기 위해 —그리고 그 이상으로 자신이 갖고 있지 않은 욕망을 가장하기 위해— 자신의 욕망을 중단한다고 추정된다. 지그문트 프로이트 같은 19세기와 20세기 초반의 과학자들은 성매매 여성을 성적으로 도착된 존재로 기술하며, 이 여성들은 일부일처제 결혼이 충족시킬 수 없었던 다중적으로 도착된 성적 욕구를 충족하기 위해 성 노동으로 눈을 돌렸다고 했지만,[5] 오늘날 성 노동이 노동자의 정체성으로 포착되는 방식은 성적 도착의 발산 수단으로 인식되지는 않을 것이다. 이는 성 노동자가 일을 통해 성적 욕구를 채우기보다는 성적 욕구를 유예한다는 견해가 오늘날 지그문트 프로이트의 생각보다 더 널리 인정되기 때문이다. 논평가들은 성 노동이 —더럽혀진, 값싼, "음탕한 여자"와 같은(Shrage, 1989; Rubin [1984], 1994; Califia, 2002)— 일종의

---

5 「유아 성욕Infantile Sexuality」(1905)에서 지그문트 프로이트는 다음과 같이 말한다.

> 이러한 관점에서 아이들은 똑같이 다중적인 도착 소인素因을 계속 지니는 보통의 속된 여성과 같은 방식으로 행동한다. 일상적 상황에서라면 그녀는 성적으로 정상일 수 있지만, 만약 그녀가 교활한 유혹자에게 이끌린다면, 그녀는 자기 취향에 맞는 모든 종류의 도착을 찾아낼 것이고, 그것을 자기의 성적 활동의 일부로 유지할 것이다. 성매매 여성은 직업적인 목적을 위해 동일한 다중적, 즉 유아기적 소인을 이용한다. 그리고 성매매 여성이거나 성매매에 참여하지 않고 그런 경향을 지닐 수 있다고 여겨지는 엄청난 수의 여성을 고려할 때, 모든 종류의 도착으로 발전할 이와 같은 소인이 인간의 일반적이고 근본적인 특성이라는 것을 인정하지 않을 수 없다.

"영구적인" 성 정체성을 만들어 내는 것을 고찰하고, 성 노동자들이 성 노동자가 되어 느끼는 낙인을 퀴어가 되어서 느끼는 낙인에 비교하려는 것을 고찰한다(Bernstein, 2007, 105). 한 고객의 말을 인용해 보자. "성매매 여성은 남자를 매우 싫어해. …… 그들 다수가 레즈비언이야. 틀림없어"(Holzman and Pines, 1982, 103). 하지만, 성 노동은 일이고 대개 성적 욕망으로 동기가 부여되지 않는다는 점에서 성적 지향의 개념과는 거리가 있음을 보여준다. 고객은 피학성애나 동성애와 같은 섹슈얼리티를 표현할 수 있는 전문가를 고용할 수 있는데, 이러한 섹슈얼리티는 거래가 이루어지기 전에 이미 존재하는 것이며, 그런 정체성이 상업적인 성적 만남을 유도하는 동기가 된다. 그렇다 하더라도 고객으로서 상업적 성에 참여하는 것은 점점 더 성 도착의 한 종류로 이해되고, 고객 스스로에 의해 성 정체성으로 이해되고 있으며, 이러한 현상이 아래에서 탐구하고자 하는 것이다.

역사적으로 성을 파는 여성은 일탈적인 인구로 여겨졌지만, 성을 사는 남성은 자연스러운 욕구를 충족시키는 것으로 여겨졌다. 예를 들어, 1871년 영국 왕립위원회Royal Commission는 다음과 같이 말했다.

> 우리는 명백하지만, 그에 못지않게 결정적인 답변, 즉 성매매 여성과 어울린 남성과 성매매 여성은 비교할 수 없다는 답변으로써, 양 당사자를 똑같이 음행의 죄로 다룬다는 원칙에 입각한 [어떤 권고도] 즉시 없앨 수 있다. 성매매 여성은 이득의 문제로 범죄를 저지르는 것이고, 남성의 경우는 자연적 충동의 방종이다.
>
> (Sanders, 2008, 7에서 인용)

지그문트 프로이트가 볼 때, 남자가 성매매 여성과 섹스하는 것은 아주 자연스러운 일이었다. 성적으로 만족할 만큼 여성에 대한 존경심을 제쳐둘 수 있는 것은 이런 "낮은 유형의 성적 대상" 뿐이기 때문이었다. 그는 다음과 같이 말했다.

> 오직 극소수의 문화인들만이 부드러움과 관능이라는 두 요소가 하나로 적절히 융합되어 있다. 남자는 거의 항상 자기의 성적 활동이 여성에 대한 존중으로 인해 방해받는다고 느끼며, 더 낮은 유형의 성적 대상이 있을 때 완전한 성적 능력을 갖추게 된다. …… 완전한 성적 만족은 그가 온전히 즐거움에 전념할 수 있을 때만 찾아오는데, 예를 들어, 예의 바른 아내와 함께라면, 그는 감히 그렇게 하지 않는다.
>
> (Freud, [1912] 1963, 64)

1937년, 킹슬리 데이비스Kingsley Davis 같은 저명한 사회학자는 여전히 결혼제도에 성매매가 필요하다고 주장할 수 있었다 (Davis [1937], 1985).

그러나 적어도 1960년대 이후, 남성의 성 구매가 정상적인 성 본능에 따른 행동이라는 견해는 정신과 의사, 심리학자, 정신분석학자, 사회학자에 의해 의심받게 되었다. 1970년 《범죄통제 가이드*Guide to Crime Control*》에서는 성 노동자의 고객을 "신체적 기형, 심리적 부적절함이나 (외국인과 이민자의 경우) 언어 및 관습에 익숙하지 않음"으로 인해 "섹스 파트너를 얻는 데 큰 어려움을 느낀" 남성으로 설명하고, 만약 성매매가 존재하지 않는다면 이 같은 남성들이 강간 같은 성범죄에 연루될 것이라고 주장한다 (Holzman and Pines, 1982, 91에서 인용). 틸라 샌더스Teela Sanders

는 다음과 같이 지적한다.

> 지그문트 프로이트를 근거로 삼아 글로버(Glover, 1969)는 성을 구매하는 남성이 성 발달에서 유아기로 퇴행하고 사랑과 관능적 욕망이 무의식적으로 분리되는 정신병리학적 질환으로 고통받고 있다고 주장했다. 기븐스·실버만(Gibbens and Silberman, 1960)은 심리적인 문제와 성 매수 사이의 연관성을 제안했다. 앤 로라 스톨러(Stoller, 1976)의 정신분석 이론은 성 매수 남성의 병리화를 한 단계 더 발전시켜, 이는 증오와 복수의 관능적 발현을 초래하는 자신의 고통스러운 성적 역사와 관련된 내적 불안에서 비롯된 도착임을 암시했다.
>
> (Sanders, 2008, 44)

사회학자들은 성 노동 구매 고객을 성 시장에 "참여하는 패턴", 참여하게 되었을 때의 "생애 단계", "특성"을 고려하여 분류했는데, 여기에는 "탐험가형", "요요형", "강박형", "책꽂이형", "영구 구매자형" 등이 있다(Sanders, 2008, 48).[6]

성 노동 문제에 관한 수십 년의 급진주의 페미니스트 운동도 성 노동의 일탈에 대한 전통적인 관점을 뒤집는 데 이바지했다(Pateman, 1988; Overall, 1992; Shrage, 1992; 1994; Raymond,

---

6 옮긴이: '탐험가형'은 성적 실험, 호기심, 환상에 대한 욕구에 따라 성을 구매하는 모든 연령대의 고객을, '요요형'은 연애 중에는 성매매를 하지 않지만, 연인관계가 불만족스러워지면 다시 성매매로 돌아오는 30대의 고객을 일컫는다. '강박형'은 만족스러운 관계나 치료적 도움을 찾을 때까지 성 노동자와의 성적 만남을 계획하고 준비하는 데 강박적으로 행동하는 모든 연령대의 고객을, '책꽂이형'은 성 노동자와 초기 성관계 경험이 있고, 자신의 정서적·성적 욕구를 충족시킬 궁극의 기회로서 만년에 성매매로 돌아오는 고객을, '영구 구매자형'은 평생 산발적으로 성매매를 하는 고객을 말한다.

2003). 급진적 페미니스트나 "섹스를 부정적인 것으로 보는" 페미니스트의 견해에 따르면, 성을 파는 여성은 단지 경제적 절박함에 반응하는 것이기 때문에 일탈적이지도 비난할 만하지도 않다. 반면에, 성을 사는 남성은 취약한 여성의 경제적 곤경을 이용하고 있으며, 대개 여성의 대상화와 폄하에 이바지하는 젠더적·경제적 특권층이다(Stark and Whisnant, 2004; Carter and Giobbe, 2006). 이러한 관점에서 성 구매는 여성에 대한 폭력의 한 형태이며, 사회학적·범죄학적 또는 정신의학적 설명이 필요한 행위는 성 판매가 아니라 바로 성 매수라는 반사회적 행위이다. 성을 사는 남성에 대한 수많은 사회학 연구가 여성에 대한 폭력(Monto and Hotaling, 2001; Busch et al., 2002; Monto, 2004; Raymond, 2004)과 일탈행위(Holzman and Pines, 1982; Holt and Blevins, 2007)와 같은 제목으로 저널에 게재된다는 사실이 이러한 관점의 우세를 보여준다.

성 구매를 문제화하고 병리화하는 것에 관한 급진주의 페미니스트의 주장은 점차 경찰 개입이라는 입법의 변화와 전환을 가져왔다. 예를 들어, 스웨덴에서는 이제 성을 제공하는 행위는 범죄가 아니지만, 성을 구매하는 행위는 범죄다. 영국과 북미에서는 홍등가에 차가 멈추는 것이 감지되면 집으로 통지서를 보내는 것과 같은 수치심을 유발하는 전략을 통해 고객이 표적이 될 수 있으며, 거리에서 성 구매를 시도하다 체포된 남성은 "존 스쿨 john schools" 교육 및 운전면허 정지와 같은 징계 절차를 밟게 된다(Bernstein, 2007a, 134-41). 틸라 샌더스, 엘리자베스 번스타인과 같은 성 노동 사회학자들은 "존 스쿨" 류의 프로그램과 스웨덴 모델 류의 입법이 상업적 성의 양을 줄이기보다는 상업적 성을 실내로 옮겨가게 했을 뿐이라는 사실을 증명했지만(Bernstein, 2007a, 140-1; Sanders, 2008), 성을 사는 남성의 병리화는 이러한 조치의 결과였다. 랩 댄스[7]를 받는 등 특정 형태의 성 시장 참여는 상당히 정상화된 남성적 행동이지만, “손으로 하는 자위”, 구강성교, 성교와 같은 성적 서비스 구매 행위의 문제화, 병리화, 범죄화로 인해 성 시장 고객에 대한 낙인은 증가했다. 성 구매가 범죄화되기는 하지만 도착이나 성적 중독으로 의료화될 가능성도 있으며, 존 스쿨 교육과 같은 프로그램은 재활 또는 “치료”의 한 형태로 이해할 수 있다(Sanders, 2008, 154). 고객들은 성 구매 사실을 숨긴다고 말한다. 가족과 친구들이 이 사실을 알게 되면, 자기를 부도덕하고 병들고 사회적으로 기능 장애가 있고 성적으로 비정상이라고 볼 것이기 때문이다. 어떤 성 노동자의 “단골” 고객 한 사람은 자신을 “내 도착에서의 일부일처”라고 기술한다(Sanders, 2008, 96).

이 남성의 “도착”에 대한 언급에서 알 수 있듯이, 성 구매 행위는 학계와 일반 대중 모두에 의해 일탈로 여겨지면서, 이러한 이해는 고객에 의해 내면화되었다. 성행위를 기반으로 정신의학화된 다른 그룹과 마찬가지로, 성 구매 고객은 대항 담론을 만들어 그들의 병리화에 대응하고 상업적 성을 부당하게 억압된 성 정체성으로 사용한다는 것을 확인하려고 시도했다. 고객에게 공감하는 사회학자 틸라 샌더스는 성 매수 남성에 관한 책 한 권 분량의 연구물을 작성했는데, 여기서 그녀는 성 매수 고객의 성 시장 참여를 “성 정체성”으로 자주 언급한다. 예를 들어, 그녀는 “이 집

7 옮긴이: 스트립 댄서가 손님의 무릎에 앉아 추는 춤.

단은 그들의 일상적 지위에서는 강력한 집단이지만, 성 정체성과 관행에 대해서는 정치력이 없고 목소리를 낼 수 없다"라고 말한다(Sanders, 2008, 10. 81도 참조). 그러나 틸라 샌더스는 성 구매를 타고난 성 정체성으로 보지는 않는다. 그녀의 관점에서, 그리고 성 노동자와 고객의 주관성에 관한 빅토리아 러브의 논의에 더 가깝게, 남성은 그들의 우연한 소비 관행을 통해 성적 자아를 구성하지만, 다른 성 정체성과 마찬가지로, 그들은 자기가 누구인가 고민하는 중요한 부분에서 이러한 성적 자아를 경험하게 된다(Sanders, 2008, 11).

1982년까지만 해도 성 노동에 대해 사회학자들은 "소설 작품 외에는 성적 서비스 구매를 어떻게 경험하느냐에 대한 존의 설명은 거의 없다"라고 쓸 수 있었지만(Hozman and Pines, 1982, 94), 오늘날에는 식사한 사람이 식당을 평가하고, 여행자가 호텔을 평가하며, 학생이 교수를 평가하는 것과 같은 방식으로 남성이 성 노동자와의 만남을 평가하는 광범위한 인터넷 기록보관소가 있다. 틸라 샌더스가 영국에서 성 구매 남성과 진행한 인터뷰는 소비자가 상업적 성관계 경험을 대화로써 공유하는 고객 운영 웹사이트 현상을 탐구한다. 영국에서는 고객이 이른바 "펀터넷Punternet"(영국 속어로 "존"에 대응하는 말이 "펀터"이고, 성 노동자와의 성교를 "펀트"라고 한다)이라는 성 구매 남성을 위한 온라인 커뮤니티를 만들었다. 《마이 레드 북*My Red Book*》이나 《에로틱 리뷰*The Erotic Review*》 같은 북미 웹사이트와 마찬가지로, 펀터넷은 "펀트"에 대해 이야기하고, 성 노동자 개개인의 특성과 서비스를 평가하며, 동료 고객에게 정서적 지원을 제공하기 위한 토론장을 가지고 있다. 예를 들어, 의기소침한 "첫 펀트 경험" 이야기를 올린 한 남성은, 각자의 첫 경험을 이야기하며 더 좋은 경험을 위한 조언을 제공하고 그가 느끼고 있는 감정을 정상화하는 다른 남성들로부터 수백 개의 지지 댓글을 받았다(Sanders, 2008, 77). 여러 남성이 성을 구매하기 전에 단지 "조사" 차원에서 펀터넷을 이용하는 반면, 나머지 남성은 소위 "현장 보고서"를 열성적으로 쓰는 작가로, 푸코가 말한 『은밀한 사생활』을 상기시키는 방식으로 수백 가지의 개별 만남 경험을 기록한다. 그러한 "고백의 동물"에게 섹스는 가장 먼저 담론에 들어가야 할 것으로 보인다(Sanders, 2008, 67-9).

틸라 샌더스에 따르면, 펀터넷 커뮤니티는 새로운 고객들에게 성 산업에 대해 교육하고(Sanders, 2008, 73), 그들을 그룹의 사회적·성적 예절과 도덕규범으로 "사회화"하는 기능을 한다(Sanders, 2008, 66). 예를 들어, 한 고객이 미성년 성 노동자나 "콘돔 없는 섹스" 서비스를 제공하는 성 노동자와 관련된 "현장 보고서"를 올리면, 해당 커뮤니티의 다른 구성원들로부터 "비판과 비난의 메시지"를 받게 된다. 이러한 게시물에 비판적으로 대응하는 것 외에도, 일부 사용자들은 그러한 이야기를 경찰에 신고했고(Sanders, 2008, 58-9), 메시지 게시판에는 범죄예방센터 Crime Stoppers 링크와 같은 자료가 들어 있는 경우가 많다(Sanders, 2008, 74). 펀터넷 커뮤니티는 미성년자와의 성관계를 허용하지 않고, 콘돔을 사용하지 않음으로써 다른 커뮤니티 구성원의 건강을 위협하는 고객을 비난한다.

이러한 교육 및 규제 기능을 넘어, 펀터넷은 성관계에 대한 고객의 죄책감과 수치심을 해소하는 데 도움을 준다. 한 고객은 다음과 같이 설명한다.

그냥 내가 하는 일에 혼자가 아니라는 걸 느끼게 해줘요. 똑같은 욕망을 가진 다른 사람들도 있고요. …… 제가 말했듯이, 인터넷 시간Internet time[8]으로 지난 6, 7년 동안, 네, 예전에는 조금 더럽고 지저분하고 부끄럽고 낙인찍히는 것에 대해 걱정했지만, 지금은 훨씬 나아졌어요. 지금은 그런 걱정을 훨씬 덜 하죠.

(Sanders, 2008, 126)

흥미롭게도, 이 고객은 성 구매를 특정 형태의 "욕망"이라고 기술하고, 이 욕망을 다른 사람들이 공유한다는 것을 알게 되어 기뻐한다. 틸라 샌더스는 "현장 보고서는 고객이 자기의 행동을 '일탈적'이지 않고, 받아들일 수 있을 뿐만 아니라 위협적이지 않으며, 여러 면에서 정상적인 남성 이성애 각본을 반영하는 것으로 이해하는 데 사용하는 정상화 메커니즘의 중요한 부분이다"(Sanders, 2008, 69)라고 말한다. 그녀는 현장 보고서를 "자기 확인"으로, 낙인찍힌 그룹이 "목소리를 낼" 기회로도 묘사한다(Sanders, 2008, 69).

가장 흥미로운 점은, 아마도 펀터넷과 유사한 웹사이트에서 공유된 서사가 성 구매 남성들 사이에 집단 정체성을 형성하는 데 도움이 되었고, 이것이 온라인에서 실제 만남으로 옮겨 갔다는 것이다. 틸라 샌더스가 말하듯이, 이러한 "공유된 서사는 가상과 현실 세계에서 '공동체'를 결속하는 사회적 접착제로 작용한다"(Sanders, 2008, 70). 남성들은 펀터넷을 "가상 유대감"의 기

8 옮긴이: 시차 없이 하루를 1,000유닛으로 나눈 인터넷의 세계공통시각으로 1유닛은 약 86.4초이다.

회로 이용하며(Sanders, 2008, 74), 성 산업과 무관한 이슈에 대해 온라인 채팅으로 대화를 나누고, 이것이 현실의 만남으로 이어진다. 한 고객은 펀터넷 게시판에 대해 다음과 같이 말한다. "나는 그것을 즐겨요. 그것은 상업적 성을 중심으로 하지도 않고, 당신도 그걸 알 겁니다. 보통의 채팅입니다"(Sanders, 2008, 75). 다른 사용자는 웹사이트를 애도할 수 있는 공간으로 기술한다.

> 게시판에는 지원 기능이 있어요. 예를 들어, 단골의 죽음이나 단골 사교 여성의 죽음은 다른 사별만큼이나 충격을 줄 수 있는데, 여러 복잡한 요인으로 보통 비밀에 부쳐지죠. 그러한 경우에는 분명히 공동체 의식이 있습니다.
>
> (Sanders, 2008, 80)

이런 식으로 유대감을 갖게 되면, 고객들은 비성적nonsexual 사회 활동을 위해 직접 만남을 약속하고, 때때로 성 노동자뿐만 아니라 다른 고객과의 행사나 파티를 계획한다(Sanders, 2008, 76). 한 고객은 다음과 같이 설명한다.

> 그냥 술집에서 누군가를 처음 만난다면 말하지 않을 것들에 대해 말하는 경향이 있어요. 그런 관계를 발전시키고 나면, 만나기가 더 쉬워지고 자연스러워집니다.
>
> (Sanders, 2008, 81)

또 다른 고객은 다음과 같이 말한다. "커뮤니티가 매우 활기차요. 그들은 자신들만의 무언가를 가지고 있어요. — 그들은 이런 종류의 사교 파티를 하며, 모두 밖에서 만납니다"(Sanders, 2008, 83).

고객이 성 산업에 참여하면서 만든 가상·실제 커뮤니티를 틸라 샌더스가 설명하는 방식은 LGBTQ 커뮤니티가 등장한 몇 가지 이유와 유사하다. 그녀는 고객들이 핍박받는 "성 정체성"을 가지고 있고, 그들처럼 자신과 함께 진정한 자신이 될 수 있는 다른 사람들을 찾는 것이 필요하다고 기술한다.

> 내면의 안정감은 고객으로서의 정체성에 대한 가식, 수치심 또는 비밀이 없는 사람들과 상호 작용할 때 얻게 된다. …… 이러한 수용과 상호 기반은 그 유대가 질병이나 성 정체성과 싸우고 있는지와 무관하게 온라인 네트워크에 열성인 사람 대부분에게 매력으로 남는다. …… 온라인 커뮤니티는 성교 동의 연령에 이른 성인consenting adults 사이의 성적 차이를 법적으로 받아들이는 데 여전히 어려움을 겪는 사회로 인해 성적으로 박탈당한 사람들에게 자기 수용을 촉진한다. 가상에서는 평소 "이상한 존재"로 느끼거나 일상 커뮤니티에서 소외된 이들이 한 공간에 모여 다수를 이룰 수 있는 공간을 제공한다. 성 구매라는 극비성 때문에 성 시장 밖에서는 성 구매 고객이기도 한 다른 남성을 찾기가 매우 어려울 것이다. …… 이러한 정체성의 결합을 통해 가식이나 속임수 없이 참여자contributors와 참관자observers는 일상의 성적 규범이 자신들의 성적 표현과 정체성에 부과하는 제약으로부터 자유로워질 수 있다.
>
> (Sanders, 2008, 81)

틸라 샌더스는 고객이 온라인 광장에서 실제 만남으로 옮겨가는 것을 게이 남성이 온라인에서 만난 뒤 실제 우정을 형성하는 방식에 비교하며(Sanders, 2008, 82), LGBTQ 커뮤니티의 언어를 사용하여 고객이 자신의 "성 정체성"에 대해 친구들에게 "커밍아웃"하는 것을 묘사한다(Sanders, 2008, 128-9). 실제로 틸라 샌더스는 푸코가 『성의 역사』에서 펼친 섹슈얼리티의 사회적 구성에 대한 논의를 바탕으로 성 매수도 동성애와 마찬가지로 부당하게 낙인찍힌 성적 차이의 또 다른 사회적 구성 형태일 뿐이라고 주장한다(Sanders, 2008, 114). 틸라 샌더스와 달리, 아래에서는 "존"이나 "펀터"가 사회적으로 구성된 성 정체성이라면 이와 LGBTQ 정체성을 비교하는 데에는 한계가 있다고 주장한다. 특히, 현재 성 매수 문화의 일부 측면은 LGBTQ의 정체성과는 다른 방식으로 여전히 문제가 된다.

성 노동 문제

틸라 샌더스, 엘리자베스 번스타인의 연구와 같은 성 노동에 대한 최근의 사회학 연구에 따르면, 인터넷 시대가 되면서 성 노동은 고객과 노동자 모두에게 급격하게 변하였으며, 성 노동에 대한 초기 페미니스트 연구는 이제 아무 관련이 없게 되었다. 살펴본 바와 같이, 고객에게 인터넷은 성 매수라는 낙인에 저항하기 위한 토론장뿐만 아니라 고객 "공동체"와 정체성을 형성할 수 있는 조건을 제공해 왔다. 이제 자동차, 호텔이나 골목에서 즉각 제공되는 성적 서비스를 받기 위해 성 노동자를 고용하고자 성매매 거리를 운전하는 고객은 점점 줄어들고 있다. 그 대신 고객들은 온라인 쇼핑을 하고, 성 노동자에게 특정 성행위에 대해서가 아니라 시간당 얼마의 돈을 지급한다. 성 노동자에게 인터넷은 거리에서 실내로의 이동을 촉진했다. "실내"라는 것이 성매매 업소, 안

마 시술소, 이국적인 댄스 클럽을 의미할 수도 있지만, 인터넷은 또한 많은 중산층 성 노동자가 자기 집에서 일하거나 안전을 위해 "문지기"를 고용할 수 있는 별도의 임대아파트에서 독립 사업자가 되도록 만들었다. 이런 독립 성 노동자는 웹사이트에서 자신을 마케팅하며 종종 특정(페티시, 변태적 성적 취향, 중산층) 고객을 육성한다(Bernstein, 2007a, 93-8). 실내에서 일하는 성 노동자는 낯선 사람과 함께 차량에 올라타는 것과 같은 "거리 호객행위"의 위험, 포주와 경찰로부터 괴롭힘을 당할 위험을 피하고, 낙인도 피한다.

인터넷 시대의 이런 성 노동의 변화는 고학력 중산층 여성에게 성매매를 더욱 매력적인 것으로 만들어 주었고, 이제 성 노동을 해서 대학에 다닌 여성이 성 노동 과정에서 자신에게 해를 끼쳤다는 견해에 저항하는 일인칭의 이야기를 많이 보게 된다. 일부 중산층 고학력 여성은 예를 들어 사회복지사나 연구원과 같이 대학원 학위를 사용하는 것보다 사교 여성으로 훨씬 더 많은 돈을 벌 수 있음을 발견했다(Bernstein, 2007a, 81-2). 길거리에서 많은 고객을 유치하지 못하거나 특정 기준(나이, 날씬함, 큰 가슴, 여성스러움)에 맞지 않아 스트립 클럽과 성매매 업소에서 일자리를 찾을 수 없는 여성은 온라인에서 매우 특정한 고객층(나이 많은 여성, 고학력 갈색 머리 여성, 지배적인 여성, 뚱뚱한 여성을 찾는 고객)을 목표로 삼을 수 있다. 이 여성들은 성매매 업소나 스트립 클럽에서 "퇴짜"를 맞아 종종 의기소침해졌지만, 온라인에서 그녀에게 관심을 가지는 고객들이 그녀의 육체와 섹슈얼리티를 긍정적으로 지지한다는 것을 발견한다. 일부 성 노동자는 심지어 성 노동이 그들의 자존감을 높였다고 기술하기도 한다(Bernstein,

2007a, 100-1). 가브리엘 워너Gabrielle Warner가 보여준 것처럼, "웹캠 앞에서의 성적 행위"와 같은 온라인 형태의 성 노동은 우울증과 만성 피로 같은 장애가 있는 여성이 집을 떠나지 않고도 몇 시간 안에 상당한 돈을 벌 수 있게 해주었다(Warner, 2015, 미간행).

지난 수십 년 동안 성 노동에서 발생한 또 다른 변화는 무엇을 판매하는지와 관련이 있다. 빠른 성욕 해소나 특정 성행위뿐만 아니라 이른바 "여자 친구 경험"을 찾는 고객들이 늘고 있다. 여자 친구 경험은 직업상 유지되는 것이긴 하지만 친밀함과 애정의 관계를 포함한다. 엘리자베스 번스타인은 고객이 바라는 것을 "제한적 진정성bounded authenticity"이라고 기술한다(Bernstein, 2007a). 즉 종종 입 대 입 키스와 대화, 이메일, 전화 통화, 문자 메시지를 포함한 지속적인 관계 등, 고객은 성 노동자와 진정한 관계를 추구하고 있다. 많은 고객은 냉담하고 비인격적인 15분간의 성행위를 원하는 것이 아니라 "조건"이나 계약이 없는 비상업적인 성적 만남이라는 낭만적인 관계의 일면을 성 노동자와 경험하고 싶어 한다.

엘리자베스 번스타인은 구매 내용의 이러한 변화가 사생활에서의 구조 변화와 후기 자본주의의 요구 때문이라고 말한다. 그녀가 관찰한 바와 같이, 혼인율이 떨어지고 이혼율이 치솟고, 사별한 노년층은 성인 자녀와 함께 살지 않으므로, 1인 가구가 60% 증가했다. 1988년 미국 가정의 3분의 1이 1인 가구였고, 미국인 중 4분의 1만이 핵가족으로 살고 있었다(Bernstein, 2007a, 172). 후기 자본주의는 노동자들이 사람이나 장소에 얽매이지 않고 유연하고 유동적으로 행동할 것을 요구한다. 동시에 후기 자본주의에서 우리는 심리 치료, 마사지, 육아를 포함한 다양한 형태의 정서적·신체적 보살핌의 상품화에 점점 더 익숙해졌다. 이런 맥락에서 성 노동자의 전형적인 고객은 중산층 백인이 되었다(Bernstein, 2007a, 2). 기혼자인 고객도 많지만, 더 많은 수의 고객이 상업적 성관계를 선택한 이유로 혼자 살고 있고 오랫동안 혼자 살았다는 사실을 든다. 그러한 고객은, 1970년대의 전형적인 고객이 하지 않았던, 성 노동자와의 제한된 형태의 교제를 추구한다. 이 고객들은 그들이 얻지 못한 "진짜" 관계의 슬픈 대용품으로 반드시 성 노동자에게 눈을 돌리고 있는 것은 아니지만, 비상업적 관계라는 압박과 요구 없는 진정한 "여자 친구 경험"을 원할 수 있다. 엘리자베스 번스타인은 성 노동자가 고객과 데이트를 시도하는 사례가 드물다는 것을 인정하면서도, 그녀는 성 노동자가 고객 풀에서 연인을 찾으려고 무료로 성관계를 제공했지만 결국 자취를 감추어 버린 몇 가지 사례를 기술한다(Bernstein, 2007a, 130). 이들은 사실 상업적 성만을 원했고 그 이상의 경험, 즉 여자 친구 경험을 원하지 않았다.

그러나 성 노동자가 자신에게 관심을 가질 것이라는 "망상"(Sanders, 2008, 98-102)에 빠진 고객은, 성 노동자가 감정적 유대와 성적 쾌락 모두에서 거의 항상 호혜성과 상호성을 가장한다는 사실을 보지 못하는 경우가 더 일반적이다. 한 성 노동자는 너무 빨리 절정에 이른 것에 대해 사과하는 고객 이야기를 하며 웃는다. 그들은 "즉시 절정을 느끼는" 사람이 성 노동자에게 최고의 고객이라는 사실을 모른다(Bernstein, 2007a, 104). 성 노동자들은 여자 친구라는 환상이 성 노동자가 고객에게 주려는 것보다 더 많은 것을 기대하도록 이끄는 방법을 관리하면서, 이런 여자 친구 경험을 원하는 고객을 기쁘게 해주는 감정노동이 이 일을 하면서 가장 힘든 부분이라고 말한다(Love, 2013, 63). 한편, 많은 고객은 젠더와 계급 측면에서 권한이 있고 자격이 있는 인구임에도 불구하고, 그들이 추구하는 진정한 유대감을 제공하지 못하는 상업적 성에 대한 습관적 지출에 우울해하고 부끄러워한다(Bernstein, 2007a, 131-4; Holzman and Pines, 1982, 109-10).

한 사람이 일반적으로 욕망, 성적 쾌락, 다른 사람과 함께 있는 즐거움을 속여야만 하고, 상대방은 그 관계에 대해 착각하는 이런 관계는 이상적이지 않다. 이것은 우리가 생계형 성 노동을 특징짓는 폭력과 위험에서 멀리 떨어져 있는 가장 이상적인 형태의 성 노동에 관해 이야기할 때도 마찬가지다. 우리가 진정한 직업을 선택하는 고학력 중산층 백인 여성을 포함하는 상대적으로 "최상의" 성 노동 시나리오를 고려할 때조차도, 엘리자베스 번스타인은 성 노동이 "젠더적·경제적 억압 구조에 도전하면서 동시에 참여"한다는 것을 인정한다(Bernstein, 2007a, 181). 가장 분명한 점은, 성 노동은 여성의 열악한 경제적 기회와 남성의 성에 대한 권리 의식을 반영하는 고도로 젠더화된 노동이라는 사실이다. 또 성 노동은 백인 고객이 백인이 아닌 성 노동자와의 이국적인 성 경험을 쇼핑하면서도 백인 성 노동자의 서비스에 더 큰 비용을 지출할 의사가 있는 매우 인종화된 일이다(Bernstein, 2007a, 142-3; Shrage, 1992). 심지어 "상류층" 독립 동행 서비스 여성도 안전을 위해 "문지기", 경호원, 운전기사를 고용하는데, 이는 성 노동이 노동자의 신체 안전에 얼마나 큰 위험을 수반하는지를 보여준다. 엘리자베스 번스타인이 말하듯이, "어떤 성적 만남이나 특정 성 노동자의 삶의 과정에서 무력, 폭력, 착취의 역학이 작용하는 한, 우리는 윤리 문제를 고민해야만 하고, 개입할 수단을 찾아야 한다"(Bernstein, 2007a, 180).

하지만 모든 형태의 성 노동을 같은 붓으로 칠해서도, 성 노동을 범죄화해서도, 성 노동자나 고객을 병리화해서도 안 된다. 1990년대 초 샌프란시스코 텐더로인과 미션 지구 성매매 거리에 대한 엘리자베스 번스타인의 기술은 성 노동의 범죄화는 범죄화 대상이 성 노동자든 고객이든 간에 언제나 이미 피해를 본 인구를 더욱 희생시킨다는 사실을 보여준다. 실제로 엘리자베스 번스타인의 고찰에 따르면, 고객보다 성 노동자가 더 경찰의 체계적인 괴롭힘과 학대의 대상이 된다(Bernstein, 2007a, 40-69). 네덜란드와 같은 국가에서 성 노동 규제는 주로 미등록 성 노동자를 몰아내어 가장 취약한 성 노동자 인구를 이전보다 더 지하로, 더 위험한 노동 조건으로 몰아넣는 역할을 해왔다(Bernstein, 2007a, 156-66). 엘리자베스 번스타인을 비롯한 페미니스트 성 노동 학자들이 설득력 있게 주장했듯이, 우리가 성 노동을 유감스럽게 여기는 한, 그것을 범죄화하거나 규제하려고 해서는 안 된다. 오히려 수십 년 동안 성 노동자들이 해온 말을 경청하고, 저렴한 주택 공급, 은행 대출, 합법적 거주자로서의 지위 획득에 도움을 주는 등 성 노동자들이 자기 삶에 의미가 있다고 말하는 사회 변화를 추구해야 한다. 이러한 여건이 부족해서 소외된 인구가 성 노동으로 내몰리고 있다(Bernstein, 2007a, 186; Nussbaum, 2006). 그러므로 성 노동의 범죄화에 단호히 반대한다. 그러나 성 노동이 (가장 특권적인 형태일지라도) 젠더, 계급, 인종이라는 선로를 따라 사회 억압을 계속 좇아다닌다는 점을 고려할 때, 성 매수는 도착으로서 "이식"되거나 성 정체성으로 확인되어 더 고착되어야 할 관행이 아니다. 이 장을 마무리하는 아래의 짧은 성찰에서는 다음과 같이 주장할 것이다. 성 노동자 자신의 전략과 관심사를 해결하기 위해서는 성 노동을 범죄화하거나 병리화하기보다는 성 노동에 대한 푸코주의적 접근법을 취해야 한다.

성 노동에 대한 푸코주의적 접근

성 노동에 대해 푸코주의적 접근 방식을 취한다는 것은 성 노동을 금지하려는 시도가 성 노동에 대한 욕망을 어떻게 만들어내는지, 그리고 성 노동에 대한 생명 정치적 규제가 성 노동자의 삶을 종종 부정적인 방향으로 어떻게 규율하는지를 통찰하는 것을 의미한다(Bernstein and Schaffner, 2004). 또한 성 노동에 대한 푸코주의적 접근 방식은 성 노동의 역사적 우발성 입증을 포함한다. 우리는 오늘날 성 매수가 어떤 문화에서는 다소 빈번하지만, 다른 어떤 문화에서는 흔한 경험도 아니고 남성성의 표준도 아니라는 것을 보여줄 수 있다. 서유럽 국가 내에서도 성 노동의 확산은 매우 다양하다(Bernstein, 2007a, 163). 성 노동이 "가장 오래된 직업"(이는 성 노동을 할 수밖에 없는 사람들이 여태껏 있었다는 것을 암시한다)이라고 흔히들 말하지만, 사실 성 노동이 모든 사회에 알려진 것은 아니고, 사회마다 성 노동의 확산 정도는 크게 다르다. 따라서 여성이나 다른 사람의 신체에 접근하는 것을 구매할 수 있다는 것이 필연적이거나 자연스럽거나 불가피한 일일 수 없다. 게다가 성 노동과 관련된 낙인은 매우 다양하다(Nussbaum, 2006; Shrage, 1989, 349-51). 따라서 푸코주의적 관점은 성 노동이 불가피하다는 견해뿐만 아니라 더럽고 굴욕적이며 가치 없는 일이어야 한다는 견해에도 의문을 제기한다.

성 노동과 그에 대한 낙인이 모두 우연적이라는 사실을 강조함으로써, 성 노동이 필요하다는 인식을 약화할 수 있고, 이 일에 대한 낙인을 없앨 수 있으며, 이는 우리가 도착의 이식에 저항하는 데 도움을 준다.

가장 중요한 사실은, 아마도 성 노동에 대한 푸코주의적 접근법이 그러한 노동을 탈성애화한다는 점일 것이다. 이 경우, 탈성애화는 성 노동자의 성생활과 섹슈얼리티에 대한 관심을 중단하고, 대신 그들의 경제생활과 걱정에 관심을 둔다는 의미다. 다시 말하자면, 이는 취약계층을 위한 저렴한 주택 공급, 이주, 은행 대출과 같은 문제에 관심을 가진다는 의미이다. 푸코주의의 관점에서, 성 노동자가 지지하는 방식, 즉 상업적 성에 대해 노동으로서의 성sex-as-work으로 접근하는 방식은 중요한 탈성애화 전략으로 볼 수 있다. 성 노동자들은 성 노동의 노동이라는 측면을 강조하며, 이로써 성을 심리학적으로 고찰하려는 오늘날의 경향에 저항한다. 요컨대, 사회학자, 범죄학자, 정신과 의사가 성 노동에 대해 말하는 것보다는 성 노동자들이 하는 말에 더 귀를 기울여야 한다.

제 8 장

동물성애 섹슈얼리티[1]와 이종 간 성폭력

동물이 우리의 성적 욕망에 동의할 수 있는지 어떻게 알 수 있느냐를 묻는 것보다 동물이 무엇을 원하는지, 그리고 우리와의 관계를 통해 이를 어떻게 촉진할 수 있는지를 이해하는 것이 더 유망한 목표이다. 우리가 쾌락을 진정으로 동물과 공동 창출할 수 있을까? 다시 말해서, 우리가 동물들과 우정을 어떻게 추구해야 할까?

— 디네쉬 와디웰, 「삶의 한 방식으로서 동물 우정」(2016)

수간에서 동물성애 섹슈얼리티로

인류 역사 전반에 걸쳐서 인간과 비인간 동물nonhuman animals 사이의 성관계는 도덕과 법의 문제로 다루어져 왔다. 그러나 다

---

1 옮긴이: zoosexuality를 옮긴 말이다. zoo는 동물성애를 뜻하는 zoophilia의 약칭 또는 동물성애자를 뜻하는 zoophile의 자칭으로 사용된다.

른 일탈행위와 마찬가지로, 최근에 이 행위도 죄악이나 범죄로 개념화하는 쪽에서 특정 유형의 사람을 특징짓는 의학의 문제로 보는 쪽으로 방향을 전환하고 있다. 최근에 우리는 zoophilia, zooerastia,[2] zoosex, bestiality[3] 개념을 발명했으며, —의료화된 다른 부류의 사람과 마찬가지로— 이러한 범주는 낙인의 원인이 되었을 뿐만 아니라, 권리를 옹호해야 하는 정체성의 지위로서 낙인찍힌 사람들에 의해서도 받아들여져 왔다.

역사 기록에 따르면, 수간bestiality은 남성이 농장에서 외롭거나 기회가 있을 때면 행동으로 옮기는 오래된 범죄였으며, 가장 빈번한 사례는 암컷 농장 동물과의 성관계였다. 요나스 릴리키스트 Jonas Liliequist의 「자연을 거스르는 농민들Peasants against Nature」을 보면, 근대 초기 스웨덴에서 수간으로 처형된 사람들은 "대부분 남성 청소년과 청년"이었으며, 그들과 함께 처형된 동물은 "수백 마리의 암소와 암말, 약간의 암퇘지, 암양, 암캐"였다(Liliequist, 1991, 394). "태형과 교회 형벌, 족쇄를 찬 상태에서의 강제노역형을 받은 사람"은 사형선고를 받은 사람보다 훨씬 많았다(Liliequist, 1991, 395). 요나스 릴리키스트의 연구에 따르면, 실제로 젖소에 대한 성폭력이 너무 만연해서, 이를 예방하기 위해 젖 짜는 일을 주로 소녀와 성인 여성에게 맡겼다고 한다. 결과적으로,

2 옮긴이: 동물성애.

3 옮긴이: zooerastia, zoosex, bestiality 모두 인간과 동물 사이의 성행위를 의미하는 단어들인데, zooerastia는 주로 정신의학적, 심리학적 맥락에서 사용되고, bestiality(이하 '수간'으로 옮김)는 주로 사회적, 법률적 맥락에서 사용되며, zoosex(이하 '주섹스'로 옮김)는 비교적 중립적인 표현으로 사용된다.

특별한 일 없이 외양간을 들락거리는 남성은 주목받았으며, 쉽게 의심을 샀다. 어느 소젖 짜는 여인은 외양간에서 하인을 보게 되면 매우 놀라게 되고, 불편하다고 말했다. 농장에서 일하는 남자들은 수리할 일이 아니면 그곳에 가지 않았다. 한 여성은 종종 외양간에서 사위를 발견했다. 그녀는 사위가 거기서 뭘 하는지를 알아내려고 문에 구멍을 뚫었다.

(Liliequist, 1991, 416)

마찬가지로,

외양간으로 이어지는 눈 위에 난 발자국이나 소 뒤의 배설물에 찍힌 발자국은 아내, 하녀, 주인을 화나게 했고, 소의 배설물과 털 얼룩을 찾느라 남성의 옷과 장화를 주의 깊게 검사했다.

(Liliequist, 1991, 419)

소년이 소를 치는 것을 금지하려는 시도가 있었으며, 1686년 스웨덴에서는 "소를 사육할 때 소년 대신 가능한 한 여성을 고용할 의무를 규정하는" 왕실 조례가 통과되었다(Liliequist, 1991, 414). 요나스 릴리키스트는 "재판 기록은 소 떼와 목장에서의 남성 활동에 대한 강한 의심과 주의를 드러내"며(Liliequist, 1991, 397), 특히 젖 짜는 행위는 "남자에게 부적절한 것으로 여겨졌다"(Liliequist, 1991, 416)고 지적한다.

주임 장교의 시찰에서, 혼자 사는 한 병사는 손수 젖을 짜지 않도록 젖 짜는 여성을 고용할 것을 진지하게 권유받았다. 그러나 무엇보다 일반적으로 남자들은 젖 짜는 것을 수치로 여겼다. 다른

> 남자를 '소젖 짜는 사람'이라고 부르는 것은 법정에 불려 갈 수 있는 심각한 범죄였다.
>
> (Liliequist, 1991, 416)

존 M. 머린John M. Murrin의 「말하기 꺼려지는 것들Things Fearful to Name」도 수간이 압도적인 남성 범죄였다는 것을 보여준다(Murrin, 1998). 그는 다음과 같이 말했다. 유럽에서 "1679년 티번에서 한 여자와 그녀의 개가 교수형을 당했지만, 여성들은 수간으로는 …… 거의 재판을 받지 않았다"(Murrin, 1998, 9). 마찬가지로,

> 식민지에서 여성 수간 사례는 두 건뿐이었다. 1702년 대배심은 보스턴에서 한 여성을 기소하는 것을 거부했다. 뉴저지주 먼마우스 카운티에서 한나 코킨이 1757년 비역죄buggery로 기소되었지만, 미수로만 유죄판결을 받았다.
>
> (Murrin, 1998, 9)

따라서 여성은 수간 재판 기록에서 피고인으로 거의 등장하지 않지만, 종종 증인으로 출석하여 증언함으로써 남편을 포함한 남자들을 죽음에 이르게 한다. 존 M. 머린은 "미국의 초기 수간 사건에서, 여성들은 …… 상당히 불균형하게 고소인으로만 등장"한다고 지적한다(Murrin, 1998, 33). 특히 그는 다음과 같이 기술한다.

> 뉴헤이븐 식민지 건설자 중 한 사람인 윌리엄 포터는 존 데이븐포트 교회의 일원이자 …… 가정적인 남자였다. 약 60세의 '쇠약한

> 병자'였던 그는 최근 건강이 좋지 않아 불침번이 면제되었다. 그러나 병이 그의 특이한 성생활을 방해하지는 않았다. 1662년, 그의 10대 아들은 아버지가 암퇘지 한 마리와 항문 성교하는 것을 보고 어머니를 불렀고, 그녀는 그가 무엇을 하고 있는지 확인했다. 어머니와 아들은 둘 다 자신의 결정이 얼마나 치명적일지를 분명히 이해하는 상태에서 치안 판사에게 이 사실을 알렸다. 두 명의 증인과 마주하게 된 포터는 자백했다. 그는 열 살쯤부터 영국에서 시작한 이 행위를 평생 좋아했다고 인정했다. 그는 몇 년 전 암캐와 성교하다가 아내에게 들킨 적이 있었다. 그는 그녀에게 당국에 알리지 말라고 설득했고, 진실로 후회하는 것처럼 개를 교살하기까지 했다. 물론 이번에는 그가 사형판결을 받았다. 내가 읽은 미국 법정 초창기 기록에서 가장 어색한 순간은 포터가 양 떼를 헤치며 아내를 이끌고 가 성적 동반자였던 모든 동물을 그녀에게 가리키는 장면이었다. 그가 처형되던 날, 암소 한 마리와 어린 암소 두 마리, 양 세 마리, 그리고 암퇘지 두 마리가 모두 함께 죽임을 당했다.
>
> (Murrin, 1998, 26)

요나스 릴리키스트는 수간 재판에서 남편에 대해 증언하는 다른 여성의 사례를 인용한다.

> 마구간에서 남편과 마주친 뒤 그와 잠자리에 들기를 거부해 구타당한 아내는 법정에서 남편이 강제로 원하는 바를 얻을 때마다 매번 '그 후 자기 입에서 암말 냄새와 맛이 났다'고 증언했다.
>
> (Liliequist, 1991, 406)

요나스 릴리키스트와 존 M. 머린은 수간을 금기시한 이유가 역사적으로 인간과 동물의 경계를 강화하는 데 관심을 두었기 때문이라고 한다. 요나스 릴리키스트는 근대 초기 스웨덴의 한 30세 하인의 재판 심문을 인용한다.

> 문: 피고인은 인간과 동물의 차이점을 알고 있습니까? 답: 모릅니다. 문: 스스로는 인간입니까, 말입니까, 물고기입니까? 답: 잘……. 문: 인간과 물고기의 차이점을 알고 있습니까? 답: 아뇨. 문: 생선을 먹습니까? 답: 네. 문: 인간을 먹습니까? 답: 아뇨. 문: 인간을 먹지 않는 이유가 무엇입니까? …… 응답하지 않음.
>
> (Liliequist, 1991, 403)

요나스 릴리키스트가 지적한 것처럼, "질문에는 수간과 식인풍습 사이에 대한 암묵적인 유추가 설정되어 있었다. 비인간 동물과 사랑을 나누는 것은 인육을 먹는 것과 같다. 이 유사성이 수간의 본질적인 의미를 드러낸다……"(Liliequist, 1991, 404). 수간은 식인풍습이라는 유령을 불러일으킨다. 우리는 비인간 동물을 먹을 수는 있으나 섹스할 수는 없는 동물로 이해하는 반면에, 인간은 섹스할 수는 있지만 먹을 수는 없는 동물로 이해한다. —비인간 동물과 섹스하는— 하나의 방식으로 범주를 혼동하는 사람은 —인간을 먹는— 다른 방식으로도 범주를 혼동할 가능성을 남긴다. 요나스 릴리키스트가 지적한 바와 같이, 인간에 의해 성적으로 이용되었을지도 모르는 비인간 동물의 살이나 젖을 먹는 것은 인간화된 살과 젖을 먹는 것과 관련되므로 상당한 불안감이 존재했다(Liliequist, 1991, 407-8). 이 경우 수간과 식인풍습은 동의어가 되었다. 동물 하나하나에 물질적으로 의존하던 농민은 수간으로 오염된 동물을 도살하기는 하지만 먹지 않았으며, 지독하게 굶주린 사람들이 땅을 파내서 고기를 먹는 것을 막기 위해 화장했다.

따라서 수간은 압도적으로 남성의 범죄이자 여성에 의해 단속된 범죄였고, 흔히 청소년기와 관련되고, 성적 박탈과 관련되며, 특히 농촌에 만연해 있었다는 것이 역사 연구에서 드러난 사실이다. 비록 일부 사례에서는 남성이 결혼 생활 중에도 지속하는 "습관"이었던 경우도 있지만, 대부분은 "소년 문화"(Liliequist, 1991, 414)와 관련이 있고, 혼외정사를 비난하는 시대에 미혼이거나 성적으로 좌절된 남성과 관련이 있었다. 소년과 남성은 타고난 섹슈얼리티의 표현이라기보다는 성적 박탈 때문에 성적으로 구제받고자 비인간 동물에게 눈을 돌리는 것으로 이해되었다. 수간은 식인풍습과 마찬가지로 종의 경계를 넘나들며 훼손하는 것이기 때문에 문제가 되는 것이었지, 비인간 동물을 침해해서 문제가 되는 것은 아니었다. 실제로 이런 경우 비인간 동물을 피해자로 보지 않았으며, 더럽혀져서 먹을 수 없다고 여겨 도살하였다.

해브록 엘리스 같은 초기 성 행태학자들sexologists은 "일상생활에서 동물과 아주 친숙"하고 "문화 수준이 낮기" 때문에 농민이 도시 거주자보다 비인간 동물과 성관계를 맺을 가능성이 더 크다고 믿었다(Liliequiest, 1991, 410-1). 해브록 엘리스는 "발달하지 않았고 여성에게 가장 원초적인 요구만을 하는 농민에게는 동물과 인간의 차이가 그다지 크지 않은 것 같다"라고 말했다(Liliequist, 1991, 411). 해브록 엘리스에 따르면, "수간은 …… 둔하고 무감각하며 꼼꼼하지 않은 사람들의 성도착……이다. 그것은 원시인과 농민 사이에서 번성한다"(Cassidy, 2009, 98에서 인용). 19세기 성 행태학자들이 든 원인으로는 여성의 부재나 여성에게 환심을 살 수 없는 무능력 등이 있었다(Liliequiest, 1991, 411).

이와는 대조적으로, 20세기와 21세기 정신과 의사와 성 행태학자는 이제 주섹스zoosex를 동물에 대한 접근 용이성과 인간 파트너의 결여와 같은 사회적 맥락의 결과로 보지 않는다. 오히려, 이종 간 섹스interspecies sex는 점점 더 선천적인 성적 선호, 성적 지향, 성도착증이나 정신질환으로 여겨진다. 미국 정신의학협회는 동물성애를 성도착 질환으로 간주한다(Beirne, 2009, 121). 성 행태학자, 심리학자, 사회학자가 해브록 엘리스보다 이러한 주제에 대해 훨씬 더 동정적인 경우도 있다. 크리스토퍼 얼스Christopher Earls·마틴 라루미에르Martin Lalumière는 2002년 연구에서 동물성애 사례가 "종종 정신지체로 고통받는 농촌 지역 거주자의 사례"라고 주장했지만(Earles and Lalumière, 2009, 605), 2009년 간행물에서 "유명한 상호 심사 저널에 수많은 과학 논문을 발표한" 고학력 전문가 도시민 동물성애자zoophile 사례를 바탕으로 자신들의 견해를 수정했다(Earles and Lalumière, 2009, 606). 그들은 이어서 다음을 주목한다. 이 동물성애자는 "현재 자신의 생활양식이 '풍족'하다고 생각한다. 그는 고급 스포츠카를 몰고 다니며 대도시 외곽에 작은 농장을 소유"하고 있고, 그곳에서 "암말 부인mare-wives" 둘을 기르고 있다(Earles and Lalumière, 2009, 606). 얼스·라루미에르는 이 상류 중산층의 도시적이고 명확한 동물성애자에게 동정심이 있으며, 그들의 동정심 일부는 그의 성도착이 선택되지 않은 본성이라고 보는 데서 비롯한다. 그들은 동물성애가 "인생에서 매우 일찍" 시작되며, "개인이 '선택한' 것이 아니라 '발견한' 것 같다"라고 주장한다(Earles and Lalumière, 2009, 608). 사례 연구에서 동물성애자는 고전적인 "커밍아웃" 서사를 제공한다. 그는 암말 지향에도 불구하고 여성과 성관계를 갖기 위해 고군분투했다. 그는 결혼해서 아이를 낳고 몇 년 동안 "평범한" 남편이 되려고 노력하였으나, 아내와 이혼한 후 자신은 오직 말들과 지낼 수 있을 뿐이라는 사실을 받아들였다. 얼스·라루미에르는 "암말 부인들"의 복지는 전혀 고려하지 않고 오로지 그들의 "남편"에게만 초점을 맞춘다.

성 치료사 하니 밀레츠키Hani Miletski는 치료사에게는 동물성애자 고객에 대해 "일방적으로 판단을 내리지 않고, 신뢰를 형성하고 개방적이며 수용하는" 자세가 필수적이라고 주장한다(Miletski, 2001, 89). 동물성애를 받아들이게 되는 자신의 과정을 묘사하면서, 그녀는 이렇게 말한다.

> 동물성애, 그에 관련된 사람들에 대해 배우면서 내 인식이 변화하기 시작했다. 나는 이제 C가 수간을 멈추도록 돕는 것이 아니라, 그의 행동에 내재한 의미를 탐구하려고 노력한다. 치료 방식이 바뀌면서, 그는 자신의 감정에 대해 더 편안하게 이야기하고, 수간을 더 많이 인정하게 되었다.
>
> (Miletski, 2001, 87)

아내에게 "극도로 좌절감을 느낄" 때마다 개와 섹스한다고 말하는 남성에게 하니 밀레츠키는 커플 치료를 제안하지만, 이 좌절한 남성의 공격성에 대한 성적 분출구 역할을 하는 개에 대해서는 아무런 우려를 표명하지 않는다(Miletski, 2001, 87). 하니 밀레츠키는 또한 고객이 비인간 동물과의 섹스를 중단하도록 "강제"하려는 성 치료사를 비판한다(Miletski, 2001, 88). 얼스·라루미에르처럼, 그녀는 동물성애를 선택되지 않은 성 정체성으로 기술한다. — 실제로 그녀는 「동물성애는 성적 지향인가? 하나의 연구Is zoophilia a sexual orientation? A study」(2005)라는 제목의 글을 썼으며, 거기에서 이 질문에 긍정하는 답을 내놓았다. 그녀는 동물성애자가 "자기 자신에게 진실하기를" 원하므로, 비인간 동물과 계속해서 성관계를 가질 것이라고 지적한다(Miletski, 2001, 86). 그녀는 "진정한 자아"라는 말을 반복 사용하면서, "동물성애자는 상대방이 신뢰할 만하다고, 그리고 일방적으로 판단을 내리지 않고 개방적이며 수용적이라는 것을 믿을 수 있다고 느끼지 않는 한, 누구에게도 그들의 진정한 자아를 드러내지 않을 것이다"라고 고찰한다(Miletski, 2001, 88). 하니 밀레츠키에 따르면,

> 정신 건강 전문가가 이 현상에 대해 더 다양한 지식을 쌓고, 각 개인의 성적 태도에 대한 개별적 자기 탐구를 거쳐, 동물성애자와 협력하거나 그들을 도우면서 만나게 되는 어떤 장벽을 식별하고 직면하는 것이 중요하다.
>
> (Miletski, 2001, 88)

하니 밀레츠키는 성 치료사들에게 동물성애자 고객이 마음을 열 수 있도록 하는 방법에 대해 조언하며, 예를 들어 "섹스 파트너인 동물에 관해 물어보는 것은 고객에게 매우 호감을 살 수 있을 것이다"라고 말한다(Miletski, 2001, 89). 그녀는 이러한 정보가 "고객의 요구에 더 잘 집중할 수 있도록 도움을 줄 것"이라고 말

한다(Miletski, 2001, 89). 얼스·라루미에르처럼, 하니 밀레츠키도 그녀가 기술한 수간 사건에 관여된 비인간 동물에게는 관심을 보이지 않는다. 오히려 그녀는 고립, 낙인, 우울증으로 고통받는 동물성애자에 대해 우호적으로 글을 쓴다. 그녀는 "만약 성관계가 강요된다면, 이것은 인격장애의 징후일 수 있다"라고 지적한다(Miletski, 2001, 89). 하니 밀레츠키는 이런 방식으로 일부 경우에는 인간과 순치된 동물domesticated animals[4] 사이의 성관계가 강요되지 않았다는 것을 암시하였다. 이뿐만 아니라 섹스가 강요된 경우에는 인간이 치료적 도움이 필요한 인격장애를 가졌을지도 모른다는 것을 암시하였지만, 이것이 순치된 동물이 성폭력 당하고 있음을 의미하지는 않는다.

레베카 캐시디Rebecca Cassidy는 「주섹스, 그리고 기타 동물과의 관계Zoosex and Other Relationships with Animals」에서 지난 30년 동안 서양에서의 인간과 동물 사이의 섹스 문화사를 제공한다. 레베카 캐시디가 요약한 것처럼,

> 동물에 대한 성적 지향, 즉 동물성애 섹슈얼리티Zoosexuality는 1980년대와 1990년대에 인터넷에 등장한 여러 정체성 중 하나이며, 퍼리·플러시·테리언 그룹groups of furries, plushies and therians[5]과 다르지만 연관성이 있다. 웹의 익명성은 동물과 성관계를 즐기는 사람들이 발각될 불안감에 시달리지 않으면서 자신의 활동을 주제로 토론할 수 있는 공간을 만들었다. 1990년대 중반쯤에는 동물 파트

4 옮긴이: 이 글의 맥락에서 의미를 정확하게 전달하기 위해 '가축' 대신 '순치된 동물'이라는 직역에 따른 표현을 택했다.

5 옮긴이: 퍼리는 의인화된 동물 캐릭터에 관심을 가진 사람, 플러시는 봉제 인형에 깊은 애정(성적 애착을 내포)을 가진 사람, 테리언은 특정 동물과 자신을 영적·심리적으로 동일시하는, 즉 자신을 인간의 몸에 갇힌 특정 동물이라고 믿는 사람을 일컫는다.

> 너와 동물성애 제일 교회the First Church of Zoophilia에서 결혼할 수 있었고, 다양한 종의 동물과 성관계를 맺는 방법에 대한 실질적인 설명을 들을 수 있었으며, 동물성애자zoo[6]로 "커밍아웃"하는 것에 대한 찬반 토론을 진행할 수 있었다. 이제 인간-동물 섹스 이야기는 발언권이 없는 사회 부적응자들이 행하는 성도착으로 취급하던 심리학 문헌에서만 다루는 것이 아니다. 동물성애자들은 처음에는 조심스럽게 블로그에 자신을 드러내기 시작했……는데, 독특한 성 정체성을 형성하며 국제적인 커뮤니티를 만들기 시작했다.
>
> (Cassidy, 2009, 91)

1999년 영국 텔레비전 방송국에서 동물성애자를 다룬 다큐멘터리가 방영되었을 때, 레베카 캐시디는 텔레비전 규제 기관이 "소수의 드문 성적 지향을 탐구하는 진지한 다큐멘터리"로 옹호했음을 지적한다(Cassidy, 2009, 92). 주섹스를 성적 지향으로 보는 이러한 견해는 "200개"의 커뮤니티 자체에 널리 퍼져 있으며, 구성원들은 자신이 게이 해방 운동의 길을 따라가고 있다고 본다. 1980년대와 1990년대에 많은 "동물성애자"가 "커밍아웃"했고, "커밍아웃 파티"도 열었으며, (동물성애자 모임인) "주콘zoocons"이 조직되고 홍보되었다. 사회학자 콜린 J. 윌리엄스Colin J. Williams·마틴 S. 와인버그Martin S. Weinberg는 연구의 일환으로 주콘에 참석한 경험을 기술한다. 그들은 이 모임에서 남자들의 성 파트너인 개와 말을 소개받았다. 이 모임의 남성들은 다양한 동물의 성적 평판에 대해 농담을 주고받았고, 어떻게 성관계를 맺는지에 대한 정보를 제공했지만, 윌리엄스·와인버그는 "우리는 동물 학대 사례를 전

---

6 옮긴이: 일반적으로 동물성애자를 의미하는 말은 zoophile인데, 동물성애자들은 자신을 'zoo'라고 부른다. 이하 둘을 구분하지 않고 '동물성애자'로 옮겼다.

혀 보지 못했다"라고 했다(Williams and Weinberg, 2003, 525). "동물성애자는 병을 앓고 있다거나 위험하다는 문화적 관념"에 부합하는 남성과는 거리가 멀게, "이 모임은 놀랍게도 남학생 사교 클럽을 연상시킨다"라고 말한다(Williams and Weinberg, 2003, 525). 남학생 사교 클럽은 남성성의 "정상적" 공간이며, 물론 호된 신고식과 성적 폭력으로 악명높은 공간이기도 하다.

텔레비전 규제 기관, 일부 성 치료사와 사회학자의 동물성애자에 대한 그와 같은 동조에도 불구하고, 레베카 캐시디는 동물성애자 해방 운동Zoo Liberation이 성 해방 운동으로서는 실패했다고 지적한다.

> 주섹스가 성도착으로 여겨졌던 1950년대에는, 동물성애자는 자신의 고통에 대해 치료받고, 용인되고, 심지어 동정받을 수 있었다. 1980년대와 1990년대에 웹에 등장한 동물성애자의 새로운 커뮤니티는 치료가 아니라 수용, 심지어 인정을 추구했다. 이러한 야망은 동물성애 지향자zoosexual를 피해자나 환자가 아닌 일탈행위자로 재분류하게 했고, 주섹스를 치료가 아닌 처벌이 필요한 반사회적 행동으로 재분류하게 했다. 그 결과는 수간에 반대하는 광범위한 법률 제정이었다.
>
> (Cassidy, 2009, 108)

하니 밀레츠키 같은 성 치료사의 노력에도 불구하고, 동물성애 지향자에 대해 대중과 국가는 시간이 지남에 따라 수용의 폭을 넓히는 것이 아니라 지속해서 분노하고 혐오했다. 동물성애자를 주인공으로 한 토크쇼 에피소드는 예고편에 대한 시청자 반응으로 인해 방송에서 퇴출되었고(Cassidy, 2009, 92), 얼마 전까지만 해도 구시대적인 소도미법이 폐지되었을 때 동성애와 함께 비범죄화되었던 수간은 많은 관할권에서 다시 범죄화되었다. 1980년대와 1990년대에 동물성애자가 눈에 잘 띄기 시작하면서 수간은 동물보호 활동가의 문제가 되었고, 동물 학대의 한 형태로 재인식되었다(Adams, 1995; Beirne, 1997). 동물보호 활동가와 미디어는 주섹스를 흔히 아동학대와 비교하며, 비인간 동물을 인간과의 섹스에 동의할 수 있는 인지능력이 부족한 "순진한" 존재로 본다. 존 M. 머린은 식민지 미국 "시절에는 수간 사건에서 분명히 …… 동물을 희생자로 보지 못했지만," 이제는 비인간 동물이 흔히 성폭력의 희생자로 여겨진다는 점을 지적한다. 수간은 아동학대와 비교되기도 하고, 분노를 유발하기도 하지만, 동물성애자에 대한 또 다른 일반적인 반응은 조롱거리로 삼는 것이었으며, 심지어 주섹스에 관한 학술논문에서조차 「강아지와의 엉뚱한 시도Screwing the Pooch」(Maratea, 2011)라는 경박한 제목이 달리기도 했다. 이러한 재범죄화와 조롱의 결과, 동물성애자는 1980년대와 1990년대에 비해 인터넷에서 존재감이 줄어들며 실망한 비밀주의로 후퇴하게 되었다(Cassidy, 2009, 93).

동물성애 섹슈얼리티는 일반 대중이 용인하고 수용할 수 있는 성적 지향으로 받아들여지지는 않았지만, 사회학과 임상의학 문헌에서 주장하는 것처럼, 그것이 성적 지향이라는 견해는 뿌리를 내려왔다. 그러나 성적 지향으로서 동물성애 섹슈얼리티는 동성애보다는 소아성애에 훨씬 가까운 것으로 인식되거나, 자부심과 해방감의 원천이 될 수 있는 기호가 아니라 사회적으로 용납할 수 없는 범죄화된 성적 기호로 인식된다. 실제로 동물성애자 커뮤니티의 사회적 수용을 공개적으로 지원하는 단체는 NAMBLA

가 유일하다(Cassidy, 2009, 104). 그러나 성교 동의 연령법을 폐지하겠다는 NAMBLA의 목표는 순치된 동물이 인간과 성관계를 가질 수 있고 동의할 수 있다는 동물성애자의 시각과 비슷하므로, 이러한 지원은 분명 사익을 추구하는 것이다.

동물성애 섹슈얼리티에 대한 퀴어와 포스트 휴머니스트의 변론

수간이 —예를 들어, 수간 포르노에서처럼(Grebowicz, 2010)— 명확하게 동물 학대나 여성의 성적 비하로 파악되는 사례가 있음에도 불구하고, 여러 학자들은 주섹스가 퀴어와 포스트 휴머니스트의 관점에서 자유주의의 잠재력을 가지고 있다고 주장해 왔다. 예를 들어, 레베카 캐시디는 종, 특히 인간종에 대한 일관된 생물학적 정의는 존재하지 않으며, 인간이 문화를 가지고 있는 반면에 다른 동물은 그렇지 않다는 관념은 영장류 연구로 반박된다는 점을 지적한다. 그녀는 인간의 친족이나 배우자보다 비인간 동물이 가족 구성원으로서 더 소중하게 여겨지는 반려동물 문화를 고려한다(Cassidy, 2009, 101). 레베카 캐시디는 반려동물에 사용되는 가족 언어를 언급하며, "동물 중심 웹로그에서 반려동물을 키우는 사람들 간의 이야기는 반려동물의 인간적 자질을 중심으로 이루어지며, 이러한 의미에서 동물성애 지향자들 사이에서 이루어지는 이야기와 매우 유사하다"라고 말한다(Cassidy, 2009, 102). 레베카 캐시디는 이러한 고찰을 통해 인간과 비인간, 반려동물 주인과 동물성애 지향자 사이의 경계선이 불분명하므로 이종 간 섹스에 대한 금지는 지속되기 어렵다고 주장한다. 즉 인간과 비인간이 무엇인지조차 말할 수 없고, 반려동물이 인간과 비슷하고 인간과 친족일 수도 있다는 점을 인정한다면, 이들 각 집단 사이의 섹스 금지가 정당화될 수 있을까? 동물성애자 해방을 잠정적으로 성 해방 운동과 동물 해방 운동으로 간주하면서, 레베카 캐시디는 다음과 같이 말한다.

> 인간과 동물 사이의 친밀성 증대는, 사회적·생물학적 측면에서 섹스와 생식의 연결고리가 느슨해진 것과 결합하면서, 주섹스가 잠재적으로 전복적이며, 따라서 사람과 동물 사이의 관계를 해방하며 점차 수용될 것이라는 주장을 뒷받침할 수 있다. 또한 동물이 유효한 성적 동반자라는 생각은 평등의 암묵적 인정으로 인식될 수 있으며, 이는 동물권 운동을 하는 사람들에게 호소력을 가질 수 있다.
>
> (Cassidy, 2009, 104)

레베카 캐시디는 다수의 동물성애자가 자신을 동물보호 운동가로 여기고 있으며, 주요 동물성애자 웹사이트가 동물 학대를 비난하고 "동물 학대를 구성하는 것이 무엇인지를 잘 모르는 사람을 위해 동물 성 학대 정보 사이트the Animal Sexual Abuse Information Resource Site 링크를 제공"하고 있다고도 지적한다(Cassidy, 2009, 105). 동물성애자들은 동물보호 운동의 하나로 비인간 동물의 불임시술에 반대한다. — 그들의 주장에 따르면, 불임시술은 동물의 권익을 위한 것이라고 말하기 어렵고, 동물성애자가 아닌 반려동물 애호가들 역시 동물의 동의 없이 그들의 성생활에 상당히 개입한다는 불편한 사실을 보여주는 것이다.

최근, 여러 저자들이 동물성애가 일종의 퀴어함—이나 LGBTQ

정체성 또는 동류—일 수 있다고 주장한다. 지리학자 마이클 브라운Michael Brown·클레어 라스무센Claire Rasmussen은 「수간 그리고 인간 동물의 퀴어링Bestiality and the queering of the human animal」에서 "자연과 관련된 이런 경계borders와 혼종hybrids이 더 퀴어한 퀴어 지리학을 향한 하나의 접근 방식이 될 수 있다"라고 말했다(Brown and Rasmussen. 2010, 158). 다른 저자들은 "종 디스포리아species dysphoria"를 젠더 디스포리아gender dysphoria와 비교하며 동물성애를 일종의 트랜스 정체성으로 배치한다. 이들이 관찰한 것처럼, 일부 동물성애자는 자신과 짝을 이루는 비인간 동물과 동일시하며, 자신을 그 종이라고, 심지어 그 종의 한 품종인데 인간의 몸에 갇혀 있다고 생각한다. 예를 들어, 어떤 남자는 자신이 인간의 몸에 갇힌 개, 그중에서도 로트와일러라고 생각한다(Miletski, 2001, 88-9). 하니 밀레츠키는 LGBTQ 커뮤니티의 표현을 따와 동물성애자가 "가족과 친구에게 커밍아웃하는 것"에 대해 어떻게 생각할지를 설명한다(Miletski, 2001, 89).

듀크 대학교 여성학 교수인 캐시 루디Kathy Rudy는 이러한 "커밍아웃"으로 여겨질 수 있는 「LGBTQ...Z?」(Rudy, 2012)라는 제목의 글을 썼다. 여기에서 캐시 루디는 "수간/동물성애에 관한 담론을 퀴어 이론의 영역으로" 끌어들이는 것이 "동물 옹호의 새로운 형태, 간단하게 동물 사랑이라고 불리는 것"일 수 있다고 한다(Rudy, 2012, 601). —「금지된 접촉Heavy Petting」(2001)에서 주섹스를 다른 낙인찍힌 성 활동, 특히 동성 간 섹스에 비교한— 피터 싱어Peter Singer의 주장을 반영하여, 캐시 루디는 다음과 같은 사실이 이상하다고 고찰한다. 즉 우리는 —제도상 죽이고, 먹고, 입는 것을 포함한— 다양한 방법으로 비인간 동물에게 해를 끼치는 것이 허용되고, 심지어 그것을 가르치는 사회에 살고 있으며, 한편 캐시 루디와 피터 싱어가 시사하는 것처럼 동물과의 섹스가 어떤 경우에는 반려동물에게도 즐거움을 줄 수 있는데도 그것을 금지하는 사회에 살고 있다. 인간과 비인간 동물 간의 섹스는 적어도 우리 사회가 용인하고 합의 없이 체계적으로 강제 부과하는 여러 관행보다 순치된 동물에게 덜 해로울 수 있다. 우리가 비인간 동물을 재산으로 사고팔고, 실험실에서 산 채로 가르고 자르며, 오락과 스포츠를 위해 괴롭히고, 털과 가죽과 고기를 얻기 위해 죽이면서도 사회적 시선에서 전혀 부끄럽지 않을 수 있다면, 같은 사회가 비인간 동물들도 어쩌면 즐길지도 모를 인간과 비인간 동물 간의 섹스에 몸서리치는 이유는 무엇인가? 레베카 캐시디 같은 저자의 뒤를 이어, 캐시 루디는 다른 모든 형태의 친밀감과 종 간 사랑이 점점 더 받아들여지는 현대 반려동물 문화를 고려할 때, 이종 간 섹스에 대한 지속적인 금기는 특히 이상하다고 말한다.

또한 하이디 내스트Heidi Nast는 「무엇을 …… 사랑하든: 21세기의 소외, 신자유주의, 반려동물의 사랑Loving...Whatever: Alienation, Neoliberalism and Pet-Love in the Twenty-First Century」에서 현대 반려동물 문화가 극도로 상품화된 상황 속에 동물성애를 위치시킨다. 이제 반려동물을 기르는 것은 혈압을 낮추고, 기대수명을 늘리며, 슬픔과 불안의 조절을 포함한 다양한 치료 목적에 사용하기 위해 권장된다. 거대한 반려동물 산업은 반려동물 손질, 서비스, 공급, 돌봄, 보험을 위해서 존재할 뿐만 아니라 반려동물용 향수, 유명 디자이너 제품, 카페, 식당, 온천, 공원, 해변, 도그 요가dog yoga(또는 도가doga), 반려동물 항공, 반려동물 친화적 호텔, 반려동물 치료, 반려동물 묘, 심지어 죽은 반려동물을 복제하려는 과학자를 포함한 다양하고 특이한 제품과 서비스를 제공하기 위해 존재한다. 미국 도그 스카우트Dog Scouts of America, 펫 올림픽pet Olympics, 두 가지 종류의 프리스타일 도그 댄싱(뮤지컬 케이나인 프리스타일musical canine freestyle과 프리스타일 힐링freestyle heeling or heelwork to music)도 있으며, 《할리우드 도그*Hollywood Dog*》 같은 수십 개의 애견 잡지가 존재한다. 하이디 내스트에 따르면, "동물 캐릭터와 자신을 다양한 측면에서, 즉 지적, 정서적, 정신적, 사회적 또는 …… 성적으로 …… 강하게 동일시하는 사람들"의 커뮤니티인 퍼리 팬덤Furry Fandom 현상에서처럼, 반려동물에 대한 투자는 동물과 동일시하는 비율에 따라 이루어져 왔다(Nast, 2006, 303). 캐시 루디는 다음과 같이 묻는다. 거대한 규모의 반려동물 문화가 우리 인간 중 다수가 실제로 우리 이외의 누군가와 사랑에 빠졌다는 신호일 수 있다는 점을 고려하면(Rudy, 2012, 602), 주섹스가 여전히 도리에서 벗어난 것일까?

반려동물을 기르는 사람들 대부분은 동물에 대한 사랑이 성적이지 않다고 답한다. 그러나 캐시 루디가 지적하듯이, 퀴어 이론은 우리가 성이 무엇인지를 알고 있는지 의문을 가지게 하며, 성에 대한 존재론에 의문을 품게 되면, 반려동물 문화의 상당 부분이 — 그리고 더 일반적으로는 인간-동물의 관계가— 사실 동물성애적zooerotic이지 않다는 것은 불분명해진다. 퀴어 이론보다는 동물권의 관점에서 작성된 캐런 데이비스Karen Davis의 글 「수간: 동물 해방인가, 인간 면허인가?Bestiality: Animal Liberation or Human License?」(2001)는 성에 대한 우리의 개념 정의도 의심하게 한다. 캐런 데이비스는 피터 싱어가 「금지된 접촉」에서 한 주장, 즉 이종 간 성관계에 대한 금기는 단지 우리의 종차별주의를 반영할 뿐 동물의 동의 능력에 대한 염려가 아니라는 주장을 받아들인다. 대다수 사람은 순치된 동물의 동의 없이 모든 종류의 일을 기꺼이 하고 있으며, 여기에는 불임시술, 축산에 사용되는 강간 막대, 정액을 얻기 위한 전자 자극과 수동 자극, 인공수정 등을 통한 동물의 성·생식 생활의 제어가 포함된다. 만약 섹스를 육체적 쾌락을 위해 누군가의 육체와 상호작용하는 어떤 방식이라고 이해한다면, 캐런 데이비스는 우리가 닭고기 한 조각을 입에 넣을 때마다, 닭이 우리의 구강 쾌락을 위해 자기 몸을 우리 입에 넣는 것에 동의하지 않았다는 점에서, 구강 강간이라는 시체성애 행위를 하는 것이라고 주장한다. "인간은 고기를 입에 넣을 때마다 그것에 동의하지 않는 비인간 동물과 구강성교를 한다"(K. Davis, 2001). 그녀는 섹스의 경계를 모호하게 만듦으로써 주섹스에 대한 퀴어 이론의 독해와 공명할 뿐만 아니라, 일상적으로 행해지는 수의학·축산·사육 관행도 동물의 동의 능력, 특히 성에 관한 동의 능력을 침해하는 것인데도 이를 수용하면서 수간만을 합의 없이 행했다는 이유로 비난하는 사람들의 위선을 지적한다.

「LGBTQ...Z?」에서 캐시 루디는 자신이 레즈비언임을 인정하고 살아왔으면서도 "[그녀의] 마음은 언제나 개에게 쏠려 있었기 때문에" 이 정체성이 "대부분 …… 딱 맞지는 않다"라고 느꼈던 시절을 회상한다(Rudy, 2012, 604). 자신을 이성애자로 여기고 남성과 성기 성교를 하는 여성들조차 다른 여성과 가장 의미 있고 강렬한 감정적 관계를 맺는 경우가 많다는 애드리안 리치Adrienne Rich의 주장처럼(Rich, 1980), 캐시 루디는 개와 성기 성교를 하지는 않지만 "내가 기억할 수 있는 오래전 어린 시절부터 개는 내 삶을 활기차고 다채로운 풍경으로 채우는 데 중요한 역할을 해왔다"라고 말한다(Rudy, 2012, 604). 애드리안 리치는 다른 여성과 가장 의미 있는 관계를 맺는 여성 이성애자를 설명하기 위해 "레즈비언 연속체lesbian continuum"라는 개념을 원용하는데, 캐시 루디는 개와 가장 강한 관계를 맺는 인간을 위해 "동물성애자 연속체" 또는 "케이나인 연속체canine continuum"에 대해서도 말할 수 있음을 암시한다. 캐시 루디는 퀴어와 동물성애자 사이의 유사점을 언급하며 퀴어들이 서로의 관계를 공개적으로 인정받기를 원하는 만큼이나 자신과 개의 관계 의미를 "더 뚜렷하고 명시적인 것으로" 만들고 싶다고 주장한다(Rudy, 2012, 604). 인간관계의 관점에서 현재 독신이고, 집을 구조견과 위탁견으로 가득 채운 캐시 루디는 "지금처럼 행복했던 적이 없었다"라고 말한다(Rudy, 2012, 604). 캐시 루디는 『동물 사랑: 새로운 동물 옹호를 향하여*Loving Animals: Toward a New Animal Advocacy*』에서도 다음과 같이 말한다. "다른 사람과 함께 사는 것보다 …… 개가 가득한 집에서 사는 것이 더 안락하고 만족스럽다. 이것이 나를 퀴어로 만드는가?"(Rudy, 2011, 39-40). 이 질문을 확대하면서 그녀는 다음과 같이 기술한다.

> 퀴어 이론은 우리 문화에서 종종 보이지 않거나 지워지는 다양한 형태의 친밀감을 인식하도록 가르친다. 이 이론은 지배적인 이성애 규범에 저항하고 모든 종류의 차이를 존중하도록 우리에게 요구하지만, 섹슈얼리티와 친밀감이 서로 깊고 다양한 관계를 맺는다는 것을 인식하도록 우리를 교육한다는 사실이 가장 중요하다. 퀴어 이론의 담론을 통해, 어떤 여자 친구보다 개에게서 더 많은 애정을 얻는다는 것을 깨달았다. 추운 날에는 가끔 이불 속에서 다 같이 잠을 자기도 한다. 게이였을 때, 다른 여성과 (시간이 흐르

면서 점점 더 드물게) 했던 좁게 정의된 생식기 행위 때문에 게이였는가? 그것은 말이 안 된다. 당시 감정적, 재정적, 일상적 삶을 같은 젠더의 사람과 공유하기로 했으므로 게이였다고 생각한다. 이제 여섯 마리의 개와 함께 삶을 나누기로 했다. 이 개들은 나에게 한 인간이 가지고 있거나 할 수 있는 것보다 더 많은 삶과 사랑에 대해 가르쳐준다. 그래서 다시 묻는다. 이것은 퀴어가 아닌가?

(Rudy, 2011, 41)

퀴어 경험과 동물 애호가의 경험이 캐시 루디에게 공명하는 마지막 방식은 낙인에 있다. 한때는 레즈비언을 남자를 얻거나 유지하기에는 너무 불충분한 슬픈 여성으로 여겼지만, 이제는 동물성애자에게 비슷한 선입견을 가진다(Rudy, 2012, 605). 비인간 동물과 함께 살기로 선택한 사람은 그들이 가지거나 키우지 못한 인간 파트너와 아이를 대신해서 반려동물로 삶을 채우고 있는 것으로 인식된다. 따라서 레즈비언과 수간은 모두 "진짜 관계"에 대한 외로운 대체물로 여겨져 왔다. 캐시 루디는 이러한 경박한 선입견에 반대하며 "요즘 내 선호는 개canine"라고 주장한다(Rudy, 2012, 610).

캐시 루디는 자신의 태도가 모든 비인간 동물을 하나의 범주로 묶는 반동물성애anti-zoo 옹호자의 방식을 허물기 때문에, 동물성애자는 물론이고 동물에게도 해방적이라고 생각한다. 반동물성애자는 위와 같은 방식을 통해, 모든 비인간 동물 종은 동일하며, 주로 인간과 구별된다고 보며, 우리와 그들 사이에 뚫을 수 없는 벽을 세우는 인간 예외주의와 관련을 맺는다. 동물성애자는 이와는 대조적으로 인간 예외주의를 허무는 방식으로 인간이 특정

동물과 가질 수 있는 특정 관계에 주의를 기울인다. 예컨대, 캐시 루디는 자기 집에 대해서 말하길,

> 우리 관계의 결과로 상호 개입interpolations이 일어난다. 개들과 나는 서로를 변화시켰고, 나는 이제 그저 인간일 뿐이지 않으며, 그들은 이제 그저 개일 뿐이지 않다. 이 특별한 개들과 이 특별한 사람에게, 우리가 인식하는 방식뿐만 아니라 세상을 살아가는 방식도 변화시키는 마법 같은 일이 일어났다.
>
> (Rudy, 2012, 610)

캐시 루디는 자기 개들과 맺은 것과 같은 종류의 관계는 —동물화된 여러 사람 종뿐만 아니라— 모든 비인간 동물 종에 대한 억압의 근거가 되었던 "인간"과 "동물"과 같은 가장 강하고 가장 예리한 범주조차도 없앨 수 있다고 주장한다(Rudy, 2012, 610).

디네쉬 와디웰Dinesh Wadiwel도 「삶의 한 방식으로서 동물 우정: 섹슈얼리티, 페팅, 이종 간 교제Animal Friendship as a way of Life: Sexuality, Petting, and Interspecies Companionship」에서 만약 "섹스"가 무엇인지에 대해 이성애 규범적인, 생식기나 삽입과 관련한, 또는 성교 중심적인 선입견이 없다면, 우리는 "인간과 동물 사이의 생식기와 무관한non-genital 쾌락적 자극의 흔한 관행, 즉 '페팅petting'을 잠재적으로 섹슈얼리티를 구성하는 것"으로 이해할 수 있다고 주장한다(Wadiwel, 2016, 287). 그러나 캐시 루디와 달리 디네쉬 와디웰은 여러 면에서 인간/동물 이분법을 훼손하지 않고 오히려 전형화하는 순치 동물 시스템의 문제점에 주목한다. 디네쉬 와디웰은 하이디 내스트처럼 반려동물 문화가 사랑뿐만 아니라 지배의 장소임

을 인식한다. 캐시 루디는 인간-반려동물 관계를 순수한 애정과 상호성의 장소로 이상화하고 "개 소유주"라는 꼬리표를 명시적으로 거부하지만(Rudy, 2011, 31), 디네쉬 와디웰은 반려 종 관계companion species relations가 현대 반려동물 문화 내에서 불평등과 재산의 관계로 남아 있다는 사실에 주의한다. 캐시 루디의 "요즘" 선호는 "개"일 수도 있지만, 정말로 그녀의 개가 선호하는 것이 인간이라고 말할 수 있을까? 이들의 순치domestication 정황으로 볼 때, 이 개들은 캐시 루디가 일방적으로 자기와 관계를 맺기로 선택했기 때문에 그녀와 친밀한 관계에 있으며, 캐시 루디는 언제든지 이 관계를 해소할 수 있지만, 개들이 자진해서 이 관계에서 벗어날 수는 없다. 그들이 캐시 루디와의 상황을 최대한 활용하는 것 외에 다른 바람직한 선택권이 없는데, 어떻게 그들의 선호를 말할 수 있을까? 캐시 루디는 자기 개를 "가족"이라고 부르지만(Rudy, 2012, 610), 그녀는 인간이 기르려는 목적에서 인간에게는 사용할 수 없다고 여겨지는 방식으로 비인간 동물을 그들의 생물학적 친족과 분리하는 순치 동물 시스템의 방식에 대해서는 아무 말도 하지 않는다. — 특히, 이러한 부모와 자녀의 분리는 아프리카 노예와 선주민에게 일상적으로 가해졌다. 그들은 비인간 동물과 마찬가지로 백인보다 자기 자손에게 애착을 덜 가진다는 말을 들었다.

현재 상황에서 구조동물을 반려동물로 기르거나, 집 없는 순치된 동물을 기르거나 입양해서는 안 된다고 제안하려는 것이 아니며, 또한 반려동물을 중성화해야 한다거나 해서는 안 된다고 말하려는 것도, 반려동물과 인간이 사랑스럽고 상호적인 관계를 맺을 수 없다고 말하려는 것도 아니다. 다만, 캐시 루디의 글에서처럼 순치된 동물의 상황을 낭만적으로 표현하거나 문제없는 "우리"에 대해 말하고 "우리의 마법적인" 경험에 대해 말함으로써, 이런 관계에 수반되는 체계적인 지배를 보이지 않게 가려서는 안 된다고 주장하는 것이다. 우리가 느끼는 사랑의 경험을 반려동물에게 투영하지 않도록 주의해야 한다. 마치 이 사랑이 우리와 같은 맥락에서 반려동물에게 일어나는 것처럼 말이다. 디네쉬 와디웰이 말하듯이,

> 인간과 반려동물 사이의 성적 관계를 상상할 때는 '반려동물 소유권'을 둘러싼 권력관계가 암시하는 모든 것을 고려해야 한다. 여기에는 (노골적인 성·생식 통제, 억제와 격리, 강도 높은 훈육과 영양 조절을 포함한) 동물의 '순치'에 필수적인 제약constraint과 허용enablement이 포함된다.
>
> (Wadiwel, 2016, 292)

디네쉬 와디웰은 순치화 맥락에서는 "동의는 실마리를 풀기 어렵고" 자유로운 동의라는 관념은 거의 상상할 수 없다고 지적한다(Wadiwel, 2016, 292). 디네쉬 와디웰은 개 복종 훈련에서 건드렸을 때 개들이 불편을 느끼는 신체 부위(예컨대, 발)를 "둔감하게" 만들어, 손질할 때 유순하게 있도록 주인에게 해당 부위를 만지는 연습을 시키는 장면을 예로 든다. 일반적으로 반려동물은 주인의 손길에 복종하도록 훈련되고 둔감해졌는데, 그들이 성적 접촉에 동의하는지에 대해 말하는 것이 유의미할 수 있는가?

물론 애드리안 리치가 "강제적 이성애compulsory heterosexuality" (1980)라고 부르는 것과 캐서린 맥키넌이 여성의 "수동성에 대한 사회화socialization to passivity"(1982)라고 기술한 것을 고려하면서, 페

미니스트들은 이성애 가부장제의 맥락에서 이성애적 성교에 동의하는 여성의 능력에 대해 유사한 우려를 제기해 왔다. 샌드라 바트키Sandra Bartky가 주장했듯이, 여성의 신체는 남성보다 더 "유순하고"(Bartky, 1990), 클레어 팔머Clare Palmer가 주장했듯이, 순치된 동물의 신체는 인간보다 훨씬 더 유순하다(Palmer, 2001). 이런 맥락에서, 자유로운 동의의 관념은 남성과 여성, —더 나아가— 인간과 순치된 동물 사이의 성 윤리를 이론화하기에 불충분하다. 그래서 여성성과 마찬가지로 순치된 동물성domesticated animality과 함께, 우리는 상대방이 무엇을 욕망하는지뿐만 아니라 이러한 욕망을 만들어 낸 지배의 조건이 무엇이었는지를 물어볼 필요가 있다. 디네쉬 와디웰은 동의가 아니라 상호성 측면에서 생각하는 것이 더 도움이 될 수 있음을 시사한다. 그러므로 그는 우리가 지배로 인식해야만 하는 상황 안에서 인간과 순치된 동물 사이에 존재할 수 있는 상호 쾌락과 우정의 가능성을 탐색한다.

동물성애 섹슈얼리티의 인구통계: 왜 동물성애자는 거의 백인 남성뿐인가?

캐시 루디가 동물성애를 여성 동성애에 비교했지만, 동물성애가 남성 지배적인 성 정체성이라는 사실은 앞서 언급한 역사적·사회학적·임상의학적 연구를 통해서도 분명하게 알 수 있는 사실인데도 이들 연구의 어떤 저자도 이 놀라운 사실의 정치적 함의를 탐구하려고 하지 않았다. 예를 들어, 하니 밀레츠키는 비인간 동물과 성관계를 가진 82명의 남성과 11명의 여성을 대상으로 한 연구를 진행했으며, 그녀가 지속해서 논의하는 모든 사례에는 남성이 포함된다. 그녀는 킨제이Kinsey의 연구에서 남성의 약 8%(13명 중 1명)가 동물과 성 접촉을 했다고 인정했지만, 여성의 경우에는 5%에 불과하다고 지적했다. 더욱이, 여성의 1.2%만이 동물과 반복적으로 생식기 접촉을 했으며, "일회성 경험에 머문 경우가 절반이다"(Miletski, 2001, 85). 하니 밀레츠키는 헌트Hunt의 연구도 인용하는데, 이 연구는 "수간 발생률이 남성 4.9%, 여성 1.9%라고 보고했다"(Miletski, 2001, 2001, 85). 심리학자 안드레아 베츠Andrea Beetz는 113명의 남성과 3명의 여성을 표본으로 삼았다. 윌리엄스·와인버그의 연구에는 114명의 남성 동물성애자가 참여했으며, 여성은 없었다. 설문조사에 응답한 남성이 114명인데 비해, 여성은 5명만이, 그리고 트랜스젠더 1명이 응답했다. "여성의 수가 적고 트랜스젠더는 한 명뿐이어서," 그들은 "남성의 데이터"만을 분석하기로 결정했다(Williams and Weinberg, 2003, 525). 윌리엄스·와인버그가 참석한 동물성애자 모임에서, "28명의 참석자는 주로 젊은 남성이었지만, 한 남성 동물성애자의 아내인 여성 동물성애자 한 사람이 있었다"(Williams and Weinberg, 2003, 525). 얼스·라루미에르는 "동물성애는 압도적으로 남성적인 현상인 것 같다(여성 동물성애자의 경우는 거의 없으며, 이들은 종종 남성 동물성애자의 파트너다)"라고 말했다(Earles and Lalumière, 2009, 608). 동물성애자 정체성이 여성보다 남성에게 더 많은 이유에 대한 사회적·정치적 설명을 전혀 고려하지 않은 채, 그들은 "남성의 성적 선호 체계가 여성보다 더 취약"하다고 결론짓는다(Earles and Lalumière, 2009, 608).

윌리엄스·와인버그 역시 설문지에 응답한 114명의 남성이 모두 백인이었다는 사실에 —그러나 그 사실에 대해서 언급하지는 않는다— 주목한다(Williams and Weinberg, 2003, 525). 그들이 고찰한 바와 같이, 하니 밀레츠키의 연구에 참여한 동물성애자도 "백인이 압도적으로 많았다"(Williams and Weinberg, 2003, 532). 얼스·라루미에르의 사례 연구에도 백인 남성이 포함되어 있다(Earles and Lalumière, 2009, 606). 이러한 인구통계는 탈식민주의 학자인 알록 베이드 메논Alok Vaid-Menon으로 하여금 다음과 같은 질문을 던지게 한다. "**왜 동물성애자는 거의 백인뿐인가?**"(Vaid-Menon, 2012, 10. 강조는 원문에 따름). 알록 베이드 메논은 다큐멘터리 《동물성애자*Zoo*》에서 동물성애자 커뮤니티의 한 구성원이 "우리 그룹 구성원은 거의 백인이었고, 흑인은 몇 명뿐이었으며, 언젠가 한 번은 히스패닉계 한 사람이 온 적이 있다"라고 말하는 것을 고찰한다(Vaid-Menon, 2012, 10). 알록 베이드 메논은 이런 방식으로 "백인 동물성애자들이 커뮤니티의 (문제 있는) 인종 구성을 암묵적으로 인정하면서, 인종적 비판을 회피하기 위해 토큰화tokenization[7]라는 명백히 신자유주의적인 논리를 사용"한다고 지적한다(Vaid-Menon, 2012, 10). 알록 베이드 메논은 백인들이 수간 행위에 대한 독점적인 권리를 가지지는 않는다고 보지만, 그는 다음의 사실을 주장한다.

> [동물성애자가 표현하는] '비인간 동물에게 더 가까운 친밀감'을 경험하는 것은 우리의 식민지 근대성에서 백인 주체성의 확장이다. — 비인간 동물과 동일시'되는' 것이 아니라 비인간 동물과 동

---

7 옮긴이: 소수 인종을 대표하는 몇몇 사람token을 포함해 말함으로써 커뮤니티가 인종적으로 다양하게 구성되어 있다거나 포용적이라는 인상을 주려는 것을 말한다.

일시'하는' 것을 선택할 능력은 백인의 특권을 반영한다.

(Vaid-Menon, 2012, 11)

다시 말해서, 백인 식민지 개척자들과 노예 소유주들의 비인간화 전략을 고려할 때, 유색인종이 동물성애자로서의 정체성을 느끼는 것은 백인보다 상대적으로 상당히 어려울 것이다.

알록 베이드 메논은 동물성애와 식민지 주체성을 추가로 결부시키며, 비인간 애인의 경우에는 "모네와 피카소의 차이를 논할 필요가 없다. 그들 세상에는 존재하지 않는 것이기 때문이다. 더 단순하고 평범한 세상이며, 그 순간에 우리는 주위의 것들로부터 단절될 수 있다. 매우 강렬하고 멋진 느낌이다"(Vaid-Menon, 2012, 14)라며 주섹스를 높이 평가하는 동물성애자의 말을 인용한다. 주섹스의 기쁨을 "서양 근대성이라는 족쇄로부터의 탈출"이라고 기술하는 것은 "백인의 성적인 육체에 뿌리를 둔 역사를 가지며," "'서양의 성적 금기로부터 해방된' 자유로운 '타자'를 찾아 동양으로 여행을 떠났던 에드워드 카펜터Edward Carpenter와 E. M. 포스터E. M. Forester처럼 퀴어를 욕망하는 유럽의 남성들"이라는 말과 공명한다고 알록 베이드 메논은 고찰한다. 알록 베이드 메논의 말처럼, 오늘날 동물성애자에게서 비인간 동물의 역할과 마찬가지로, "동양인 남성은 이 백인 남성의 '도피주의적 성적 판타지의 전통적이고 원시적이며 성적으로 제약이 없는 저장고' 역할을 했다"(Vaid-Menon, 2012, 14).

알록 베이드 메논은 동물성애가 인간의 우월성을 전제할 뿐만 아니라 비인간 동물에 대한 지배를 수반하므로 인종차별과 식민지화와 같은 다른 연동된 억압뿐만 아니라 인간/동물 이분법을 따른다고 주장한다. 알록 베이드 메논은 동성애가 신자유주의적 민주 시민권의 윤리에 통합된 방식을 설명하기 위해 자스비르 푸아Jasbir Puar·아밋 라이Amit Rai 같은 퀴어 이론가가 고안한 "호모내셔널리즘Homonationalism"(Puar and Rai, 2002)이라는 개념을 확장하여, 백인 게이 남성들처럼 백인 남성 동물성애자도 백인 남성 이성애자와 동일한 권리와 특권을 가졌음을 인정해 달라고 요구하는 동물성애자 담론을 "주내셔널리즘zoonationalism"이라고 설명한다. 동물성애자는 자신을 일탈행위자나 퀴어로 자리매김하기보다는 정상으로 인정받기를 원하며, 비인간 동물을 마음대로 이용할 수 있는 인간 중심적anthropcentric 특권뿐만 아니라 제1세계 백인 남성의 모든 특권을 유지하기를 원한다.

알록 베이드 메논은 "동물성애자"는 왜 거의 백인뿐인지를 묻고, 인간중심주의와 식민주의적·인종차별주의자적·호모내셔널리스트적 태도 사이의 상호 연관성을 영민하게 보여주지만, 위에서 논한 사회학자와 임상학자들과 마찬가지로 '왜 동물성애자는 거의 남성뿐인가?'라는 똑같이 시급한 질문을 던지지는 않는다. 사실, 동물성애자 담론은 식민지 남성 담론뿐만 아니라 성 노동자 고객 담론과도 공명한다. 성 노동자 고객은 동물성애자처럼 남성이 지나치게 큰 비중을 차지하고 있는 집단이다. 섹스 비용을 지급했음에도 불구하고, 성 노동 구매 남성 고객은 성 노동자가 자신과의 성관계에 합의한 데 그치는 것이 아니라 자신에게 특별한 호감을 느끼고, 섹스를 즐기며, 심지어 데이트하고 싶어 할 것이라고 믿는 경향이 있다(Sanders, 2008). 이들 고객은 거의 한결같이 자신이 특별하며, 성관계에 합의한 성 노동자의 기타 고객과는 다르다고 믿는다. 동시에 이들 고객이 성 노동자와의 섹스를 좋아하는 이유는 정견(페미니즘)을 피력하지도 않고, 어떠한 판단도 하지 않으며, 성적 금전 거래를 넘어서는 대인관계에 대한 책임을 질 필요도 없기 때문이라는 점을 강조한다(Sanders, 2008). 이와 유사하게, 윌리엄스·와인버그의 연구에서 한 동물성애자는 "그들(비인간 동물)은 그저 우호적이기만 할뿐, 어떤 것에 대해서도 판단하지 않습니다"라고 말한다(Williams and Weinberg, 2003, 528). 어떤 사람은 "동물과의 사랑은 아무런 조건 없이 훨씬 단순한 사랑이어야 합니다"라고 말한다(Williams and Weinberg, 2003, 531). 또 다른 사람은 "동물은 우리를 판단하지 않습니다. 그들은 아무런 정견 없이 성의 쾌락을 사랑하고 즐길 뿐입니다"라고 말하며 주섹스를 찬양한다(Williams and Weinberg, 2003, 527). 얼스·라루미에르의 사례 연구에서 한 동물성애자는 그의 "암말 아내들"에 대해 "나는 …… 내가 원할 때면 언제든지 그들과 함께 있을 수 있습니다. 멋진 인생입니다"라고 말했다(Earles and Lalumière, 2009, 606). 윌리엄스·와인버그의 연구에 참여한 동물성애자 남성들은 모두 자신들이 구매했거나 갈 곳 없는 순치된 동물과 성관계를 맺고 있으며, —따라서 극심한 권력 불균형의 관계에 있으며—, 그들의 섹스 파트너를 "그것it"이라고 부르지만, 그들은 섹스가 합의된 것이라고 주장한다. 실제로, 윌리엄스·와인버그의 연구에 참여한 동물성애자 대다수는 성적 파트너인 비인간 동물이 "자신들을 사랑하며"(Williams and Weinberg, 2003, 529), 이 사랑을 "조건 없는" 사랑이라고 자랑한다(Williams and Weinberg, 2003, 527). 성 노동자의 고객과 마찬가지로, 동물성애자가 반복적으로 주목하는 주섹스가 가지는 장점은 순치된 동물과 성관계를 함으로써 다른 개인의 판단에 신경 쓸 필요 없이 원할 때 원하는 것을 쉽게 가질 수 있다는 것이다. 게다가 성매매 고객처럼, 주섹스에서는 동물성애자가 반박의 불편함 없이 성적 파트너에게 자신의 상호적 욕망에 대한 환상을 투영할 수 있다.

메릴린 프라이Marilyn Frye는 대표 논문 「위험한 방식의 안팎: 오만과 사랑In and Out of Harm's Way: Arrogance and Love」에서 동물성애자 담론을 분석하는 데 도움이 되는 강압, 억압, 오만에 대한 이해를 발전시킨다(Frye, 1983). "강간범이 피해자의 팔다리 움직임과 신체의 위치와 처지를 말 그대로 물리적으로 통제할 정도로 …… 피해자를 …… 문자 그대로 물리적으로 압도하지 않는 한", 행위를 "강제하려 한 것은 …… 아니라고" 본다면, 이는 성적 강압을 지나치게 단순하게 이해하는 것이라고 주장한다(Frye, 1983, 54). 사실, 어떤 선택도 할 수 없는 경우뿐만 아니라, 타인의 교묘한 조작으로 인해 유일하게 가능한 대안이 훨씬 덜 끌리는 것이어서 그가 원하는 대로 행동하게 될 것이 거의 확실한 경우도 강요받는 것이다. 대부분의 강압적인 상황에서는 선택을 하긴 하지만 궁극적으로 조작이 없었다면 하지 않았을 방식으로 행동한다(Frye, 1983, 56-7). 일부 형태의 강압은 폭력을 수반하지만, 억압하는 사람이 피해자와 지속적인 관계 유지를 원할 때, 그는 종종 피해자를 심리적으로 조종하거나 그가 원하는 유형의 사람으로 변형시킨다. 중요한 점은, 메릴린 프라이가 피해자의 세계와 정신이 변형되는 강압의 주요 사례로 드는 것이 동물 사육이라는 사실이다. 메릴린 프라이는 인간이 동물을 목적의 수단으로 바꾸는 다양한 방법을 설명한다. 동물을 특정한 "성질과 능력"을 가지도록 번식시키고, "어릴 때부터 다양한 결박과 마구를 견디도록" 교육하며,

"잡아당기고, 주춤거리고, 껑충 뛰고, 발을 구르거나 도망 다니려는 특정한 경향을 억제하고", "사람의 특정한 행동과 말에 특정한 반응을 하도록 동물을 길들이기 위해" 훈련하는 것이 여기에 해당한다(Frye, 1983, 58). 메릴린 프라이가 쓴 것처럼, "결국, '복종시키기breaking'와 '훈련training'이라 불리는 과정에 따라 획득되는 제2의 천성과 신체적 구속으로 인해 비인간 동물은 인간의 목적에 부합하지 않는 일을 거의 할 수 없게 된다"(Frye, 1983, 59). 메릴린 프라이의 설명에서 가장 핵심적인 변형은 아마도 수 세기에 걸친 선택적 육종일 것이다. 예를 들어, 개는 유형성숙화(성체에서 아동기 특성을 유지하는 것)와 온순성을 포함하여 인간이 바람직하다고 생각하는 특성을 가지도록 사육되었다(Donaldson and Kymlicka, 2011, 85). 개는 동물성애자 사이에서 가장 인기 있는 종이며, 동물성애자가 자주 성관계를 갖고 이 행위에 동의한다고 말하며 사랑에 빠지는 종이다. 사실, 개는 인간의 목적에 맞게 너무 많이 변형되어서 주인이 하는 모든 것에 동의한다고 말하기가 매우 복잡하다.

메릴린 프라이에게 동물의 순치는 억압의 현저한 예이며, 게일 루빈이 성/젠더 체계를 기술하기 위해 "순치"라는 용어를 사용한 것처럼(Rubin, 1975, 158),[8] 이는 포주가 성노예를 신체적·심리적으로 "복종시키는 것"과 같은 인간 내 억압의 형태를 고찰할 수 있는 간명한 사례다. 메릴린 프라이는 노예에 대해 "다른 동물과 마찬가지로, 타자는 본래부터 다른 누군가의 이익에 맞춰진 존재가 아니라 자신의 이익에 맞춰진 존재"라고 말한다(Frye, 1983,

---

8 옮긴이: 우리말 번역으로는 게일 루빈, 「여성 거래」, in: 게일 루빈 지음/신혜수·임옥희·조혜영·허윤 옮김, 『일탈: 게일 루빈 선집』, 현실문화, 2015, 89쪽 이하.

59). 따라서 동물의 순치 과정처럼, 그 인간들도 변형되어야 하며, 이런 변형은 "피해자의 피부 아래로까지 확장되어야 한다." "특히, 피착취자를 타인의 경제 틈새에 적응시키는 조작은 강제에 대한 피해자의 민감성을 대폭 줄여야만 한다"(Frye, 1983, 60). 동물성애자와 동물의 관계에서 이런 유형의 강제를 볼 수 있다. 즉 이들 동물은 유순한 신체뿐만 아니라 그들을 조종하는 인간에게 감정적으로나 정신적으로 구속된 존재로 변형되었다.

인간은 하나의 몸으로 이룰 수 있는 것보다 훨씬 더 많은 것을 원하기 때문에, 욕망을 성취하는 데 전적으로 헌신하는 하나 이상의 육체를 갖는다는 생각에 매력을 느낀다고 메릴린 프라이는 지적한다. 이런 사실에도 불구하고,

> 대다수 사람은 타인을 노골적·강제적으로 노예로 만드는 방식으로 이 문제와 유혹을 해결하지는 않는다. …… 그러나 여러 사람은, 그중 대부분은 남성인 이들은 다른 수단과 설명으로 어느 정도는 같은 목적을 달성할 수 있는 문화적·물질적 위치에 있으며, 이는 그들 자신과 희생자에게 그 목적이 동일하다는 사실을 가리게 만든다. 그 목적은 바로 타인의 서비스를 취득하는 것이다.
>
> (Frye, 1983, 66)

메릴린 프라이는 아내를 얻는 것을 타인을 자신에게 이식하여 지속적인 서비스를 얻는 예로 든다. 메릴린 프라이에 따르면, —자기 아내나 자신의 "암말 아내"와 같은— 다른 생명체를 자신이 원하는 것 이상으로 보지 않거나 자기 욕망의 연장선에 불과하다고 보는 것은 오만한 지각arrogant perception이다.

메릴린 프라이가 오만한 지각과 관련하여 제시하는 첫 번째 예는 인간이 비인간 동물을 대할 때 널리 퍼져 있는 태도를 수반한다. 바로 인간이 지구와 그 위에 있는 모든 생명체에 대해 "지배권"을 가지며, 따라서 모든 비인간 동물 종은 인간을 위해, 그리고 "고기를 위해" 존재한다는 성서적 주장이다(Frye, 1983, 67). 메릴린 프라이는 여성이 남성의 동반자로 만들어졌고 그의 갈비뼈로 만들어졌다는 성서적 주장도 "오만"하다고 말한다. 따라서 성서는 모든 동물 종뿐만 아니라 여성 인간도 남성을 위해 존재하며, 이들은 독립적인 존재가 아니라 그저 남성의 연장선일 뿐이고, 독자적인 목적도 가지지 않는다는 남성의 오만한 지각을 승인한다. 이처럼 남성 인간의 오만한 지각은 자신의 의지에 맞추어 여성과 비인간 동물을 적극적으로 복종시키고 노예화하며 강제하는 방식을 간과한 채, 그들의 노예화를 진정 자발적인 것으로 여긴다.

린다 알코프는 아동이 자신과 성관계를 원한다고 주장하며 자신의 성적 욕망을 아동에게 투영하는 성인을 설명하기 위해 메릴린 프라이의 오만한 지각 개념을 차용했다(Alcoff, 2000). 마찬가지로 나는 자신이 고용한 성 노동자가 실제로 자신을 좋아하고 원한다는 성매매 고객의 인식, 그리고 비인간 동물 짝이 자신을 조건 없이 사랑하고 자유롭게 섹스에 동의한다는 동물성애자의 인식을 이 오만함이 뒷받침한다고 주장한다. 캐시 루디는 또한 인간과 개의 사랑을 완전히 합의되고 상호적인 것으로 기술한다는 점에서 오만하다는 비난을 받을 수 있다. 개와의 관계는 그녀를 행복하게 만들 뿐만 아니라 —"나는 그들이 내 발밑에서 푹 쉴 때 만족스러워한다는 것을 안다"(Rudy, 2011, 41)— 다음처럼 개들도 순치된 상태에서 행복한 것으로 묘사된다. "시간이 지남에 따라, 산업화가 진행되면서, 개는 우리에게 오락과 충실한 우정을 제공했다. 우리는 앉아서 기다리는 법을 가르쳤고, 개는 기꺼이, 사랑스럽게 복종했다"(Rudy, 2011, 40). 복종과 숭배 사이의 이러한 혼동에 대해 메릴린 프라이는 오만과 사랑이라는 지각은 구별해야 한다고 주장한다. 메릴린 프라이가 언급했듯이, 사랑은 매우 남용되는 개념이다.

> 복종 훈련이 잘된 노예가 주인에 대해 가지는 애착이 사랑과 혼동되어 왔다. '사랑'이라는 이름 아래 자발적이고 무조건적인 섬김이 황홀하고 고귀하며 성취감을 주고 심지어 구원적인 것으로 장려되었다. 모든 찬양은 남편과 자녀를 위해 기꺼이 살고자 하는 헌신적인 아내, 신을 위해 살육을 마다하지 않고 조국을 위해서라면 기꺼이 목숨을 바치는 용감한 남자에게 바쳐진다.
>
> (Frye, 1983, 72-3)

그러나 사실 우리는 사랑과 섬김을 구별해야 한다. 메릴린 프라이의 견해에 따르면, 사랑의 지각이란 상대방을 독립적 존재, 즉 자기 자신을 위해 존재하며, 자신의 의지와 목적, 이해관계를 가진 존재로 인식하는 것이다.

오만한 지각과 사랑의 지각이라는 메릴린 프라이의 개념은 동물, 자연 세계와의 관계를 더 일반적으로 고려하고, 자연과 동물에 대한 사랑의 관계를 더 깊이 발전시킬 방법을 모색하는 여러 환경 페미니스트에 의해 확장되었다(Warren, 1990; Slicer, 1991; Gruen, 2007). 로리 그루언Lori Gruen, 데보라 슬라이서Deborah Slicer, 카렌 워렌Karen Warren 같은 환경 페미니스트에 따르면, 동물·환경 윤리학자들조차도 자연과 동물을 우리와 같거나 우리를 위한 자원이기 때문에 보호해야 한다는 인간 이익의 확장과 반영 이상으로 생각하는 데 어려움을 겪는다. 이와 대조적으로, 환경 페미니스트들은 다른 동물을 우리 자신의 연장선으로 보는 오만한 시선을 거부하고, 그 대신 사랑의 눈으로 그들을 보아야 한다고 주장한다. 이는 인간과 동물을 (인간/동물, 자연/문화 이분법처럼) 위계상 대조적인 것으로 보는 경향뿐만 아니라, 비인간 동물과 우리 자신의 차이를 전혀 인정하지 않음으로써 이러한 구분을 완전히 무너뜨리는 것도 경계해야 한다는 의미다. 예컨대, 발 플럼우드Val Plumwood는 인간/동물 이분법을 모두 붕괴시키는 심층 생태주의Deep Ecology의 환경 윤리 접근법을 비판한다. 발 플럼우드가 지적한 바와 같이, 심층 생태주의자는 자신이 열대우림이라고 말하면서 열대우림의 이익을 자신의 이익으로 취하는 대신 자신의 이익이 열대우림의 이익이라고 할 위험이 있다(Plumwood, 1991). 이에 대한 가장 명확한 예는 아마도 동물을 위해 사냥을 옹호하는 심층 생태학자일 것이다. 마티 킬Marti Kheel 같은 환경 페미니스트가 주장하듯이, 확실히 심층 생태학자들은 비인간 동물의 공포와 죽음을 초래하는 방식으로 그 동물과 자신을 혼동했다(Kheel, 1993). 자신을 로트바일러로 여기는 동물성애자는 로트바일러의 관심을 자기 것으로 받아들이는 것이 아니라 자신의 욕망을 로트바일러에 투영하는 것으로 보일 수도 있다. 캐시 루디가 자신의 개는 인간이 되었고 자신은 개가 되었다고 주장할 때, 우리는 누가 상대방의 문화에 더 적응해야 했느냐를 물을 수 있다. 캐시 루디는 더 많은 개집을 위한 공간을 마련하고자 소파를 차고로 옮겼을지 모르지만, 이것은 —자유 대신 개집에 익숙해지는 것과 같은— 순치가 수반하는 변형에 비하면 하찮은 일이다. 따라서 데카르트적·이원론적·이진법적·위계적 사고가 위험하지만, 인간과 동물, 또는 인간 문화와 자연 사이의 이해 충돌을 볼 수 없게 되는 심층 생태주의, 퍼리 팬덤, 동물성애자의 일원론적 사고 역시 위험하기는 마찬가지다. 지배적인 지위에 있는 인간의 일원론적 사고에는 다른 동물이 존재하지 않기 때문이다. 따라서 발 플럼우드는 인간이 자연, 동물과 구별되면서도 상호 연결되는 방식을 이론화하기 위해 페미니즘 윤리학과 관계 주체성relational subjectivity 개념으로 눈을 돌린다. 다시 말해서, 우리는 자연과 대조적이지도 같지도 않다. 즉 우리는 자연과 상호의존하는 복합적 관계에 있다.

다른 환경 페미니스트 철학자들은 인간과 동물, 인간과 자연 사이의 관계를 이론화하기 위해 유사한 개념 도구를 개발했는데, 이는 우리 자신을 자연과 근본적으로 분리되어 있다고 상정하는 서구 전통을 영속화하지도 않고 자연과 동물을 오만하게 우리에게 동화시키지도 않는다. 예를 들어, 크리스 쿠오모Chris Cuomo는 융합 없는 혼합mixing without fusion이나 균질화 없는 상호작용을 내포하는 인간과 동물의 상호 연관성을 논의하기 위해 마리아 루고네스Maria Lugones의 "응고 논리logic of curdling"를 끌어들인다(Cuomo, 1998). 낸시 투아나Nancy Tuana는 자연과 문화가 서로 병합되지 않으면서 상호 연관되고, 연결되는 방식을 논의하기 위해 "점성을 띠는 다공성viscous porosity" 개념을 개진한다(Tuana, 2008). 낸시 투아나의 주장에 따르면, 자연과 문화는 빈틈없는 암석이라기보다는 다공성 암석이지만 유동체는 아니기 때문에 서로를 구별할 수 없게 만드는 방식으로 혼합되지는 않는다. 반대로, 그들의 점성은 자연과 문화가 복잡하고 불가분의 방법으로 연결되어 있음에도 불구하고 구별된다는 것을 의미한다.

이런 각각의 개념은 퀴어와 포스트 휴머니스트가 주섹스와 동물성애를 맞이할 수 있도록 해준다. 비록 데카르트적·위계적 형태의 인간/동물 구분을 전복하는 것이 바람직하지만, 우리의 목표가 인간/동물의 구분을 완전히 무너뜨리는 것이어서는 안 된다. 환경 페미니스트 학자들을 따라, 우리는 자연, 동물과의 복합적이고, 다공성이며, 점성이 있는 응고적 관계, 즉 동물이 독립적으로 자신의 이해와 목적을 가지며 우리와는 구별되는 관계에 대해 생각해 볼 필요가 있다. 주섹스 같은 현상은 인간의 욕망이 비인간 동물에 투영되는 오만한 지각을 통해, 인간/동물의 구분을 붕괴시키기보다는 오히려 그 구분을 크게 불안정하게 하지 않으면서도 동물에 대한 사랑을 표현한다. 이러한 투영으로 인해, 자신의 욕망을 투영하는 사람들은 자신이 동물을 지배한다는 사실을 전혀 인식하지 못한다. 동물성애자의 경우, 종 디스포리아를 경험하는 퍼리 팬the furry fan의 경우처럼, 상대의 타자성을 부정하므로 억압받을 타자가 존재하지 않는다.

도착의 이식에 대한 저항과 응보적 정의

피터 싱어의 「금지된 접촉」에 대한 비판적 대응으로, 녹색 범죄학자 피어스 베언Piers Beirne은 인간과 비인간 동물 간의 섹스를 동성애 같은 "섹슈얼리티"와 비교하는 것을 거부한다(Beirne, 2001). 피어스 베언은 "수간을 성적 다양성의 한 형태로서 정상화하는 것"을 비판하면서, 동물성애 섹슈얼리티를 LGBTQ 정체성과 비교하는 것은 "잘못된 인간중심주의로서, 이에 대한 관용의 요청은 그저 인간이 합법적으로 그리고 광범위한 사회적 수용을 통해 우리 동료 생명체를 착취하고 해를 끼치는 무수한 방법의 증가로 이어질 뿐"(Beirne, 2001, 43)이라고 주장한다. 피어스 베언은 『동물 학대에 맞서며*In Confronting Animal Abuse*』(2009)에서 동물성애가 성도착이나 성적 지향이라는 견해를 다시 한번 거부한다. 그가 말하기를, 정신의학 연구가 동물성애자를

> 질병이 있거나 결함이 있는 인물로 보는 것은 …… 여러 방법론적·이론적 반대에 취약하다. 여기에는 이미 시설에 수용된 인구로 조사를 시작하는 경향, 연구 대상과 적절한 제어 그룹과의 비교 실패, 때로는 매우 조잡한 본질주의가 포함된다. 그만큼 정신의학적 소견은 가상의 대안적 사례counterfactual cases에 의한 위·변조에 매우 취약하다.
>
> (Beirne, 2009, 121)

수간이 성도착증이라는 견해를 거부하는 한 가지 이유는 ―강간, 성 구매처럼, 정신과 의사가 병리화하는 경향이 있는 다른 여러 활동과 마찬가지로― 비인간 동물에 대한 성폭력이 널리 퍼져 있고, 뒤르켐적 의미에서 "정상적인" 남성 활동이기 때문이다. 이런 이유로 주센스는 페미니스트들이 말하는 강간 문화의 일부로서 정신질환 증상이 아니라고 말할 수 있다. 따라서 페미니스트 비판적 동물 연구 이론가 캐롤 아담스(Carol Adams, 1995a, 1995b)에 이어, 피어스 베언은 다음과 같이 주장한다. "성차별주의와 종차별주의는 서로 반대되는 것이 아니라 함께 작용하는 것

이다. 동물 성폭력은 여성, 동물, 자연을 통제, 조작, 착취할 수 있는 대상으로 보는 남성성의 산물이다"(Beirne, 2009, 117). 피어스 베언의 주장에 따르면, 가부장적 강간 문화 내에서 여성과 동물 모두 "열등한 지위"로 "추락"하며, "그로 인해 죄책감 없이 그들을 착취하고 학대할 수 있는 남성 포식자에 의해 주체성이 부정된다"(Beirne, 2009, 117). 이러한 이유로 피어스 베언은 주섹스를 논의하기 위해서 "이종 간 성폭력interspecies sexual assault"이라는 용어를 사용할 것을 주장한다.

푸코주의적 관점에서, "이종 간 성폭력"이라는 표현은 "bestiality", "bestials", "zoophilia", "zooerastia", "zoosexuality", "zoos" 같은 용어를 피함으로써 비인간 동물과의 섹스를 개인의 도착, 섹슈얼리티, 정체성, 지향, 기호, 또는 의학적 상태로 여길 가능성을 차단한다는 점에서 유용하다. 다시 말해서, 언어학적으로 도착의 이식에도 저항한다. 아마도 "zoophilia"나 약칭인 "zoo"라는 용어를 중심으로 커뮤니티가 구축될 수 있는 방식으로 "이종 간 성폭력"이라는 표식을 중심으로 커뮤니티가 구축되지는 않을 것이다. "이종 간 성폭력"은 섹슈얼리티나 인류학적 유형이 아닌 행위를 지칭하며, 정체성 형성을 장려하지 않는 비판적인 시각에서 그 행위를 지칭하는 표현이다.

피어스 베언은 인간과 순치된 동물 간의 섹스를 일종의 성폭력으로 규정하고, 그 범죄화를 지지한다. — 그러나 그의 지지는 양가적이다. 그는 메인주의 수간 범죄화 법안에는 지지를 표명했지만, 범죄학자로서 감옥의 참상과 실패에 대해 알고 있는 사실을 고려할 때, 마지못해 그렇게 진술하였음을 기술한다(Beirne, 2001, 53). 피어스 베언은 감옥 폐지론에 동조한다고 말하며, 수감자 무리에 동물성애자를 추가함으로써 감옥-산업복합체가 확장되기를 바라지 않는다. 감옥 폐지론자와 푸코주의자의 관점에서, 피어스 베언의 주장에 한 가지 덧붙일 말은 다른 인간 집단을 범죄화된 성 정체성으로 낙인찍는 것은 역효과를 낳는다는 사실이다. 우리가 본 것처럼, 범죄화는 범죄예방에 도움이 되지 않으며, 오히려 범죄 확산에 이바지할 수도 있다. 비판적 감옥 연구 학자들의 주장처럼, 낙인과 고립이 그런 정체성과 소외된 공동체의 생성에 이바지하며, 푸코가 보여준 것처럼, 금지는 욕망을 낳는다. 그러므로 범죄화와 구금의 위협은 단순히 동물성애자의 구성에 기여하고 동물성애자를 지하로 들어가게 하지만, 장기적으로 비인간 동물을 성적 학대로부터 보호하기 위한 일은 거의 또는 전혀 하지 않는다. 따라서 이종 간 성폭력을 범죄로 규정해야 한다는 피어스 베언의 주장은 당연히 매우 꺼려지지만, 그는 현재 그러한 행위에 대해 심각한 거부감을 나타낼 수 있는 대안적인 법 대응은 없다고 본다. 피어스 베언의 입장은 범죄 전반, 특히 성범죄의 기본 대응인 응보적 정의와 구금의 대안을 검토할 필요가 시급함을 보여준다.

제 9 장

성적 연쇄살인범[1]의 사회적 구성

범죄학 텍스트를 읽어본 적이 있습니까? 엄청납니다. 공격하려는 의도로 하는 말이 아니라 놀라워서 하는 말입니다. 왜냐하면 범죄학 담론이 어떻게 이 수준에서 진행될 수 있었는지 도무지 이해할 수 없기 때문입니다.

— 미셸 푸코, 『권력과 지식』(1980b)[2]

형벌 폐지론자의 담론은 범죄에 관한 연구와 해악에 대한 반응의 탈전문화를 목표로 삼아야 한다. 지역 공동체는 자체적으로 자신의 문제를 해결할 수 있는 권한을 스스로에게 부여해야 한다.

— 비비안 살레 한나, 「너무 많은 것을 당연시하다」(2000)

---

1 옮긴이: serial sex killer를 옮긴 말이다. 연쇄살인(범)의 성적 측면을 고려한 용어로 본문에는 sex killer, sex killings, sexual murder(er), sexual homicide (offenders) 등이 나오는데, 여기에서는 구분하지 않고 모두 성적 살인(범)으로 옮겼다.

2 옮긴이: 우리말 번역으로는 콜린 고든 편/홍성민 옮김, 『권력과 지식: 미셸 푸코와의 대담』, 나남, 1991.

성적 살인의 계보학을 향하여

푸코는 「19세기 법정신의학의 '위험한 개인'이라는 관념에 대하여」에서 19세기 중반 정신의학의 발명품으로서 "살인 편집광 homicidal monomaniac"을 논한다. 이 진단은 1870년경, 즉 잭 더 리퍼 Jack the Ripper[3]의 범죄를 계기로 새로운 유형의 살인자가 사회적 상상에 등장하기 18년 전쯤에 담론에서 사라졌다. 푸코가 연쇄살인범serial killer을 논하지는 않지만, 연쇄살인범은 살인 편집광의 계보학적 상속자로 간주할 수 있다. 이 인물은 1880년대와 1890년대에 새롭게 등장했다. 우리는 "정상"으로 통할 수 있지만 병리학적 상태로 인해 제지되기 전까지 살인을 멈추지 않고 아무 이유 없이 살인을 저지르며 외견상 동기가 없는 범죄를 저지른다고 기술되는 개인을 다시 발견하게 된다. 무엇보다 "살인 편집광"인 피에르 리비에르의 사례에서 보듯이, 연쇄살인범은 주로 여성을 희생 대상으로 삼았으며, 체포되었을 때 자신의 범죄를 정당화하기 위해 극단적인 여성혐오를 표출하는 경우가 많다. 19세기가 살인 편집광뿐만 아니라 위험한 개인의 전형인 연쇄살인범을 발명했다고 주장할 수 있다. 물론 이 주장에 대해 논란이 전혀 없는 것은 아니지만, 중요한 사실은 이들이 누구보다도 여성에게 위험한 개인이라는 점이다. 자넷 맥클레란(McClellan, 2010)에 따르면 연쇄살인범의 희생자 94%가 여성이다. 푸코가 피에르 리비에르를 미화했듯이, 상대적으로 연쇄살인을 당할 우려가 적은 다수의 남성이 이들 연쇄살인범을 미화했다(Caputi, 1987).

---

3 옮긴이: 1888년 8월에서 11월 사이에 런던 이스트 엔드 지역에서 일어난 연쇄살인 사건의 신원미상 살인범의 별명.

편집광은 범죄 정신의학의 일시적 범주였지만, 연쇄살인범은 20세기에 "살인의 물결murder waves"로 불리는 전성기를 누리면서 정신의학과 현실에서 끈질기게 살아남았다(Jenkins, 1994, 33). 편집광과 달리, 연쇄살인범은 성적인 성격이 뚜렷한 인물이다. 피에르 리비에르의 여성에 대한 살인적 증오는 성적 두려움과의 연관성이 느슨하지만, 연쇄살인범의 페르소나에는 성과 폭력의 연결성the sex-violence connection이 훨씬 더 확고하게 자리 잡고 있다. 실제로 "쾌락 살인자lust murderer"의 범죄가 연쇄적인 이유는 그의 성적 본성 때문이다. 즉 그는 자신의 섹슈얼리티에 의해 살인 충동을 느끼며, 따라서 그의 범죄는 그가 누구인지에 대한 표현이다. 성적 동기를 가진 살인범은 연쇄살인범일 것이 예견된다. 이제 섹슈얼리티가 심리적 정체성의 안정적이고 핵심적인 특징으로 여겨지게 되면서, 이런 심리적 정체성의 표출이 반복될 가능성이 커졌기 때문이다. 연쇄살인범은 성과 매우 밀접하게 연관되어 있어서, 일부 범죄학자는 연쇄살인범을 성적 살인범sex killers이라고 명시하고, 성적 동기가 없는 다수 살인범multiple killers을 이 범주에서 제외했다. 다른 범죄학자와 정신과 의사는 "합리적인" 이유(예컨대, 돈)로 살인을 반복하는 살인자처럼 다른 유형의 연쇄살인범이 있음을 명확히 할 필요성이 있다고 느낀다. 그러나 이들조차 관심을 두는 대상은 성적 살인범이었다.

"연쇄살인범"이라는 용어와 가장 밀접한 관련이 있는 페르소나는 잭 더 리퍼를 모델로 하는 남성 살인자로, ―리하르트 폰 크라프트 에빙이 설명하고 그 이후 정신과 의사들이 동의했듯이― 그에게 살인은 성적 행위였다. 리하르트 폰 크라프트 에빙은 이미 1885년『광기와 성』초판에서 쾌락 살인자를 기술했으며, 3

년 후 영국 런던경찰청 화이트채플 지구 살인사건의 보고서를 작성한 의사가 그의 설명을 따랐다(Warwick, 2006, 559). 리하르트 폰 크라프트 에빙은 잭 더 리퍼를 사이코패스의 예로 기술하기 위해 『광기와 성』 제2판에서 쾌락 살인자 항목을 업데이트했다(Warwick, 2006, 559). 리퍼형 살인범은 칼을 음경처럼 사용하기 때문에 피해자를 강간할 필요가 없다는 것이 일반적인 해석이다. 이 유형의 살인자는 낯선 사람을 죽이는데, 소녀와 여자 또는 (드물게는) 젊은 남자와 소년을 죽이고, 스릴이나 욕정 때문에 비이성적으로 살해한다. 물질적 이득과 같은 합리적인 이유로 살인하는 것이 아니라 살인 자체의 비이성적 쾌락을 위해 살인을 저지르므로, 만약 희생자에게서 물건을 훔친다면, 이는 범죄 기념품을 소장하기 위한 행동이다. 그들의 살인은 성적인 동기에서 비롯되기 때문에, 잭은 성매매 여성, 테드 번디Ted Bundy는 백인 여대생, 제프리 다머Jeffrey Dahmer는 동성애 소년이나 유색인종 젊은 남성이라고 하는, 범죄 대상으로 삼는 피해자 "타입type"을 가진다. 또한 섹스 스타일이나 섹슈얼리티처럼, "시그니처signature", 즉 살해 스타일을 가진다. 연쇄살인범은 이상형처럼 좋아하는 "타입"과 "스타일"을 가지고 있을 거라는 생각이 워낙 확고해서, "샘의 아들Son of Sam"(데이비드 버코위츠David Berkowitz)이 긴 갈색 머리 여성을 잇달아 살해했을 때, 뉴욕 여성들은 머리를 자르고 염색하였다.

푸코주의적 관점에서 분명한 사실은 이런 유형의 살인자는 정체성이 성에 얽매여 있는 근대에만 존재할 수 있다는 점이다. 이는 19세기 이전에는 유사한 유형의 범죄가 없었다는 말이 아니라, 살인광적 섹슈얼리티homicidal sexuality가 자신의 정체성을 나타내는 그러한 개인이 있을 수 없었다는 말이다. 푸코의 용어로 성적 연쇄살인범serial sex killer은 —또는 리하르트 폰 크라프트 에빙의 용어로 살인성애자erotophonophiliac는— 여전히 또 다른 도착의 이식이다. 강간 살인이 새로운 발명은 아니지만, 피해자의 살해가 예컨대, 목격자를 침묵시키기 위해 또는 강간 과정에서의 폭행으로 발생하는 경우처럼, 이전에는 그저 상황에 따른 것이었을 수 있다. 그러나 강간 살인이 살인성애erotophonophilia가 되거나 성 정체성으로 포착되면서, 이러한 범죄를 훨씬 더 많이 예상할 수 있게 되었다.

놀랄 것도 없이, 연쇄살인이 "상대적으로 새로운 유형의 범죄"이며 연쇄살인범은 상대적으로 "새로운 유형의 범죄자"라는 말이 연쇄살인에 관한 문헌에 자주 등장한다(Caputi, 1987, 1). 필립 젠킨스Philip Jenkins가 설명하듯이, 1980년대 들어 연쇄살인 사건의 참신함은 다양한 정치적 목적에 지속해서 동원되었다. 급진주의 페미니스트들은 여성에 대한 폭력의 위기를 기술하기 위해 이를 사용했지만, 우익 정치인들은 성적 살인sexual murder의 전례 없는 "유행"은 1960년대와 1970년대의 "퇴폐적인" 성 문화의 산물이라고 주장했다. 전자에게는 가부장제의 전복이 필요했고, 후자에게는 상대적으로 그런 범죄가 없었던 1950년대의 가족 가치로 복귀하는 것이 살인 위기에 대한 해결책이었다. 그러나 필립 젠킨스의 지적에 따르면, 미국의 1950년대는 두 "살인의 물결" 사이의 소강상태에 불과했고, 19세기 후반과 20세기 첫 40년 역시 성적 연쇄살인serial sex killings이 빈번한 시기였다. 필립 젠킨스는 주목하지 않았지만 중요한 사실은 주로 여성을 표적으로 삼은 연쇄살인의 물결이 페미니즘 운동의 물결과 일치하며, 이러한 살인이 잠잠해진 시기는 페미니즘 활동이 마찬가지로 잠잠해진 시기와 일치한다는 것이다. 이러한 살인은 여성혐오를 노골적으로 드러내는 살인범에 의해 흔히 자행되었고, 페미니스트 학자들은 여성에 대한 폭력의 증가를 반페미니즘적 백래시an anti-feminist backlash와 연관 짓는 경우가 많다는 점에서 주목할 필요가 있다(Caputi, 1987, 79-81; Radford and Russell, 1992).

그러나 필립 젠킨스는 이러한 범죄에 대한 페미니스트의 해석에 반대하며, 여성에 대한 폭력을 사회 규범으로 상정하는 듯한 입장에서 다음과 같이 주장한다. "최근 몇 년간의 명백한 폭력보다는 세기 중반의 평온함을 설명할 필요가 있다"(Jenkins, 1994, 40). 필립 젠킨스는 세기 중반의 소강 시기에 연쇄살인범이 향수의 대상으로 회고되었다는 사실에 주목한다.

> 다수살인범multiple killer은 분명히 미국에서 과거로 밀려난 현상이라는 느낌이 있었는데, 레이 브래드버리의 1975년 고전 소설 『민들레 와인』에 잘 드러난다. 이 애수에 젖은 소설은 이전의 친숙한 모든 모습이 근대 세계로 대체되던 1928년 여름 미국 어느 시골의 낭만적인 초상화를 그려 보인다. 사라져가는 전통 가운데 하나로 다수살인범이라는 개념이 있는데, '외로운 남자'라고 불리는 연쇄교살자a serial strangler가 그 전형으로 꼽힌다. 잃어버린 순수라는 주제는 살인범이 여성 피해자의 생명을 빼앗지 못하고, 사실상 그 여성이 살인범의 목숨을 앗아간 데서 암시된다. 이것은 마차가 자동차로 대체되는 것과 같은 또 다른 전환점으로 보이며, 그것은 살인범이 제공했던 스릴과 로맨스를 잃어버림으로써 공동체가 더 빈약해졌음을 암시한다. 의미심장하게도, 이 연쇄살인 이야기는 오늘날이 아니라 연쇄살인범이 등장하기에 훨씬 부적절하거나 덜 그럴듯하게 보이는 1920년대를 배경으로 하고 있다. 더 리퍼는 가스등 시대의 잔재처럼 보였다.
>
> (Jenkins, 1994, 38-39)

성적 살인의 첫 번째 물결에 대한 향수를 가졌던 사람에게는 다행스럽게도 두 번째 물결이 곧 찾아왔다.

1970년대, 1980년대, 1990년대의 연쇄살인 부활을 새로운 현상으로 보아서는 안 되지만, 필립 젠킨스는 이러한 범죄의 규모가 이전의 물결과 비교해서 20세기 후반에 극적으로 증가했음을 인정한다. 1992년 미국 법무부가 발간한 표에 따르면, 1795년에서 1849년 사이 미국에서 발생한 연쇄살인 사건은 5건, 1850년에서 1899년 사이에는 20건, 1900년에서 1924년 사이에는 13건, 1950년에서 1974년 사이에는 66건, 1975년에서 1992년 사이에는 131건이다(Jenkins, 1994, 29). 이들 살인자 중 다수가 잭 더 리퍼의 추정 시신 다섯 구를 훨씬 능가하는 살인 범죄를 저질렀다. 이러한 통계에 대한 면밀한 조사와 "도덕적 공황"에 대한 그의 일반적인 회의에도 불구하고, 필립 젠킨스는 연쇄살인의 증가 추세를 부정하지 않는다. 이런 통계를 고려하여, 1980년대 한 소설에서는 잭이 1979년의 샌프란시스코로 시간여행을 와서는 기뻐하며 다음과 같이 말한다. "세상이 나를 따라잡았고 능가했도다. 90년 전만 해도 난 괴물이었지만 …… 이제 나는 아마추어구나"(Caputi, 29에서 인용).

실제로 1979년에 잭이 돌아왔다면, 그는 ―엘비스 프레슬리의 팬들처럼― 자신의 우상이 죽었다는 사실을 전혀 받아들이지 않던 수많은 팬의 환영을 받았을 것이다. 공포영화에서처럼, 연쇄살인범이 다시 살아나는 줄거리는 흔한 이야기다. 1970년대까지, 잭은 시, 노래, 소설과 학술 서적, 팬클럽의 주제였으며, 다양한 모방범이 그의 발걸음을 따라다니며 대중의 갈채를 받았다. 데이비드 버코위츠는 대중이 자신을 "성원"하고 있다는 느낌을 받는 데서 살인을 계속할 동기를 부여받았다고 말했다. 테드 번디가 탈옥하여 아스펜에 있었을 때, 콜로라도주 주민 한 사람은 번디가 "새로운 빌리 더 키드Billy the Kid[4]"처럼 보였고, 대중(아마도 그는 남성 대중을 의미한 듯하다)이 그의 편이라고 말했다(Caputi, 1987, 52). 요크셔 리퍼the Yorkshire Ripper가 대체로 여성만 살해하고 있던 몇 년 동안, 경찰은 다음과 같은 내용의 테이프를 틀었다. "더 리퍼는 여러분이 이 사실을 무시하길 바랄 것입니다. 여러분 옆에 있는 남자가 열두 명의 여자를 죽였을지도 모른다는 사실을 말입니다." 리즈 유나이티드 축구장에서 시끄러운 스피커를 통해 테이프가 재생되었을 때,

> '절대 더 리퍼를 잡지 못할 거야'라는 팬들의 구호가 울려 퍼졌다. 12 대 0! 12 대 0! …… 리퍼가 다시 공격했다는 소식을 듣자, 리즈의 엘런드 로드 축구장에 있던 팬들은 다음 구호를 반복했다. '리퍼 13, 경찰 0!'
>
> (Bland, 1992, 239-40)

1969년 롤링 스톤즈는 "한밤의 배회자Midnight Rambler"라는 곡을 만들었다. 이 곡에서 믹 재거는 자신을 보스턴 교살자the Boston Strangler와 동일시하며, 23세 여성의 강간-살인-절단을 묘사하고 그녀가 죽을 때 했던 말을 인용한다. 여성을 살해하는 유명한 살인범이 등장할 때마다, 그와 자신을 동일시하며 추종하는 수백 명의 안방 살인범armchair killers이 생겨난다. 이러한 팬들은 살인범이 경찰과 언론에 서신을 보낼 때 모방하는 책의 원본을 견본으로 삼

---

4 옮긴이: 미국 서부 개척 시대의 범죄자.

아 신문과 경찰에 정기적으로 허위 서신을 보낸다. 성적 연쇄살인범은 종종 명성을 높이기 위해 자신이 저지른 범죄보다 더 많은 범죄를 자백하고, 경쟁자를 능가하려고 애쓴다. 알렉산드라 워릭Alexandra Warwick은 이를 "모호한 유형의 영웅주의heroism of an ambiguous kind"(Warwick, 2006, 555)라고 부르며, 잭 더 리퍼는 "민중 영웅과 비슷"하다고 말한다(Warwick, 2006, 559). 연쇄살인범의 영웅적 지위는 아프리카계 미국인 연쇄살인범의 익명성을 비판하는 박사학위 논문이 작성될 정도다. 『아프리카계 미국인 연쇄살인범의 익명성: 노예에서 감옥까지, 부정적 이미지의 연속체*The Anonymity of African American Serial Killers: From Slavery to Prisons, A Continuum of Negative Imagery*』에서 앨런 리로이 브랜슨Allan Leroy Branson은 연쇄살인범의 "상징적 지위"는 백인 남성과 연결되지만, 아프리카계 미국인은 문화적으로 덜 영웅적인 형태의 범죄와 연결되어 있다고 주장한다(Branson, 2011). 사실 앨런 리로이 브랜슨은 D.C. 스나이퍼D.C. Snipers 사건[5]의 범죄자들처럼 흑인 남성도 연쇄살인을 저지르므로, 이 유명 인사의 문화적 우상화를 거부해서는 안 된다고 주장한다. 앨런 리로이 브랜슨은 궁극적으로 자신의 박사학위 논문 연구가 문화적 편견을 수정함으로써 미 연방수사국the Federal Bureau of Investigation(FBI)의 범죄 프로파일링criminal profiling에 이바지할 것이라고 했지만, 그의 연구가 가진 기본 어조는 흑인 연쇄살인범들이 정당한 평가를 받지 못했다는 것이다.

19세기 이전에는 이런 유형의 범죄자는 거의 없었던 것 같고, 더구나 이런 종류의 팬층을 가진 범죄자는 확실히 없었다. 금전적

---

5 옮긴이: 워싱턴 D.C. 일원을 오가며 존 앨런 무하마드John Allen Muhammad와 그의 양자인 존 리 말보John Lee Malvo가 3주간 저지른 연쇄 저격 살인사건.

이득이나 정치적 목적을 위해 살인을 반복하는 살인자는 늘 있었고 그들 중 일부는 유명 인사가 되었지만, 역사적으로 "비이성적"이고 가학적인 성적 연쇄살인범sadistic sexual serial killers은 드물며 기록으로 남아 있는 사람 대부분은 전설적인 귀족들이다. 루마니아의 가시 공작 블라드Vlad the Impaler는 수천 명의 적을 잔인하게 죽였다고 알려져 있으며, 동시대 프랑스인 질 드 레Gilles de Rais는 체포되어 처형되기 전에 수많은 아이를 남색하고 고문하고 죽였다고 한다. 이 두 남자는 둘 다 15세기로 거슬러 올라가고 각각 드라큘라와 푸른 수염 사나이 이야기에 영감을 주었다. 그러한 전설적인 예외는 제쳐두고, 가학적이거나 비이성적이거나 성적인 연쇄살인범의 광범위한 현상은 19세기 말에야 등장한 것으로 보인다. 제인 카푸티가 말하듯이,

> 언론에 의해 '리퍼rippers'와 '스태버stabbers'라고 불리는 수많은 범죄자가 19세기 내내 유럽 여성들을 괴롭혔다. 이런 남성들은 희생자를 죽이려 한 것이 아니라, 길거리를 거닐면서 성기와 가슴, 엉덩이를 찌르려고 애썼다. 19세기 말, 이러한 리퍼 유형은 살상을 수반하는 것이 되었다. [성범죄 역사가] 마스터스Masters와 리Lea는 런던의 잭 더 리퍼, 바셰Vacher, '프랑스 리퍼', 1885년 '모스크바 리퍼', 1887년 흑인 성매매 여성들을 살해하고 훼손한 텍사스 리퍼, 1889년 니카라과 리퍼 등 1885년에서 1895년 사이에 이러한 살인범들의 '침공'이 이루어졌다고 주장한다.
>
> (Caputi, 1987, 5)

제인 카푸티가 지적한 바와 같이, 1886년 『광기와 성』에서 리하르트 폰 크라프트 에빙이 기술한 몇몇 살인사건은 "잭 더 리퍼

의 트레이드마크가 될 토막난 시신과 같은 훼손된 시신을 예견했다. 하지만 이 새로운 유형의 범죄가 런던에 들어와 대중의 문화적 의식을 변화시킨 것은 1888년이 되어서였다"(Caputi, 1987, 5). 따라서 19세기 말까지 잭의 범죄는 살인자가 경찰과 신문에 편지를 써서 카리스마 있는 페르소나와 기억에 남는 이름을 얻었다는 사실을 제외하고는 특별한 것이 없었다. 사실, "반향을 불러일으킨 별명이 없었다면, '아마도 그 범죄는 …… 오래전에 잊혔을 것'이다"라는 주장이 제기되기도 했다(Caputi, 1987, 21). 블랙아웃 리퍼, 잭 더 스트리퍼, 보스턴 교살자, 립스틱 킬러, 폴란드의 레드 스파이더, 샘의 아들, 나이트 스토커, 요크셔 리퍼 등 다채로운 이름들은 계속해서 연쇄살인범의 특징이 될 것이다.

흥미롭게도, 화이트채플 지구 살인사건의 신문 보도는 살인이 성과 관련되어 있음을 밝히지 않았다. 피해자들은 강간당하지 않았다. 동기는 밝혀지지 않았다. 잭의 편지들은 —만약 그것들이 진짜라면— 그가 범죄를 즐기고 "직업"이나 취미로 삼은 사람이자 "재미로" 살인을 하는 사람이었음을 암시하지만, 그의 쾌락이 성적이었다는 증거는 없다. 실제로 런던 시민들은 살인자가 유대인—또는 "제이콥 더 리퍼"—이고 살인이 인종적으로 동기 부여된 것으로 의심했다(Valverde, 2006, 118-19). 그러나 곧 "제이콥 더 리퍼" 이야기는 잭이 섹스 광증을 가진 비유대인 귀족이라는 견해로 대체되었지만, 흔적도 없이 나타나고 사라지는 살인자의 능력은 그가 화이트채플 지구의 거주자였으며, 따라서 노동자 계급이었음을 암시한다. 다수의 다른 연쇄살인범이 피해자를 강간하지 않았는데도, 잭 더 리퍼의 범죄가 일어났을 때 리하르트 폰 크라프트 에빙은 이미 "쾌락 살인lust murder"을 가학적 성 도착으로 기술했다. 이 정신과 의사의 견해에서는, 리퍼 형 살인자의 경우에 폭력과 섹스가 쉽게 융합되었다. 리하르트 폰 크라프트 에빙 이후, 여성에 대한 극단적인 폭력은 에로티시즘으로 식별되었고, 칼로 찌르고 자르는 행위는 섹스의 대체 행위로 해석되었다.

연쇄살인범의 발명

다수의 학자는 연쇄살인범이 —비록 대항 담론은 없지만, 푸코의 설명에 따른 동성애자와 견줄만한(Warwick, 2006, 554)— 사회 구성물이라고 주장해 왔다(Cameron, 1994; Jenkins, 1994; Tithecott, 1997; Seltzer, 1998; Coleman and Norris, 2000). 알렉산드라 워릭은 19세기 연쇄살인범의 출현과 19세기 연재 간행물 사이의 흥미로운 연관성을 보여준다. 『지킬 박사와 하이드 씨』와 같은 연쇄살인범에 대한 허구의 이야기가 연속해서 출판되었고, 연쇄살인에 대한 신문 보도와 함께 소비되었다. 알렉산드라 워릭에 따르면, 19세기 대중들은 살인이나 탐정 이야기를 신문 보도와 허구의 범죄 이야기 형태로 소비했고, 두 장르가 서로 영향을 주었을 뿐만 아니라 형사들이 일을 어떻게 하는지, 그리고 더 골치 아픈 것으로, 연쇄살인범이 일을 어떻게 하는지에 영향을 미쳤다고 한다(Warwick, 2006, 556). 다이애나 퍼스Diana Fuss의 주장에 따르면, "신문에 연재된 연쇄살인범 이야기가 정기적인 연재물, 상투적인 인물, 행동 프로파일, 마음을 빼앗긴 충실한 독자층을 가진 우리의 새로운 연재 문학이 되었다"(Fuss, 1993, 199). 알렉산드라 워릭은 이런 개인들에 관해 글을 쓰는 여러 학자와 마찬가지로, 연쇄살인범이 자신과 같은 유형의 사람들에 대한 이런 저런 서사를 열렬히 소비한다고 본다. 연쇄살인범들은 ―그것이 범죄학이나 심리학의 학문적 저술이든, 전기든, 실제 범죄 이야기든, 아니면 소설이나 영화든― 다른 연쇄살인범에 관한 연구에 매료되어, 이런 자료를 소비하면서 자기 행동에 대한 영감을 받는다. 알렉산드라 워릭은 영국의 살인범 콜린 아일랜드Colin Ireland가 독방에 갇혀 있던 시절에 대해 쓴 글을 인용한다.

> 나는 '고정 관념 강화reinforcing the stereotype'라고 이름 붙인 작업을 해보면 재미있겠다고 생각했다. 라디오 하나를 가지고 있었는데 …… [교도관이 오는] 소리가 들리면 벌떡 일어나 클래식 음악이 나오는 채널로 돌려놓는다. 감방문이 열리기 전에 침대에 누워 책이나 신문을 펼쳤고, 문이 열릴 때 들고 있던 읽을거리의 가장자리를 거만하게 훑어보곤 했다. '무슨 일이죠, 교도관님?' 나는 최대한 한니발 렉터Hannibal Lecter처럼 차갑고, 거리를 두지만 예의 바른 어조로 물어본다.
>
> (Warwick, 2006, 557)

홈즈·홈즈Holmes and Holmes를 비롯한 범죄학자들은 토머스 해리스의 소설 『양들의 침묵』과 『레드 드래곤』을 인용하며, 이 책의 심리학 프로파일이 연쇄살인범과의 인터뷰와 일치한다고 주장한다(Warwick, 2006, 557). 그러나 알렉산드라 워릭이 고찰하듯이, 이들 작품이 연쇄살인범에 대한 범죄학적 인상과 공명하는 이유는 연쇄살인범이 이들 작품을 모방하기 때문일 수도 있다.

필립 젠킨스는 『살인의 활용: 연쇄살인의 사회적 구성*The Use of Murder: The Social Construction of Serial Homicide*』(1994)에서 연쇄살인범이 사

회 구성물이라고 주장했다. 유감스럽게도 필립 젠킨스는 "사회적 구성"을 "실제reality"와 대조되는 통념과 문화적 인식으로 이해한다. 필립 젠킨스의 설명에 따르면, "사회적 구성"과 "실제"는 대조적이며 거의 상호작용하지 않는다. 그는 연쇄살인serial homicide에 대한 "사회적으로 구성된" 또는 잘못된 생각이 연쇄살인범의 실제 행동에 영향을 미칠 수 있다며, "실제 연쇄살인범이 허구의 이야기를 모방할 수 있다는 증거도 있다"라고 단 한 번 언급할 뿐이다(Jenkins, 1994, 15). 그러나 필립 젠킨스의 기획은 연쇄살인에 대한 담론적 설명이 살인자들에게 범죄 패턴을 제공하는 방식이나 연쇄살인과 연쇄살인범 자체의 현상을 구성하는 방식을 보여주려는 것이 아니라 연쇄살인에 대한 관념과 사실 사이에 존재하는 차이를 보여주려는 것이다. 그는 "현상이 사회적, 문화적으로 구성되는 방식을 다루기 전에 행동의 객관적 실제를 이해하는 것이 필요"하다고 말한다(Jenkins, 1994, 22). 따라서 "연쇄살인 현상에 대한 사실에 기초한 설명과 허구적인 설명 사이의 복합적인 피드백 관계"를 언급하기는 하지만(Jenkins, 1994, 15), 연쇄살인과 실제 범죄·범죄자에 대한 다양한 허구적 설명과 사실적 설명 사이의 복합적인 피드백 관계를 탐색하지는 않는다.

필립 젠킨스는 담론과 실제를 이런 식으로 구분하는 "사회적 구성"에 대해 상당한 분량의 연구를 수행한 점에서 비교적 이례적이다. 대다수 사회구성주의자는 사회적 구성 권력이 실제를 창조한다고 주장한다. 연쇄살인에 대한 허구적·학문적 담론과 이러한 살인 자체의 현상 사이에는 불일치가 존재한다는 필립 젠킨스의 주장에는 동의하지만, 가장 중요하고 걱정스러운 지점은 이러한 담론이 이언 해킹이 말하는 연쇄살인범이라는 "인간 유형

human kind"(Hacking, 1995)을 만들어 내는 방식이다. 달리 표현하면, 필립 젠킨스가 기술한 사회 구성물은 "우상적인" 범죄자가 되는 방식이나 범죄 패턴을 개인에게 적극적으로 알려준다.

이언 해킹은 인간 유형을 하나 또는 그 이상의 인간 과학human sciences의 대상이자 사회문제의 대상으로 기술한다. 즉 인간 과학은 특히 일탈행위자에게 관심을 가지며, 그에 대한 지식에 이바지할 수 있다는 주장은 자신의 존재를 정당화한다. 일탈적 개인에게 개입하여 변화하게 할 수 있는 방법을 알기 위해서는 그들에 대한 지식이 필요하고, 따라서 사회과학은 그 인구를 어떻게 정상화할 수 있는지에 대해 조언해 줄 수 있으므로 사회에 유용하다고 주장할 수 있다. 따라서 인간 유형이란 일부 사람들이 개입할 필요가 있다고 생각하는 유형을 말하며, 이언 해킹이 드는 예로는 동성애, 자살, 알코올 중독, 십대 임신, 자폐증, 다중 인격 장애 등이 있다. 내가 하고자 하는 말은 성적 연쇄살인범도 인간 유형의 하나라는 것이다. 즉 성적으로 동기가 부여된 연쇄살인은 인간의 일탈행위이며, 사회학자, 심리학자, 정신과 의사, 범죄학자의 집중 조사 대상이다.

여러 페미니스트 학자는 미디어, 연쇄살인범에 대한 허구적 묘사와 대중문화의 묘사가 이 인물의 매력을 어떻게 강화했는지, 그로 인해 사람들이 이를 모방하도록 어떻게 장려했는지를 탐구해 왔다. 체포된 연쇄 범죄자들은 종종 강간-살인에 대한 허구적 묘사와 "범죄 실화"를 모방했음을 인정한다. 번디는 피해자를 자기 아파트로 데려올 때 탐정 잡지에 나온 시나리오를 재현하곤 했다고 진술했다. 데니스 레이더Dennis Rader는 여덟 살 때부터 "범죄 실화와 탐정 잡지"를 읽기 시작했으며, 이를 계기로 작은 동물을 포획하고, 고문하고, 죽이는 기술을 연습했다고 고백했다(McClellan, 152-3). 데니스 레이더는 여덟 살 때부터 스물한 살 때까지 자신이 고문한 동물이 죽어가는 모습을 보며 자위했다. 동시에 고문당하고 살해되는 여성의 모습을 그리고, 잡지에서 여성의 사진을 오려내어 입에 재갈을 추가하거나, 사슬, 밧줄, 목줄을 추가하면서 향후 범죄를 예상하곤 했다. 미디어, 허구·대중문화, "범죄 실화" 담론이 연쇄살인범을 만들어 내는 방식에 대해서는 다른 학자들이 이미 광범위하게 탐구해 왔기 때문에(Radford and Russell, 1992), 이하에서는 범죄학, 정신과학이라는 더욱 학문적인 담론이 이러한 인간 유형을 양산하는 데 기여한 방식에 초점을 맞출 것이다.

테러, 군사작전이나 전문가에 의한 암살은 제외하더라도, 범죄학자와 정신의학자들은 세 가지 종류의 다수살인multiple murder, 즉 연속살인killing sprees, 다중살인mass murders, 연쇄살인serial murders을 구별한다. 연속살인은 여러 장소에서 살인을 저지르지만, 살인 사이에 "냉각기"가 없다. 다중살인은 한 번에 한 장소에서 여러 사람을 살해하는 것이다. 연쇄살인은 최소 세 차례의 개별 살인사건을 수반하며, 각 사건 사이에는 몇 시간이나 며칠, 아니면 몇 주나 몇 년의 "냉각기"가 있다. 비록 "연쇄살인범"과 "성적 살인범"이라는 용어가 종종 혼용되지만, 최근 여러 범죄학자와 범죄 정신의학자들은 성적 살인범(또는 "쾌락 살인자")을 연쇄살인범의 하위 범주로 분류한다. 연쇄살인범의 다른 범주로는 —흔히 여성인— "죽음의 천사Angels of Death"(보통 간호사나 간병인)와 "블랙 위도우Black Widows"가 있다. 이 유형은 돈을 벌기 위해 환자나 배우자를 죽이는 연쇄살인범을 기술한다. 그러나 성적 살인범이나 "쾌락 살인자"는 죽음의 천사나 블랙 위도우보다 훨씬 더 많은 관심을 받았으며, 게다가 최소 21개의 추가 범주로 세분되었다. 버지스 등(Burgess et al., 1992)은 비체계적 성적 살인범disorganized sex killers, 비사회적 성적 살인범nonsocial sex killers, 혼합적 성적 살인범mixed sexual homicide sex killers, 가학적 성적 살인범sadistic sex killers으로 구별한다. 고드윈(Godwin, 2000)은 정서-수단형 성적 살인범affective-vehicle sex killers, 정서-대상형 성적 살인범affective-object sex killers, 인지-수단형 성적 살인범cognitive-vehicle sex killers, 인지-대상형 성적 살인범cognitive-object sex killers으로 구별했다.[6] 홈즈·홈즈(Holmes and Holmes, 2002)는 망상형 연쇄살인범visionary serial killers, 사명감형 연쇄살인범mission serial killers, 쾌락추구형(욕정추구형, 스릴추구형, 이득추구형) 연쇄살인범hedonistic serial killer — lust, thrill hedonistic sexualization serial killers, personal gain hedonistic serial killers, 권력-통제형 연쇄살인범power-control serial killers에 대해 말한다. 케펠·월터(Keppel and Walter, 1999)는 권력과시형 강간 살인범power-assertive rape-murderers, 권력확인형 강간 살인범power-assurance rape-murderers, 분노치환형 강간 살인범anger-retaliation rape-murderers, 분노자극형 강간 살인범anger-excitation rape-murderers으로 구분한다. 콕시스 등(Kocsis et al., 2002)은 포식자형 연쇄살인범predator serial sex killers, 강간범형 연쇄살인범rapist serial sex killers, 분노형 연쇄살인범fury serial sex killers, 도착형 연쇄살인범perversion serial sex killers으로 구분한다. 연쇄살인범에 대해 글을 쓰는 학자는 이 모든 범주를 사용하며, 미국 TV 드라마 시리즈 《크리미널 마인드》 같은 대

6 옮긴이: 범죄자-피해자 상호작용 양상을 기준으로, 즉 범죄자가 범죄를 저지를 때 정서적 요소가 중점이었는지 아니면 인지적 요소가 중점이었는지, 피해자는 단순한 수단이었는지 아니면 치환된 어떤 대상이었는지에 따라 분류한 것이다.

중문화에서도 성적 살인범을 나타낼 때 이런 표현이 사용되는 것을 볼 수 있다.

이러한 분류학적 광란과 "설명자료의 증가"가 얼마나 유용했는지를 물어보는 것은 유익하다(Warwick, 2006, 566). 연쇄살인범과 8,000시간 이상 인터뷰를 진행한 정신과 의사 헬렌 L. 모리슨Helen L. Morrison은 연쇄살인범이 새로운 유형의 인간인 동시에 매우 정확한 유형의 인간이라고 말한다. 그녀는 연쇄살인범이 "우리가 이전에 보지 못했던 새로운 개인"이며, "이들은 본질적으로 판에 박힌 사람들로, 심리적으로 너무나 비슷해서 내가 눈을 감고 누구와 대화하든 그들 중 한 명과 이야기하는 것과 다름없다. …… 그들은 놀라울 정도로 닮았다"라고 말한다(Seltzer, 128에서 인용). 한편, 다른 연구에서는 성적 살인자sexual murderer와 강간범 사이뿐만 아니라 성적 살인자와 "'직업적 범죄자' 사이에도 유사성을 보인다. 이러한 연구 결과의 특성으로 인해 커슨Cusson은 성적 살인범sexual homicide offenders을 '특정한 범주의 범죄자……'로 간주할 수 있는지에 대해 질문하면서 '명확하지 않다'고 결론내린다"(Greenall, 2011, 4). 그럼에도 범죄학자 대부분은 성적 살인자를 뚜렷이 구별되는 유형의 범죄자라고 가정하고, 지금까지 개발된 유형 체계typographies를 적용하려고 한다. 그러나 그들은 "모든 범죄자가 주어진 분류 유형의 어느 하나에 딱 들어맞는 것은 아니다"라고 지적한다(McClellan, 2010, 83). 실제로, 자넷 맥클레란Janet McClellan이 유형학을 실증하고 적용하기 위해 고려한 세 개의 확장 사례 연구 모두에서, 대상 살인범의 특징은 각 유형분류 체계의 여러 범주에 해당하지만, 해당하는 각 범주에 대해 어떤 식으로든 예외적인 사항을 가진다. 포식자형 살인범predator killer은 위험도가 높은 희생자를 선택하는데, 테드 번디의 희생자는 위험도가 낮은 대상이었다. 그는 이 점만을 제외하면 포식자형 살인범처럼 보인다. 제프리 다머는 정서-수단형 성적 살인범 프로파일의 연령대에 맞지 않으며 근무 기록이 좋지 않다는 점만 제외하면 여기에 해당하는 것처럼 보인다. 데니스 레이더는 피해자를 강간하지 않았다는 점만 제외하면 강간 살인자rapist-murder 유형에 부합한다. 비록 자넷 맥클레란이 살인범을 잡는 데 유용할 것이라고 주장함으로써 이러한 유형학의 활용을 정당화하지만, 사실, 경찰이 미지의 살인범을 찾을 때 도움을 주는 것은 고사하고, 이미 많은 정보를 보유하고 있는 체포한 살인범을 분류하는 데에도 별 도움이 되지 않는 것 같다.

실제로 자넷 맥클레란이 논의한 이 살인범들은 수십 년에 걸친 살인 끝에 체포되었는데, 이들은 정신과적 프로파일링의 결과로 체포된 것이 아니라 자신들이 범한 실수 때문에 체포되었다. 번디가 처음에 체포된 이유는 일상적 검문에 정차하지 않아서였고, 그로 인한 차량 수색에서 범행 도구가 발견되었다. 번디의 두 번째 체포 사유는 훔친 차를 몰았기 때문이었다. 테드 번디는 탈옥 후 다시 체포되었는데, 비정상적인 운전을 했기 때문이었다. 제프리 다머는 두 번째로 탈출에 성공한 피해자가 경찰에 알렸고, 이웃들이 그의 아파트에서 시체 썩는 냄새가 난다고 민원을 제기했기 때문에 체포되었다. 데니스 레이더는 자신의 이름과 교회 주소 정보가 저장된 CD를 경찰에 보낸 후 체포되었다. 데이비드 버코위츠는 범죄를 저지르는 동안 소화전 앞에 주차해 둠으로써 주차 위반 딱지를 떼인 것이 체포의 실마리가 되었다. 요크셔 리퍼는 트럭에 성매매 여성이 타고 있다는 이유로 경찰에 의해 제지되었고, 차 안에서 살해 도구가 발견되었다. 전 FBI 요원이자 연쇄살인 사건 수사관이었던 폴 린제이Paul Lindsay는 그녀의 직업이 얼마나 쓸모 있는 것이었는지에 대해 의문을 품으며 다음과 같이 질문한다. "내 말은, FBI가 연쇄살인범 사건을 얼마나 해결했는가 — 있기는 한가?"(Seltzer, 131에서 인용). 필립 젠킨스도 이와 유사한 말을 한다.

> 조엘 리프킨Joel Rifkin은 번호판 없이 운전하다 경찰의 정차 명령을 받았다. 차에서 지금까지 법 집행 기관에 의해 인지되지 않은 일련의 희생자 17명 중 1명으로 추정되는 부패한 시신이 발견되었다. 랜디 크래프트Randy Kraft는 비정상적인 운전으로 캘리포니아 고속도로 순찰대에 의해 구금되었다. 조수석의 시체는 40명 이상의 희생자 중 마지막 희생자였다. 1992년, 윌리엄 레스터 서프William Lester Suff는 불법 유턴 혐의로 캘리포니아에서 구금된 후, 가석방 위반으로 수배 중인 것이 밝혀졌다. 추가 수사는 그가 리버사이드 카운티에서 발생한 19건의 미제 살인사건에 연관되어 있음을 밝혔다. 제프리 다머나 게리 하이드닉Gary Heidnik의 경우는 이웃이 그들의 소유지에서 발생하는 소음과 냄새에 대해 민원을 제기했을 때 우연히 범행이 발각되었다. 법의학 기술과 행동과학은 그런 실제 사건에서 아무런 역할을 하지 않는다…….
>
> (Jenkins, 1994, 109)

범죄학 프로파일링이 실제로 연쇄살인범을 체포하는 결과를 가져왔다는 증거는 거의 없으며, 법의학조차도 일반적으로 살인자가 체포된 후 사실을 조합하는 데에만 유용하다. 연쇄살인범들은 시신 등 눈에 띄는 증거물을 실은 채 도로교통 위반으로 가장 많이 붙잡힌다. 어느 모로 보나, 범죄학 프로파일링에 예산을 투입하는 것보다 교통경찰 강화에 힘쓴다면 연쇄살인범을 훨씬 더 많이 체포할 것이다. 경찰이 사용하는 살인범에 관한 정신의학 프로파일은 현실에서 매우 부정확하기로 악명높다. 예를 들어, "보스턴 교살자"의 프로파일에 따르면, 교살자의 어머니는 죽었을 것이며 자식을 학대했을 것이라고 한다. 앨버트 드살보Albert DeSalvo가 체포되었을 때, 그의 어머니는 건강했고 아들과 좋은 관계를 맺고 있었다(Caputi, 1989, 66). 물론, 이는 《양들의 침묵》 같은 영화나 《크리미널 마인드》 같은 TV 드라마 시리즈에서 묘사되는 범죄학 프로파일링과는 사뭇 다르다. 영화나 드라마에서는 지능이 아주 뛰어난 "마인드 헌터"가 행동과학과 정신과학을 동원해 작성한 살인범의 프로파일이 오류가 없을 정도로 정확해 촉박한 시간에 살인범을 식별하고 체포하는 데 도움을 준다. 필립 젠킨스가 썼듯이, 이 형사들은 "범죄를 소탕하고 떠나는" "론 레인저Lone Rangers"[7]로 표현된다(Jenkins, 1994, 74). 영화나 TV에서 FBI 요원은 정신과학을 매우 효과적으로 활용하는 "초특급 형사supersleuths" 엘리트 집단이다(Jenkins, 1994, 73). 실제로 필립 젠킨스는 다음과 같이 말한다.

> 사회의 가장 야만적인 적과 싸우면서도 이러한 잔학 행위의 희생자에게 깊은 동정심을 일으키는 근본적인 인간성을 절대 잃지 않는 훌륭하고 영웅적인 마인드 헌터의 모습을 이보다 더 우호적으로 묘사하기란 상상하기 어렵다.
>
> (Jenkins, 1994, 74)

---

7 옮긴이: 미국 서부의 영웅적 인물에 관한 이야기의 주인공으로, 검은 마스크를 쓰고 악당과 맞서서 법을 수호하는 인물.

마리아나 발베르데Mariana Valverde는 FBI가 《양들의 침묵》을 본부에서 촬영하도록 허가한 이유는 아마도 이 영화가 그들의 능력을 신비화하는 데 도움이 된다고 판단했기 때문일 것이라고 본다. "FBI는 자신에 대한 비판의 목소리가 높아진 의회로부터 대규모 예산 삭감을 당할 처지에 직면해 있었으므로, …… 홍보하기에 이보다 더 적절한 시기는 없었을 것"이라고 말한다(Valverde, 2006, 130).

그러나 자넷 맥클레란의 지적에 따르면, 실제로는 최근 수십년간 살인사건 해결 능력이 떨어졌으며, 개선된 법의학과 범죄학 프로파일링의 활용 확대에도 불구하고 살인사건 "처리율"이 상승하기보다는 하락했다. 이런 상황은 낯선 사람에 의해 저질러지는 살해와 연쇄살인범과 같은 상습범의 증가 때문이라고 여겨진다(McClellan, 2010, 5). 따라서 연쇄살인범에 대한 범죄학적 지식은 늘어나고, 이런 지식이 경찰과 대중에게 제공되고 있지만, 연쇄살인범의 수는 증가하고 경찰의 범죄해결 효과는 떨어지고 있다. 이는 범죄학 지식의 확산이 연쇄살인범을 저지하는 데 도움이 되기보다는 오히려 연쇄살인범을 양산하고 범죄를 효과적으로 실행하는 방법을 교육하는 역할을 한다는 것을 나타낸다. 실제로, 성적 살인에 관한 범죄학 연구는 살인범들에게는 이런 유형의 범죄자가 되는 방법과 범죄를 들키지 않는 방법을 알려주는 지침서로 읽힌다. 예를 들어, 자넷 맥클레란은 독자에게 "냉각기"가 더 길고, 시신을 밖에 유기하는 연쇄살인범은 체포되지 않을 확률이 더 높지만, 짧은 기간 안에 살인을 저지르고 유기 장소를 소유하고 있는 연쇄살인범은 체포될 확률이 더 높다고 알려준다. 연쇄살인범들은 자신과 같은 범죄자 유형에 관한 전문가 담론에 정통해서, 영국의 연쇄살인범 데니스 닐슨Dennis Nilson은 자신의 경찰 조사에 대해 논평할 정도였으며, "무심코 [수사관에게] 정신과 의사의 진부한 표현을 늘어놓았다"(Seltzer, 1998, 126에서 인용). 연쇄살인범들이 연쇄살인범에 대한 글을 탐독하는 것을 보면, 범죄학 지식의 증가가 살인사건을 해결하는 데 도움이 되기보다는 그들이 체포를 피하는 데 도움이 되었다는 것과 연쇄살인이 증가하고 사건 종결률이 낮아지는 데 도움이 되었다는 것을 알 수 있다.

데니스 레이더는 범죄학 지식을 이용하여 자신을 연쇄살인범으로 형성한 명백한 사례다. 경찰행정학과criminal justice with an emphasis on law enforcement 학사 학위를 취득한 데니스 레이더는 체포되기 전에 한 텔레비전 방송국과의 연락에서 범죄 유형학을 사용했다. 그는 거기서 다음과 같이 썼다. "체계적 성적 살인범이 살해했다. 여기에서 일어난 사건은 가학적 성적 살인범의 전형적인 프로파일이다"(McClellan, 2010, 159). 경찰 신문에서 데니스 레이더는 다시 범죄 유형학을 사용하여 자신을 "통제형 가학적 연쇄살해범controlling sadistic serial-homicide offender"으로 묘사하고, 형사들에게 "나이가 들면서 소아성애 교살pedophilic strangulations만을 고려하고, 수감되면 동성애를 시도할 수도 있다"라고 말했다(McClellan, 2010, 159). 따라서 데니스 레이더는 정신과 의사들이 자신에 대해 말하는 것과 거의 동일한 용어로 자신의 범죄 프로파일과 앞으로 전개될 수 있는 프로파일에 대해 말했다. 마찬가지로 데니스 레이더는 피해자 정보를 제공했는데, 자신이 살해한 특정 여성에 관한 질문에 그는 다음과 같이 말했다. "귀여운 꼬마. 그래서 무엇을 알고 싶은가요? 그녀는 프로파일에 맞았지요"(McClellan, 2010, 161). 재판 중 판사는 데니스 레이더에게 "트롤링trolling"[8]이라는 단어가 무엇을 의미하는지 물었다. 데니스 레이더는 "글쎄요, 판사님께서 연쇄살인범에 대해 많이 읽으셨는지 모르겠지만, 그들은 소위 여러 단계를 거칩니다"라고 답한 뒤(Bartels and Parsons, 2009, 273), 이어서 자기의 행동 패턴을 설명하려고 연쇄살인범의 행동에 관한 범죄학의 설명을 사용했다. 정신과 의사와 범죄학자는 가학적 연쇄살인범sadistic serial killers의 프로파일을 만들기 위해 데니스 레이더의 사례를 사용하지만, 주목할 점은 데니스 레이더의 행동과 진술이 연구자들의 말에 영향을 줄 뿐만 아니라 그들의 말이 데니스 레이더 같은 살인자의 말과, 더 중요하게는, 행동에 영향을 미친다는 사실이다. 마크 셀처Mark Seltzer의 주장처럼,

> 살인범의 자기 정체성에 대한 경험은 '연쇄살인범'이라는 성격유형과 동일시되면서 즉시 흡수된다. …… 일면으로, 이것은 연쇄살인범이 자신의 유형에 대한 대중적(통속적·저널리즘적)·전문가적(범죄학적·심리학적) 정의를 내면화하는 방식을 나타낸다. 즉 '연쇄살인범은 심리학뿐만 아니라 미디어의 영향을 받으며, 이전 범죄자에 관해 특유의 연구를 한다.' 그러한 관찰은 이제 연쇄살인범이라는 사람의 유형에 대한 일상적 설명이 되었다. 하지만 바로 그런 이유로 더 큰 의미는 아직 제대로 알려지지 않았을지도 모른다.
>
> (Seltzer, 1998, 107)

놀랍게도 연쇄살인범은 이언 해킹이 말한 "인간 유형의 순환고리 효과the looping effect of human kinds", 즉 어떤 인간 유형에 대한 과학적 담론과 그런 유형을 구성하는 개인의 담론이 복합적인 피

---

8 옮긴이: 범죄자가 피해자를 물색하는 행위 내지 물색하는 초기 단계를 뜻한다.

드백 순환고리 속에서 서로의 말과 행동에 영향을 미치는 명백한 사례로 보인다. 마크 셀처의 주장처럼, "인간 유형에 관한 지식 체계가 각 유형에 속하는 것으로 알려진 사람과 상호작용하는 방식에서 '순환고리 효과'를 …… 감지할 수 있다"(Seltzer, 1998, 107).

따라서 연쇄살인범은 범죄학이 문제 있는 인간 유형(이들로부터 사회를 보호해야 한다고 주장한다)을 구성하면서 해결책을 제공한다고 주장하는 바로 그 문제의 일부로 계속 머물게 되는 방식의 아주 명백한 예이다. 따라서 비비안 살레 한나Viviane Saleh-Hannah는 "범죄학의 폐지는 형벌 폐지의 결과로 분류할 수 있고, 반드시 형벌 폐지를 위한 도구로 분류할 필요는 없다"라고 말하지만(Saleh-Hannah, 1990, 48), 나는 사실 범죄학 폐지가 형벌과 더 근본적으로는 범죄 양자 모두의 폐지로 향하는 발걸음이 될 것으로 본다. 따라서 사회적 피해에 대한 우리의 대응이 탈전문화deprofessionalization해야 한다는 비비안 살레 한나의 견해(Saleh-Hannah, 1990, 58)에는 동의한다. — 이 전문가들이 경찰과 교도관의 형태를 취하든, 아니면 이 장에서 검토한 바와 같이 범죄학자의 형태를 취하든 이런 주장에는 영향이 없다. 이들 전문가 각각은 그들이 해결하고자 하는 문제에 기여하는 비교적 최근에 생긴 우연적인 직업이며, 그 결과, 우리는 지역 공동체 내부에서 사회적 해악에 어떻게 대응해야 하는지를 대부분 잊어버렸다. 이 지식이 재생성되어야 하고, 사실 인구의 특권층만 보호해 온 전문가의 도움 없이 문제를 해결할 수 있도록 지역 공동체 구성원 스스로에게 다시 권한을 부여해야 한다.

소결

연쇄살인이 증가하고 있다는 징후는 불안감을 주지만, 연쇄살인범에 의한 사망은 여전히 매우 드문 방식이다. 알렉산드라 워릭이 말하듯이, "사용할 수 있는 개념 정의나 통계적 추정으로 볼 때 연쇄살인은 드문 범죄이지만 소설과 다큐멘터리 매체에서 불균형하게 많이 다뤄진다"(Warwick, 2006, 555). 루스 모리스Ruth Morris는 다음과 같이 지적한다. "낯선 사람보다 가족이나 친구에 의해 살해되는 피해자가 8배나 더 많다." 그리고 "낯선 사람에 의한 비극적 살인조차도 다수의 경우에는 연쇄살인범에 의해 저질러지는 것이 아니라, 어쩌다 극단에 몰린 사람에 의해 일회성으로 저질러진 행동이다"(Morris, 2000, 103. 강조는 원문에 따름). 연쇄살인범보다 산업재해로 사망하거나 음주 운전자에 의해 사망할 가능성이 훨씬 더 크지만, 언론보도는 연쇄살인범 이야기로 가득하고, 그렇게 죽을 확률이 낮은 방식이 상상 속에서 떠나지 않는다. 사실, 성 자체가 아니라 우리가 성에 매혹되는 것에 대해 푸코가 관심을 가졌던 것처럼, 연쇄살인범에 대해 실제로 가장 흥미로운 것은 그들에 대한 우리의 관심이다. 연쇄살인범은 극히 드물지만, 군대와 자본주의는 한없이 더 많은 대규모 사망 사건을 일으키고 있다. 이들이 진정한 연쇄살인범이다. 범죄학자들은 잠재적 피해자를 보호하기 위해 프로파일링을 개선하고 있다는 주장으로 연쇄살인범에 관한 연구를 정당화할 수도 있지만, 내 생각에 그들의 동기는 사실 안방의 리퍼 연구자들armchair Ripperologists의 동기와 다를 바 없다. — 바로 매혹이다. 하지만 우리는 왜 우리가 발명한 대체로 허구인 것에 그렇게 매혹될까? 그리고 더 중요한 것으로, 이런 매혹이 어떻게 작용해 왔으며, 어떤 영향력을 가졌는가?

제9장에서는 연쇄살인범에 매혹된 결과 더 많은 연쇄살인범이 양산되었다고 주장했다. 서론에서 주장했듯이, 이런 매혹의 또 다른 효과는 감옥의 실패를 잘 알고 있음에도 불구하고 감옥의 지속적인 사용을 정당화하는 데 엄청난 성공을 거뒀다는 것이다. 일반적으로 성범죄자와 마찬가지로, 연쇄살인범은 구금 제도를 옹호하려는 모든 사람에게 믿음직한 논거가 된다. 비비언 스턴Vivien Stern의 말처럼, 구금 제도는 이들 인물을 위한 것이고,

> 감옥은 이런 인물을 대상으로 설계된 것이라고 말할 수 있다. 그들 중 일부는 잔인하고 양심이 없을 것이다. 일부는 그들의 악랄함에 기대어 상상을 초월하는 범죄를 저질렀을 것이다. 몇몇은 너무 위험해서 그들을 지키는 사람을 포함한 다른 사람들, 특히 이들의 생명에 위협이 될 가능성이 크다.
>
> (Stern, 171-2)

니콜라스 캐리어Nicolas Carrier · 저스틴 피체Justin Piché에 따르면, 진정으로 극악한 범죄자는 "폐지주의자의 생각에서 떠나지 않는 유령으로 남아, 폐지주의자의 담론이 계획대로 진행되어 공공의 무대에 진입하는 순간 가차 없이 그 존재를 드러낸다"(Carrier and Piché, 2015, para. 6). 그럼에도 그런 인물을 언급하는 것은 "아마도 폐지주의 운동가 네트워크 내에서 가장 더러운 단어를, 현대 폐지주의 학술 커뮤니케이션에서는 거의 보이지 않는 단어를" 말하는 것이다(Carrier and Piché, 2015, para. 6). 감옥 폐지론자들

은 감옥에서 낙인찍히는 사람들이 가난, 학대, 억압의 산물이며, 그들의 삶이 종종 사소하거나 자포자기한 행위에 대한 제도적 대응의 역효과로 인해 파괴되고 있다는 것을 보여주는 데 주로 관심을 가지기 때문에 연쇄살인범에 관한 주제로 글을 거의 쓰지 않았다. 불가피하게 그런 범죄자에 관한 질문이 제기되었을 때, 감옥 폐지론자들의 공통적이고 정확한 대응은 수백만 명의 비폭력 범죄자를 구금하는 억압 기관이 연쇄살인처럼 드문 현상으로 정당화될 수 없다고 주장하는 것이다. "위험한 소수를 구성하는 1% 또는 2%를 다루는 방식으로 죄수 99%를 다루는 것"은 비양심적(Morris, 2000, 101)이라는 루스 모리스의 주장이 전형적인 예이다. 폐지론자들은 "말로 표현할 수 없다고 여길 정도로 너무나 잔인한 행동"을 한 범죄자들에 대해 논의하기를 꺼리기 때문에, 캐리어·피체는 "위험한 소수"가 "폐지주의 사상의 사각지대"의 하나로 남아 있다고 주장한다(Carrier and Piché, 2015, para. 5).

그러나 감옥 폐지론자들이 진정으로 극악한 범죄자 사례를 논의할 때면, 거의 항상 신중하게 옹호하는 것이 무해화이다(MacLeod, 2015, 1168). 여기서 옹호하는 무해화는 현재의 수감 방법과 구별되는 방식이라는 점에서 중요하다. 예를 들어, 폐지론자들은 무해화가 임시 안전 주택에서 이루어져야 한다고 주장하는데, 이 주택에서는 폭력적인 인물이 더는 위험을 일으키지 않을 때까지, 그리고 지역사회에 석방될 수 있을 때까지 그들의 안전과 다른 사람들의 안전을 위해 무해화될 수 있다. 무해화는 처벌보다는 안전 조치의 역할을 할 것이며, 개인이 저지른 해악에 대한 책임을 지게 하는 다른 어떤 과정과도 구별될 것이다. 예를 들어, 루스 모리스는 폭력적인 인물이 사회적으로 생성되는 것을 막을 수 있다고 생각하지만, 연쇄살인범과 같은 폭력적인 주체가 출현할 때 그들을 기관에 분리 수용하여 다루어야만 한다는 것을 받아들인다. 그러나 그녀는 이러한 기관들이 인간적이고, 안전하며, 교화와 교육에 집중한다는 점에서 현대 감옥과 다를 것이라고 주장한다(Morris, 2000, 106). 루스 모리스가 상상하듯이, 이러한 기관들은 작고 개인화되어 있으며, 루스 모리스가 볼 때, 위험한 개인을 양산하는 것은 부정적인 사회화이기 때문에, 이런 인물을 재사회화할 수 있는 가족 같은 환경을 제공할 것이다.

빌렘 데 한Willem de Haan도 "진실로 악하거나 미친 사람"으로 보이는 사례에 관한 문제를 감옥 폐지론자의 관점에서 쓰고 있다. 빌렘 데 한의 입장에서는,

> 그러한 경우는 비교적 드물고, 최후의 수단으로 최소한 현재 상황에서는 자유 박탈이 불가피할 수도 있다. 문제의 상황에서 도덕적으로 논쟁의 여지가 있는 다른 결정과 마찬가지로, 이는 오로지 무해화 조치로서만 취해야 하고 인도적인 방식으로 적용되어야 하는 예외적 결정이다. 그렇지만, 그러한 경우에도 관료, 전문가, 중앙집권 국가에 의해 전개된 해결책에 계속 의존하기보다는 연대, 이웃 관계, 그리고 공동체 의식을 바탕으로 더 공정하고 인도적인 선택지를 찾는 것이 더 바람직할 것이다.
>
> (de Haan, 1992, 122. Carrier and Piché, 2015, para. 7에서 인용)

"현 상황"에 대한 그의 언급이 시사하듯이, 빌렘 데 한은 그 누구도 실제 "진실로 악하다"고 믿지 않는다. 오히려, 우리의 현재 상황은 결국 해를 끼치기 쉬운 방식으로 일부 사람들에게 해를

끼치고 있다. 감옥·형벌 폐지론자들은 흔히 그들이 상상하는 완전히 다른 세상에서는 —국가 폭력과 응보 관념이 존재하지 않는 세상에서는— 어떤 "위험한 개인"이 있다고 하더라도 아주 드물 것이라고 가정한다.

연쇄살인범에 대해 논의하면서, 나는 이들에 대한 사례 연구를 형사처벌제도의 필요성을 강화하기 위해 사용하고 싶은 것이 아니라, 오히려 형사처벌제도와 이 제도의 전문가 담론을 이러한 인물들의 주요 생산자 중 하나로 자리매김하고 싶었다. 이러한 관점에서, 연쇄살인범은 사회에 감옥이 필요하다는 것을 입증하지 않는다. 오히려 연쇄살인범은 감옥과 동시에 발명되었으며, 그들 때문에 가능했던 범죄학 담론도 마찬가지다. 이런 유형의 인간을 구성하는 것을 중단시키기 위한 두 가지 조치는 이런 기관을 해체하고 그들의 담론을 거부하는 것이다. 비록 현재 존재하는 문제에 대해 어떻게 해야 하는지에 대해 말하기보다 어떻게 하면 문제 발생을 멈추게 하는지에 대해서 말하기가 항상 더 쉽지만, 연쇄살인범이라는 드문 현상이 전문적인 범죄통제나 범죄 전문가를 필요하게 만들지는 않는다고 주장하는 바다. 반대로, 그러한 전문화가 특히 범죄학의 경우에 얼마나 부질없고 심지어 역효과를 낳았는지를 보여주는 것이 이 장의 주요 목표 중 하나였다. 우리가 상상하는 연쇄살인범에 대한 무해화와 책임 통감이 어떤 형태든 간에, 나는 논리와 목적 모두가 오늘날 우리가 알고 있는 처벌이나 구금의 종류와는 완전히 달라져야 한다고 주장하는 빌렘 데 한과 같은 감옥 폐지론자의 견해를 따른다. 법학자 알레그라 맥러드 Allegra McLeod가 말하듯이,

> 비록 어떤 사람이 너무 끔찍하게 폭력적이어서 그가 드러내는 위협을 강제로 억제해야만 하더라도, 이런 조치의 과정은 정의의 성취가 아니라 두 가지 악 중 차악의 선택으로서 도덕적 갈등, 신중함, 심지어 수치심을 가지고 수행되어야 한다. 폭력 피해자들에게 정당하게 대응하는 것이란 그들을 온전하게 만들고 공공의 취약성을 해결하여 그와 다른 사람들이 다시 해를 입을 가능성을 줄이는 것이다. 심지어 위험한 소수의 인물과 직면할 때도, 폐지론자의 견해에서는 우리 가운데 취약한 사람을, 폭행한 자를 감옥에 가두거나 비하하거나 더 인도적으로 구금함으로써 정의가 의미 있게 달성되는 것은 아니다.
>
> (McLeod, 2015, 1171)

다음 결론의 장에서는 성·젠더폭력이라는 더 빈번한 형태에 대한 감옥 폐지론자들의 대안을 보다 자세히 고찰한다. 이러한 상호보완적이고 서로 중첩되는 대안에는 예방적·재분배적·회복적·전환적 정의가 있다.

결론

정의의 전환

나는 예언자가 아니다. 내 일은 한때 벽이 있던 곳에 창문을 만드는 것이다.

— 미셸 푸코[1]

차라리 실정적實定的이고 다양한 것을, 획일성보다는 차이를, 통일성보다는 흐름을, 체계보다는 유동적 배치체를 취하라. 생산적인 것은 정주가 아니라 유목이라는 것을 믿어라. 맞서 싸우는 대상이 역겹더라도, 투사가 되기 위해서는 결연해야 한다고 생각하지 말라.

— 미셸 푸코, 『안티 오이디푸스(들뢰즈·과타리)』의 「서문」(1983b)[2]

---

1 휴버트 드레이퍼스Hubert Dreyfus가 우연히 들은 바대로: https://euroculturer.eu/2013/01/03/europe-a-short-story/

2 옮긴이: 우리말 번역으로는 미셸 푸코, 「서문」, in: 질 들뢰즈·펠릭스 과타리 지음/김재인 옮김, 『안티 오이디푸스: 자본주의와 분열증』, 민음사, 2014, 5쪽 이하.

예방적 정의

감옥 폐지론은 단순히 하나의 제도를 없애는 것 이상을 의미한다. 그것은 오히려 사회 전체에 널리 퍼져 있는, 그리고 많은 유형의 제도를 특징짓는 규범과 규율 관행에 저항할 것을 다소 강렬하고 순수한 형태로 요구하는 것이다. 이런 의미에서 감옥 폐지는 노예제 폐지가 가져왔어야 할, 그러나 그러지 못했던 모습과 유사해야 한다. 남북전쟁 이후의 상황에서 노예제 폐지는 노예제도를 없애는 소극적인 과제에 머물러서는 안 되었다. 노예제도를 훨씬 넘어서서 인종주의가 미국 사회를 포화상태로 만들었던 방식에 대응하는 광범위한 경제적·사회적 구조의 개편을 수반했어야 하고, 경제적 불평등과 내면화된 억압의 영향이라는 측면에서 노예제도의 유산을 밝히고 청산하기 위한 상당한 조치를 포함했어야 한다. 알레그라 맥러드는 이러한 전환을 소극적인 단순 폐지가 아닌 적극 폐지, "야심찬" 윤리와 정치라고 기술한다(McLeod, 2015, 1162, 1167). 그러므로 감옥 폐지론은 단순히 감옥 문을 닫는 것이 아니라 여러 가지 적극적인 사회 전략을 수반해야 한다고 강조한다. 이는 단순히 구금을 위성 위치 확인 시스템을 이용한 감시나 비구금적 범죄 감독 또는 의무 등록과 같은 다른 형벌 관행으로 대체하는 것이 아니다. 오히려 알레그라 맥러드가 말하는 적극적 폐지론자의 조처에는 식량 및 주거지 제공, 폭력으로부터 탈출한 사람을 위한 피난처 제공, 공동체의 중재 관행, 회복적 수단의 확산, 도시 재개발과 "녹지화" 사업, 공공 안전을 보장하는 새로운 방안 마련, 이전에 범죄화되었던 인구를 위한 새로운 형태의 고용 등이 있다(McLeod, 2015, 1161-2). 알레그라 맥러드는 이런 변혁 사례로서 마약 작물재배자들에게 비마약 작물 재배로 전환할 수 있도록 재정적·실질적인 지원을 제공하는 UN 프로그램을 든다(McLeod, 2015, 1228). 이러한 적극적 폐지주의의 수행은 시간이 지나면서 서서히 전개될 것이 분명하고 사회를 깊이 변화시킬 것이다. 크리티컬 리지스턴스Critical Resistance[3]의 설립자 루스 윌슨 길모어도 긍정적이고 수용적으로 생각하며 기술하기를, 감옥 폐지란

> 대인관계에 관련된 피해, 경제적 궁핍, 사회적·건강상 취약성이 과거의 일이 되어버린 세상을 상상하는 방법입니다. 감옥 폐지는 사람들이 서로에게 주먹을 들어서 문제를 해결하는 것이 아닌 세상을 꿈꾸는 방식이며, 도움을 받거나 자신의 생활을 보호받는 방법이 감옥에 가는 것뿐이라고 생각하지 않는 세상을 꿈꾸는 방식이죠. 그들은 우리가 모두 겪는 일상적 사회 무질서가 …… 범죄화와 처벌로 가장 잘 해결된다고 생각하지 않아요. 그래서 감옥 폐지는 사실, 다른 질서의 세계를 상상하는 것이다.
>
> (Gilmore, 2015)

비록 그것이 다른 질서의 세계를 상상하는 것이라 하더라도, 감옥 폐지론이 유토피아 같은 환상은 아니다. 오히려 단순하고 현실적인 사회 조처로 많은 유형의 범죄와 위해 행위를 쉽게 제거하거나 줄일 수 있으며, 이러한 조치를 "예방적 정의preventative justice"라고 기술한다(McLeod, 2015, 1218). 예를 들어, 성 노동이나 마약 관련 범죄 같은 일부 범죄는 비범죄화를 통해 예방할

---

3 옮긴이: 감옥-산업복합체 해체를 위한 시민운동단체.

수 있다. 성 노동과 마약을 비범죄화하면 성매매buying, selling, and trafficking sex, 마약 소지 및 판매로 인한 체포가 사라질 뿐만 아니라, 알레그라 맥러드가 말하듯이, "분쟁 해결의 유일한 수단이 폭력인" 불법 거리 경제에서 살인사건이 빈번하게 발생한다는 점에서 살인사건도 크게 줄 것이다(McLeod, 2015, 1169). 마약 소지의 비범죄화는 청소년의 마약 사용을 줄이고, 주사기 바늘을 공유하면서 생기는 HIV 감염을 줄이며, 약물 재활 치료를 원하는 사람의 수를 늘리는 것으로 나타났다(McLeod, 2015, 1226). 따라서 비범죄화는 여러 가지 면에서 간단한 피해 감소 조치이다.

사람들에게 정신 건강 지원, 재활 요법 및 대체 생계를 제공하는 것은 살인을 포함한 많은 폭력행위를 예방하는 또 다른 방법이다. 알레그라 맥러드가 주장하는 것처럼, 폭력 범죄를 예방하는 또 다른 직접적인 방법은 총기 규제를 더 엄격하게 함으로써 사람들이 폭력행위를 저지를 때 사용할 수 있는 무기가 유통되지 않도록 하는 것이다. 이러한 각 조치는 처벌 조치에 의존하지 않고도 사회적 위험을 크게 줄일 수 있다. 학자들이 "학교에서 감옥으로 연결된 수송관school-to-prison pipeline"(Erevelles, 2014)이라고 부르는 것을 고려하면, 교내에서의 아이들 행동을 범죄로 규정하는 무관용 정책을 없애는 것도 범죄를 예방하는 방법이다(McLeod, 2015, 1227). 교육 수준이 높을수록 범죄에 연루될 확률이 낮다는 점에서, 범죄를 줄일 수 있는 또 다른 사회 조치는 형사처벌제도보다 교육제도에 재정적으로 더 많은 투자를 하는 것이다. 도시공간의 녹색화는 공동체의 복지를 증진할 뿐만 아니라 총기 난사, 공공 기물 파손과 같은 범죄를 감소시키는 것으로 나타났으며, 따라서 또 다른 예방적 정의의 조치는 이러한 형태의 도시개발에 투자하는 것이다(McLeod, 2015, 1230). 위에서 논의한 바와 같이, 알레그라 맥러드는 범죄를 예방하기보다 실제로는 오히려 재범 가능성을 증가시키는 사실상 부당한 처벌 조치인 성범죄자 등록과 같은 징벌적 보안처분이 예방적 정의에 포함되지 않는다고 강조한다(McLeod, 2015, 1219).

예방의 형태로 정의에 접근하는 방식은 성폭력과 같은 피해에 어떻게 적용되는가? 이 질문에 답하면서, 우리는 물어야 한다. 어떤 사회 조건이 성적 폭력으로 이어지는 경향이 있는가? 앞선 질문에 대한 답을 바탕으로, 성적 폭력 같은 행위가 애초에 발생하지 않도록 이러한 상황에 대응할 수 있는 사회적 대책을 모색해야 한다. 성범죄에 대한 예방적 정의의 접근법에는 다음과 같은 성적 학대와 동의에 대한 교육 프로그램이 포함된다. 어머니나 아동이 학대받는 상황에서 안전하게 벗어날 수 있도록 어머니에 대한 재정지원을 비롯한 그 밖의 지원, 가정폭력을 악화시키는 스트레스와 역기능을 예방하는 데 도움이 되는 개인과 가족을 위한 경제적 지원 및 정신 건강 지원의 제공 등도 여기에 포함된다.

재분배적 정의

재분배적 정의redistributive justice는 애당초 범죄가 발생하지 않도록 하는 전략으로, 국가의 징벌 수단이 아니라 사회경제 투자를 포함하고 있다는 점에서 예방적 정의의 일종이라고 볼 수 있다. 루스 윌슨 길모어는 감옥 폐지가 그녀에게 어떤 의미인지를 묻는 말에 "인간, 우리는 그저 돈을 받고 다시 시작할 뿐"이라고 답하면서 재분배적 정의를 말한다(Gilmore, 2015). 성범죄에 대한 재분배적 정의의 대응은 재산범죄와 같은 다른 범주의 범죄보다 명확하지 않다. 예를 들어, 성폭력과 아동 성 학대는 사회경제 계층과 관련이 없다. 근친상간 및 기타 형태의 가정폭력이 심각한 가족의 역기능과 "방치"에서 발생한다는 인식이 널리 퍼져있으며(Finkelhor, 1978), 법원 기록에 기반한 학술 연구가 이러한 견해를 뒷받침하고 있지만, 빈민이 불균형하게 범죄화되고 감시받는다는 점에서 이는 오해의 소지가 있다. 실제로, 근친상간과 가정폭력은 경제적으로 압박을 받고 해체된 가정만큼이나 부유하고 온전한 가정에서도 자주 발생하는 것으로 나타났다(Herman and Hirschman, 1977; generationFIVE, 2017, 7-9). 그러나 아동에 대한 성 학대는 어머니를 포함한 가족 전체의 충돌을 수반하는 경우가 많다. 비록 그러한 여성의 상황은 남성 파트너에 대한 단순한 경제적 의존보다 더 복잡하지만, 재정지원은 아이가 학대받는 가정 상황에서 벗어나도록 여성에게 힘을 실어주는 한 가지 방법이다.

재분배적 정의가 명확하게 관련되는 성범죄 범주는 성 노동이다. 성 노동자의 고객은 모든 사회경제 계층에서 나오지만, 성 노동자는 불균형하게 빈민 출신이 많다. 재분배적 정의는 제4장에서 엘리자베스 번스타인의 연구에 대한 논의와 관련하여 소개했다. 엘리자베스 번스타인이 증명하는 바와 같이, 성 노동과 성매매sex trafficking를 범죄화하기보다는 그것을 일으키는 경제 불평등을 해결한다면, 우리는 그러한 행위와 관련된 문제에 더 잘 대응하는 것이다(Bernstein, 2007b, 2010, 2012).

회복적 정의

예방적·재분배적 정의가 우선 범죄로 이어지는 조건을 제거하는 데 초점을 맞추고 있는 것이라면, 회복적restorative·전환적 정의transformative justice는 "2차적 예방"이라고 불린다(Koss, 2010, 218). 즉 회복적·전환적 정의는 사회적 피해가 이미 발생했을 때 동원할 수 있는 비응보 전략을 제공하여 그러한 피해가 다시 발생하지 않도록 방지하는 것을 목표로 한다. 나는 "범죄crimes"보다는 "가해harms"라고 부르는데, 회복적·전환적 정의를 현재 범죄화된 모든 행위의 대응으로 사용해서는 안 되며(마약 소지나 성 노동은 단순히 비범죄화해야 한다), 타인과 공동체에 진짜 해를 끼치는 행위의 대응으로만 사용해야 한다고 주장하기 때문이다.

회복적 정의는 응보적 정의에 대한 가장 잘 알려지고 널리 사용되는 대안이다. 하지만 형사처벌제도에 상당 부분 흡수되어 있어서 내가 고려할 대안 중 가장 복잡하고 문제가 많다. 회복적 정의는 기독교 전통과 토착민의 전통에 뿌리를 두고 있다. 일부 학자에 따르면, 북미의 토착 문화는 역사적으로 가장 심각한 사회 피해까지도 회복 조치를 통해 해결했는데, 그 조치의 목표는 개인의 처벌이나 복수라기보다는 공동체의 화합과 평화였다. 토착민 범죄학자 리사 먼찰린Lisa Monchalin의 설명처럼, 예를 들어, 전통적인 토착민 문화에서는 누구에게든 해를 끼치는 행위는 …… 전체 공동체에 영향을 끼치는 것으로 간주한다(Monchalin, 2016, 54). 리사 먼찰린에 따르면, 성폭력과 같은 여성에 대한 폭력 범죄는 북미 토착민 문화에서 드문 것이었지만, 이런 범죄들은 공동체에서 여성의 중요성으로 인해 특히 심각한 것으로 여겨졌다. 그런데도 그런 범죄에 대한 대응은 응보가 아니라 공동체를 치유하고자 하는 것이었다. 리사 먼찰린은 토착민 사회의 여성들이 그들 중 한 명을 다치게 한 강간범에게 수치심을 주기 위해 장로들에게 허락받는 사례를 기술한다. 리사 먼찰린이 지적하듯이, "북반구 북부에 있는 모든 토착 문화의 어떤 선주민 문화에서도 구금이라는 방법을 사용하지 않았고, 어떤 공동체도 처벌을 위해 감방을 사용하지 않았다"(Monchalin, 2016, 39). 불법 행위자들은 그들의 행위에 대한 책임을 져야 했지만, 토착민의 정의 대응의 목적은 발생한 피해를 복구하고 균형과 조화를 회복하는 것이었다. 이러한 설명은 영감을 주지만, 일부 학자들은 회복적 정의에 대한 논의에서 자주 발생하는 토착민의 균질화와 낭만화에 대해 비판해 왔다(Smith, 2010, 260). 접촉 전 북미 토착민의 문화는 다양했고, 때로는 사형 및 (종종 죽음을 의미하는) 유배를 포함하여 정착민의 문화보다 더 가혹하게 범죄를 처벌하기도 했다.

북미의 메논파Mennonites와 같은 신앙에 기반을 둔 단체들은 가해자의 용서, 화해, 재통합을 강조하며 공동체의 피해를 해결하기 위한 비응보 접근에 앞장섰다. 진실 화해 절차Truth and Reconciliation Processes는 사회 피해에 대한 신앙 기반 접근법에서 영감을 받은 회복적 정의의 예다. 진실 화해 절차의 목적은 처벌이 아니라 이해당사자들이 과거 잘못의 진실을 말하고 갈등을 해결할 수 있는 장을 제공하는 것이다. 앤절라 데이비스는 『감옥은 퇴물이 되었나?』를 남아프리카 공화국의 진실 화해 위원회the Truth and Reconciliation Commission의 예로 끝맺는데, 그녀는 이를 처벌에서 응보적이고 주로 구금에 의존하는 현재의 접근법에 대한 대안으로 제시한다(Davis, 2003, 114-15). 앤절라 데이비스는 위원회가 용서를 강조하고 있음을 기술하는데, 이는 "피해자의 권리"가 범죄자에 대한 더 가혹한 형벌과 동일시되고 있는 북미의 현행 형벌 제도와는 극명한 대조를 이룬다. 앤절라 데이비스가 탐구한 사례에서, 진실을 말하고 용서하는 것은 살인에 연루된 사람과 희생자의 부모 모두에게 응보보다 더 유익한 길이었다. 앤절라 데이비스는 단순히 가해자를 처벌하기보다는 폭력의 깊은 사회적 원인을 이해하려는 위원회의 노력을 강조한다.

영적이고 토착적인 전통에 뿌리를 두고 있음에도 불구하고, 회복적 정의는 형사처벌제도의 전략으로 캐나다, 뉴질랜드, 호주와 같은 정착민 식민지국에 널리 받아들여져 왔다. 이러한 맥락에서 미네소타 대학의 회복적 정의와 평화를 위한 센터the Center for Restorative Justice and Peacemaking 책임자인 마크 움브레이트Mark Umbreit는 정의에 접근하는 회복적 방식을 다음과 같이 정의한다.

> 회복적 정의는 범죄에 가장 직접적인 영향을 받는 사람들이 —피해자, 가해자, 그들의 가족, 공동체 대표가— 범죄로 인한 피해에 직접 대응할 기회를 제공하는 피해자 중심의 범죄 대응이다. 회복적 정의는 다음과 같은 과정에 더 적극적으로 참여하도록 기회를 제공하는 것이 중요하다고 강조하는 가치관에 바탕을 두고 있다. 즉 범죄 피해자에 대한 지원 및 원조 제공. 가해자가 피해자와 공동체에 직접적인 책임을 지도록 하는 것. 피해자의 정서적·물질적 손실의 (가능한 정도까지) 복구. 이해관계에 있는 범죄 피해자, 가해자, 가족들, 그리고 지원자 간의 대화 및 문제 해결을 위한 다양한 기회 제공. 가해자에게 역량 개발 및 생산적인 공동체 생활로의 재통합 기회 제공. 공동체 건설을 통한 공공 안전 강화.
>
> (Frederick and Lizdas, 2010, 43에서 인용)

회복적 정의는 일반적으로 중재mediation, 피해 영향 패널victim impact panels, 공유 서클sharing circles, 피해자-가해자 대화victim-offender dialogue, 공동체 배상위원회community reparation boards, 지원 서클circles of support, 협의 서클이나 양형 서클conferencing or sentencing circles과 같은 대화 및 공동체 대화의 장을 만드는 것을 포함한다(Koss, 2010, 220). 이 공간에는 법률가가 아닌 피해자와 가해자, 피해자와 가해자의 친구와 가족, 상담사와 사회복지사 등 다양한 전문가가 참여한다. 피해자는 협의 서클이나 양형 서클에 참석하지 않을 수 있다. 이것은 가정폭력, 성적 폭력, 데이트 폭력과 관련해서 중요하다. 이러한 범죄의 피해자는 가해자와 대면하는 것이 안전하지 않다고 느낄 수 있기 때문이다. 이러한 경우에, 가족이나 친구 또는 피해자 지원 그룹의 구성원과 같은 대변인들이 피해자를 대리할 수 있다. 회복적 정의가 교도소로부터의 다이버전의 한 형태로 국가에 의해 실행될 때, 협의 서클이나 양형 서클에도 경찰관과 판사가 참여하고 종종 경찰서에서 열린다(Koss, 2010, 220). 판사들이 이들 서클에서 궁극적인 결정을 내리지만, 합의를 거스르는 일은 거의 없다. 래시미 고엘Rashmi Goel은, 예를 들어, 캐나다에서 선주민 범법자들이 연루된 회복적 정의 양형 서클에 대해 말하면서, "서클이 제안한 양형을 기각한 판사를 단 한 명만" 보았으며, "판사들은 서클의 합의에 큰 경의를 표"하는 것으로 안다고 말한다(Goel, 2010, 65).

회복적 정의의 옹호자들은 인종적·문화적 관점은 물론 페미니스트의 관점이 회복적 정의 협의 내에서 수용될 수 있으며, 피해자의 경험과 요구는 가해자를 공동체에 재통합하는 목표와 마찬가지로 협의의 중심이라고 주장한다. 그런 피해자 서클의 장점은 그들이 자신의 이야기를 중단 없이, 그리고 그들 자신의 방식으로 말할 수 있는 비적대적 기회를 이상적으로 가진다는 것인데, 이는 종종 법정에서의 대질심문의 충격적인 경험과는 극명하게 대조적이다. 피해자는 또한 자신들에게 해를 가한 사람과 대면할 기회를 얻으며, 이상적으로는 가해자가 스스로 잘못을 인정하고 사과하는 것을 들을 수 있다. 또는 대변인이 대리하는 때에는 이러한 대면이 자신을 위해 이루어졌다는 것을 알고 만족할 수 있다. 가정폭력과 데이트 폭력의 피해자는 가해자의 수감을 보기 꺼릴 수도 있지만, 그들이 입은 피해를 바로잡기 위한 대안적 절차를 가지는 데는 기뻐할 수도 있다. 가해자와 공동체를 위한 회복적 정의의 장점으로는 구금과 이에 수반하는 개인적·사회적 비용의 절감, 가해자의 공동체로의 화해와 재통합, 낮은 재범률 등이 있다.

회복적 정의는 청소년과 관련된 사건에 가장 널리 사용되고 있다. 캐나다에서 회복적 정의는 캐나다 토착민 가해자들에게도 우선 적용되는데, 이는 캐나다 토착민의 과도한 구금에 기여하고 영속화하는 식민주의의 역사를 인정하는 동시에, 토착민의 전통과 더 잘 어울리는 것으로 여겨지기 때문이다. 회복적 정의를 실행하는 데 특히 관심을 가지는 집단은 경찰과 법원이 제도상 실패한 방식, 그리고 성·젠더폭력의 피해자에게 더 많은 해를 끼치는 방식에 대응하는 페미니스트 반폭력 단체들과 캐나다, 호주, 뉴질랜드의 선주민과 미국의 유색인종처럼 형사처벌제도에 의해 가장 표적이 되고 차별을 받는 집단이다(Ptacek, 2010, 7). 예를 들어, 페미니스트 범죄학자 바버라 허드슨은 회복적 정의가 응보적 정의의 대안으로서 성폭력범을 교화하고 성적 폭력과 젠더폭력 피해자에게 권한을 부여할 수 있다고 주장한다(Hudson,

1998). 그녀가 기술하듯이, 회복적 정의의 과제는 "위해 행위로 인해 파열된 …… 관계의 회복"이다(Hudson, 1998, 241). 회복적 정의는 "시정을 주장"하고, "시정을 주장한다는 것은 일어난 사건의 본질에 대한, 그리고 문제를 바로 잡기 위해 무엇을 해야 하는지에 대한 대화를 시작하는 것이다"(Hudson, 1998, 241). 바버라 허드슨이 볼 때, 회복적 정의는 서로 대립하는 법정보다 가해자가 피해자의 말을 진정으로 듣고, 이들을 자기 행동에 의한 피해자로 보며 양심의 가책을 느낄 수 있는 더 큰 기회를 제공하기 때문에 교화의 가능성이 있다. 회복적 정의의 전형적인 결과도 구금보다 가해자 측의 분노, 소외, 반사회성을 초래할 가능성이 작다. 바버라 허드슨의 말처럼, "무엇보다도, 현행 제도보다 가해자와 피해자 모두의 필요와 권리 사이에 균형을 제공할 가능성이 훨씬 더 크다"(Hudson, 1998, 241).

그렇지만 여러 페미니스트 법학자와 반폭력 운동가들은 성·젠더폭력의 경우에 회복적 정의가 적절한지, 특히 선주민 여성에 대한 폭력과 관련된 사건에 적합한지에 대해 우려를 표명해 왔다(Goel, 2010; Stubbs, 2010). 예를 들어, 회복적 정의의 지지자임에도 불구하고, 바버라 허드슨은 그것이 성폭력과 관련하여 많은 심각한 장애물을 수반한다는 것을 인정한다(Hudson, 1998, 242). 특히, 바버라 허드슨은 성·젠더폭력의 경우에 타협할 수 없는 관점들이 첨예하게 대립한다고 고찰한다. 성범죄자와 가정폭력 가해 당사자는 통상 죄책감이나 후회를 느끼지 않으며, 피해자를 비난하고, 여성 혐오적 시각을 드러내며, 피해자가 거짓말을 하고 있거나 도발했다고 생각하고, 피해자가 맞을만하다거나 폭행을 원하거나, 또는 폭행으로 해를 입지 않았다고 생각한다. 바버라 허드슨은 다음과 같이 주장한다. "범죄가 피해자와 가해자 사이에 엄청난 힘의 불균형을 수반할 때는 다 그렇다. 범죄가 다수와 소수의 인종이나 민족과 관련된 경우, 그리고 …… 아동 피해자가 관련된 경우에도 …… 마찬가지다"(Hudson, 1998, 248). 가해자가 사건에 대해 전혀 상반된 견해를 주장할 경우, 이 상황을 신중하게 처리하지 않으면, 피해자에게 성폭력 가해자와의 대화에 참여할 것을 기대하는 것은 응보적 정의의 재판에 못지않게 피해자에게 재차 상처를 줄 가능성이 크다. 다른 페미니스트 법학자들은, 사실 분노가 피해 여성들에게 더 건강한 반응일 수 있고, 어쨌든 분노는 그들이 느껴도 전혀 문제되지 않는 감정이라는 점을 고려할 때, 회복적 정의가 여성에게 가해 남성을 용서하도록 압박을 가하는 방식에 비판적이다. 페미니스트 법학자 애널라이즈 에이콘Annalize Acorn에 따르면, 분노는 학대받는 여성이 학대 관계에서 벗어나는 데 도움이 될 수 있지만, "강제적 연민compulsory compassion"은 학대 남성이 여성에게 문화적으로 기대하는 반응으로, 이들을 종종 폭력의 패턴에 가두곤 한다(Acorn, 2005).

회복적 정의의 옹호자인 셜리 줄리에Shirley Jülich는 성·젠더폭력의 가해자와 피해자 사이의 권력 불평등이 회복적 정의의 사용에 중대한 문제를 제기한다는 점을 인정한다(Jülich, 2010, 242). 사실 이러한 관계는 중재를 어렵게 만드는 힘의 불균형을 전제로 한다. 셜리 줄리에가 말하듯이,

> 회복적 협의는 피해자가 자신의 이야기를 할 수 있게 할 뿐만 아니라 가해자가 자신의 이야기를 할 수 있도록 한다. 가해자들은 정교한 합리화와 부정의 구조를 유지하는 데 경험이 풍부하므로

회복적 협의에서 지지자들과 신뢰를 유지할 수 있을 것이다.

(Jülich, 2010, 248)

회복적 정의의 옹호자인 메리 코스는 성적 폭력 사건이 정의에 접근하는 데에 고유한 어려움이 있음을 인정하며, 범죄와 관련된 "극심한 수치심, 낙인, 감정적 요소emotionality", 성폭력이 "다른 범죄보다 더 심각한 심리적 고통을 유발"하고 "다른 범죄보다 신변에 대한 두려움을 더 많이 유발"하며 "다른 범죄보다 더 심각한 개인적 신뢰 위반"을 수반한다는 사실을 예로 든다(Koss, 2010, 221). 이러한 각 요인은 피해자가 안전하다고 느낄 수 있는 협의, 패널, 서클 또는 대화를 만드는 데 어려움을 초래한다. 메리 코스는 성폭력이 가해자 측의 회복적 정의에 특히 어려움을 초래한다는 것도 인정한다. 메리 코스가 지적한 바와 같이, 성적 폭력 가해자는 일상적으로 이러한 유형의 폭력에서 벗어나 있어서 회복적 정의의 조치에 참여할 동기가 거의 없다. 성범죄는 신고되는 경우가 드물고, 경찰이 잘 믿지 않으며, 재판에 거의 회부되지 않고, 재판을 받더라도 유죄판결을 받는 경우는 드물다. 따라서 가해자의 관점에서 볼 때, 형사처벌제도는 "법이 부여하는 최대치의 형벌을 받는 소수를 제외하고는 장기의 처벌을 초래하지 않는 것으로 현재 받아들여지고 있다"(Koss, 2010, 224). 성적 폭력의 전과가 없는 지인 강간이나 가정 내 폭력 가해자는 유죄판결을 받을 확률이 낮으므로 가족과 친구들이 지켜보는 가운데 수치스러울 수도 있는 회복적 정의 포럼에 참여할 동기가 거의 없다.

그러나 메리 코스와 셜리 줄리에의 관점에서 볼 때, 이러한 어려움은 극복할 수 없는 것이 아니라 회복적 정의를 성폭력 사건의 특수성에 맞출 것을 요구하는 것일 뿐이다. 예를 들어, 협의 참여 전문가들이 성폭력 피해자와 데이트 폭력의 심리에 관한 교육을 받고, 그들이 강간 신화를 인지하고 비판하도록, 그리고 생존자의 정의 요구에 적절히 대응하도록 하는 등, 피해자에게 다시 충격을 주지 않게끔 주의 조처를 할 수 있다(Koss, 2010, 221-2; Jülich, 2010, 248-9). 셜리 줄리에가 주장하듯이, 성·젠더폭력 관련 회복적 정의 협의의 진행자facilitator는 "중립성"을 열망해서는 안 되며, 오히려 "피해자를 비난하는 데 초점을 맞춘 젠더폭력에 대한 설명이나 성 학대를 최소화하는 다른 설명"에 이의를 제기함으로써(Jülich, 2010, 248), 그리고 "피해자를 보호하고 지원함"으로써(Jülich, 2010, 249) 기존의 권력 불균형을 해소하기 위해 노력해야 한다. 더욱이 메리 코스는 가해자들이 상당한 준비를 해서, 협의회에 들어가서는 자신의 행위를 얼버무리거나 정당화하지 않고 피해자가 만족할만한 진술을 해야 한다고 주장한다(Koss, 2010, 231). 가해자는 또한 정중한 태도로 중단 없이 피해자의 말을 경청하고 "메시지를 놓치지 않도록" 많은 준비를 해야 한다(Koss, 2010, 232). 예를 들어, 피해자가 어떤 식으로든 응답할 의무가 없음을 보장하는 가운데, 사과가 서면으로만 이루어지거나 절차가 끝날 때 이루어지도록 함으로써, 피해자가 용서에 대한 압박을 받지 않도록 할 수 있다(Koss, 2010, 223).

메리 코스는 가해자들이 다음을 통해 참여하도록 동기부여를 받을 수 있다고 주장한다.

> (예: 이중 위험 금지 및 자기부죄 금지에 대한) 다양한 헌법적 권리 구현, 가족과 친구들이 성범죄의 세부 사항을 알게 되는 것에

> 내재하는 수치심의 감소, 위반 사항을 이해하고 진심 어린 사과를 할 수 있도록 인지적 준비상태를 최대화하는 절차 마련, 각 사례의 성범죄 원인에 맞춰 조정된 재사회화 …… 및 [책임져야 할 사람에 대한] 탈낙인화와 지원책 제공
>
> (Koss, 2010, 226)

성범죄자를 탈낙인화하고 지원하는 것은 페미니스트의 관점에서 직관에 어긋나는 것처럼 보일 수 있지만, 실제로 이는 젠더 역할이 사회적으로 구성된 것이라는 페미니스트의 인식, 성적 폭력과 헤게모니적 남성성hegemonic masculinity의 관계에 대한 페미니스트의 인식과 일치한다. 성적 폭력에 대한 페미니스트의 일관된 관점은 사실 이러한 행동의 사회적 뿌리를 인식함으로써, 성적 폭력에 가담한 개인을 비난하고, 병리화하고, 낙인찍는 것에서 벗어나는 방향으로 나아가는 것이다. 응보적 정의는 성범죄자가 극단적인 병리화와 가혹한 처벌을 피하려고 자신의 범죄를 부인하도록 할 뿐이기 때문에 피해자가 바라는 인정을 끌어내는 것에 실패한다. 우리가 사법적 대응에서 성범죄자를 병리화하고 낙인찍는 한, 그들은 사법 절차에서 방어적이고 적대적인 태도를 유지할 가능성이 크고, 따라서 태도 변경이나 피해자의 치유에 필요한 잘못의 시인을 주저한다.

메리 코스는 성·젠더폭력 사건에서 회복적 정의 구현의 어려움에 대응하기 위한 구체적이고 실용적인 전략을 많이 제시하지만, 또 다른 단점은 회복적 정의가 체계적으로 적용되지 않고 판사의 재량에 의해서만 사용되며, 판사의 재량적 결정이 인종차별주의, 계급차별주의, 성차별주의, 신자유주의 노선을 추종한다는

사실에서 비롯된다. 메리 코스조차도 경범죄와 지인 강간 사건에만 회복적 정의를 적용할 것을 고려하고 있어서, 아동 성 학대나 낯선 사람에 의한 강간 등 더 "심각한" 사건에는 부적절하다고 보는 것 같다. 실제로 메리 코스는 자신이 분석한 회복적 정의의 프로그램이 다룬 사건 중 상당 부분이 감시카메라로 성행위를 목격한 경비회사 타깃Target의 경비원 관련 사건이라고 지적했다(230). 타깃의 직원들은 이런 행위를 법 집행 기관에 보고할 의무가 있었지만, 왜 그들이 성범죄 피해자로 고려되었는지는 설명이 없다.

회복적 정의는 청소년 범죄나 타깃의 경우와 같은 매우 "가벼운" 성인 범죄 사건에만 적합하다는 견해가 팽배하다. 이런 맥락에서, 성폭력 사건은 모든 강력범죄 범주 중 구금 대신 회복적 정의를 통해 처리될 가능성이 가장 크다는 사실이 중요하다(Balfour and DuMont, 2012, 710). 더욱이, 질리언 밸푸어Gillian Balfour·제니스 듀몽Janice DuMont은 판사가 회복적이고 비구금적인 형을 선택할 때 강간 신화와 계급 편견이 얽혀 있음을 보여준다. 예를 들어, 판사는 피해자가 "이상적인" 피해자의 구성에 맞지 않는 경우와 강간범이 피해자와 지인 사이일 경우 회복적 정의를 선택할 가능성이 크다. 밸푸어·듀몽이 기술한 하나의 사례에서, 소규모 사업체를 소유한 남성에게 회복적 정의의 선택권이 주어졌는데, 판사가 설명하기를, 이 기업주가 여성 종업원을 성추행하고 폭행했지만, 만약 그가 징역형을 살게 되면 사업을 잃게 될 것이기 때문이라고 한다(Balfour and DuMont, 2012, 719). 이와 유사하게, 의사로서 여성 인턴과 간호사를 반복적으로 폭행했지만, 그가 새로운 일자리를 구했다는 이유로 그 의사에게 부분적으로 회복적 정의의 선택권이 주어졌다(Balfour and DuMont, 2012,

718-19). 이 사건의 판사는 해당 의사가 정기적으로 양육비를 지급했다는 사실을 언급하는데, 이를 감경 요인으로 보았으며, 그에 반해 한 여성 피해자의 진술은 그녀가 여러 차례 자동차 대금을 지급하지 않았다는 점에서 의심스러운 것으로 취급되었고, 이는 그녀가 신뢰할 수 없는 증인이라는 것을 시사한 것으로 알려졌다(Balfour and DuMont, 2012, 717). 화이트칼라 강간범 사건에서 한 판사는 기소에 따른 굴욕이 "충분한 처벌"이라고 주장했다(Balfour and DuMont, 2012, 720). 판사는 빈민이나 실업자 또는 유색인종이 유사한 범죄로 기소되었을 때 일반적으로 징역형을 선고하지만, 자신과 동일시할 수 있는 남성에게는 징역형을 피하도록 회복적 정의를 적용하기를 열망하는 것 같다. 회복적 정의의 지지자들은 전통적인 재판 상황보다 회복적 정의 협의에서 페미니즘의 관점이 더 경청 될 수 있고 피해자의 경험이 심리의 핵심이라고 주장하지만, 밸푸어·듀몽이 언급한 사례에서 피해자의 바람과 경험은 종종 판사에 의해 무시되었고, 몇몇 경우에 판사는 강간에 대해 여성을 탓하기도 했다.

밸푸어·듀몽의 연구는 회복적 정의가 계급 차별만이 아니라 성차별주의자와 인종차별주의자의 강간 신화를 영속시킬 수 있다는 것을 보여주지만, 나는 회복적 정의가 지극히 응보적인 사법 체계 안에서 선택적인 요소로 기능하는 경우에만 그렇다고 주장한다. 실제로 경찰이 회복적 정의 서클에 참석하게 된다면, 그들에게는 새로운 범죄가 인정되거나 회의 과정에서 위협이 가해질 때 체포해야 할 법적 의무가 있다(Jülich, 2010, 249). 형사처벌 제도의 보호 아래 진행되는 회복적 정의 절차의 진행자도 마찬가지로 그 절차에서 인정된 새로운 범죄를 신고해야만 한다(Jülich,

2010, 249). 이런 상황에서 회복적 정의가 활용되면, 형벌 조건을 준수하지 않는 사람이나, 심지어 회복적 정의 협의에서 지나치게 자유롭게 발언하는 사람에게 감옥은 여전히 위협으로 남는다. 감옥 폐지론이 부재한 상황에서 성폭력 사건에 회복적 정의를 선택적으로 적용하는 것은 강간 신화는 물론이고 성적 피해의 경시를 영속화할 수 있다. 그러나 이것은 회복적 정의에 대한 반대 근거라기보다는 왜 우리가 그것을 이용할 방도나 응보적 정의에 대한 다른 대안을 체계적으로 찾아야 하는지를 뒷받침하는 근거이다. 달리 말하면, 이 사건들은 형사처벌제도가 사회정의의 잠정적 도구라기보다는 사회정의에 반하는 도구임을 다시 한번 보여줄 뿐이다. 즉 회복적 정의 본연의 결함을 보여주는 것이 아니다.

밸푸어·듀몽은 연구를 통해 캐나다의 더 광범위하고 응보적인 처벌제도 내에서 회복적 정의가 페미니스트의 목적을 달성하지 못하고 있다고 결론 내리지만, 적어도 일부 선주민 범죄자 사례에서는 그것이 점진적으로 기능한다고 본다. 그런 사례 중 하나에서, 그들은 강간 사건이 일어난 공동체의 원로들과 상의하고 그들이 바라는 바를 따랐음을 관찰한다. 이 사례에서,

> 공동체의 원로들은 가해자가 [그가 폭행한] 소녀들을 존중하고 그의 행동을 비난하기 위해 다른 공동체에 거주할 것을 요청했다. 이런 맥락에서 회복적 정의 모델은 젊은 여성들의 요구와 연계된 것으로 보였다.
>
> (Balfour and DuMont, 2012, 715)

선주민 가해자와 관련된 또 다른 사건에서는 "공동체 책임수

용 협의community accountability conference"가 개최되었다. 이 양형 서클 절차는 강간범이 공동체에서 동의한 특정 조건을 충족할 것과 공개적으로 자신의 책임을 인정할 것을 요구했다.

> 본 절차는 가해자의 재사회화를 다루는, 그리고 사회 내에서 성학대의 망령에 대한 인식을 제고하고 공동체에서의 여성의 안전과 무결성에 대한 존중을 강화하기 위한 시도를 포함하는 일련의 사업을 …… 완수하기로 [가해자 측과] 합의하기에 이르렀다.
>
> (Balfour and DuMont, 2012, 715)

밸푸어·듀몽이 말하듯이, "이 두 선주민 가해자와 그들이 폭행한 여성 또는 소녀의 성폭력 사건에 대한 법적 서사는 비선주민 남성 범죄자에 대한 선고에서 피해자가 투명 인간이 되는 것과는 대조적이다"(Balfour and DuMont, 2012, 715).

비록 이것이 희망차게 보이지만, 래시미 고엘은 정착민 식민지 통치 방식을 극복하는 전통적인 해결책을 지원하고 피해자 개인보다 공동체의 이익을 우선시해야 한다는 정치적 압력을 고려할 때, 토착민 여성들이 양형 서클에서 상습적으로 자신에게 해를 끼치는 동거인을 용서하고 화해하도록 특히 압박감을 느낄 수 있다고 주장한다. 래시미 고엘은 또한 식민지 트라우마의 유산이 여성과 아동에 대한 만연한 폭력을 초래한 선주민 사회에서, 공동체의 형량은 폭력 행위가 정상화된 가해자들에게 너무 관대할 수 있다고 지적한다. 그러나 가장 중요한 것은 회복적 정의가 단지 토착민의 전통을 정착민의 식민지 권력으로 전유한다고 할 때만 탈식민 정치의 관점에서 잠재력이 제한적이라는 점이다. 토착민의 법적 목표는 주권이지, 정착민 식민지 법원과 백인 판사들이 토착민의 법 전통에 관한 생각을 식민지 폭력의 도구로서 항상 존재해왔고 여전히 남아 있는 것에 접목하는 것이 아니다. 안드레아 스미스Andrea Smith는 유색인종 여성과 선주민 여성의 입장에서 성·젠더폭력의 주요 가해자는 국가이므로, 국가를 이러한 피해 처리 기관으로 이해하여 접근해서는 안 된다고 주장할 때 이 논거를 강력하게 제시한다(Smith, 2010, 257). 안드레아 스미스는 회복적 정의가 형사처벌제도의 지배 아래에 있는 한, "식민 통치를 더욱 확장하는 역할"을 한다고 주장하는 여러 선주민 연구 학자들을 인용한다(Smith, 2010, 266). 이런 맥락에서 안드레아 스미스는 회복적 정의를 감옥의 권력과 논리를 확장하는 감옥 개혁에 비유한다. 회복적 정의는 법 제도를 개혁하는 선의의 자비로운 방법이지만, 선주민의 자결권을 인정하지 않는 한, 그것은 정착민 식민지 통치의 새로운 전술일 뿐이며, 그 제도를 완전히 없애겠다는 진정한 목표로부터 우리를 멀어지게 한다(Smith, 2010, 266).

마지막으로, 다수의 학자는 회복적 정의가 공동체에 대한 이해 때문에 결함이 있다고 지적했다. 회복적 정의를 지지하는 학자에게 공동체는 온화한 동시에 포용적인 존재로 상정된다. 이런 관점에서 공동체는 범죄로 해를 입었고, 가해자는 이전의 건강과 화합의 상태로 공동체를 복원해야 하며, 공동체가 참여할 준비가 되고 결국 공동체가 가해자를 다시 통합하게 되는 과정을 복원해야 한다. 그러나 사실 공동체가 회복적 정의 절차에 참여할 만큼 충분히 포용적이지 못할 수도 있고 처음부터 조화롭거나 건강하지 못했을 수도 있다. 더욱이 공동체는 피해자보다는 가해자의 가치와 관점을 공유할 수 있으며, 이는 특히 성·젠더폭력의 경우에 더욱 그렇다. 셜리 줄리에가 고찰한 바와 같이, "젠더폭력의 일부 피해자, 특히 어린 시절 가족 구성원에게 성폭력을 당한 사람들은 공동체가 관련자 모두에게 옳은 일을 할 것이라고 신뢰할만한 근거가 없다"(Jülich, 2010, 243). 안드레아 스미스도 마찬가지로 다음과 같이 주장한다.

> 이런 모델의 문제는 공동체가 단결해서 가해자에게 책임을 물을 때에만 작동한다는 것이다. 하지만 성적 폭력과 가정폭력의 경우 공동체는 피해자보다는 가해자의 편을 드는 경우가 많다. 예를 들어, 여러 북미 선주민 공동체에서, 이러한 모델은 종종 가정폭력 생존자들에게 개인적 안전에 대한 충분한 관심을 두지 않으면서 가족과 '화해'하고 공동체를 회복하도록 압력을 가한다.
>
> (Smith, 2010, 259)

또한 셜리 줄리에는 다른 경우에는 공동체가 가해자들에게 지나치게 가혹할 수 있다고 본다(Jülich, 2010, 243). 어느 쪽이든, 셜리 줄리에는 회복적 정의의 옹호자들이 "구조적 불평등과 여성 혐오 같은 사회가 해결할 수 없는 복잡한 문제를 겨우 몇 시간의 회의로 해결하도록 공동체에 책임지우고 있다"라고 주장한다. (Jülich, 2010, 243). 실제로, 가해자의 위해 행위를 부추기고, 정상화하고, 조장한 것이 공동체에 깊이 뿌리박힌 인종차별주의, 계급차별주의, 성차별주의나 동성애 혐오일 수 있으며, 이 경우 책임지고, 재교육받아야 하는 것은 가해자만이 아니다. 더 중요한 것은 가해자를 배출한 공동체가 책임지고, 변화해야 한다는 것이다. 루스 모리스는 바로 이런 이유로 다음과 같이 주장한다. 회복적 정의는 "충분하지 않다. 현재의 한 사건이 옳고 그름의 모든 문제를 정의한다는 생각을 여전히 받아들인다. — 과거와 모든 사건의 사회적 원인을 배제한다"(Ptacek, 2010, 28에서 인용). 사회정의 연구자들이 "전환적 정의"에 대해 말하기 시작한 것은 이러한 회복적 정의의 단점에 대한 대응이다. 이제 이를 다루도록 한다.

전환적 정의

안드레아 스미스에 따르면, 회복적 정의는 "폭력의 근본 원인을 해결할 수 있는 잠재력을 가진 풀뿌리, 정치 조직 전략"을 선호하기보다는 형사사법제도를 개혁하려 한다는 점에서 결함이 있다(Smith, 2010, 266). 성적 폭력 범죄에 대한 형벌적 대응은 개별 가해자와 그 가족, 공동체에 고통을 주지만, 풀뿌리 대응이 할 수 있는 방식으로 공동체에서 성적 폭력의 원인을 해결하는 데는 아무런 역할도 하지 않는다. 회복적 정의와 달리 전환적 정의는 풀뿌리 대응이며 형사처벌제도나 국가와 어떤 식으로든 연합하지 않는다. 제이슨 라이든이 고찰한 바와 같이, 이런 이유로 "대부분의 [감옥] 폐지론자들은 현재 우리의 삶을 지배하고 있는 형벌에 기초한 응보 체계가 없다면 정의가 어떤 모습일지 상상할 때 전환적 정의의 전략으로 눈을 돌린다"(Lydon, 2016, 68). 회복적 정의와 마찬가지로, 전환적 정의의 실행은 피해자를 중심으로 하며, 형사처벌제도의 특징인 역효과를 낳는 방식으로 폭력 가해자를 병리화하거나 매장하지 않으면서 책임을 묻는 것을 목표로 한다. 전환적 정의의 실행은 위해행위를 일으킨 맥락과 그것이 공동체에서 어떻게 지지되고 유지되는지를 이해하려고 노력한다는 점에서 회복적 정의보다 훨씬 더 나아간다. 이러한 방식으로 가해자 개인만이 아니라 공동체 전체가 발생한 피해에 책임을 지게 된다. 전환적 정의는 회복적 정의와 달리 구금의 위협이 뒷받침되지 않기 때문에, 가해자가 책임수용 절차에 참여하기를 거부하거나 잘못을 인정하지 않을 수 있고 심지어 보복하거나 상황을 악화시킬 수도 있다는 사실에 대비한다. 그렇다고 해서 전환적 정의 절차가 실패하는 것은 아니다. 왜냐하면 이는 가해자만이 아니라 공동체 전체에 적용되기 때문이다. 전환적 정의 절차와 결과가 고달프고 어지러우며 가해자의 협조를 얻지 못할 때조차도 형사처벌제도의 결과보다는 월등히 낫다. 전환적 정의는 아동의 성적 학대와 폭력에 대한 대응으로 이론화되고 실행되어 왔다. 이하에서는 이들 두 사례에서 전환적 정의가 어떻게 적용되고 실행되는지를 간략히 살펴보겠다.

강간과 학대를 반대하는 공동체Communities against Rape and Abuse (CARA)는 시애틀에 기반을 둔 조직으로, 성폭력·폭행 상황에 대응하기 위해 전환적 정의 전략을 사용한다. "위험 감수: 풀뿌리 공동체의 책임수용 전략 구현Taking Risks: Implementing Grassroots Community Accountability Strategies" 편에서, 그들은 성적 폭력 대응에 전환적 정의 전략을 사용하기 위한 지침이 되는 원칙과 실천적 조언을 모두 제공한다(CARA, 2016). 사회적 해악에 대한 응보적 접근보다는 회복적 접근에 따르며, 이러한 전략은 형사처벌제도에 대한 어떠한 개입도 우회한다. 또한 CARA의 지도 원칙은 특정 절차나 전략이 공동체, 상황, 피해자가 바라는 것에 따라 달라진다고 생각한다는 점에서 특정 절차나 전략을 지시하는 것을 삼간다. 이 원칙은 다음과 같다.

1. 생존자의 자기결정을 우선시한다.
2. 생존자와 공동체의 다른 사람들을 대상으로 하는 안전 및 지원을 위한 동시 계획을 확인한다.
3. 전략의 잠재적인 결과를 신중하게 고려한다.
4. 집단적으로 조직한다.
5. 책임수용을 추구하는 그룹의 구성원 전원이 성적 폭력에 대한 정치적 분석에 공감하는지 확인한다.
6. 책임수용의 측면에서 공격자로부터 당신의 그룹이 원하는 것이 무엇인지가 명확하고 구체적이어야 한다.
7. 공격자에게 당신의 분석과 요구를 알린다.
8. 공격자 커뮤니티의 도움을 고려한다.
9. 장기 절차에 참여할 준비를 한다. (CARA, 2016, 251-56).

CARA는 풀뿌리 활동가의 경험을 바탕으로 이러한 각 원칙이 왜 중요한지 설명한다. 그런 다음 그들은 자신의 커뮤니티에서 대응한 세 건의 성폭력 사건을 다룬다.

CARA가 이러한 각각의 경우에 "공동체"로 간주한 대상이 중요하며, 전환적 정의 절차에 참여하려는 동기가 없을 수 있는 공동체 문제를 해결하는 방향으로 가고 있다. CARA의 예에서, 공동체는 반드시 지리적으로 정의되는 것이 아니라 이해관계자, 정치 공동체, 공동체 조직의 관점에서 이해된다. 예를 들어, 그들은 유색인종에 대한 경찰의 만행에 반대하는 투쟁에 적극 참여하는 흑인 청소년 권한 부여 조직의 성인 지도자 사례를 탐구한다. 이 남성은 흑인 청소년 조직의 지도자로서 반복해서 젊은 여성을 성희롱하고 폭행했다. 이 경우 공동체는 정치 조직, 더 일반적으로 반인종주의 정치 커뮤니티와 가해자의 친구들이다. CARA는 처음에는 중요한 반인종주의 운동가의 노력이 훼손되는 것을 원치 않는 정치 조직과 가해자의 친구 측으로부터 상당한 저항에 부딪혔지만, 결국 그들은 진전을 이루었고, 가해 행위를 가능하게 하고 비난으로부터 가해자를 보호해 준 공동체 안에서 가해자의 행동뿐만 아니라 사회 전반에 보편화된 여성혐오를 다루었다. 이 사건에서 가해자는 자기 행동에 대한 책임수용을 거부했지만, 청소년 단체의 임원 지위에서 해임되었고, 더 넓은 공동체에서 반인종주의 운동 내 성차별 문제에 대한 인식이 확산하였다.

CARA가 논의한 또 다른 사례에서 그들이 대응한 성폭력은 클럽 소유주가 자행한 것이다. 이 사례에서 CARA가 다루는 공동체는 인접 지역 외부의 밴드와 팬을 포함하는 문화의 장으로 정의된다. 가해자 자신은 이번 사건에 대한 책임수용을 인정하지 않지만, 자신의 클럽이 지역 밴드와 클럽 관객뿐만 아니라 자신의 클럽에서 공연했을 다른 지역의 밴드에 의해 보이콧되는 한에서 그에 대한 대가를 치를 수밖에 없었다. CARA가 지적했듯이, 이 경우 가해자는 완고한 것처럼 보이지만, 어쩌면 그 경험이 그에게 자기 행동을 반성하고 바꿀 기회를 주었을 수도 있다. 그뿐만 아니라 CARA의 개입은 이 음악 공동체에 성폭력 문제에 대한 경각심을 일깨웠다는 점에서 성공적이었다. CARA가 논의하는 세 번째 사례에서만 가해자는 자신의 행위를 인정하고 조직이 제안하는 전환적 정의 절차를 준수한다.

전환적 정의에 비판적인 사람들은 가해자가 책임수용 절차에 참여하고 따르도록 하기 위해서는 형사처벌제도와 연대가 필요하다고 주장한다. CARA가 논의하는 세 가지 사례 중 하나의 사례에서만 가해자가 전환적 정의 절차에 협력한 것은 사실이지만, 중요한 것은 이들 절차가 실패가 아니라는 점이다. 각 사례에서 가해자는 피해자의 관점을 알게 되었고 공동체의 제재를 받았다. 이와는 대조적으로 두 사건 모두 형사처벌이라는 대응으로는 제재가 전혀 이뤄지지 않아 피해자의 만족도가 떨어졌을 수 있다. 더욱이, 각각의 경우에서 자기 경험을 사람들이 경청하고 인정하며 존중한다고 피해자가 느끼는 한에서 성공적인 결과가 있었고, 사회 전체가 젠더 권력 불평등과 성적 폭력이라는 뿌리 깊은 문제를 더 많이 인식하게 되었다.

오클랜드에 기반을 둔 제너레이션 파이브generationFIVE는 전환적 정의 전략을 사용하여 성인 강간보다는 아동 성 학대에 초점을 맞춘 성적 폭력 문제를 해결하려는 풀뿌리 조직이다. 제너레이션 파이브의 목표는 5세대 이내에 아동 성 학대를 종식하는 것이다. 2007년에는 아동 성 학대에 대한 전환적 정의의 접근법에 관한 핸드북을 제작해 인터넷으로 무료 배포했으며, 2017년에는 내용을 업데이트했다(generationFIVE, 2017). 제너레이션 파이브는 아동 성 학대의 형사처벌은 여러 가지 이유로 효과가 없고 실제로 역효과를 낸다고 주장하는데, 이 책의 독자라면 이 주장에 익숙할 것이다. 첫째, 형사처벌은 성 학대가 발생하고 신고된 후에만 동원되기 때문에 애초에 아동 성 학대가 발생하는 것을 막는 데 아무런 도움이 되지 않는다(generationFIVE, 2017, 29). 둘째, 아동 성 학대 대부분은 아동이 신뢰하는 사람에 의해 저질러지기 때문에 거의 신고되지 않으며, 따라서 대다수의 경우 형사처벌의 대상이 되지 않는다(generationFIVE, 2017, 29). 실제로 성 학대는 가족 내에서 가장 자주 발생하고 사랑하는 사람에 의해 자행되기 때문에 성 학대를 인지한 사람들은 시정할 수 있는 유일한 방법이 형사처벌제도인 한 신고를 꺼리는 경우가 많다(generationFIVE, 2017, 30). 형사처벌제도는 가난하고 인종화된 공동체와 성 비순응자를 과도하게 감시하고 억압하기 때문에 이러한 공동체는 특히 형사처벌제도로 눈을 돌릴 가능성이 작다(generationFIVE, 2017, 29). 더욱이 피해자나 가족이 경찰에 신고하더라도, 아동 성 학대는 법의 기준에서 입증하기 어렵고, 신고자는 불신으로 더 큰 상처를 받을 수 있다(generationFIVE, 2017, 29). 신고 내용이 신뢰받더라도, 아동 성 학대에 대한 형사처벌제도의 대응은 가정을 파괴하고 공동체를 분열시켜 피해자를 치유하기보다는 오히려 더 위태롭게 만드는 경우가 많다(generationFIVE, 2017, 29). 더욱이 제너레이션 파이브는 "사람들을 감옥에 가두는 것은 학대를 예방하거나, 행동을 바꾸거나, 아동 성 학대에 영향을 받은 사람들에게 배상하는 데 실패한 것으로 입증"되었다고 고찰한다(generationFIVE, 2017, 30). 반면에,

> 생존자들이 다른 사람들과 자기 경험을 공유하고, 학대에 반대하는 목소리를 내며, 공동체에 폭력 종식을 위한 조처를 할 수 있는 기회가 있을 때, 아동 성 학대의 장기적 해악을 크게 줄일 수 있다.
>
> (generationFIVE, 2017, 12)

그러나 성 학대에 대한 형사처벌 및 회복적 정의의 대응과 달리, 제너레이션 파이브는 성 학대를 일으키는 조건을 만들고 유지

하는 데 있어 더 넓은 공동체가 가지는 의미를 강조한다. 아동 성 학대의 형사처벌은 전적으로 가해자에게 초점을 맞추지만, 전환적 정의의 접근은 가해자와 피해자 모두에게 초점을 맞추며, 피해에 대응하고 피해를 예방할 수 있는 위치에 있지만 그렇게 하지 않을 수도 있는 다른 모든 사람에게 초점을 맞춘다는 점에 주목한다(generationFIVE, 2017, 12). 그들이 말하듯이,

> 아동 성 학대는 개인의 문제만은 아니지만, 개인으로서 우리에게도 깊고 특별한 영향을 끼친다. 그리고 (아동 성 학대가) 사람들에게 트라우마와 지속적인 심리적 영향을 주지만, 우리는 그것을 주로 정신 건강 문제로 보지 않는다. 우리는 또한 아동 성 학대를 주로 형사법제가 약속한 보호와 처벌을 통해 해결해야 할 형사 또는 법적 문제로 보지도 않는다.
>
> 우리는 아동 성 학대를 우리 사회의 구조 전체에 직조된 권력 역학의 표현으로 본다…….
>
> 우리는 아동 성 학대의 종식을 공동의 해방을 위한 투쟁으로 보며, 개인·공동체·사회 전환의 시작을 요구하는 이런 투쟁을 더 큰 투쟁의 상호 의존적인 부분으로 본다.
>
> (generationFIVE, 2017, 19)

따라서 제너레이션 파이브가 이해하는 것처럼 "전환적 정의는 아동 성 학대에 대한 치유, 정의 및 책임수용을 추구하는 동시에 학대를 일으키는 현존하는 사회 조건을 전환하는 접근법이다"(generationFIVE, 2017, 37).

아동 성 학대의 경우 가해자에게 책임을 묻는 것과 관련하여, 전환적 정의는 중재, 서클 및 협의와 같은 회복적 정의와 유사한

방법을 사용한다. 그러나 경찰이나 판사의 개입 없이 수행된다. 전환적 정의가 가해자에게 기대할 수 있는 책임수용 조치에는 피해자의 관점 경청, 사과, 개인과 공동체에 대한 배상, 위해 행위 중단 약속, 자기 변혁 노력 약속, 공동체 내 권력 불균형을 전환하기 위한 집단 노력에의 참여 등이 있다(generationFIVE, 2017, 40-41).

피해자의 요구에 대응하는 측면에서, 전환적 정의는 가족 구성원, 친구, 공동체 구성원에게 성적 트라우마와 아동 성 학대 보고를 받아들이는 방법을 가르친다. 공동체는 부정, 경시, 공포, 피해자 비난, 자경, 연민과 같은 아동 성 학대 보고에 대한 일반적인 반응의 근본 원인을 이해해야 하며, 그래야만 피해자를 더 잘 지원하기 위해 이러한 반응을 교정하고 지나쳐 갈 수 있다(generationFIVE, 2017, 33-4). 성 학대 경험은 피해자의 자결감 sense of self-determination을 심각하게 훼손하기 때문에, 성 학대 보고에 대응하는 데 있어서 공동체가 피해자의 의사를 존중하기 위해 노력하는 것이 중요하다. 따라서 예컨대 공동체가 가해자에게 공공연하게 수치를 주거나 자경행위를 하고 싶을 수도 있지만 이것이 피해자의 의사에 어긋난 것이라면, 이로 인해 그녀의 자결감이 더욱 훼손될 것이므로 그렇게 해서는 안 된다. 이는 공동체가 피해자가 원하는 방식대로 아동학대자를 다루어야 한다는 말이 아니다. 제너레이션 파이브가 지적했듯이, 피해자가 공동체의 복지나 사회정의의 원칙을 위반하는 결과를 원할 경우, 공동체는 더 많은 해를 불러오지 않으면서 피해자를 지원하고 피해자의 감정을 존중할 수 있는 방법을 찾아야 한다(generationFIVE, 2017, 39).

마지막으로, 아동학대를 방지하기 위해 전환적 정의가 공동체 전환에 어떻게 작동하는지에 관한 예로 권력관계를 다룬다

(generationFIVE, 2017, 38). 제너레이션 파이브가 지적하듯이, 사회적 지위, 자기 결정권, 경제적 독립성 측면에서 취약한 사람일수록 학대받을 가능성이 크다. 여성은 물론 아동, 장애인과 같은 기타 취약 계층에게도 이는 사실이다. "불평등한 권력은 폭력의 조건을 만든다"(generationFIVE, 2017, 38). 따라서 아동의 성적 학대와 폭력을 전반적으로 종식하기 위해서는 성차별주의, 비장애중심주의, "어덜티즘adultism" 같은 구조적인 억압 형태를 해결해야 한다(generationFIVE, 2017, 20-1, 25, 50). 제너레이션 파이브는 어덜티즘을 사회에서 청소년의 광범위한 권한 박탈로 정의하며, 이는 성 학대에 대한 아동·청소년의 취약성을 강화한다. 어덜티즘을 해결하기 위해서는 자기의 생각, 경험, 욕망, 의견이 중요하다는 것, 자신들이 존중받을 가치가 있다는 것, 스스로 결정할 수 있다는 것을 믿도록 아동·청소년에게 권한을 부여해야 한다. 특히 아이들의 성적 자기결정 의식을 존중하고 함양하기 위해서는, 아이들이 원하지 않을 때 아이들에게 포옹과 키스를 하라거나 무릎에 앉으라고 지시하지 않도록 자녀 양육에 관련된 사람들을 교육해야 한다. 아이들은 어른의 명령이 아니라 스스로 이러한 결정을 내리고 자발적으로 애정을 표현할 수 있는 권한을 가져야 한다. 아이들이 아버지의 친구에게 입맞춤하지 않거나 조부모의 무릎에 앉고 싶지 않을 때, 아이들에게 무례하다고 말하기보다 누가 그들을 만질 수 있고 어떻게 그들이 애정을 보이고 받을 수 있는지를 그들 자신이 결정할 수 있도록 가르쳐야 한다.

요약하자면, 제너레이션 파이브가 제시한 아동 성 학대에 관한 전환적 정의의 목표는 "생존자의 안전, 치유 및 에이전시agency", "학대자의 책임수용과 변화", "공동체의 대응과 책임수용" 및 "폭력을 만들어 내고 영속화하는 공동체·사회의 조건에 전환을 가져오는 것"이다(generationFIVE, 2017, 45). 제널레이션 파이브는 성적 폭력의 원인이 깊고 복잡하며 이러한 목표를 달성하는 데 다섯 세대가 소요될 수 있음을 인정하면서도, 이러한 각 목표를 추구하는 방법에 대한 풍부한 실용적인 제안을 제공한다. 전환적 정의를 구현하려는 시도가 예를 들어 가해자의 책임수용 거부와 공동체의 무관심으로 인해 단기적으로 혼란스러운 결과를 초래하더라도, 이러한 시도는 현재 형사처벌제도가 행하고 있는 것보다 더 나쁠 수 없으며, 훨씬 더 잘할 수 있는 잠재력을 가지고 있다. 문제가 되는 성적 해악의 종류에 따라, 그리고 피해가 발생하는 공동체에 따라 전략이 달라지겠지만, 제널레이션 파이브와 CARA는 상호교차론적 페미니스트 반폭력 운동intersectional feminist anti-violence activism이 감옥 폐지론의 관점과 일치할 뿐만 아니라 이를 요구한다는 설득력 있고 희망적인 실증을 제공한다.

요약

이 책은 성범죄에 관한 미셸 푸코의 몇 가지 논평과 글을 소개하는 것으로 시작했다. 성범죄는 푸코의 가장 영향력 있는 두 권의 책이 —『감시와 처벌』, 『성의 역사』 제1권이— 교차하는 지점이다. 제1부에서 보았듯이, 성범죄에 대한 푸코의 성찰은 특정한 통찰을 포함하고 있지만, 페미니스트의 관점에서 엄청난 문제이기도 하다. 제1장에서 샤를 주이와 소피 아당 사례에 관한 푸코의 저술과 이에 대해 페미니스트들이 제기한 비판을 면밀하게 분석하고, 제2

장에서 성범죄 입법 개혁에 관한 푸코의 제안과 이러한 제안에 대한 페미니스트의 반응을 읽어봄으로써, 그리고 마지막으로 제3장에서 피에르 리비에르의 범죄와 수기에 대한 푸코의 성찰을 포함하여 불명예스러운 인물들과 위험한 개인에 관한 푸코의 글을 검토함으로써, 이런 사실을 보았다. 이러한 사건 각각에 대해 『감시와 처벌』, 『성의 역사』를 연결하려는 푸코의 시도가 부족하였음을 드러내 보였음에도 불구하고, 이 두 작품의 결합 효과는 나에게 성범죄를 사회적으로 우발적인 것으로 접근하게 하고, 페미니즘 감옥 폐지론의 관점에서 현상을 구성하도록 영감을 주었다.

그래서 제2부는 페미니스트가 푸코를 따라 감옥 폐지론자가 되어야 하는 이유, 심지어 이를 받아들이기 어려운 성범죄 사건에서도 감옥 폐지론자가 되어야 하는 이유를 설명했다. 이것은 제4장에서 반폭력 페미니즘에 대한 두 가지 비판을 통해 이루어졌다. 첫 번째는 페미니즘이 정신성적 트라우마 담론에 의존하고 있다는 점을 비판한 것이고, 두 번째는 성범죄에 대한 구금 통치와 순전히 징벌적인 대응으로부터 적절한 거리를 두는 데 페미니즘이 실패하였다는 점을 비판한 것이다. 이 장에서는 또한 성적 폭력이 감옥을 특징짓는 정도를 강조했는데, 나는 이것이 감옥과 반폭력 페미니즘 정치가 조화를 이루는 것을 불가능하게 만든다고 주장한다. 제5장에서는 푸코의 감옥 폐지 주장과 더불어 이러한 주장을 현대의 비판적 인종 연구 학자와 비판적 감옥 연구 학자들이 받아들이고, 확장하고, 비판하는 방식에 대한 개요를 제공하였다. 마지막으로, 제6장은 『비정상인들』에서 기술했던 푸코의 그로테스크한 권력 개념을 차용해 형사처벌제도와 관련하여 퀴어에게 가해지는 특별한 억압을 분석하였다.

다음으로 제3부에서는 『성의 역사』에서 도착의 이식에 관해 푸코가 전개한 주장을 렌즈로 사용하여 성범죄의 특정 사례를 ― 아동 포르노그래피와 성매매, 이종 간 성폭력 또는 수간, 성적 연쇄살인을― 고찰했다. 여기에서는 성범죄와 성범죄 정체성이 사회적으로 계속 구성되는 방식, 그리고 이 구조에서 형사처벌제도와 범죄학적 담론이 수행하는 역할에 대한 상세하고 구체적인 예를 제공하고자 하였다. 마지막으로, 결론에서 우리는 일반 범죄 및 특히 성범죄에 대한 (예방적·재분배적·회복적·전환적 정의를 포함한) 대안적 대응으로 제공되는 몇 가지 가능성을 살펴보았다.

부록 1

Rapport Médico-Légal Sur L'état Mental De Charles-Joseph Jouy Inculpé d'attentats aux mœurs

Nancy 1868

Par Les Docteurs Henry Bonnet & Jules Bulard
MÉDECINS EN CHEF DE L'ASILE PUBLIC D'ALIÉNÉS DE MARÉVILLE

Nous soussignés, docteurs Henry BONNET et Jules BULARD, médecins en chef de l'Asile public d'aliénés de Maréville, commis par ordonnance de M. le Juge d'instruction près le siege de Nancy à l'effet d'examiner l'état des facultés mentales du nommé Charles-Joseph Jouy inculpé d'attentats aux mœurs, et de dire si cet homme doit ou non être considéré comme responsable de ses actes, avons prêté, le 4 janvier 1868, le serment prescrit par la loi, procédé ensuite minutieusement à l'examen direct de l'inculpé, pris connaissance des pièces de la procédure et, après nous être entendus, rédigé le rapport suivant pour servir ce que de droit.

Faits

Le 7 septembre 1867, Jouy se trouvant aux champs y rencontra deux jeunes filles âgées de onze ans, Sophie Adam et Marie Briquelet, s'approcha d'elles et fit opérer sur lui par la première en présence de la seconde des manœuvres honteuses. — Une autre fois, le jour de la fête de Lupcourt, il décida la jeune Sophie Adam à le suivre sur la route de Nancy et, avec son consentement, exerça un rapprochement sexuel qui ne semble pas avoir abouti.

Commémoratifs

Jouy a perdu de bonne heure sa mère qui s'est à peine occupée de lui; il est enfant naturel. — Il n'a reçu aucuns principes d'éducation et a été, alternativement chez tel et tel, employé à de grossiers travaux. — Les renseignements que nous avons montrent qu'on faisait peu de cas de lui et qu'on s'en servait comme d'un être machinal.

Il a été en service chez le sieur Bagard, à Frolois, qui aurait eu à lui reprocher de violents emportements. Il se livrait à la boisson et, lorsqu'il était ivre, il s'emportait au moindre reproche et à un point tel qu'il aurait brisé ce qui se trouvait à sa portée. — On n'a eu du reste, à ce moment, aucun fait d'immoralité ou d'infidélité à lui reprocher. Il était peu intelligent pour le travail; on n'aurait pu lui confier la moindre besogne nécessitant une initiative personnelle. — Cependant, rapporte-t-on, il avait assez de connaissance pour discerner le bien du mal.

Le sieur Thomas chez lequel, en dernier lieu, Jouy a été domestique, dit qu'il a toujours rencontré beaucoup de dévouement et d'honnêteté en lui; "mais, ajoute-t-il, il est d'une faiblesse de caractère telle que je l'ai vu se laisser battre par un de mes enfants âgé de onze ans sans qu'il cherchât à se défendre; je le considère comme un idiot et souvent lunatique; en un mot, ma conviction est qu'il est trop dépourvu d'intelligence pour être responsable de ses actes et, ce qui le prouverait, c'est le fait tiré de ce qu'on lui a fait croire que la gendarmerie ne pourrait l'arrêter pour défaut de taille, ce qu'il croyait fermement."

"C'est un brave homme, dit en parlant de lui le Maire de Lupcourt; il est plus à plaindre qu'à blâmer; je le considère comme un idiot et je ne le crois pas d'une intelligence suffisante pour être responsable de ses actes. — Quant à la petite Sophie Adam, elle a, quoique bien jeune, par trop de légèreté dans sa conduite, ne cachant rien de ses actions coupables dont elle peut malheureusement propager l'exemple."

La jeune Sophie Adam raconte dans son interrogatoire devant M. le Juge d'instruction qu'étant aux champs, au mois de septembre 1867, avec une de ses petites amies Marie Briquelet, le prévenu serait venu à elle en tirant sa verge et se serait fait masturber par elle; elle a proposé ensuite à sa camarade de prendre à son tour cette verge, mais Marie Briquelet a refusé. — Elles allèrent ensuite raconter la chose à un nommé Adolphe Simon qui travaillait plus loin dans la campagne en lui disant qu'on avait fait du *maton* (lait caillé) avec la verge de

Jouy; Simon leur répondit qu'elles étaient deux petites rosses.

Une autre fois, le jour de la fête de Lupcourt, vers neuf heures du soir, Jouy aurait proposé à Sophie Adam qui se trouvait près des jeux de cette fête de venir avec lui sur le chemin de Nancy; là il lui aurait levé ses jupes et cherché à introduire sa verge dans les parties sexuelles. La jeune fille ne peut dire si l'introduction a eu lieu; tout ce qu'elle sait c'est que cela lui a fait bien du mal et qu'elle a senti un liquide couler entre ses jambes. Le prévenu lui donna quatre sous avec lesquels elle revint à la fête acheter des amandes grillées; elle n'a rien dit à ses parents pour ne pas recevoir des coups. — Plus tard la mère, en faisant sa lessive, voyant du sang et d'autres larges et épaisses taches à la chemise de sa fille avertit le père qui en donna connaissance au Maire de Lupcourt. — Enquête faite, on connut les détails sus-énoncés.

Le père de la petite Adam se plaint beaucoup de sa fille qui est des plus indisciplinée malgré toutes les corrections.

La population de Lupcourt, depuis l'ébruitement de certains faits d'immoralité qu'ont davantage corroboré les derniers, désirerait vivement que la petite Adam fût enfermée dans une maison de correction jusqu'à sa majorité.

Dans son interrogatoire devant M. le Juge d'instruction, Jouy avoue très-franchement et en toute naïveté les faits qui lui sont imputés. — Il dit que, le jour de la fête de Lupcourt, la petite Adam lui ayant demandé quatre sous, il répondit qu'il les lui donnerait si elle voulait se laisser faire ça; elle ne répondit pas, mais se dirigea sur la route de

Nancy où l'inculpé la suivit, et elle se laissa faire.

Il paraîtrait qu'à Lupcourt les mœurs sont assez relâchées chez les enfants et les jeunes gens. Jouy raconte par exemple qu'allant un jour chercher du tabac pour son maître il vit sur la route de Saint-Nicolas la petite Adam masturber un garçon de 13 à 14 ans pendant qu'une autre petite fille faisait la même opération sur un autre. — Nous ne devons pas non plus oublier dans l'appréciation des faits que Jouy avait l'habitude de se masturber lui-même.

Tous les détails commémoratifs que nous rapportons ont ému la religion de M. le Juge d'instruction. — L'observation intime du malade nous a fait voir que c'était à juste titre. — M. le docteur Béchet auquel l'expertise fut primitivement confiée n'a pas osé se décider affirmativement dans un sens ou dans un autre. — Malgré tout, on peut manifestement voir dans son rapport que nous croyons devoir retranscrire qu'il tend à l'exonération de l'individu. — Voici ce que dit le docteur Béchet

"Conformément à l'ordonnance de M. le Juge d'instruction en date du 9 septembre 1867, le nommé Jouy (Charles), âgé de 40 ans, domestique à Lupcourt, a été soumis à mon observation dans le but de constater son état mental et de reconnaître si cet homme doit être considéré comme responsable de ses actes. — Il résulte de notre examen que Charles Jouy n'a aucun dérangement des facultés qui sont seulement peu développées. — Cet esprit borné a conscience du bien et du mal et devrait être considéré comme responsable des actions d'une criminalité évidente; mais *le sens moral est chez lui insuffisant pour résister aux instincts animaux* lor squ'ils peuvent s'exercer sans violence et par des actes dont le caractère repose sur une délicatesse de sentiments ou sur des prescriptions légales *que Jouy ne connaît pas et dont la haute convenance lui échappe.* — Il n'appartient pas au médecin de donner une appréciation plus exacte de la part de responsabilité qui incombe à Jouy et d'en faire l'application aux circonstances pour lesquelles cet homme est soumis aux investigations de la justice."

M. le docteur Béchet fait suivre son rapport de la lettre suivante:

"Monsieur le Juge d'instruction, en vous transmettant un rapport sur Jouy et les pièces qui le concernent je viens m'excuser près de vous de n'avoir pu donner à mon opinion une forme plus explicite. J'ai dit sur Jouy plus peut-être que ne le permettait mon droit de scruter le cœur humain dans l'appréciation d'un acte coupable, moins cependant que je ne pense en faveur d'un pauvre d'esprit excusable par son obscurité."

Nous avons à peine besoin de faire remarquer l'antagonisme qui se heurte si fort des deux passages du rapport: "1° Jouy devrait être considéré comme responsable; 2° Sons sens moral est insuffisant pour résister aux instincts animaux." — Le second terme détruit évidemment le premier.

Observation Directe

Jouy est entré à Maréville, le 5 janvier 1867 [sic]. — C'est un homme de taille très-exiguë, à grosse face rougeaude, sans expression intelligente; il est court, trapu, ramassé sur lui-même. — La face n'offre pas avec le crâne la symétrie conforme qu'on devrait trouver normalement. — Le tronc et les membres manquent de proportions. — Le crâne est vicieusement développé; le front fuit en arrière, ce qui, avec l'aplatissement postérieur, constitue la tête en pain de sucre; les faces latérales sont également aplaties, ce qui fait remonter un peu plus haut que d'habitude les bosses pariétales.

Sans vouloir attacher plus d'importance qu'il ne faut aux diamètres de la tête, ils acquièrent cependant une valeur réelle lorsqu'ils concordent avec des phénomènes de l'ordre psychique qui affirment les présomptions que la dégénérescence organique avait données.

Diamètre occipito-frontal	17° 60m
— occipito-mentonnier	24"
— fronto-mentonnier	12 30
— Bi-pariétal	15"
Circonférence fronto-occipitale	56"
Demi-circonférence antero-postérieure	35"
Demi-circonférence bi-pariétale	30"

Ce qui s'éloigne extrêmement des conditions normales et rentre dans le type des dégénérescences anthropologiques.

L'expression de la figure, avons-nous dit, est insignifiante au point de vue intellectuel. Autrement, elle offre un cachet évident d'animalité; la bouche est large, et, ce qui est un signe de viciation très-important et dont on doit tenir grand compte en médecine légale, la voûte palatine offre la voussure caractéristique de l'imbécilité bien que cependant — nous aurons l'occasion de le dire — Jouy ne soit pas un imbécile proprement dit.

Dès le jour de son arrivée, nous examinons attentivement toute son habitude extérieure, le degré de ses facultés, son caractère. — Il est dissimulé, défiant, gauche; mais, il paraît doux et disposé à faire ce qu'on lui dit. — Il n'a pas l'air d'être trop préoccupé de son affaire; ce qui fixe principalement son attention ce sont les conditions de bien-être matériel (couchage confortable, bonne nourriture, etc....) auxquelles il n'est pas habitué; et, plus nous le suivrons dans le courant de l'expertise, plus nous apercevrons que le grand désir qu'il manifeste sans cesse de rester ici est moins parce qu'il se rend un compte moralement exact de sa faute, des conséquences, de la pénalité consécutive, que parce qu'il voudrait être toujours bien nourri, etc..... — On le fait travailler à diverses choses usuelles qui ne nécessitent pas d'efforts d'intelligence et il s'en acquitte bien; il y met même du zèle. Nous ne pouvons mieux comparer son mode de faire qu'à celui d'un enfant qui sera content qu'on lui adresse des compliments; mais, si on vient lui faire dépasser un ordre de faits, il ne peut pas. On voit manifestement alors que ses qualités mentales qui n'ont jamais été renforcées par l'éducation (et il a 40 ans maintenant) lui refusent telles aptitudes qu'on rencontre chez le commun des hommes.

Il est très-craintif, très-pusillanime. — Il nous apprend lui-même qu'il est enfant naturel, et ce fait ne peut que davantage affirmer l'ariération mentale.

D. — Avez-vous été à l'école; avez-vous appris à lire?

R. — Je sais un peu; j'ai même appris à écrire.

D. — Avez-vous fait votre première communion?

R. — Oui, à 13 ans.

D. — Était-on content de vous au catéchisme?

R. — Je ne sais pas.

D. — Et à l'école?

R. — On n'a pas voulu me garder.

Nous voulons le faire lire. Il hésite beaucoup; nous regarde, regarde le livre, puis autour de lui; il semble craindre que le fait du livre [sic; de lire] ne soit retourné contre lui et, en effet, il finit par dire qu'il a peur d'aller encore *par là* (à Nancy, en prison).

D. — Qu'est-ce que vous avez fait depuis l'âge de 14 ans?

R. — J'ai été chez l'un, chez l'autre.

D. — Est-ce que vous fréquentiez beaucoup les autres gens?

R. — On me laissait tout seul.

D. — Vous amusiez-vous quelquefois avec les autres garçons?

R. — Ils ne voulaient pas de moi.

D. — En condition, à quoi vous employait-on?

R. — Je menais les chevaux à la charrue et j'allais bêcher dans les vignes.

D. — Quand vous rentriez, que faisiez-vous?

R. — Je restais à l'écurie.

D. — Combien gagniez-vous?

R. — Cent francs, nourri, et une chemise.

Tout en parlant, il regarde souvent à l'entour de lui; il paraît craindre qu'on entende ce qu'il dit. — Quand on lui en fait l'observation, il hésite à répondre; il finit par dire qu'il a peur d'aller en prison.

Nous ne pouvons rapporter les nombreuses conversations que nous avons eues avec lui; leur caractère est toujours identique.

Quand on le questionne sur les faits qui ont motivé son arrestation, il hésite. Comme les enfants qni [sic; qui] ont mal fait et qui sont honteux, il a peur d'être puni et l'on voit clairement que cette crainte seule le domine. Il comprendra qu'il a mal fait parce qu'on le lui dit; il promettra de ne pas recommencer, mais il n'apprécie pas la valeur morale de ses actes. — Il proteste que ce sont les deux seules fois que cela lui est arrivé; que la petite fille n'a pas résisté, bien au contraire; qu'elle ne l'avait pas fait seulement avec lui. — Nous le trouvons puéril, sans consistance morale.

Il avoue avoir l'habitude de se masturber. Nous lui demandons pourquoi il ne s'adressait pas aux grandes filles plutôt qu'aux petites; il répond qu'on se moquait de lui.

Toutes les conversations que nous avons avec lui sont loin de se faire d'une traite. Il répond assez bien à ce qu'on lui demande, mais il ne faut pas oublier de noter qu'il ne serait pas lui-même capable d'une conversation suivie, qu'il a besoin d'un interlocuteur près de lui pour éveiller la pensée; à cette condition, l'attention devient nette et la perception exacte. Toutefois encore, ne faut-il pas qu'un ordre d'idées soit dépassé; on sortirait alors pleinement de la sphère de ses qualités intellectuelles. — Il est, dans un cercle restreint, susceptible de combinaison; mais, le jugement a besoin d'un guide pour aller droit, et le sens moral est dans l'enfance.

Plus on l'observe, plus on remarque que l'esprit de rapport des choses lui manque; qu'il a l'apercevance plutôt que la véritable conscience du bien et du mal et que, chez lui, les notions naturelles ou celles qu'il a acquises sont bien primitives, bien élémentaires.

L'examen le plus complet de l'individu ne fait qu'affirmer ces points: que Jouy n'est point dépourvu d'intelligence, de combinaison limitée d'idées; que son caractère est doux et que son défaut de méchanceté a été évidemment cause qu'à l'extérieur il y a eu, avant ses derniers actes, peu de chose de répréhensible dans sa conduite; que le sens moral est avorté; qu'il est extrêmement crédule et faible à l'instar des dégénérés de sa catégorie; mais qu'il n'a pas la possession mentale suffisante pour résister par lui-même à certaines tendances qu'il pourra, comme les enfants qui ont mal fait, regretter ensuite sans cependant qu'on puisse en conclure qu'il ne recommencera pas.

Sa peur constante est de retourner en prison, mais c'est

principalement parce qu'il se trouve mieux ici et voit la différence des conditions matérielles de l'asile avec celles que la vie extérieure avait pour lui; ce n'est nullement par compréhension exacte de sa faute. Il a peur d'être puni uniquement parce qu'il a peur de la prison.

Il est certain qu'il n'a pas d'idée nette de la justice, de son droit de punition et de la peine qu'il peut encourir. — Il est à peu près manifeste que, n'étant pas méchant, s'il avait rencontré la moindre résistance, il aurait bien vite renoncé à l'acte auquel le poussaient de mauvais instincts pour lesquels il est fort à plaindre, car ils tiennent à son arrêt de développement originel, et nous savons qu'ils ont parfois la plus grande irrésistibilité chez les imbéciles et les dégénérés. — Sans doute l'éducation aurait pu apporter son bénéfice modificateur; mais, Jouy a toujours été abandonné à lui-même; il n'a pu ni se perfectionner ni acquérir. Il a agi comme un enfant et, dans l'espèce, comme on voit souvent agir entre eux des enfants de sexe différent; nous entendons ces enfants mal élevés chez lesquels la surveillance et les bons principes ne tempèrent pas les mauvais penchants. — Aussi, ne serions-nous pas éloignés de croire que, malgré la peur actuelle de Jouy, s'il se retrouvait dans les même conditions, il ferait la même chose.

Nous avons examiné ses organes génitaux. Malgré sa taille trèsexigüe et son arrêt de développement physique marqué, ses organes sont normalement développés comme ceux d'un homme ordinaire. Ce fait s'observe chez les imbéciles, et c'est ce qui rend compte en partie de leurs tendances parce qu'ils ont des organes qui les incitent; et, comme ils n'ont pas la faculté de juger la valeur des choses et le sens moral pour les retenir, ils se laissent brutalement entraîner.

En résumé, les actes de Jouy ne doivent être appréciés que comme ceux d'un enfant qui a dans une certaine limite la conscience du bien et du mal et qui n'en discerne pas la gravité. — Ses notions sur tout sont si élémentaires, son niveau moral si bas qu'il nous semble devoir échapper à la juridiction des tribunaux.

Conclusions

Nous n'avons pas à revenir sur les faits de la cause trop évidents par eux-mêmes.

Jouy est un enfant naturel, et il a été vicié congénialement. L'avortement mental a marché simultanément avec la dégénérescence organique. — Il a cependant des facultés, mais leur ressort est très-restreint. — Si, dès l'enfance, il avait été éduqué et s'était trouvé en contact avec les principes généraux qui font la loi de la vie et des sociétés, si enfin il avait été soumis à une puissance moralisatrice, il aurait pu acquérir un peu, trouver un perfectionnement pour sa raison, apprendre à délibérer plus pertinemment ses pensées, améliorer un sens moral abâtardi et livré sans frein à des impulsions propres aux arriérés de son espèce, s'instruire peut-être par lui-même de la valeur d'un acte. — Il n'aurait pas moins été toujours imparfait, mais la psychologie médicale aurait pu le placer dans les limites d'une certaine responsabilité devant la chose civile. — Mais, primordialement frappé d'avortement mental, n'ayant été soumis à aucuns bénéfices de l'éducation, n'ayant pas sous les yeux de bons exemples à imiter, personne pour lui indiquer la route morale, rien pour le retenir, il n'a pas ce qu'il faut pour contrebalancer la propension vers le mal et pour résister victorieusement aux tyrannies sensorielles. — L'animalité si puissante chez les idiots, les imbéciles et les semi-imbéciles n'a pas pour être maîtrisée un concours de facultés susceptible d'apprécier sainement la valeur des choses, et la violation des principes de morale se manifeste.

Il n'a pas "la possession et la libre disposition de soi" qui constituent le caractère essentiel de la santé morale. Il est dans l'enfance du discernement; il n'a pas le pouvoir du "soi" qui lui permette d'amoindrir les incitations de ses pensées et les entraînements charnels, qui lui donne la facilité de lutter avec avantage contre les éléments de l'existence, les suggestions d'entourage, d'admettre sciemment la loi commune et d'y obéir comme l'homme qui associe justement ses idées, est en puissance de la simultanéité des facultés, les corrobore par le sentiment moral et se trouve alors dans les conditions normales "de faire" ou "de ne pas faire" telles actions selon que les comprennent le philosophe et la jurisconsulte.

Comme nous l'avons déjà dit plus haut, il y a certains points de comparaison à établir de lui avec l'enfant. — L'enfant n'a d'abord que l'entrevue des choses sans en avoir la conscience, parce qu'il n'a que l'épellation de lui-même; il n'acquierrera la virilité morale que par degrés; c'est insensiblement qu'il se pénètre des vérités à mesure qu'il voit le vrai dans la famille, dans ceux qui l'entourent, qu'on lui montre le mal, qu'il apprend à différencier. Son organisme s'accroît en même temps que les jours se passent; agissant concurremment, les facultés prennent davantage plus de force, ont plus de virtualité pour discerner. L'éducation couvre la scène de son égide, et le libre arbitre finit par s'accuser. L'enfant a quitté peu à peu les lisières de la simple *entrevue* des choses parce qu'il a pu non-seulement combiner, chose qui est loin de suffire à la possession de soi, mais réfléchir et choisir.

L'autre, au contraire, Jouy, n'a jamais rien eu pour le rectifier, le guider, le maintenir. Avorté au moral comme il l'est au physique, sa conscience des choses est restée abâtardie et le perfectionnement lui a manqué. — Aussi, il n'a pu franchir les degrés du discernement. Il n'aura jamais la toute-puissance sur ses facultés; il se laissera emporter par ses appétits, cédera aux causes les plus futiles et aux oppressions diverses du dehors, n'aura pas l'énergie d'opposition aux volontés qui l'entoureront parce qu'il ne saisira pas ou ne saisira qu'incomplétement leur sens et leurs motifs; il ne peut agir que d'après son abaissement natif; il sera toujours inférieur.

C'est bien ainsi que l'inculpé nous semble avoir été compris par son patron et le maire de son village. — Ses gages se montaient à cent francs tandis qu'ils sont de quatre cents chez les serviteurs intelligents de son âge. Jouy s'en montrait satisfait, et, si on lui avait donné moins, il aurait accepté. On le payait donc en raison directe des ouvrages peu étendus que pouvait accomplir sa sphère d'activité.

A l'asile, il est fort doux et nous pouvons, semblablement aux arriérés de sa catégorie, l'employer utilement à des travaux ne nécessitant pas trop d'effort mental et n'exigeant que de la routine. — Il a besoin de direction.

En résumé, nous concluons :

1 Jouy est un semi-imbécile.

2 Il n'a pas eu le pouvoir de choisir entre la liberté de la raison et le pouvoir de son entraînement.

3 Nous pensons que l'exonération doit lui être acquise.

4 En raison de ses tendances et du défaut de guide et de maintien, il a droit à l'assistance hospitalière de l'Asile.

Les conclusions de ce rapport ont été adoptées par le ministère public qui a rendu une ordonnance de non-lieu.

부록 2

강제추행 혐의로 기소된 샤를 조제프 주이의 정신상태에 대한 법의학 보고서[1]

낭시Nancy 1868

앙리 보네Henry Bonnet 박사 / 쥘 뷜라르Jules Bulard 박사
마레빌 정신병원 수석 의사

우리, 서명인 앙리 보네와 쥘 뷜라르는 마레빌 정신병원 수석 의사로서 낭시 부근의 예심판사로부터 강제추행 사건으로 기소된 샤를 조제프 주이의 행위 책임능력 유무를 판단하기 위한 정신감정을 시행할 것을 지시받았습니다. 이에 1868년 1월 4일, 법에 명기된 서약을 하고 피고인에 대한 직접적인 검사를 꼼꼼히 시행하고, 법률 조항을 검토한 후, 합의하여, 목적에 부합한 다음과 같은 보고서를 제출합니다.

1 옮긴이: [부록 1]에 대한 클로이 테일러Chloë Taylor와 제임스 메를로James Merleau의 영역본인 [부록 2]를 우리말로 옮긴 것이다.

사실관계

1867년 9월 7일, 주이는 들판에서 열한 살 소녀인 소피 아당과 마리 브리켈레를 우연히 만나서, 접근한 후, 다른 소녀가 있는 가운데 그에게 첫 번째 부끄러운 행위를 하게 하였다. — 다른 날, 랍쿠르의 축젯날에, 그는 어린 소피 아당에게 낭시로 향하는 길에서 자신을 따라오도록 설득했고, 그녀의 동의하에 성적 접근을 시도했으나 성공하지는 않은 것으로 보인다.

증언

주이는 어려서 어머니를 여의고 돌봄을 거의 받지 못했다. 그는 사생아다. — 교육을 받지 못했고, 여기저기 고용되어 궂은 노동일을 했다. 그는 하찮게 여겨졌으며 하나의 기계로 취급받았다.

그는 프롤루아에 있는 바가드라는 주인 밑에서 일했는데, 바가드는 주이의 난폭한 기질에 대해 비난했다. 그는 음주에 몰두했고, 술에 취하면 자그마한 비난에도 주변에 있는 건 무엇이든 부숴버릴 정도로 분노에 휩싸이곤 했다. — 그밖에는 어떤 비도덕적이거나 불성실한 행위로 그를 비난하는 일은 없었다. 그는 일을 하기에는 지능이 약간 모자랐다. 개인적인 창의성이 필요한 사소한 일도 믿고 맡길 수가 없었다. — 그렇지만 선악을 구별하는 정도의 이해력은 있다고 알려졌다.

주이는 가장 최근에 토마스라는 주인 밑에서 하인으로 일했는데, 그는 주이가 항상 충분히 헌신적이고 정직하다고 말한다.

"하지만", 그가 덧붙이기를, "주이는 유약한 성격입니다. 나는 주이가 내 열한 살짜리 자식에게 아무런 저항도 하지 않고 그저 맞기만 하는 것을 본 적이 있어요. 나는 그가 바보고, 종종 미치광이라고 생각했어요. 한마디로 말해서, 자신의 행위에 책임을 지기에 그는 지능이 너무 모자란다고 생각합니다. 키가 작아서 경찰이 절대로 자신을 체포하지 않을 거라고 확고히 믿고 있다는 게 그 증겁니다."

랍쿠르 군수는 주이는 좋은 사람이라고 말한다. 그는 비난받기보다는 동정받아야 할 사람입니다. 나는 그를 바보라고 봅니다. 자신의 행위에 책임을 질만큼 충분한 지적 능력을 갖추고 있다고 믿지 않아요. — 소피 아당에 대해서는, 매우 어리지만, 그녀는 처신을 너무 가볍게 했고, 불행히도 본보기로 퍼져나갈 수 있는 잘못된 행동의 어떤 것도 숨기지 않는다고 했다.

소피 아당은 예심판사 앞에서 다음과 같이 진술했다. 1867년 9월에 친구인 마리 브리켈레와 같이 들판에 있었는데, 피고인이 그의 성기를 잡아당기면서 다가와 그녀에게 자위행위를 시켰다. 그러고 나서 그녀의 친구에게 이번에는 네가 해보라고 권했으나 마리 브리켈레는 거절했다. — 그러고 나서 그녀들은 들판 아래쪽에서 일하고 있는 아돌프 시몽에게 일어난 일을 설명하면서, 주이의 성기로 *maton*(엉긴 우유)를 만들었다고 말했다. 시몽은 소녀들에게 골치 아픈 녀석들이라고 말했다.

다른 날, 랍쿠르 축젯날 저녁 아홉 시 무렵에, 주이는 시장 주위에 있는 소피 아당에게 다가가 자기와 같이 낭시로 향하는 길로 가자고 했다. 거기에서 그는 소녀의 치마를 들치고 자기 성기를 그녀의 성적인 부분에 삽입하려고 했다. 그녀는 삽입이 있었는지를 말할 수 없었지만, 상당한 통증을 느꼈으며, 그 후 다리 사이로 액체가 흘러내리는 것을 느꼈다고 했다. 피고인은 그녀에게 4수를 주었고, 그녀는 시장으로 돌아가서 그 돈으로 구운 아몬드를 샀다. 그녀는 체벌을 피하려고 부모에게 아무 말도 하지 않았다. — 며칠 후 그녀의 어머니가 빨래할 때, 딸의 셔츠에서 피와 진한 얼룩을 발견하고 남편에게 얘기해서 그가 랍쿠르 군수에게 신고했다. — 조사가 이루어졌고 위에서 기술한 세부 사항이 알려졌다.

아당의 아버지는 딸이 매질에도 불구하고 매우 버릇이 없다고 불평했다.

더욱이 버릇이 없었다는 것을 뒷받침하는 어떤 부도덕한 사건이 폭로되어 랍쿠르 주민들은 단호하게 아당이 성년이 될 때까지 교화원에 수용되기를 바랐다.

예심판사 앞 증언에서, 주이는 매우 솔직하고 완전히 순진하게 기소된 행위를 인정했다. — 그는 랍쿠르 축젯날에 아당이 4수를 달라고 해서, 그녀가 그렇게 하는 것을 받아들일 마음이 있다면 주겠다고 대답했다고 한다. 그녀는 대답하지 않았지만, 낭시로 향하는 길로 향했고, 피고인이 그녀를 따라갔으며, 그녀는 동의했다.

랍쿠르에서는 어린이와 젊은 사람들 사이의 도덕이 매우 느슨한 것 같았다. 예를 들어, 주이는 주인을 위해 담배를 사러 가는 길에, 아당이 생 니콜라 도로에서 열서너 살 정도의 소년에게 자위행위를 해주고 다른 소녀가 다른 소년에게 같은 행위를 하는 것을 본 적이 있다고 말했다. — 사실에 근거하여, 우리는 주이가 스스로 자위하는 습관이 있다는 사실을 잊어서는 안 된다.

우리가 보고한 모든 증거의 세부 사항은 예심판사의 종교적 감정을 움직였다. — 환자를 자세히 관찰하면 우리는 이것이 전적으로 정당하다는 것을 알 수 있었다. — 처음에 의뢰받은 의사인 베셰는 어느 쪽이든 확실하게 결정할 엄두를 내지 못했다. — 이 모든 것에도 불구하고, 우리가 다시 작성되어야 한다고 생각하는, 그의 보고서를 보면, 베셰가 그를 무죄로 판단하려는 경향을 보였음을 확실히 알 수 있다. — 베셰 박사는 다음과 같이 말한다.

> 예심판사의 지시에 따라 나는 1867년 9월 9일, 랍쿠르의 가정집 하인으로 일하는 마흔 살의 (샤를) 주이의 정신상태를 기록하고 그가 자신의 행위에 대해 책임질 수 있는지를 판단하기 위해 관찰하게 되었다. — 검사 결과, 샤를 주이의 단순히 미숙한 정신능력은 장애가 없다고 판단된다. — 이러한 미숙한 정신은 선악을 알아차릴 수 있다. 그리고 명백한 범죄행위에 대해 반드시 책임을 져야 한다고 본다. 그러나 동물적 충동이 폭력을 동반하지 않고 실행되거나, 주이가 알지 못하는 섬세한 감정이나 법규에 바탕을 두는 특징을 가진 행위로 실행되거나, 높은 도덕성에서 벗어난 행위로 실행될 때 주이의 도덕적 감각은 동물적 충동을 이겨내기에는 충분하지 않다고 할 수 있다. — 주이에 대한 책임의 정도를 좀 더 정확하게 측정하여 주이가 범죄 조사를 받는 상황에 적용하는 일은 일개 의사가 결정할 일이 아니다.

베셰 박사는 보고서에 첨부된 편지에 다음과 같이 썼다.

> 예심판사 각하, 주이에 대한 보고서와 관련 자료를 송부하면서, 저의 의견을 좀 더 명료하게 제안하지 못한 점에 대해 사과드립니다. 유책한 행위를 평가하기 위해 인간의 마음을 조사할 때 저에게 허용된 권리보다 주이에 대해서 아마도 좀 더 이야기한 것 같

습니다. 그러나 제가 주이의 무지 때문에 백치 편에 서서 용서할 수 있는 행위라고 생각하는 것은 절대 아닙니다.

우리는 보고서의 두 구절이 강하게 상충한다는 것을 지적할 필요가 거의 없는 것 같다. "1. 주이는 책임이 있다고 보아야 한다. 2. 그의 도덕적 감각은 동물적 충동에 저항하기에 충분하지 못하다." — 명백히 두 번째 항이 첫 번째 항을 파기한다.

직접 관찰

주이는 1867년 1월 5일 마레빌에 입원했다. — 그는 자그마한 키에 혈색 좋은 큰 얼굴을 가진, 지적 표현에 결함이 있는 남자다. 그는 작고 다부지고 땅딸막하다. — 얼굴과 두개골은 정상인의 얼굴에 합당한 대칭을 갖추지 못했다. 몸통과 사지는 비율이 맞지 않는다. — 두개골이 불균형하게 발달했다. 이마는 뒤로 꺼져있고, 뒤통수는 납작하여, 두상이 원추형을 이룬다. 옆얼굴도 똑같이 평평하여 두정골 봉합선이 정상인보다 훨씬 위쪽에 있다.

두개골 측정 수치에 과도한 의미를 두는 것은 원치 않지만, 유기적 퇴행에 의해 주어진 추정을 유지하기 위해서는 두개골의 실측이 필요하다.

후두부-전두부 직경	17° 60m
— 후두부-턱	24"
— 전두부-턱	12 30
— 양두정골	15"

전두부-후두부 둘레	56"
전후방향 반원주	35"
양두정골 반원주	30"

이 수치들은 정상에서 한참 벗어나 있고, 인류학적 퇴행 유형에 꼭 들어맞는다.

앞에서 말한 바와 같이, 얼굴 형태는 인지적 관점에서는 중요하지 않지만, 동물성의 명백한 특징이 된다. 입이 매우 크고, 법의학에서 심각하게 고려해야 할 오염의 아주 중요한 징후인, 입천장이 아치형이라는 것은, 이는, 주이를 엄격하게 백치라고 할 수는 없지만, —그럼에도 우리는 말할 기회를 가질 것이다— 백치의 특징이다.

도착한 날부터, 우리는 밖으로 드러나는 그의 습관, 능력의 정도, 성격을 주의 깊게 관찰했다. — 그는 감정을 숨기고, 반항적이고, 서투르다. 그리나, 온순하게 보이고 다른 사람이 말하는 것을 그대로 하는 경향이 있다. — 이번 사건으로 그렇게 위축되어 보이지는 않으며, 가장 그의 주의를 끄는 것은 예전에는 익숙하지 않았던 물질적 풍요로움(안락한 잠자리, 좋은 음식 등)이다. 정기적으로 관찰하는 동안 그를 따라다니면 다닐수록, 우리는 그가 항상 지적하듯이, 그의 가장 큰 바람은 여기에 계속 머무는 것이라는 것을 알게 되었다. 그 이유는 그가 자신의 행위에 대한 도덕적 책임감이나 행위의 결과 그리고 그 결과에 따른 처벌을 인식하고 있기 때문이 아니라 항상 잘 먹는 것 등을 원하고 있기 때문이다. — 우리가 그에게 지적 능력이 크게 필요하지 않은 다양한 일상생활의 일들을 시켜본 결과 곧잘 했다. 어떤 때는 열정적으로 하기도 했다. 마치 칭찬을 받으면 기뻐하는 어린아이 같았다. 그러나 어떤 수준의 복잡성을 넘어서는 일을 시키면 수행하지 못했다. 그의 정신상태는 그에게 보통 남자의 능력을 갖출 수 없게 했으며, 더 개선될 수도 없다(그는 마흔 살이다).

그는 매우 겁먹고 소심했다. — 그는 스스로 자신이 사생아라고 말하는데, 이 사실은 그의 정신적 낙후성을 더욱 긍정하는 것이다.

문: 학교에 다녔습니까? 읽기를 배웠습니까?
답: 약간 압니다. 쓰기도 배웠습니다.
문: 첫 영성체를 했습니까?
답: 예, 열세 살 때 했습니다.
문: 그들은 교리문답 시간에 당신을 기꺼워했습니까?
답: 잘 모르겠습니다.
문: 학교에서는?
답: 그들은 내가 계속 다니기를 원하지 않았습니다.

우리는 그에게 읽기를 시켰다. 그는 많이 주저했다. 우리를 보고 책을 보고 그리고 주의를 둘러보았다. 그는 읽기 능력이 자기에게 불리하게 작용할까 봐 두려워했다. 그는 (낭시나 감옥으로) 돌아가게 될까 두렵다는 말로 끝냈다.

문: 열네 살 이후로 뭘 했나요?
답: 이 사람 저 사람 밑에 있었습니다.
문: 많은 사람과 시간을 같이 보냈나요?
답: 그들은 항상 날 혼자 놔뒀습니다.

문: 가끔 다른 사내아이들과 함께 놀았나요?

답: 그들은 날 원하지 않았어요.

문: 고용됐을 때 무슨 일을 했나요?

답: 경작지에서 말을 끌고 포도밭에서 구덩이를 파거나 했습니다.

문: 일에서 돌아오면 무엇을 했습니까?

답: 마구간에 있었습니다.

문: 얼마나 받았지요?

답: 백 프랑, 음식, 셔츠 한 장.

말할 동안에도, 그는 자주 주위를 둘러보았다. 누가 자신의 말을 듣고 있지 않나 두려워했다. — 우리가 이 사실을 말했을 때, 그는 대답하기를 망설였는데, 결국 감옥에 가는 것이 두렵다고 했다.

그와 나누었던 수많은 대화를 다 보고할 수는 없지만, 항상 똑같았다.

그를 체포하게 한 행위에 대해 질문했을 때 그는 주저했다. 잘못을 저지른 어린아이처럼 부끄러워했고, 처벌을 두려워했다. 명백히 이 두려움이 그를 주눅 들게 했다. 누군가 그에게 말해 주어야만, 자신이 잘못된 행동을 했다는 것을 이해하게 된다. 다시는 그와 같은 행동을 하지 않겠다고 약속할 수 있을 것이지만, 그는 자기 행위의 도덕적 가치를 제대로 평가하지 못한다. — 그는 그런 행위가 두 번밖에 일어나지 않았다고 항의한다. 어린 소녀는 저항하지 않았고, 그와는 반대로 그녀는 자신하고만 그런 행위를 하지 않았다고 한다. — 우리는 그가 어린아이 같고 도덕적 일관성이 없음을 보았다.

그는 자위행위 습관이 있음을 인정했다. 왜 나이 어린 여자애보다 좀 더 나이 든 여자를 만나지 않느냐고 물었더니, 여자들이 자기를 놀린다고 말했다.

우리가 나눈 대화는 모두 한꺼번에 이루어진 것은 아니다. 누가 물었을 때 그는 곧잘 대답했다. 그러나 그는 혼자서는 스스로 대화를 지속할 수 없고 옆에서 그의 생각을 일깨워 주는 사람이 필요하다는 사실에 주목할 필요가 있다. 이러한 조건에서는 그의 주의력은 명확했고 인지는 정확했다. 그러나 한 번 더 이야기하지만, 그 이상을 생각하거나 그의 인지능력의 한계를 완전히 무시하면 안 된다. ─ 제한된 범위 내에서 소통할 수 있다. 그러나 그의 판단 능력이 바른 방향을 유지하기 위해서는 안내가 필요하고, 그의 도덕적 감각은 유아기에 머물러 있다.

그를 관찰하면 할수록, 우리는 그가 이해력이 부족하다는 것을 알 수 있다. 선악에 대한 그의 인식은 명확하기보다는 모호하고, 직관적 관념이나 그가 습득한 그러한 개념들은 매우 원초적이고 기본적이다.

주이를 자세히 관찰하면 다음과 같은 점들을 알 수 있다. 주이는 인지능력이 전혀 없는 것이 아니라 제한되어 있다. 온화한 성격이고, 이 사건이 있기 전까지 비난받을 행위가 별로 없었다는 점을 보아 악의가 없다. 도덕적 감각은 제대로 발달하지 못했다. 그의 범주에서 타락한 사람이 보기에는 주이는 속이기 쉽고 유약한 사람이다. 마치 잘못을 저지른 어린아이같이, 나중에 후회하게 될, 그러나 후회한다고 해서 그가 이런 행동을 다시 하지 않을 것이라는 결론을 내릴 수는 없는, 여하튼 그런 경향에 맞서 저항할 수 있는 정신적 자기조절 능력을 지니지 못했다. 주이는 감옥으로 돌아가는 것을 두려워했는데, 이는 바깥세상보다 여기 정신병원이 더 좋고 물질적으로 더 풍족하기 때문이지, 결코 그가 자신의 잘못된 행동을 이해했기 때문이 아니다. 그는 감옥을 무서워하기 때문에 처벌을 두려워한다.

주이는 확실히 정의관이나 그가 받을 선고와 처벌의 정당성에 대해 명확하게 이해하고 있지 못하다. — 악의가 없는 상태에서, 최소한의 저항이라도 있었다면, 주이는 자신의 나쁜 충동으로 이끌린 그 행위를 바로 그만두었을 것이다. 이러한 이유에서 그는 동정받아야 한다. 이 나쁜 충동들은 원초적 발달장애로부터 기인했기 때문이다. 이런 점은 백치나 퇴행한 사람들 사이에 강한 설득력이 있다. — 교육은 의심할 여지 없이 개선 효과가 있었을 것이나, 주이는 언제나 홀로 버려졌었다. 그는 자신을 발전시킬 수도, 성취할 수도 없었다. 그는 어린아이 같아서, 우리는 성별이 다른 두 어린아이가 흔히 하는 행동을 본 것과 같다. 제대로 배우지 못하고 자랐기 때문에 아이들은 감시나 좋은 원칙이 나쁜 성향을 억제할 겨를이 없다. — 마찬가지로 우리는 주이가 현재의 두려움에도 불구하고 같은 상황에 놓인다면 같은 행동을 반복할 것이라는 믿음을 무시해서도 안 된다.

우리는 그의 생식기를 조사했다. 왜소한 체구와 육체적 발달 부진에도 불구하고, 그의 생식기는 일반 성인의 그것과 마찬가지로 정상적으로 발달했다. 이러한 사실은 백치에게 자주 발견되는데, 정상 생식기를 가지고 있다는 사실은 그들이 가진 성향을 부분적으로 설명할 수 있다. 백치는 사물의 가치를 판단하고 자신을 통제할 수 있는 정신 능력이 없어서 스스로 자제력을 잃어버린다.

요약하면, 주이의 행위는 선악에 대한 제한된 이해력을 가진 그리고 그것의 중요성에 관심이 없는 어린아이의 행동으로 이해해야 한다. — 무엇보다도, 그의 사고는 매우 단순하고, 도덕적 감각은 너무 낮아서 법원의 사법권에서 벗어난다고 판단된다.

결론

이 사건의 자명한 사실관계로 되돌아갈 필요가 없다.

주이는 사생아이고 선천적 결함이 있다. 육체적 퇴행과 마음의 발달장애가 함께 있다. — 그럼에도 어느 정도의 지적 능력은 있는데 매우 제한적이다. — 만약 어릴 때부터 교육을 받아 자연법과 시민법의 일반적 원칙들을 알았다면, 마지막으로 도덕적 권위에 복종했다면, 그는 좀 더 이성적인 사람이 될 수도, 신중하게 사고하는 법을 배웠을 수도, 불순하고 저열한 충동에 넘어가는 그의 낮은 도덕 감각을 높일 수도, 행위의 가치를 배웠을 수도 있었을 것이다. — 주이는 항상 불완전한 상태에 있긴 하지만, 의학적 심리학의 견해로 보면, 어떤 시민적 책임의 범주 내에 있다고 볼 수 있다. — 그러나 원초적으로 마음의 발달이 미숙하고, 교육받지 못했고, 눈앞에 본받을 만한 본보기가 없었고, 도덕적인 길을 가르쳐주는 사람도 자신을 제지할 아무것도 없는 상태에서, 감각적 욕망의 지배를 극복하고 나쁜 방향으로 가는 경향을 저지하기 위해 무엇이 필요한지 알 수 없었다. — 왜냐하면 백치와 저능아들에게서 동물성은 매우 강력하고, 부분 저능아들은 사물의 가치를 건전하게 평가하는 데 필요한 여러 능력을 조합하는 일에 숙달되어 있지 못하기 때문에 도덕 원칙의 위반이 일어난다.

주이는 도덕적 건전성 확보에 필수적인 "자신에 대한 완전한 소유와 지배"를 하지 못하고 있다. 그는 판단력에 있어 유아기 상태이다. 그는 자기 생각과 성욕을 완화할 수 있는 (존재의 기본 요소와 타인의 제안에 대해 싸우는 데 유리할 수 있게 해주고, 관습법을 완전히 인정하고 자기 생각들을 적절히 연결하는 사람처럼 그것을 준수할 수 있게 해주며, 동시에 자기의 능력을 제어하고, 도덕적 정서로 그 능력들을 확증하며, 철학이나 법학에서 이해하는 "해야 하는" 혹은 "하지 말아야 하는" 행동의 정상적인 조건 안에서 자신을 발견하는) 자기조절 능력을 갖추지 못했다.

위에서 언급했듯이, 어떤 점에서는 주이를 어린아이에 견줄 수 있다. — 어린아이는 제한된 자기 인지능력 때문에 처음에는 사물을 완전하게 이해하지 못하고 단지 어렴풋이 알 뿐이다. 단지 점차 도덕적 힘을 강화해 나갈 뿐이다. 가족과 주위 사람들을 통해서 무엇이 잘못인지를 알고 사리 분별하는 법을 배우면서 알아차릴 수 없을 정도로 조금씩 진실을 가늠해 나간다. 시간이 지남에 따라 몸은 성장한다. 가족과 주위 사람들의 행동을 따라 하면서 마음의 능력은 점점 더 강해지고 통찰력이 생기게 된다. 교육의 보호 아래, 자유의지는 마침내 명백해진다. 아이는 서서히 사물의 단순한 어렴풋한 가장자리로부터 떠나게 된다. 왜냐하면 어떤 것을 침착함과는 거리가 먼 것으로 연계할 수 있을 뿐만 아니라 숙고하고 선택할 수 있기 때문이다.

이와는 대조적으로, 주이는 자신을 올바르게 바로잡거나, 인도하거나 지지해 줄 어떠한 것도 없었다. 그는 육체가 왜소하듯이 도덕적 영역이 발달하지 못했으며, 사물에 대한 인지능력이 둔하고 마무리하는 능력 또한 부족하다. 마찬가지로 그의 판단력에도 문제가 있다. 그는 자기 능력을 완전하게 제어한 적이 없다. 자신을 욕구에 휩쓸리게 내버려두며, 가장 무가치한 동기와 다양한 외부적 억압에 굴복한다. 그리고 주위 사람의 뜻에 저항할 힘이 없다. 왜냐하면 그들의 의미와 동기를 이해할 수 없거나 오직 부분적으로 이해할 수밖에 없기 때문이다. 그는 오직 자신에게 내재하는 타락에 따라서 행동한다. 그는 항상 열등하다.

군수나 고용주가 주이를 이해하는 방식은 정확히 이와 같다. — 그와 나이가 같은 똑똑한 하인들이 임금으로 400프랑을 받지만, 주이는 약 100프랑 정도를 받는다. 주이는 이에 만족하는 듯하며, 더 적게 준다고 해도 아마 받아들일 것이다. 업무를 수행할 수 있는 활동 범위의 제한 때문에 주이는 합당하게 받는다고 할 수 있다.

정신병원에서 주이는 매우 온화했다. 같은 부류에 있는 사람들과 마찬가지로, 우리는 주이에게 높은 정신 능력을 요구하지 않는 단순 반복적인 작업을 효과적으로 시킬 수 있었다. — 그는 지시가 필요한 사람이다.

요컨대, 우리의 결론은 다음과 같다.

1. 주이는 반 백치이다.
2. 그는 내적 성향의 압박과 이성의 자유 사이에서 선택할 수 있는 능력이 없다.
3. 우리는 그에게 무죄가 선고되어야 한다고 본다.
4. 그의 성향 그리고 그에게는 지도와 지원이 부족하므로, 주이는 정신병원에서 공공의 도움을 받을 자격이 있다.

이 보고서의 결론은 검사에 의해 인용되었으며, 사건은 불기소 처분되었다.

역자 해제

*이 글은 국내학술지에 게재하기 위해 작성한 「성범죄 대응으로서의 구금에 대한 비판적 고찰」이라는 제목의 해제 일부를 수정·발췌한 것이다. 여기서는 상세한 인용 정보를 생략했다. 정확한 전거를 포함한 전체 내용은 해당 문헌을 참조하길 바란다.

두 도시 이야기

2017년, '같은 범죄 다른 결말'의 책 두 권이 국내에 번역 출간되었다. 하나는 미국 몬태나주 미줄라에서 발생한 일련의 성폭행 사건을 둘러싸고 벌어진 일들의 기록이고(존 크라카우어/전미영 옮김, 『미줄라: 몬태나 대학교 성폭생 사건과 사법 시스템에 관한 르포르타주』, 2017), 다른 하나는 강간 가해자와 피해자가 남아프리카 공화국 케이프타운에서 일주일간 나눈 대화의 기록이다(토르디스 엘바·톰 스트레인저/권가비 옮김, 『용서의 나라: 성폭력 생존자와 가해자가 함께 써내려간 기적의 대화』, 2017).

인구는 7만에 불과하나 미국 북서부 몬태나주에서 두 번째로 큰 도시인 미줄라(Missoula)는 "인정이 넘치고 풍경이 아름다운 곳"으로, 영화 ≪흐르는 강물처럼(1993, 미국)≫의 배경이 바로 여기 미줄라와 인근의 빅블랙풋강이다. 20세기 후반까지 번성했던 임업이 쇠퇴한 이후 미줄라 지역 경제의 "고용 창출 원천은 몬태나대학교"다. 아름다운 자연풍광은 미줄라 시민의 자랑거리지만, 몬태나대학교 미식축구팀 '그리즐리스'야말로 그들에게 진정한 "자부심의 원천"이다. 존 크라카우어의 책은 부제가 말해주듯이 이런 몬태나대학교 미식축구부 선수들을 비롯한 학생들이 저지른 "성폭행 사건과 사법 시스템에 관한 르포르타주"다. 성폭행 피해자들이 신고조차 주저하게 되는 상황, 그리고 수사기관과 대학 당국에 사건을 신고하더라도 그럼으로써 (악의적인 헛소문, 가해자 가족·친구·팬들이 가하는 부당한 비난, 피해자와 피해자 가족의 의사에 큰 관심을 기울이지 않고 성폭행에 관해 편견을 가진 수사기관 담당자들, 사건처리에 부주의한 대학 당국, 법정에서 이루어지는 검찰 측과 피고인 측의 공방 등으로부터) 겪게 되는 고통, 불안, 좌절을 기술한다. 폭력 행위로 초래된 상처 외에 사법 절차에서 겪게 되는 성폭행 생존자의 고통과 좌절은 가해자에 대해 어떤 결론(출교 처분, '증거불충분'을 이유로 하는 불기소처분, 재판을 통한 유·무죄 판결)이 나는지와는 무관하게 사법 시스템에 발을 들여놓으면 모두가 겪게 될 수밖에 없는 것임을 여러 실례로 보여준다.

아파르트헤이트의 상처를 딛고 '진실과 화해'로 사회통합을 이룬 남아프리카 공화국이지만 성범죄 발생률은 통계상 다른 어느 나라보다도 높아서 남서쪽 해안에 자리한 아름다운 도시 케이프타운(Cape Town)은 "그 별명이 부당하든 아니든 간에 레이프타운(Rape Town)"으로 불린다. 두 번째 책의 저자 중 한 사람인 토르디스 엘바는 1996년 첫사랑으로부터 강간을 당했다. 나머지 저자 톰 스트레인저가 바로 사건의 가해자다. 이들은 2005년 토르디스가 불안정한 심리상태에서 "카페에 앉아 끼적인 글"을 시작으로 8년간 약 300통의 서신을 주고받았다. 2013년, 그들은 '그날의 일'을 '끝맺음'하고자 각자 아이슬란드 레이캬비크와 오스트레일리아 시드니에서 "세계 제일의 강간 도시"로 향했다. 이렇게 해서 케이프타운에서 이루어진 일주일간의 대화는 "살얼음판 위를 걸어가는 한 걸음 한 걸음"이었지만, 부제가 말해주듯이 "기적의 대화"였고, 이들은 결국 서로에 대한 이해, 진정한 용서와 화해에 이른다.

범죄를 저지른 행위자는 적법한 절차를 통해 밝혀진 진실(과연 이것이 진실일지는 논외로 하고)에 따른 죄책에 비례하는 형벌을 받아야 하며, 이를 통해 사회의 구성원으로서 다시 자리매김할 수 있는 기회를 가진다는 것이 형사법의 이념이자 구조인데, 위 이야기는 이런 형사사법제도에 의문을 품게 한다. 토르디스와 톰이 보여준 '기적 같은' 결말이 형사사법제도 내에서였다면 가능했을까? 두 책이 보여준 '같은 범죄에 대한 다른 접근과 결말'은 성범죄에 대해 우리는 어떤 관점을 가지고 접근하는 것이 타당하며, 어떤 결말을 바라는지, 이를 위해서 형사사법제도는 어떠해야 할지를 고민하게 한다.

여기에 우리말로 옮긴 클로이 테일러의 책은 이러한 물음에 답하려는 훌륭한 시도라고 할 수 있다. "명료하고 설득력 있으며 우아한 산문체(Borg)"로 쓰인 이 책은 "범죄, 형벌, 정의에 관한 논의와 연구에 꼭 필요한 자료(Repo)", "성폭력·페미니즘 문제와 관련하여 푸코를 연구하는 사회학자라면 누구나 반드시 읽어야 할 책(Neall)"이라는 평가를 받는다.

감옥에 대한 다른 관점과 과제

푸코는 '감옥의 대안'이라는 주제로 캐나다 몬트리올대학교에서 강연해달라는 요청을 받았을 때 두 가지 이유로 당황스러웠다고 한다. 첫째, 감옥의 대안이라는 말을 들으면 "마치 일곱 살짜리 아이로 돌아가서 '이제 벌을 받아야 하는데 둘 중에 어떤 벌을 받을지 직접 고를 수 있게 해줄게. 채찍으로 맞을래, 아니면 간식을 안 먹을래?'라는 질문을 듣는 기분"이기 때문이고, 둘째, "감옥의 실패를 기리는 주간에 이 주제로 강연"해야 한다는 점 때문이었다는 것이다(미셸 푸코/이진희 옮김, 『감옥의 대안』, 2023). 감옥의 대안으로 제안된 새로운 구금 시설이라 할지라도 그것이 실제로 하는 기능은 "감옥 고유의 기능"일 뿐이며, "범법자를 만들어 내는 공장이 더는 필요치 않게" 되었다는 점에서 감옥이 쇠퇴하고는 있지만 감옥과 범법자가 맡았던 역할을 대체할 더 효과적이고 치밀한 통제 방식은 오히려 확산하고 있다는 점에서 감옥은 전혀 실패하지 않았다고 생각하기 때문에 위 제안이 당황스러웠다는 의미이다. 푸코는 "감옥이 완벽하게 성공"했다고 보며, "실로 감옥의 대안이 없기 때문"에 어떠한 제안도 하지 않았다. 그러나 테일러는 푸코의 이러한 통찰에 기본적으로 동의하면서도 감옥의 대안에 관한 논의를 계속 개진할 가치가 있다고 보았으며, 그 여정에서 잠시 머물게 된 선착장이 감옥은 성범죄의 대응책이 될 수 없고 폐지의 대상이라는 것이다.

이른바 '폐지주의'는 이미 "사회학에서는 화석으로만 존재가 확인되는 공룡과 같으며, 이제 더는 오늘의 주요 뉴스가 아니라는 평가"를 받기도 한다(Greco, *Feuerbachs Straftheorie*, 2009). 형벌을 정당화하기 위해 지난 200년간 수많은 학자가 쏟은 노력의 결과물을 무시할 수는 없지만, 그럼에도 형벌(이론)에 대한 비판이 여전히 존재한다는 점은 부정할 수 없다. 이뿐만 아니라 폐지주의에 대한 위와 같은 평가와 달리 "독일 이외의 서구에서는 형사법학자들 사이에서도 확고한 기반을 확보하고 있다는 평가"를 받는다(Greco).

폐지주의에 대해 "우리가 알고 있는 형벌을 정당하지 않다고 주장하면서 우리가 알지 못하는 형벌을 제시하는 형벌이론을 전제"(Greco)한다는 법학자의 '법학적 사고'와 범죄에 대한 형사사법제도의 대응이 반드시 형벌과 구금이어야만 하느냐는 철학자의 '철학적 사고' 사이에는 넘을 수 없는 벽이 가로놓여 있는 듯하다. 일부 현실의 문제를 이유로 폐지를 주장하는 것이 타당한지, 폐지 이후의 대안이 무엇이며 그런 대안이 형벌일 수 있느냐는 규범적·논리적 측면의 비판은 폐지론자에게 언제나 제기되는 물음이다.

다만 종래의 형벌이론이 형벌의 정당화에 성공했느냐는 의문 또한 언제나 제기되는 물음이다. 앞서 말한 '범죄를 저지른 행위자는 적법한 절차를 통해 밝혀진 진실에 따른 죄책에 비례하는 형벌을 받아야 하며, 이를 통해 사회의 구성원으로서 다시 자리매김할 수 있는 기회를 가진다'는 형사법 이념이 정의롭고 확고한 듯하지만, 당장 우리나라를 예로 들면, 죄를 짓고도 감옥에 가는 비율은 "전체 범죄자의 0.2-0.3% 정도에 불과"하다. "상업주의에 기초한 대중매체의 선정적인 범죄 보도(특히 성범죄 보도)와 이에 따른 대중의 범죄자를 향한 분노와 불안 고조 및 범죄방지 대책을 요구하는 여론 형성, 그리고 대중의 인기에 영합하려는 정부와 정치권의 중형주의 대책 마련"이라는 우리의 형사정책 현실을 고려하면, 비록 테일러의 연구가 북미의 상황에서 북미의 논의를 바탕으로 수행된 것이기는 하지만, 감옥에 대한 비판이 감옥의 확대 논리로 귀결된다는 주장을 포함한 그녀의 논지를 우리의 사정에 비추어 성찰해 볼 필요성은 충분하다. 우리나라에서 그녀의 주장이 현재의 주류적 견해를 대변하고 있지 않다고는 하더라도 적어도 "발언력 있는 마이너리티"로서의 가치는 가진다. 아마도 진실은 폐지론자와 규범론자 사이에 가로놓여 있는 벽과 벽 사이 어디쯤인가에 있을 것이며, 양자의 벽을 허물어 새로운 세상을 여는 작업은 양쪽에서 계속되어야 할 것이다.

페미니스트-푸코주의자라는 단호한 자신의 이데올로기적 입장을 견지하고 있음에도 자기 견해를 "강요하거나 설교"하는 것이 아니라, "토론을 시작하여 다른 주장의 논리를 끝까지 따라가 보는", 그리고 "궁극적으로 반대하거나 완전히 동의하지 않는 다양한 견해의 내부 논리를 존중심을 가지고" 살펴보는 테일러의 "사고방식과 글 쓰는 태도의 미덕"(Borg)은 성범죄에 대한 대응책으로서의 '감옥의 무용성'이라는 그녀의 주장을 더욱 설득력 있게 한다. 다만 결론에서 대안으로 다루는 예방적·재분배적·회복적·전환적 정의의 논의는 그 분량이나 밀도, 제시된 실제 사례에서 아쉬움을 남긴다. 그러나 이런 아쉬움은 아직 아무도 가보(려 하)지 않은 길을 가는 것이라는 점에서 이해할 수 있는 수준이며, 오히려 그녀를 비롯한 폐지론자의 추가적인 후속 연구를 기대하게 하는 요소로 작용한다.

푸코가 몬트리올대학교 강연에서 한 말(『감옥의 대안』)과 크리티컬 리지스턴스(Critical Resistance)의 설립자 루스 윌슨 길모어가 어느 인터뷰에서 한 말을 듣는 것으로 해제를 마친다.

> "사회 속에서 위법행위가 기능하는 거대한 정치적, 경제적 맥락을 고려하지 않고서 형법과 처벌에 대해 문제를 제기한다면 이는 당연히 추상적인 질문이 될 수밖에 없습니다. …… 새로운 사회를 꿈꾸지 않고서는 감옥을 개혁할 수 없습니다."

> "[감옥 폐지란] 대인관계에 관련된 피해, 경제적 궁핍, 사회적·건강상 취약성이 과거의 일이 되어버린 세상을 상상하는 방법입니다. 사람들이 서로에게 주먹을 들어서 해결하는 것이 아닌 세상을 꿈꾸는 방식이며, 도움을 받거나 자신의 생활을 보호받는 방법이 감옥에 가는 것뿐이라고 생각하지 않는 세상을 꿈꾸는 방식이죠. 그들은 우리가 모두 겪는 일상적 사회 무질서가 …… 범죄화와 처벌로 가장 잘 해결된다고 생각하지 않아요. 그래서 감옥 폐지는 사실 다른 질서의 세계를 상상하는 것입니다."

참고문헌

Abbas, Jillian and Jijian Voronka. 2014. "Remembering Institutional Erasures: The Meaning of Histories of *Disability Incarceration in Ontario," in Liat Ben-Moshe, Chris Chapman, and Allison C. Carey, eds., Disability Incarcerated: Imprisonment and Disability in the United States and Canada.* New York: Palgrave MacMillan: 121-138.

Abramsky, Sasha. 2007. *American Furies: Crime, Punishment and Vengeance in the Age of Mass Imprisonment.* Boston, MA: Beacon.

Acorn, Annalise. 2005. *Compulsory Compassion: A Critique of Restorative Justice.* Vancouver: University of British Columbia Press.

Adams, Carol. 1995a. "Bestiality: The Unmentioned Abuse," in *The Animals' Agenda*, vol. 15, no. 6: 29-31.

______. 1995b. "Woman-Battering and Harm to Animals," in Josephine Donovan and Carol J. Adams, eds., *Animals and Women: Feminist Theoretical Explorations.* Durham, NC: Duke University Press: 55-84.

Adler, Amy. 2001. "The Perverse Law of Child Pornography," in *Columbia Law Review*, vol. 101, no. 2: 209-273.

Alcoff, Linda. 1996. "Dangerous Pleasures: Foucault and the Politics of Pedophilia," in Susan J. Hekman, ed., *Feminist Interpretations of Michel Foucault.* University Park: Pennsylvania State University Press: 99-135.

______. 2000. 'Phenomenology, Post-Structuralism, and Feminist Theory on the Concept of Experience,' in Linda Fisher and Lester Embree, eds., *Feminist Phenomenology.* Dordrecht: Kluwer Academic Publishers: 39-56.

Alexander, Michelle. 2010. *The New Jim Crow: Mass Incarceration in the Age of Colorblindness*. New York: The New Press.

_____. 2011. "The New Jim Crow," in *Ohio State Journal of Criminal Law*, vol. 9, no. 1: 7-26.

Ambroise-Rendu, Anne-Claude. 2014. *Histoire de la pédophilie: XIXe-XXIe siècle*. Paris: Fayard.

Arkles, Gabriel. 2014. "Prison Rape Elimination Act Litigation and the Perpetuation of Sexual Harm," in *Legislation and Public Policy*, vol. 17, no. 4: 801-834.

_____. 2015. "Regulating Prison Sexual Violence," in *Northeastern Public Law and Theory Faculty Research Papers Series*, no. 233. Paper 19: http://lsr.nellco.org/nusl_faculty/19

Astruc, Rémi. 2010. *Le Renouveau du grotesque dans le roman du XXe siècle, essai d'anthropologie littéraire*. Paris: Classiques Garnier.

Atwood, Margaret. 1982. *Writing the Male Character*, reprinted in *Second Words: Selected Critical Prose* from a Hagey Lecture on February 9, 1982, at the University of Waterloo.

Backhouse, Constance. 2012. "A Feminist Remedy for Sexual Assault: A Quest for Answers," in Elizabeth A. Sheehy, ed., *Sexual Assault in Canada: Law, Legal Practice and Women's Activism*. Ottawa: University of Ottawa Press: 725-740.

Bal, Mieke, ed. 2005. *The Artemisia Files: Artemisia Gentileschi for Feminists and Other Thinking People*. Chicago, IL: University of Chicago Press.

Balfour, Gillian and Janice DuMont. 2012. "Confronting Restorative Justice in Neo-Liberal Times: Legal and Rape Narratives in Conditional Sentencing," in Elizabeth A. Sheehy, ed., *Sexual Assault in Canada: Law, Legal Practice and Women's Activism*. Ottawa: University of Ottawa Press: 701-724.

Bartels, Ross and Ceci Parsons. 2009. "The Social Construction of a Serial

Killer," in *Feminism and Psychology*, vol. 19, no. 2: 267-280.

Bartky, Sandra. 1990. "Foucault, Femininity, and the Modernization of Patriarchal Power," in *Femininity and Domination: Studies in the Phenomenology of Oppression*. London and New York: Routledge.

Baskins, Cristelle. 1998. *Cassone Painting, Humanism, and Gender in Early Modern Italy*. Cambridge: Cambridge University Press.

Basset, Sara J. Bocciardi. 2009. "North American Man/Boy Love Association(NAMBLA)," in Jodi O'Brien, ed., *Encyclopedia of Gender and Society*, volume 2. Thousand Oaks, CA: Sage Publications.

Beirne, Piers. 1993. Inventing Criminology: *Essays on the Rise of "Homo Criminalis*. Albany: State University of New York Press.

______. 1997. "Rethinking Bestiality: Towards a Concept of Interspecies Sexual Assault," in *Theoretical Criminology*, vol. 1, no. 3: 317-340.

_____. 2001. "Peter Singer's 'Heavy Petting' and the Politics of Animal Sexual Assault," in *Critical Criminology*, vol. 10: 43-55.

______. 2009. *Confronting Animal Abuse: Law, Criminology, and Human-Animal Relationships*. Lanham, MD: Rowman and Littlefield.

Bell, Vikki. 1993. *Interrogating Incest: Feminism, Foucault and the Law*. London and New York: Routledge.

Ben-Moshe, Liat, Chris Chapman, and Allison Carey, eds. 2014. *Disability Incarcerated: Imprisonment and Disability in the United States and Canada*. Basingstoke: Palgrave.

Berger, Dan. 2014. *Captive Nation: Black Prison Organizing in the Civil Rights Era*. Chapel Hill: University of North Carolina Press.

Bernstein, Elizabeth. 2007a. *Temporarily Yours: Intimacy, Authenticity, and the Commerce of Sex*. Chicago, IL: University of Chicago Press.

_____. 2007b. "The Sexual Politics of the 'New Abolitionism,'" in *Differences*, vol. 18, no. 3: 128-151.

_____. 2010. "Militarized Humanitarianism Meets Carceral Feminism: The

Politics of Sex, Rights, and Freedom in Contemporary Antitrafficking Campaigns," in *Signs*, vol. 36, no. 1: 45-71.

______. 2012. "Carceral Politics as Gender Justice? The 'Traffic in Women' and Neoliberal Circuits of Crime, Sex, and Rights," in Theory and Society, vol. 41, no. 3: 233-259.

Bernstein, Elizabeth and Laurie Schaffner, eds. 2004. *Regulating Sex: The Politics of Intimacy and Identity*. New York and London: Routledge.

Bevacqua, Maria. 2000. *Rape on the Public Agenda: Feminism and the Politics of Sexual Assault*. Boston, MA: Northeastern University Press.

Bland, Lucy. 1992. "The Case of the Yorkshire Ripper: Mad, Bad, Beast or Male?" in Jill Radford and Diana E. H. Russell, eds., *Femicide: The Politics of Woman Killing*. New York: Twanye Publishers: 233-252.

Branson, Allan LeRoy. 2011. *The Anonymity of African American Serial killers: From Slavery to Prisons, A Continuum of Negative Imagery*. Doctoral Dissertation, University of Leicester: http://hdl.handle.net/2381/9962

Brison, Susan. 2002. *Aftermath: Violence and the Remaking of a Self*. Princeton, NJ: Princeton University Press.

Brown, Michael and Claire Rasmussen. 2010. "Bestiality and the Queering of the Human Animal," in *Environment and Planning D: Society and Space*, vol. 28: 158-177.

Buchwald, Emilie, Pamela R. Fletcher, and Martha Roth, eds. 1993. *Transforming a Rape Culture*. Minneapolis, MN: Milkweed Editions.

Bumiller, Kristin. 2008. *In an Abusive State: How Neoliberalism Appropriated the Feminist Movement against Sexual Violence*. Durham, NC: Duke University Press.

Bunting, Annie. 1992. "Feminism, Foucault, and Law as Power/Knowlege," in *Alberta Law Review*, vol. 30, no. 3: 829-842.

Burgess, A. W. et al. 1992. *The Crime Classification Manual*. New York: Simon and Schuster.

Busch, Noël Bridget, Holly Bell, Norma Hotaling, and Martin A. Monto. 2002. "Male Customers of Prostituted Women: Exploring Perceptions of Entitlement to Power and Control and Implications for *Violent Behavior toward Women*," in Violence against Women, vol. 8: 1093-1112.

Butler, Judith. 1997. Excitable Speech: *A Politics of the Performative*. New York and London: Routledge.

Cahill, Ann J. 2000. "Foucault, Rape, and the Construction of the Feminine Body," in *Hypatia*, vol. 15, no. 1: 43-63.

_____. 2001. *Rethinking Rape*. Ithaca, NY: Cornell University Press.

Cameron, Deborah. 1994. "Sti-i-i-i-ll Going... The Quest for Jack the Ripper," in *Social Text* vol. 40: 147-154.

Caputi, Jane. 1987. *The Age of Sex Crime*. Bowling Green, OH: Bowling Green State University Popular Press.

Caputi, Jane and Diana E. H. Russell, 1992. "Femicide: Sexist Terrorism against Women," in Jill Radford and Diana E. H. Russell, eds., *Femicide: The Politics of Woman Killing*. New York: Twanye Publishers: 13-21.

CARA. 2016. "Taking Risks: Implementing Grassroots Community Accountability Strategies," in INCITE! Women of Color against Violence, eds., *Color of Violence: The INCITE! Anthology*. Durham, NC: Duke University Press: 250-266.

Carling, Amanda. 2018. "Pleading Guilty When Innocent: A Truth for Too Many Indigenous People," in *The Globe and Mail* (May 23): www.theglobeandmail.com/opinion/article-pleading-guilty-when-innocent-a-truth-for-too-many-indigenous-people/

Carmody, Moira. 2005. "Ethical Erotics: Reconceptualizing Anti-Rape Education," in *Sexualities*, vol. 8, no. 4: 465-480.

Carrier, Nicolas and Justin Piché. 2015. "Blind Spots of Abolitionist Thought in Academia: On Longstanding and Emerging Challenges," in *Champ Pénal/Penal Field*, vol. XII: http://champpenal.revues.org/9162

Carter, Vednita and Evilina Giobbe. 2006. "Duet: Prostitution, Racism, and Feminist Discourse," in Jessica Spector, ed., *Prostitution and Pornography: Philosophical Debate about the Sex Industry*. Stanford, CA: Stanford University Press: 17-39.

Cassidy, Rebecca. 2009. "Zoosex and Other Relationships with Animals," in Hastings Donnan, ed., *Transgressive Sex: Subversion and Control in Erotic Encounters*. New York and Oxford: Berghahn Books: 91-112.

Chapman, Chris, Allison C. Carey, and Liat Ben-Moshe. 2014. "Reconsidering Confinement: Interlocking Locations and Logics of Incarceration," in Liat Ben-Moshe, Chris Chapman, and Allison C. Carey, eds., *Disability Incarcerated: Imprisonment and Disability in the United States and Canada*. New York: Palgrave MacMillan: 3-24.

Cocca, Carolyn E. 2004. Jailbait: *The Politics of Statutory Rape Laws in the United States*. Albany: State University of New York Press.

Coleman, Clive and Clive Norris. 2000. *Introducing Criminology*. Cullompton: Willan.

Cooke, Matthew. 2018. *The Survivor's Guide to Prison*. Saturday Entertainment.

Cuomo, Chris. 1998. *Feminism and Ecological Communities: An Ethics of Flourishing*. London and New York: Routledge.

Currah, Paisley and Lisa Moore. 2015. "Legally Sexed: Birth Certificates and Transgender Citizens," in Rachel Dubrofsky and Shoshana Magnet, eds., *Feminist Surveillance Studies*. Durham, NC: Duke University Press: 58-77.

Daniel-McCarter, Owen, Erica R. Meiners, and R. Noll. 2016. "Beyond Queer Disavowal to Building Abolition," in *philoSOPHIA*, vol. 6, no. 1 (Winter): 109-123.

Davis, Angela Y. 1989. *Women, Culture*, Politics. New York: Random House.

_____. 2003. *Are Prisons Obsolete?* New York: Seven Stories Press.

_____. 2005. "Racialized Punishment and Prison Abolition," in Tommy

L. Lott and John P. Pittman, eds., *A Companion to African American Philosophy*. Blackwell Publishing: 360-371.

Davis, Angela Y. and Dylan Rodriguez. 2004. "The Challenge of Prison Abolition: A Conversation": www.historyisaweapon.com/defcon1/davisinterview.html

Davis, Kingsley. [1937] 1985. "The Sociology of Prostitution," in Stuart H. Traub and Craig B. Little, eds., *Theories of Deviance*. Itasca, IL: F. E. Peacock Publishers: 8-21.

de Haan, Willem. 1992. "Redresser les torts: l'abolitionnisme et le contrôle de la criminalité," in *Criminologie*, vol. 25, no. 2: 115-137.

de Young, Mary. 1988. "The Indignant Page: Techniques of Neutralization in the Publications of Pedophile Organizations," in *Child Abuse and Neglect*, vol. 12: 583-591.

Deleuze, Gilles. 1992. "Postscript on Societies of Control," in *October*, vol. 59 (Winter): 3-7.

Dilts, Andrew and Perry Zurn, eds. 2016. *Active Intolerance: Michel Foucault, the Prison Information Group, and the Future of Abolition*. Basingtoke: Palgrave MacMillan.

Donaldson, Stephen. 2001. "A Million Jockers, Punks, and Queens," in Don Sabo, Terry A. Kupers, and Willie London, eds., *Prison Masculinities*. Philadelphia, PA: Temple University Press: 118-126.

Earles, Christopher M. and Martin L. Lalumière. 2009. "A Case Study of Preferential Bestiality," in *Archives of Sexual Behavior*, vol. 38: 605-609.

Edwards, Justin D. and Rune Graulund. 2013. *Grotesque*. New York and London: Routledge.

Elliston, Deborah. 2005. "Erotic Anthropology: 'Ritualized Homosexuality' in Melanasia and Beyond," in Jennifer Robertson, ed., *Same-Sex Cultures and Sexualities: An Anthropological Reader*. Malden, MA: Blackwell: 91-115.

Erevelles, Nirmala. 2014. "Crippin' Jim Crow: Disability, Dislocation, and the School-to-Prison Pipeline," in Liat Ben-Moshe, Chris Chapman, and Allison C. Carey, eds., *Disability Incarcerated: Imprisonment and Disability in the United States and Canada*. New York: Palgrave MacMillan: 81-100.

Feder, Ellen K. 2007. "The Dangerous Individual('s) Mother: Biopower, Family, and the Production of Race," in *Hypatia*, vol. 22, no. 2: 60-78.

Finkelhor, David. 1978. "Psychological, Cultural and Family Factors in Incest and Family Sexual Abuse," in *Journal of Marital and Family Therapy*, vol. 4, no. 4: 41-49.

Firestone, Shulamith. 1970. *The Dialectic of Sex: The Case for Feminist Revolution*. New York: William Morrow and Company, Inc.

Flynn, Asher. 2015. "Sexual Violence and Innovative Responses to Justice: Interrupting the 'Recognisable' Narrative," in Anastasia Powell, Nicola Henry, and Asher Flynn, eds., *Rape Justice: Beyond the Criminal Law*. London: Palgrave MacMillan: 92-111.

Foucault, Michel. 1965. *Madness and Civilization: A History of Insanity in the Age of Reason*. New York: Vintage.

______. 1975. *"I, Pierre Rivière, having slaughtered my mother, my sister, and my brother...": A Case of Parricide in the Nineteenth Century*. Lincoln and London: University of Nebraska Press.

______. 1977a [1975]. *Discipline and Punish: The Birth of the Prison*. New York: Vintage.

______. 1977b. "The Lives of Infamous Men," in James D. Faubion, ed., *Michel Foucault: Power*. New York: The New Press: 157-175.

______. 1978a [1976]. T*he History of Sexuality: An Introduction*. New York: Vintage.

______. 1978b. "About the Concept of the 'Dangerous Individual' in Nineteenth-Century Legal Psychiatry," in *International Journal of Law and Psychiatry*, vol. 1: 1-18.

______. 1980a. *Herculine Barbin: Being the Recently-Discovered Memoirs of a*

Nineteenth-Century French Hermaphrodite. Brighton: The Harvester Press.

_____. 1980b. *Power/Knowledge: Selected Interviews and Other Writings, 1972-1977*. New York: Pantheon.

_____. 1983a. "Vous êtes dangereux," in *Libération* (Paris, 30 June).

_____. [1977] 1983b. "Preface" to Gilles Deleuze and Félix Guattari, *Anti-Oedipus: Capitalism and Schizophrenia*. Minneapolis: University of Minnesota Press.

_____. 1984. "Nietzsche, Genealogy, History," in Paul Rabinow, ed., *The Foucault Reader*. New York: Pantheon: 76-100.

_____. 1985. *The Use of Pleasure, vol. 2 of The History of Sexuality*. New York: Random House.

_____. 1988a. "Confinement, Psychiatry, Prison," in Lawrence D. Kritzman, ed., *Michel Foucault: Politics, Philosophy, Culture: Interviews and other Writings, 1977-1984*. New York and London: Routledge: 178-210.

_____. 1988b. "Sexual Morality and the Law," in Lawrence D. Kritzman, ed., *Michel Foucault: Politics, Philosophy, Culture: Interviews and other Writings, 1977-1984*. New York and London: Routledge: 271-285.

_____. 1988c. "On Power," in Lawrence D. Kritzman, ed., *Michel Foucault: Politics, Philosophy, Culture: Interviews and other Writings, 1977-1984*. New York and London: Routledge: 96-109.

_____. 1988d. "The Concern for Truth," in Lawrence D. Kritzman, ed., *Michel Foucault: Politics, Philosophy, Culture: Interviews and other Writings, 1977-1984*. New York and London: Routledge: 255-267.

_____. 1989a. "Impossible Prison," in Sylvère Lotringer, ed., *Foucault Live: Collected Interviews, 1961-1984*. New York: Semiotext(e): 275-286.

_____. 1989b. "Ethics of Pleasure," in Sylvère Lotringer, ed., *Foucault Live: Collected Interviews, 1961-1984*. New York: Semiotext(e): 371-381.

_____. 1989c. "What Calls for Punishment?" in Sylvère Lotringer, ed., *Foucault Live: Collected Interviews, 1961-1984*. New York: Semiotext(e):

423-431.

_____. 1989d. *The Order of Things: An Archaeology of the Human Sciences.* New York and London: Routledge.

_____. 1994. "Truth and Juridical Forms," in James D. Faubion, ed., *Michel Foucault: Power*. New York: The New Press: 1-89.

_____. 1996. "Foucault, Michel, 1926—," in Gary Gutting, ed., *Cambridge Companion to Foucault*. Cambridge: Cambridge University Press: 314-320.

_____. 2000. "To Punish Is the Most Difficult Thing There Is," in James D. Faubion, ed., *Michel Foucault: Power*. New York: The New Press: 462-464.

_____. 2003. *Abnormal: Lectures at the Collège de France 1974-1975*. New York: Picador. Published in French as Anormaux. 1999. Paris: Seuil.

_____. 2005. *Hermeneutics of the Subject: Lectures at the Collège de France: 1981-1982*. New York: Picador.

_____. 2006. *Psychiatric Power: Lectures at the Collège de France, 1973-1974*. New York: Picador.

Frederick, Loretta and Kristine C. Lizdas. 2010. "The Role of Restorative Justice in the Battered Women's Movement," in James Ptacek, ed., *Restorative Justice and Violence against Women*. Oxford: Oxford University Press: 39-59.

Freud, Sigmund. [1912] 1963. "The Most Prevalent Form of Degradation in Erotic Life," in Philip Rieff, ed., *Sexuality and the Psychology of Love*. New York: Collier Books: 58-70.

_____. [1905] 2001. "Infantile Sexuality" in *Three Essays on the Theory of Sexuality*, in *The Complete Psychological Works of Sigmund Freud*, volume 7. New York: Vintage: 124-243.

Frye, Marilyn. 1983. "In and Out of Harm's Way: Arrogance and Love," in T*he Politics of Reality*. Freedom, CA: The Crossing Press: 52-83.

Fuss, Diana. 1993. "Monsters of Perversion: Jeffrey Dahmer and The Silence of the Lambs," in Marjorie Garber, Jann Matlock, and Rebecca

Walkowitz, eds., *Media Spectacles*. London: Routledge: 181-208.

Garland, David. 2002. *The Culture of Control: Crime and Social Order in Contemporary Society*. Chicago, IL: University of Chicago Press.

______. 2010. *Peculiar Institution: America's Death Penalty in an Age of Abolition*. Cambridge, MA: Harvard University Press.

Garrard, Mary. 1989. *Artemisia Gentileschi*. Princeton, NJ: Princeton University Press.

Gavey, Nicola. 2005. *Just Sex? The Cultural Scaffolding of Rape*. New York and London: Routledge.

generationFIVE. 2007. *Toward Transformative Justice: A Liberatory Approach to Child Sexual Abuse and other forms of Intimate and Community Violence — A Call to Action for the Left and the Sexual and Domestic Violence Sectors:* www.generation five.org/the-issue/transformative-justice/

Gilmore, Ruth Wilson. 2007. *Golden Gulag: Prisons, Surplus, Crisis, and Opposition in Globalizing California*. Oakland: University of California Press.

______. 2015. "The Economy of Incarceration" interview on The Laura Flanders Show: www.youtube.com/watch?v=39Axc3FLu9A

Godwin, Grover Maurice. 2000. *Hunting Serial Predators: A Multivariate Classification Approach to Profiling Violent Behaviour*. Boca Raton, FL: CRC Press.

Goel, Rashmi. 2010. "Aboriginal Women and Political Pursuit in Canadian Sentencing Circles: At Cross Roads or Cross Purposes?" in James Ptacek, ed., *Restorative Justice and Violence against Women*. Oxford: Oxford University Press: 60-78.

Gotell, Lise. 2012. "Third-Wave Anti-Rape Activism on Neoliberal Terrain: The Garneau Sisterhood," in Elizabeth A. Sheehy, ed., *Sexual Assault in Canada: Law, Legal Practice and Women's Activism*. Ottawa: University of Ottawa Press: 243-266.

_____. 2015. "Reassessing the Place of Crimi Law Reform in the Struggle against Sexual Violence: A Critique of the Critique of Carceral Feminism," in Anastasia Powell, Nicola Henry, and Asher Flynn, eds., *Rape Justice: Beyond the Criminal Law*. New York: Palgrave MacMillan: 53-71.

Gottschalk, Marie. 2006. *The Prison and the Gallows: The Politics of Mass Incarceration in America*. Cambridge and New York: Cambridge University Press.

_____. 2015. *Caught: The Prison State and the Lockdown of American Politics*. Princeton, NJ: Princeton University Press.

Grebowicz, Margret. 2010. "When Species Meat: Confronting Bestiality Pornography," in *Humanimalia: A Journal of Human/Animal Interface Studies*, vol. 1, no. 2: 1-17.

Greenall, Paul V. 2011. "Understanding Sexual Homicide," in *Journal of Sexual Aggression: An International, Interdisciplinary Forum for Research, Theory and Practice:* 1-17.

Gruen, Lori. 2007. "Empathy and Vegetarian Commitments," in Carol Adams and Josephine Donovan, eds., *The Feminist Care Tradition in Animal Ethics*. New York: Columbia University Press: 333-344.

Guenther, Lisa. 2013. *Solitary Confinement: Social Death and Its Afterlives*. Minneapolis: University of Minnesota Press.

_____. 2016a. "Life Behind Bars," Hasana Sharp and Chloë Taylor, eds., *Feminist Philosophies of Life*. Montreal and Kingston: McGill-Queens University Press: 217-238.

_____. 2016b. "On Pain of Death: the 'Grotesque Sovereignty' of the US Death Penalty," in Anne Whitehead and Angela Wood, eds., *The Edinburgh Companion to the Critical Medical Humanities*. Edinburgh: Edinburgh University Press: 395-410.

Gutting, Gary. 2005. "Foucault and the *History of Madness*," in Gary Gutting, ed., *The Cambridge Companion to Foucault* (2nd ed.). Cambridge and

New York: Cambridge University Press: 49-73.

Hacking, Ian. 1995a. "The Looping Effect of Human Kinds," in Dan Sperber, David Premack, and Ann James Premack, eds., *Causal Cognition: A Multi-Disciplinary Debate*. New York: Oxford University Press: 351-383.

_____. 1995b. *Rewriting the Soul: Multiple Personality and the Sciences of Memory*. Princeton, NJ: Princeton University Press.

Helliwell, Christine. 2000. "'It's only a Penis': Rape, Feminism, and Difference," in *Signs*, vol. 25, no. 3, Spring.

Hengehold, Laura. 1994. "An Immodest Proposal: Foucault, Hysterization, and the Second Rape," in *Hypatia*, vol. 9, no. 3: 88-107.

Herdt, Gilbert. 1981. *Guardians of the Flutes: Idioms of Masculinity*. New York: McGraw-Hill.

_____, ed. 1984. *Ritualized Homosexuality in Melanesia (Studies in Melanesian Anthropology)*. Berkeley: University of California Press.

_____. 1987. *The Sambia: Ritual and Gender in New Guinea*. San Diego, CA: Harcourt Brace Jovanovich.

Herlihy, David and Christian Klapisch-Zuber. 1978. *Les tuscans et leurs familles*. Paris: E.H.E.S.S.

Herman, Judith. 2005. "Justice from the Victim's Perspective," in *Violence against Women*, vol. 11, no. 5: 571-602.

Herman, Judith and Lisa Hirschman. 1977. "Father-Daughter Incest," in E. H. Carmen and P. P. Reiker, eds., *The Gender Gap in Psychotherapy: Social Realities and Psychological Processes*. New York: Springer: 237-258.

Holmes, R. M. and S. T. Holmes. 2002. *Serial Murder* (2nd ed.). Thousand Oaks, CA: Sage.

Holt, Thomas J. and Kristie R. Blevins. 2007. "Examining Sex Work from the Client's Perspective: Assessing Johns Using On-Line Data," in *Deviant Behavior*, vol. 28: 333-354.

Holzman, Harold R. and Sharon Pines. 1982. "Buying Sex: The Phenomenology of Being a John," in *Deviant Behavior*, vol. 4, no. 1: 89-116.

Honderich, Ted. 2006. *Punishment: The Supposed Justifications Revisited.* London and Ann Arbor: Pluto Press.

Howe, Adrian. 2008. *Sex, Violence and Crime. Foucault and the 'Man' Question.* London and New York: Routledge.

Hudson, Barbara. 1998. "Restorative Justice: The Challenge of Sexual and Racial Violence," in *Journal of Law and Society*, vol. 25, no. 2 (June): 237-256.

______. 2002. "Restorative Justice and Gendered Violence: Diversion or Effective Justice?" in *British Journal of Criminology*, vol. 42, no. 3: 616-634.

_____. 2003. *Justice in the Risk Society*. Sage: London.

Huppert, George. 1974. "Divinatio et Eruditio: Thoughts on Foucault," in *History and Theory*, vol. 13: 191-207.

INCITE: Women of Color Against Violence. 2016. *Color of Violence: The INCITE! Anthology*. Durham, NC: Duke University Press (originally published in 2006 by South End Press).

Ingham, John. 2007. "Matricidal Madness in Foucault's Anthropology: The Pierre Rivière Seminar," in *Ethos*, vol. 35, no. 2: 130-158.

James, Joy, 1996. "Erasing the Spectacle of Racialized State Violence," in Joy James, ed., *Resisting State Violence: Radicalism, Gender, and Race in U.S. Culture*. Minneapolis: University of Minnesota Press: 24-43.

Jamieson, Dale. 2002. "Against Zoos," in Dale Jamieson, ed., *Morality's Progress: Essays on Humans, Other Animals, and the Rest of Nature*. Oxford: Oxford University Press: 166-175.

Jarry, Alfred. [1893] 2003. *Ubu roi*. New York: Dover.

Jenkins, Katharine. 2017. "Rape and Domestic Abuse Myths as

Hermeneutical Injustice," in *Journal of Applied Philosophy*, vol. 34, no. 2: 191-205.

Jenkins, Philip. 1994. *Using Murder: The Social Construction of Serial Homicide*. New York: Aldine de Gruyter.

_____. [2004] 2009. *Moral Panic: Changing Concepts of the Child Molester in Modern America*. New Haven, CT: Yale University Press.

Johnson, Holly. 2012. "Limits of a Criminal Justice Response: Trends in Police and Court Processing of Sexual Assault," in Elizabeth A. Sheehy, ed., *Sexual Assault in Canada: Law, Legal Practice and Women's Activism*. Ottawa: University of Ottawa Press: 613-634.

Kelland, Lindsay. 2016. "A Call to Arms: The Centrality of Feminist Consciousness-Raising Speak-Outs to the Recovery of Rape Survivors," in *Hypatia*, vol. 31, no. 4: 730-745.

Keppel, R. D. and R. Walter. 1999. "Profiling Killers: A Revised Classification Model for Understanding Sexual Murder," in *International Journal of Offender Therapy and Comparative Criminology*, vol. 43: 417-437.

Kheel, Marti. 1993. "From Heroic to Holistic Ethics: The Ecofeminist Challenge," in Greta Gaard, ed., *Ecofeminism: Women, Animals, Nature. Philadelphia*, PA: Temple University Press: 243-271.

Kocsis, Richard, Ray Cooksey, and Harvey Irwin. 2002. "Psychological Profiling of Sexual Murders: An Empirical Model," in *International Journal of Offender Therapy and Comparative Criminology*, vol. 46, no. 5: 532-554.

Koss, Mary. 2010. "Restorative Justice for Acquaintance Rape and Misdemeanor Sex Crimes," in James Ptacek, ed., *Restorative Justice and Violence against Women*. Oxford: Oxford University Press: 218-238.

Krafft-Ebing, Richard von. 1892. *Psychopathia Sexualis: With Especial Reference to Contrary Sexual Instinct: A Medico-Legal Study.* Philadelphia,

PA and London: F.A. Davis.

Kunzel, Regina. 2008. *Criminal Intimacy: Prison and the Uneven History of Modern American Sexuality*. Chicago, IL and London: University of Chicago Press.

Kuppers, Terry. 2001. "Rape and the Prison Code," in Don Sabo, Terry A. Kupers, and Willie London, eds., *Prison Masculinities*. Philadelphia, PA: Temple University Press: 111-117.

Kutchins, Po and Katie Galloway. 2007. *Prison Town USA*. Hybrid Films.

Lacey, Nicola. 2011. *The Prisoner's Dilemma*. Cambridge: Cambridge University Press.

Langan, P., E. Schmitt, and M. Durose. *Recidivism of Sex Offenders Released from Prison in 1994*. Washington, DC: U.S. Department of Justice.

Laqueur, Thomas. 1990. *Making Sex. Body and Gender from the Greeks to Freud*. Cambridge, MA, and London: Harvard University Press.

Larcombe, Wendy. 2002. "The 'Ideal' Victim v Successful Rape Complainants," in *Feminist Legal Studies*, vol. 10, no. 2: 131-148.

Leonard, Jacques. 1980. "L'Historien et le philosophe. A propos de: *Surveiller et punir: naissance de la prison*," in Michelle Perrot, ed., L'Impossible prison. Paris: Seuil: 9-28.

Liliequist, Jonas. 1991. "Peasants against Nature: Crossing the Boundaries between Man and Animals in Seventeenth- and Eighteenth-Century Sweden," in *Journal of the History of Sexuality*, vol. 1, no. 3: 393-423.

Lydon, Jason. 2016. "'Once there was no prison rape': Ending Sexual Violence as Strategy for Prison Abolitionism," in *philoSOPHIA*, vol. 6, no. 1: 61-71.

MacDonald, Nancy. 2016. "Canada's Prisons are the New Residential Schools," in *MacLean's* (February 18, 2016): www.macleans.ca/news/canada/canadas-prisons-are-the-new-residential-schools/

MacKinnon, Catharine A. 1982. "Feminism, Marxism, Method, and the

State: An Agenda for Theory," in *Signs*, vol. 7, no. 3 (Spring): 515-544.

_____. 1987. F*eminism Unmodified: Discourses on Life and Law*. Cambridge: Harvard University Press.

Maratea, R. J. 2011. "Screwing the Pooch: Legitimizing Accounts in a Zoophilia On-Line Community," in *Deviant Behavior*, vol. 32: 918-943.

Marcus, Sharon. 1992. "Fighting Bodies, Fighting Words: A Theory and Politics of Rape Prevention," in Judith Butler and Joan W. Scott, eds., *Feminists Theorize the Political.* New York: Routledge: 383-403.

Marthes, Melissa M. 2000. *The Rape of Lucretia and the Founding of Republics.* University Park: The Pennsylvania State University Press.

McClellan, Janet. 2010. *Erotophonophilia: Investigating Lust Murder*. Amherst, MA: Cambria Press.

McGlynn, Clare. 2011. "Feminism, Rape, and the Search for Justice," in *Oxford Journal of Legal Studies*, vol. 34, no. 3:825-842.

McWhorter, Ladelle. 1999. *Bodies and Pleasures: Foucault and the Politics of Sexual Normalization*. Bloomington: Indiana University Press.

_____. 2009. *Racism and Sexual Oppression in Anglo-America: A Genealogy.* Bloomington: Indiana University Press.

Megill, Alan. 1987. "The Reception of Foucault by Historians," in *Journal of the History of Ideas*, vol. 48, no. 1: 117-141.

Meloy, Michelle L. 2006. *Sex Offenses and the Men Who Commit Them: An Assessment of Sex Offenders on Probation*. Boston, MA: Northeastern University Press.

Midelfort, H. E. 1980. "Madness and Civilization in Early Modern Europe: A Reappraisal of Michel Foucault," in B.C. Malament, ed., *After the Reformation: Essays in Honor of J. H. Hexter*. Philadelphia: University of Pennsylvania Press: 247-265.

Miletski, Hani. 2001. "Zoophilia — Implications for Therapy," in *Journal of Sex Education and Therapy*, vol. 26, no. 2: 85-89.

______. 2005. "Is Zoophilia a Sexual Orientation? A Study," in Andrea M. Beetz and Anthony L. Podberscek, eds., *Bestiality and Zoophilia: Sexual Relations with Animals*. A Publication of the International Society for Anthrozoology. New York: Purdue University Press: 82-97.

Mogul, Joey, Andrea Ritchie, and Kay Whitlock. 2012. *Queer (In)Justice: The Criminalization of LGBT People in the United States.* Boston, MA: Beacon Press.

Monchalin, Lisa. 2016. *The Colonial Problem: An Indigenous Perspective on Crime and Injustice in Canada.* Toronto: University of Toronto Press.

Monto, Martin. 2004. "Female Prostitution, Customers, and Violence," in *Violence against Women*, vol. 10: 160-188.

Monto, Martin and Norma Hotaling. 2001. "Predictors of Rape Myth Acceptance among Male Clients of Female Street Prostitutes," in *Violence against Women*, vol. 7: 275-293.

Morris, Ruth. 2000. "But What About the Dangerous Few?" in W. Gordon West and Ruth Morris, eds., *The Case for Penal Abolition*. Toronto: Canadian Scholars' Press: 101-110.

Murrin, John M. 1998. "'Things Fearful to Name': Bestiality in Colonial America," in *Explorations in Early American Culture*, vol. 65: 8-43.

Musacchio, Jacqueline. 1998. "The Rape of the Sabine Women on Quattrocento Marriage-Panels," in Trevor Dean and K. J. P. Lowe, eds., *Marriage in Italy, 1300-1650.* Cambridge: Cambridge University Press.

Nast, Heidi. 2006. "Loving... Whatever: Alienation, Neoliberalism and Pet-Love in the Twenty-First Century," in *ACME: An International E-Journal for Critical Geographies*, vol. 5, no. 2: 300-327.

Nichols, Robert. 2014. "The Colonialism of Incarceration," in *Radical Philosophy Review*, vol. 17, no. 2: 435-455.

Nussbaum, Martha. 2006. "'Whether from Reason or Prejudice': Taking Money for Bodily Services," in Jessica Spector ed., *Prostitution and*

Pornography: Philosophical Debate about the Sex Industry. Stanford, CA: Stanford University Press: 175-208.

O'Brien, Patricia. 1989. "Michel Foucault's History of Culture," in Lynn Hunt, ed., *The New Cultural History*. Berkeley: University of California Press: 25-46.

O'Donnell, Ian. 2004. "Prison Rape in Context," in *British Journal of Criminology*, vol. 44, no. 2: 241-255.

Ober, Amanda. 2013. "Residents build playground to keep sex offenders out of neighbourhood," last accessed November 18, 2016: www.wesh.com/article/residents-build-playground-to-keep-sex -offenders-out-of-neighborhood/4427402

Oksala, Johanna. 2011. "Sexual Experience: Foucault, Phenomenology and Feminist Theory," *Hypatia*, vol. 26, no. 1: 207-223.

Overall, Christine. 1992. "What's Wrong with Prostitution?" in *Signs: Journal of Women in Culture and Society*, vol. 17, no. 4: 705-724.

Paczensky, Suzanne V. 2001. "The Wall of Silence: Prison Rape and Feminist Politics," in Don Sabo, Terry A. Kupers, and Willie London, eds., *Prison Masculinities*. Philadelphia, PA: Temple University Press: 133-136.

Palmer, Clare. 2001. "'Taming the Wild Profusing of Existing Things'? A Study of Foucault, Power, and Human/Animal Relationships," in *Environmental Ethics*, vol. 23, no 4: 339-358.

Pateman, Carole. 1988. *The Sexual Contract*. Stanford, CA: Stanford University Press.

Pereira, Cathy. 2001. "Strip Searching as Sexual Assault," in *Hecate*, vol. 27, no. 2: 187-196.

Plaza, Monique. 1978. "Nos dommages et leurs intérêts," in *Questions Féministes*, vol. 3: 93-103. English translation: "Our Damages and Their Compensation," *Feminist Issues*, vol. 1, no. 3: 5-35 (1981).

Plumwood, Val. 1991. "Nature, Self, and Gender: Feminism, Environmental

Philosophy, and the Critique of Rationalism," in *Hypatia*, vol. 6, no. 1 (Spring): 3-27

Pollock, Griselda. "Feminist Dilemmas with the Art/Life Problem," in Mieke Bal, ed., *The Artemisia Files: Artemisia Gentileschi for Feminists and Other Thinking People*. Chicago, IL and London: The University of Chicago Press, 2005.

Powell, Anastasia. 2015. "Seeking Informal Justice Online: Vigilantism, Activism, and Resisting a Rape Culture in Cyberspace," in Anastasia Powell, Nicola Henry, and Asher Flynn, eds., *Rape Justice: Beyond the Criminal Law*. New York: Palgrave MacMillan: 218-237.

Powell, Anastasia, Nicola Henry, and Asher Flynn, eds., 2015. R*ape Justice: Beyond the Criminal Law*. New York: Palgrave MacMillan.

Ptacek, James. 2010. "Resisting Co-optation: Three Feminist Challenges to Antiviolence Work," in James Ptacek, ed., *Restorative Justice and Violence against Women*. Oxford: Oxford University Press: 5-36.

Puar, Jasbir and Amit Rai. 2002. "Monster, Terrorist, Fag," in *Social Text*, vol. 20, no. 3 (Fall): 117-148.

Radford, Jill and Diana E. H. Russell, eds. 1992. *Femicide: The Politics of Woman Killing*. New York: Twanye Publishers.

Raymond, Janice G. 2003. "Ten Reasons for Not Legalizing Prostitution," in *Journal of Trauma and Practice*, vol. 2: 315-332.

______. 2004. "Prostitution on Demand Legalizing the Buyers as Sexual Consumers," in *Violence against Women*, vol. 10, no. 10: 1156-1186.

Rehn-deBraal, Merritt. 2013. "Translating Foucault: A Critique of Sexuality for Trauma Survivors," in *philoSOPHIA*, vol. 3, no. 1: 69-83.

Reiman, Jeffrey. 1990. *The Rich Get Richer and the Poor Get Prison: Ideology, Class and Criminal Justice*. New York: Macmillan Publishing Company.

Rembis, Michael. 2014. "The New Asylums: Madness and Mass Incarceration in the Neoliberal Era," in Liat Ben-Moshe, Chris Chapman, and Allison

C. Carey, eds., *Disability Incarcerated: Imprisonment and Disability in the United States and Canada*. New York: Palgrave: 139-159.

Richie, Beth. 2012. *Arrested Justice: Black Women, Violence, and America's Prison Nation*. New York: New York University Press.

Ronell, Avital. 2013. *Loser Sons: Politics and Authority*. Champaign: University of Illinois Press.

Ross, Luana. 1998. I*nventing the Savage: The Social Construction of Native American Criminality*. Austin: University of Texas Press.

Roussiaud, Jacques. 1988. *Medieval Prostitution*. New York: Basil Blackwell.

Rubin, Gayle. 1975. "'The Traffic in Women': Notes on the Political Economy of Sex," in Rayna R. Reiter, ed., *Toward an Anthropology of Women*. New York: Monthly Review Press: 157-210.

______. [1984] 1994. "Thinking Sex: Notes for a Radical Theory of the Politics of Sexuality," in H. Abelove, M. A. Barale, and D. Halperin, eds., *The Lesbian and Gay Studies Reader*. New York: Routledge: 143-178.

______. 2010. "Blood under the Bridge: Reflections on 'Thinking Sex'," in *GLQ: A Journal of Gay and Lesbian Studies*, vol. 17, no. 1: 15-48.

Rudy, Kathy. 2011. *Loving Animals: Toward a New Animal Advocacy*. Minneapolis: University of Minnesota Press.

_____. 2012. "LGBTQ...Z?" in *Hypatia*, vol. 27, no. 3: 601-615.

Ruggiero, Guido. 1980. *Violence in Early Renaissance Venice*. New Brunswick, NJ: Rutgers University Press.

______. 1995. *The Boundaries of Eros: Sex Crime and Sexuality in Renaissance Venice*. New York and Oxford: Oxford University Press.

Ruggiero, Vincenzo. 2010. *Penal Abolitionism*. Oxford: Oxford University Press.

Saleh-Hannah, Viviane. 1990. "Taking Too Much for Granted: Studying the Movement and Re-Assessing the Terms," in W. Gordon West and Ruth Morris, eds., *The Case for Penal Abolition*. Toronto: Canadian Scholars'

Press: 43-67.

Sanday, Peggy Reeves. 1981. "The Socio-Cultural Context of Rape: A Cross-Cultural Study," in *Journal of Social Issues*, 37.

Sanders, Teela. 2008. *Paying for Pleasure: Men Who Buy Sex*. Devon: Willan Publishing.

Sawicki, Jana. 2005. "Review of *Abnormal: Lectures at the College de France, 1974-1975.*" *Notre Dame Philosophical Reviews*. last accessed July 29, 2010: http://ndpr.nd.edu/review.chi?id=1581.

Scull, Andrew. 1990. "Michel Foucault's *History of Madness*," in *History of the Human Sciences*, vol. 3, no. 1: 57-67.

Sedgwick, Peter. 1982. *Psycho Politics*. New York: Harper & Row.

Seltzer, Mark. 1998. *Serial Killers: Death and Life in America's Wound Culture*. New York and London: Routledge.

Shrage, Laurie. 1989. "Should Feminists Oppose Prostitution?" in *Ethics*, vol. 99, no. 2: 347-361.

______. 1992. "Is Sexual Desire Raced? The Social Meaning of Interracial Prostitution," in *Journal of Social Philosophy*, vol. 23, no. 1: 42-51.

______. 1994. *Moral Dilemmas of Feminism: Prostitution, Adultery, and Abortion*. New York: Routledge.

Seltzer, Mark. 1998. *Serial Killers: Death and Life in America's Wound Culture*. New York and London: Routledge.

Slicer, Deborah. 1991. "Your Daughter or Your Dog: A Feminist Assessment of the Animal Research Issue," in *Hypatia*, vol. 6, no. 1: 108-124.

Smart, Carol. 1995. *Law, Crime, and Sexuality: Essays in Feminism*. New York: Sage.

Smart, Elizabeth. 1945. *By Grand Central Station 1 Sat Down and Wept*. London: Editions Poetry.

Smith, Andrea. 2010. "Beyond Restorative Justice: Radical Organizing against Violence," in James Pracek, ed., *Restorative Justice and Violence against Women*. Oxford: Oxford University Press: 255-278.

Soper, Kate. 1993. "Productive Contradictions," in Caroline Ramazanoğlu, ed., *Up Against Foucault: Explorations of Some Tensions between Foucault and Feminism*. New York and London: Routledge: 29-50.

Spade, Dean. 2011. *Normal Life: Administrative Violence, Critical Trans Politics, and the Limits of Law*. Durham, NC: Duke University Press.

Stanley, Eric A. and Nat Smith, eds., 2015. *Captive Genders: Trans Embodiment and the Prison Industrial Complex*. Oakland, CA: AK Press.

Stark, Christine and Rebecca Whisnant, eds. 2004. *Not for Sale: Feminists Resisting Prostitution and Pornography*. North Melbourne: Spinifex Press.

Stubbs, Julie 2010. "Restorative Justice, Gendered Violence, and Indigenous Women," in James Ptacek, ed., *Restorative Justice and Violence against Women*. Oxford: Oxford University Press: 103-122.

Taylor, Chloë. 2009. "Foucault, Feminism, and Sex Crimes," in *Hypatia*, vol. 24, no. 4:1-25.

_____. 2012. "Foucault and Familial Power," in *Hypatia*, vol. 27, no. 1: 201-218.

Thorstad, David. 1991. "Man/Boy Love and the American Gay Movement," in *Journal of Homosexuality*, vol. 20, no. 1-2: 251-274.

Tithecott, Richard. 1997. *Of Men and Monsters: Jeffrey Dahmer and the Construction of the Serial Killer*. Madison: University of Wisconsin Press.

Tremain, Shelley. 2013. "Educating Jouy," in *Hypatia*, vol. 28, no. 4: 801-817.

Trexler, Richard. 1994. "Florentine Prostitution in the Fifteenth Century: Patrons and Clients," in *Dependence in context in Renaissance Florence*. Birmingham and New York: Medieval and Renaissance Texts and Studies.

Tuana, Nancy. 2008. "Viscous Porosity: Witnessing Katrina," in Stacy Alaimo and Susan Hekman, eds., *Material Feminisms*. Bloomington: Indiana University Press: 188-213.

Valverde, Mariana. 2006. *Law and Order: Images, Meanings, Myths*. New Brunswick, NJ: Rutgers University Press.

Vaid-Menon, Alok. 2012. "My Little (Homo) Nationalist Pony: A Critique of Zoophilia," published online at: https://feminist.stanford.edu/sites/default/files/Vaid-Menon%20Essay%20My %20Little%20 Homonationalist%20Pony-Alok.pdf

Van der Kolk, Bessel. 2014. *The Body Keeps The Score: Brain, Mind, and Body in the Healing of Trauma*. New York: Viking.

Vigarello, Georges. 1998. *Histoire du viol: XVI-XX siècle*. Paris: Seuil.

Wacquant, Loïc. 2009. *Punishing the Poor: The Neoliberal Government of Social Insecurity*. Durham, NC: Duke University Press.

Wadiwel, Dinesh. 2016. "Animal Friendship as a way of Life: Sexuality, Petting and Interspecics Companionship," in Matthew Chrulew and Dinesh Wadiwel, eds., *Foucault and Animals*. Leiden: Brill: 286-316.

Walia, Harsha. 2013. *Undoing Border Imperialism*. Oakland, CA: AK Press.

Warner, Gabrielle. 2015. "What Turns You On?: Investigating the Motivations behind 'Camming'." Unpublished article.

Warren, Karen. 1990. "The Power and Promise of Ecological Feminism," in *Environmental Ethics*, vol. 12, no. 2: 125-146.

White, Hayden. 1973. "Foucault Decoded: Notes from Underground," in *History and Theory*, vol. 12: 23-54.

Whiting, Glynis. 1996. *The Sterilization of Leilani Muir*. Edmonton: National Film Board of Canada.

Williams, Colin J. and Martin S. Weinberg. 2003. "Zoophilia in Men: A Study of Sexual Interest in Animals," in *Archives of Sexual Behavior*, vol. 32, no. 6: 523-535.

Woodhull, Winnifred. 1988. "Sexuality, Power, and the Question of Rape," in Irene Diamond and Lee Quinby, eds., *Feminism and Foucault: Reflections on Resistance*. Boston, MA: Northeastern University Press:

167-176.

Zirpolo, Lilian. 1992. "Botticelli's Primavera: A Lesson for the Bride," in Norma Broude and Mary Garrard, eds., *The Expanding Discourse: Feminism and Art History*. New York: Harper Collins.

색인

ㄴ

ㄷ

ㄹ

ㅁ

ㅈ

ㅎ

우리시대 질문총서 22

푸코, 페미니즘, 성범죄
반구금주의적 분석

초판 인쇄 2025년 2월 14일
초판 발행 2025년 2월 21일

원표제 **Foucault, Feminism and Sex Crimes :** An Anti-Carceral Analysis
원저자 클로이 테일러
번역자 정재환
기획 우리시대 질문총서 제작위원회
간사 김효정 · 김다령
교정·교열 이해숙
디자인·편집 배영미
발행인 최재원
펴낸곳 부산대학교출판문화원

출판등록 제1983-000001호 1983.11.10.
부산광역시 금정구 부산대학로 63번길 2 (우편번호46241)
대표전화 051-510-1932 팩시밀리 051-512-7812
https://press.pusan.ac.kr

ISBN 978 - 89 - 7316 - 822 - 4 (04360)
978 - 89 - 7316 - 650 - 3 (세트)

※ 이 총서는 부산대학교 국립대학육성사업(PNU-The PIONEER)의 지원으로 제작되었습니다.